自然法名著译丛

St. Thomas Aquinas and the Natural Law Tradition
Contemporary Perspectives

圣托马斯·阿奎那与自然法传统
——当代视角

约翰·戈耶特
〔美〕马克·拉特科维奇 编
理查德·迈尔斯

杨天江 译

商务印书馆
The Commercial Press
2015年·北京

EDITED BY
John Goyette, Mark S. Latkovic, and Richard S. Myers
ST. THOMAS AQUINAS AND THE NATURAL LAW TRADITION
Contemporary Perspectives
© The Catholic University of America Press, 2004

根据美国天主教大学出版社 2004 年版译出

《自然法名著译丛》编委会

主　编　吴　彦

编委会成员（按姓氏笔画为序）

王　涛　　王凌皞　　田　夫　　朱学平　　朱　振

孙国东　　李学尧　　杨天江　　陈　庆　　吴　彦

周林刚　　姚　远　　黄　涛　　雷　磊　　雷　勇

《自然法名著译丛》总序

一部西方法学史就是一部自然法史。虽然随着19世纪历史主义、实证主义、浪漫主义等现代学说的兴起,自然法经历了持续的衰退过程。但在每一次发生社会动荡或历史巨变的时候,总会伴随着"自然法的复兴"运动。自然法所构想的不仅是人自身活动的基本原则,同时也是国家活动的基本原则,它既影响着西方人的日常道德行为和政治活动,也影响着他们对于整个世界秩序的构想。这些东西经历千多年之久的思考、辩驳和传承而积淀成为西方社会潜在的合法性意识。因此,在自然法名下我们将看到一个囊括整个人类实践活动领域的宏大图景。

经历法律虚无主义的中国人已从多个角度试图去理解法律。然而,法的道德根基,亦即一种对于法律的非技术性的、实践性的思考却尚未引起人们充分的关注。本译丛的主要目的是为汉语学界提供最基本的自然法文献,并在此基础上还原一个更为完整的自然法形象,从而促使汉语学界"重新认识自然法"。希望通过理解这些构成西方法学之地基的东西并将其作为反思和辩驳的对象,进而为建构我们自身良好的生存秩序提供前提性的准备。谨为序。

吴彦

2012 年夏

目　　录

致谢 …………………………………………… 1
引言 …………………………………………… 3

第一部分：自然法的哲学基础

1. 自然法的人类学基础：与现代科学的一种托马斯主义式结合——本尼迪克特·阿什利 多明我会士 …… 31
   回应
   品质作为道德判断的推动者——珍妮特·E.史密斯 … 54

2. 托马斯主义自然法与亚里士多德主义哲学——
   拉尔夫·麦金纳尼 ………………………… 66

第二部分：神学语境中的自然法

3. 迈蒙尼德与阿奎那论自然法——戴维·诺瓦克 …… 93
   回应
   迈蒙尼德的自然法？——马丁·亚夫 ………… 130
   回应
   自然法与创造的形而上学——约翰·戈耶特 ……… 142

4. 阿奎那何故把自然法置于神圣教条之中
   ——罗马努斯·塞萨里奥 多明我会士 ………… 149
   回应
   自然理性服务于信仰——罗伯特·法斯迪基 ……… 172
   回应
   自然法的基督论基础——厄尔·穆勒 耶稣会士 … 186

第三部分：新自然法理论

5. 托马斯主义自然法的当代视角——威廉·梅 ……… 201
   回应
   自然法与具体道德规范——马克·拉特科维奇 …… 271

6. 自然法抑或自主的实践理性：新自然法理论的问题
   ——斯蒂芬·朗 ………………… 282

第四部分：法学和政治学

7. 托马斯主义自然法与美国自然法传统
　　——克里斯托弗·沃尔夫 ················ 327
　回应
　　美国政体中的阿奎那、洛克和林肯——威廉·马西 ····· 379
8. 凯尔森与阿奎那论自然法——罗伯特·乔治 ········ 391
9. 托马斯·阿奎那论自然法和审断权限
　　——拉塞尔·西丁格 ···················· 427
撰稿人 ································ 465
参考文献 ······························ 480
索引 ·································· 493
后记 ·································· 499

致　谢

这里编者们想要指出,拉塞尔·西丁格(Russell Hittinger)论文的另一个版本已经作为他的著作《首要的恩宠:在后基督教世界重新发现自然法》(*The First Grace: Rediscovering the Natural Law in a Post-Christian World*)第四章加以出版。多明我会士罗马努斯·塞萨里奥(Romans Cessario)论文的另一个版本构成了他的著作《道德神学引论》(*An Introduction to Moral Theology*)第二章的部分内容。重印这两篇文章分别得到了 ISI 图书和美国天主教大学出版社的授权,谨以致谢。罗伯特·P.乔治(Robert P. George)论文的另一个版本首先发表于《圣母法律评论》

(*Notre Dame Law Review*),这里的重印亦得到了作者的授权。

编者们同样想要感谢约翰·布塔斯曼特(John Bustamante)和阿尔伯特·A.斯塔库斯三世(Albert A. Starkus Ⅲ)先生,他们为文稿的准备工作提供了非常宝贵的帮助,还要感谢万福玛利亚法学院(Ave Maria School of Law)的资金支持,以及圣心大神学院(Sacred Heart Major Seminary)的资金支持和主办会议的殷勤好客,这正是本卷得以成书的基础。

约翰·戈耶特(John Goyette)
马克·S.拉特科维奇(Mark S. Latkovic)
理查德·S.迈尔斯(Richard S. Myers)

引　言

当下自然法正呈现出伟大的复兴之势。这股思潮在某种程度上可以追溯到圣托马斯·阿奎那(St. Thomas Aquinas)的思想。对此,在道德哲学和道德神学领域,人们会自然想到马丁·劳恩海默神父(Father Martin Rhonheimer)和多明我会士塞尔维斯·宾凯尔斯(Servais Pinckaers, O. P.)的著作。近年来,阿奎那同样影响着那些杰出政治和法律哲学家们的著述。约翰·菲尼斯(John Finnish)的著作《阿奎那:道德、政治和法律理论》(*Aquinas: Moral, Political, and Legal Theory*)只是其中的一例,尽管能否认为他的著作符合阿奎那的教义尚存诸多争议。虽然圣托马斯对自然法的理解依然是争论的对象,但这却证明了人们对"共同博士"(Common Doctor)兴趣的再度萌发。的确,对托马斯主义自然法的近期关注已经激发了人们对阿奎那其他思想领域的巨大兴趣。然而,这却毫不令人感到奇怪。他的自然法学说本就深嵌在浓厚的哲学和神学语境之内。例如,自然法理论要求一种规范性的自然观,这无疑会拒斥一种纯粹机械论的自然科学,转向一种诉诸形式因和目的因的自然哲学。一种自然法的解释同样也要求某些形而上学和神学的预设,因为它假定自然是由神意(divine providence)统治的。对自然法的近期关注在许多方面都与教皇若望·保禄二世(Pope John Paul II)的《真理之光》(*Veritatis splendor*)相互呼应,并且肯定了他在《信仰与理性》(*Fides et ratio*)中对圣托马斯·阿奎那思想不朽创造性的评论。

除了其中的一篇文章外,本卷的其他文章最先都提交到2000年6月举办的一场关于"圣托马斯·阿奎那与自然法传统"(St. Thomas Aquinas and the Natural Law Tradition)的专题研讨会上。该研讨会由圣心大神学院(密歇根底特律)和万福玛利亚法学院(密歇根安娜堡)共同主办。文集并没有把研讨会上所出现的全部回应都编辑在内。本卷共分四个部分,以对自然法哲学基础的讨论开始,特别涉及对作为其前提的自然概念的理解。第二个部分致力于探讨圣托马斯自然法理论所浸淫的神学语境。第三个部分的文章集中讨论了杰曼·格里塞(Germain Grisez)和约翰·菲尼斯所倡导的新自然法理论,并对他们的理论是否属于真正意义上的托马斯主义理论展开了激烈的争论。最后,第四个部分的文章转向了当代法律和政治问题语境下的阿奎那自然法学说。

第一部分:自然法的哲学基础

首先,自然法预设了一种使得人的自由成为可能的自然解释。然而,问题在于,现代自然科学的机械论倾向似乎使得人的自由成了疑问。其次,自然法假定了一种植根于自然的道德法。这里的难题体现在两个方面。自然通常区别于人的思考和安排的结果。那么,我们怎样才能调和人的自由与对道德法则的服从呢?这个难题的解决有赖于对终极目的和实现这一目的的手段的区分,前者由自然确定,后者则从属于人的思考和选择。对终极目的的自然的想往(desire)可以用自然法的首要原则(趋善避恶)加以简要概括,它是所有道德推理的起点。但是,这却提出了第二个难题,至少对于圣托马斯这样的基督教思想家来说如此:如果自然法以我们的自然目的为基础,那么它怎么能与一种超自然的目标相协调？如果我们的终极目的是永恒的至福，那么自然法不就被恩宠损害了吗？对于圣托马斯而言，这个问题的解决似乎依赖于在下述二者之间做出区分：对人的终极目的的形式解释——这建立于我们对善的自然想往基础之上——以及对这一目的的具体实现，它最终被证明具有超自然的性质。本部分的文章旨在探讨上述这些问题。

多明我会士本尼迪克特·阿什利（Benedict M. Ashley, O.P.）要在现代自然科学的背景下为人的自由和自然道德法的概念辩护。他首先从清理"自然""偶然"和"自由"这些术语上的混乱着手。阿什利论证说，自然道德法在当下之所以广受非议，其原因恰恰在于这样的事实，"这些概念混乱不堪，对它们之间的相互关系也误解重重"。他指出，例如，早期现代科学所倡导的普遍决定论预设了一种既消除偶然也消除自由的自然观念。然而，决定论并没有受到晚近科学证据的支持，这种证据显示了偶然性和人的有意安排在宇宙活动中的地位。

其次，阿什利发现，阿奎那对人的解释"为心理学提供了一种比该领域内已经存在的众多敌对理论所能提供的更为坚实的基础"。圣托马斯人性（human nature）理论的核心是他对人之灵魂的非物质性的解释，对此阿什利坚决抵制那些试图把人的智力降低为大脑物理过程的论者。非物质性是道德法则的一个必然前提,对此阿什利指出,"精神性的存在物因为超越于自然法的决定论和偶然性从而具有对自身生活的责任"。但是,这意味着对某种伦理科学的要求。因此,阿什利转向了阿奎那把自然道德法作为这种伦理理论范例(exemplification)的理解。

对于阿奎那而言,自然法首先包括"对我们必然追求幸福的(人生)至高目标和各从属目标的具体理解";其次,"对实现这种至高目标及其相互协调的从属目标的各种手段的真正理解",换言之,这些手段是我们真正实现幸福所必须采取的手段。最后,阿什利通过阐明自然法训令(precept)或原则(principle)的三个层次以及它们的例证总结了阿奎那处理自然道德法的方法论特征。

珍妮特·史密斯(Janet E. Smith)发展了阿什利文章中的一些要点。她从亚里士多德主义/托马斯主义认识论和人类学的视角说明了如何捍卫道德判断的客观性,从而使它免受伦理相对主义的侵害。史密斯也解释了一个托马斯主义者应当如何理解"自然法铭刻于我们内心之中"的表述,并且捍卫了道德德性对自然法的重要性。实际上,她证明了"美德在托马斯主义自然法伦理学中具有对道德规范的首要地位"。

拉尔夫·麦金纳尼（Ralph McInerny）证明圣托马斯道德思想的基本结构及其对自然法首要原则（first principles）的理解都建立于亚里士多德的哲学基础之上。虽然麦金纳尼反对那些试图把托马斯主义等同于亚里士多德哲学的托马斯主义者，但他尽力抵制在许多托马斯主义者之中都存在的某种反亚里士多德主义倾向。在道德哲学领域，这种反亚里士多德主义倾向在雅克·马里旦（Jacques Maritain）身上得到了体现。马里旦认为圣托马斯和亚里士多德在人类善的本质方面存在着一个裂缝。根据马里旦的理论，如果说道德哲学指引着我们实现终极目的，那么它只能是实践的，而且由于我们在当前神意秩序中的终极目的是永恒的至福，那么亚里士多德主义的道德哲学就不能充作道德秩序的合格向导。这里的问题源自亚里士多德把人之终极目的视为总体善（comprehensive good）的解释，这就造成了没有任何东西可以想往的情形。由于圣托马斯受其基督教信仰的指导，在总体善上作出了一个不同于亚里士多德的解释，我们似乎必须在人类善的这两种相互匹敌的解释中选择其一。麦金纳尼区别了亚里士多德把终极目的当作总体善的形式解释和他对这种目的具体实现的解释，从而避免了马里旦的结论。他指出，圣托马斯在阅读《尼各马可伦理学》（*Nicomachean Ethics*）的基础上得出结论认为，亚里士多德并不确信人类幸福——亚里士多德在其形式解释中清楚表达的总体人类善——能够在此生得到完美实现。这就为圣托马斯把亚里士多德对终极目的的解释纳入基督教终极目的的视域扫清了道路,从而克服了此生的兴衰枯荣问题。

亚里士多德主义和托马斯主义道德哲学在人的目的方面的根本一致自然地引出了自然法问题,因为自然法是一条去做导向目的的行为的训令或命令。因此,那些在《神学大全》(Summa theologiae)关于道德的部分(强调审慎智慧和道德德性,其手法使人想起了亚里士多德)和论述法律的部分看到对立之处的人都未能注意这个事实,即自然法训令无论多么世俗平凡都仍然指向终极善(ultimate good)。麦金纳尼论证,在圣托马斯关于自然法的解释上,亚里士多德的影响最明显地体现在自然法的首要原则可以类比为思辨推理的起点的描述之中。"自然法训令是道德论证中的终极论据",因为这些训令是那么地显明无误,那么地铭刻人心,它们绝不会被彻底根除。这在自然法的首要训令(first precept)中表现得再明显不过了:要追求善避免恶(to seek the good and to avoid evil)。麦金纳尼指出,不管我们怎样失于掌握道德生活的具体细节,都不可能不想往终极善:"在我看来,切斯特顿(Chesterton)的一席话似乎抓住了亚里士多德和托马斯理论中的善的总体性:一位年轻人正在敲妓院的大门,切斯特顿评论说,这是在寻找天主。"最后,麦金纳尼强调了托马斯对亚里士多德的倚重,前者把后者当作"权威和盟友",而且他把阿奎那和亚里士多德之间的关系引作"信仰者如果要潜心于神学就必须躬耕于哲学这条道路上的具体例证"。

第二部分:神学语境中的自然法

尽管人们常常认为自然法理论提供了关于人类善的全然哲学性的解释,但它也不可避免地提出神学问题。这部分是由于自然法预设了一位神圣立法者这样的事实。恰如圣托马斯所言,"自然法不过是理性造物对永恒法的分有(participation)。"然而,当我们试图阐明作为道德哲学主题的自然法与其所预设的神学语境之间的关系时,问题就会层出不穷。能在没有任何神学基础的条件下清晰地阐述自然法理论吗?自然神学(即形而上学)可以提供这种基础吗?或者,它需要神圣启示吗?毫无疑问,自然法已经变成了信仰与理性以及自然与恩宠这些关系的焦点问题。本部分的论文就意图探讨这些问题中的一些部分。

戴维·诺瓦克(David Novak)试图通过比较和对比迈蒙尼德(Mainonides)和阿奎那理论中自然法和神法之间的关

系以研究自然和恩宠之间更为广泛的关系问题。他首先尽力证明迈蒙尼德具有一种自然法的理论。虽然迈蒙尼德从来没有使用过"自然法"这一术语,但诺瓦克辩称,他对《米示拿妥拉》(Mishneh Torah)中犹太教律法《诺厄律法》(Noahide Laws,"诺厄族裔的诫命")的解释即使不完全等同于自然法教义,也与它相似。诺厄律法是约束所有人的道德规范,它们除了启示也可以基于"理性的倾向"(the inclination of reason)加以理解。诺瓦克所认为的在迈蒙尼德的理论中存在某种自然法的主张是可以商榷的:犹太律法中存在一些有争议的内容,它们表明出于理性的倾向而不是由于蒙受天主的命令而接受诺厄律法的人既不智慧也不虔诚。按照诺瓦克的观点,迈蒙尼德之所以对在《梅瑟律法》(Mosaic Torah)之外处理诺厄律法犹疑不定,不是因为他怀疑诺厄律法可以经理性倾向而得以认识,而是因为诺厄律法需要借助梅瑟律法才能完成:"从自然法的形而上学基础之外理解自然法即是让人类理性而不是神圣智慧成为所有事物的尺度。"自然法/诺厄律法是人类幸福的必要而非充分的条件。对于迈蒙尼德来说,自然法/诺厄律法是接受神法的普遍前提。

诺瓦克继续指出,阿奎那看待《旧约》法律和《新约》法律之间关系的方式就像迈蒙尼德看待诺厄律法和梅瑟律法之间的关系。在这两种情形下,这种关系都被解释为潜能（potency）和实现（act）之间的关系:后一律法包含并完成着前一律法。对于阿奎那而言,《旧约》法律的持续有效性在于它的自然法的高级原理,这就像迈蒙尼德的诺厄律法是人类完善的必要而非充分条件。诺瓦克指出,迈蒙尼德和阿奎那都坚持神法包含着一种自然法教义,因为他们都承认防止信仰主义（fideism）的根本重要性。然而,迈蒙尼德和阿奎那在自然和恩宠这一更为广泛的问题上却是有分歧的,因为迈蒙尼德完全不承认自然法和超自然法（supernatural law）之间的真正区分。"原则上,所有犹太律法都具有可以在此时此地理性地要求的普遍理由。因此,它们在原则上都是自然法。"当然,迈蒙尼德的理性主义受到了一些神学家的反对,他们趋向相反的极端,是些卡巴拉信徒（Kabbalist）,他们把所有诫命都归于恩宠而不是自然的结果。圣托马斯自然法教义似乎介于迈蒙尼德的理性主义倾向和卡巴拉信徒的信仰主义倾向之间。

马丁·亚夫（Martin D. Yaffe）对于诺瓦克试图在迈蒙尼德理论中寻找自然法学说的做法提出了一些质疑。他指出,迈蒙尼德从未使用"自然法"这一术语的事实应当被视为他不具有自然法教义的标志。实际上,他证明这一术语的缺乏可以由下述事实加以解释:迈蒙尼德的观点最终更接近柏拉图和亚里士多德而不是阿奎那,但柏拉图和亚里士多德是没有自然法教义的。在回应诺瓦克诉诸犹太律法,并以之作为迈蒙尼德理论中存在自然法教义的证据时,亚夫为《迷途指津》(*Guide of the Perplexed*)的理论优先性辩护,而他认为它并不支持一种自然法教义。最后,亚夫对诺瓦克的一句附带叙述提出了质疑:"试图以他们二者(迈蒙尼德和阿奎那)理论之中都具有的亚里士多德主义形而上学的方式进行研究,这就令人颇感惊异。"他表示,如果我们想要正确地解决家庭的自然关系和"克隆人的未知领域"这类紧迫的道德议题,我们就需要进行某种形而上学的思辨。

对于迈蒙尼德的理论中是否存在自然法教义的问题,约翰·戈耶特同样表示怀疑。但他采取的方式却是从圣托马斯的视角进行审视。由于迈蒙尼德认为不能理性地证明世界的创造,所以戈耶特质疑人们能否证明在迈蒙尼德的理论中存在自然法学说。自然法预设了一位神圣立法者,这又需要一个宇宙的创造者和神助统治者。离开创造的形而上学,人们就无法获得一种在理性上可以认识的道德法。然而,阿奎那承认,对于大多数人来说,认识自然法所要求的关于天主的知识是由神圣启示而非理性证明提供的。按照戈耶特的观点,这不是因为这类知识在自然上是不可认识的,而是因为原罪已经深深遮蔽了人类理性,以至于人类需要神圣启示的帮助。因此,戈耶特得出结论认为,"阿奎那与迈蒙尼德是不同的,前者捍卫人类通过独力的人类理性在原则上具有认识自然法训令内容的可能性。"

罗马努斯·塞萨里奥会士(Romanus Cessario, O.P.)试图表明神学家亦有资格探讨自然法问题,因为圣托马斯自己就把它置于神圣教条(sacred doctrine)之中。首先,他澄清了神圣智慧、永恒法、耶稣基督——圣子化身和永恒逻各斯这些概念之间的关系。他这种做法清楚表达了梵蒂冈二次公会(Vatican II)的信条,唯有耶稣基督向人揭示了人自身(参照《教会在现代世界的牧职宪章》[Gaudium et spes],卷22)。因为他是神圣的"逻各斯—子,基督,'他是不可见的天主的肖像,是一切受造物的首生者'(《哥罗森书》[Col],第1章第15节),他体现和展示了",塞萨里奥解释说,"人类存在秩序在世界上所应当采取的样子或形式。"在阐述"永恒的道以何种方式提供着正当道德行为的类型"时,塞萨里奥指出,"永恒法对天主的道、父的永恒的子的类比"超越了神-人作为一种基督徒效仿的正直行为的外在模型的观念。相反,通过呈现为我们的人性,基督圣化了那种本质,由此恢复了"亚当后代在原罪之后被损害的天主的肖像"(参照《教会在现代世界的牧职宪章》,卷22)。

然后,塞萨里奥把注意力转向了道德唯实论者为何会

"把永恒法描述为天主如何认识未来世界"这一问题。他拒绝把14世纪后期唯名论的典型代表唯意志论作为"把永恒法理解为一种神圣创造智慧表达的恰当背景"。他辩称,对于他所谓的"受造秩序的逻各斯类型"的接受并不意味着"基督教神学就支持某种形式的决定论(处在唯名论强调天主绝对自由的另一极端上)"。换言之,永恒法和人的自由在根本上是两个相容的现实。

最后,塞萨里奥在讨论永恒法与拯救时一并分析了这种永恒法的人类知识和各种造物分有它的程度。对此他的主要观点是,在神学意义上,"永恒法奠定了基督救赎计划的基础,这种计划无疑随着恩宠的新法的颁布而完成。"这使得他把法律和恩宠之间关系刻画得和谐一致,又使得他进一步得出结论,"对自然法的恰当的神学评价只能产生于人的生存的三位一体秩序的语境,传统上把这种秩序视为来自永恒法的东西。"阿奎那理解这一真理,并因此把自然法纳入神圣教条(sacra docrtrina)的框架之中。

罗伯特·法斯迪基(Robert Fastiggi)对塞萨里奥的观点提出了友善的批评,他指出了五点有待商榷之处。首先,他认为塞萨里奥需要更为清楚地说明阿奎那的神圣教条的含义。他辩称有恰当的理由证明阿奎那是在比神圣信仰的命令更为广泛的意义上使用神圣教条的。其次,他认为"基督对于受造道德秩序的重要意义——甚至在道成肉身之前"，对于阿奎那抑或天主教传统都不陌生。在这点上他要请塞萨里奥原谅。第三，尽管他在极端唯意志论的危险上赞同塞萨里奥，但他却试图指出"天主意志在受造秩序中确立道德法则的重要性"。第四，他证明塞萨里奥把多明我托马斯主义者（Dominican Thomist）和耶稣会莫利纳主义者（Jesuit Molinist）之间若干世纪的古老争论错误地描述为一个自由和法律之争了。最后，他辩称，与塞萨里奥相反，"这种对天主爱之本质的洞悉似乎并不仅仅发生于我们时代的第一个世纪。"

耶稣会士厄尔·穆勒（Earl Muller, S. J.）的回应以一种断言开始——他认为塞萨里奥虽然关注基督论问题和三位一体，但或许走得太远了——自然法必须"处于一种根本的教会背景之下，也就是说处于一种根本的基督论的语境之中"才能得到理解。为了辨明这一点，穆勒重新回顾了20世纪中期舍尼（Chenu）和吉尔森（Gilson）与哈耶（Hayen）和龙岱（Rondet）之间对《神学大全》结构的争论。他采纳了科尔宾（Corbin）的观点，后者认为《神学大全》的统一性"寓居于基督，神-人之中"。然后，他提出了阿奎那"通过基督理解第二部分中的人性"的三点标志。最后，穆勒证明，虽然阿奎那赋予了护教学一定的位置，但在实践中，"自然法理论只能由那些已经皈依基督,成为教会体系一部分的人才能成功地追求,那是托马斯理解自然法的首要参考。"

第三部分:新自然法理论

在过去的四十年间,杰曼·格里塞——经常与约翰·菲尼斯、约瑟夫·博伊尔(Joseph Boyle)、威廉·梅(William E. May)等人合作——清楚地表述了一种自然法理论,一般称之为"新自然法理论"(new natural law theory)或者"基本人类善理论"(theory of basic human goods)。尽管这一理论的影响无疑部分地对近期自然法思想的复兴负责,它也引发了相当大的争论。这一理论的著名之处在于对(八种)不可通约的基本人类善的神圣性的强调,它受到持比例论(proportionalist)的道德神学家的拒斥,因为它捍卫道德绝对论,还有其他的原因。然而,并非只有比例论者拒斥格里塞学派的主要信条。许多托马斯主义学者,其中包括拉尔夫·麦金纳尼、拉塞尔·西丁格(Russell Hittinger)以及本尼迪克特·阿什利,虽然钦佩该学派对道德绝对论的捍卫,但却质疑格里塞等人的方法是否还属于自然法理论——或者说是否是一种可以要求托马斯主义身份的理论。实际上,本书编辑们对于格里塞学派是否真正属于托马斯主义也莫衷一是。

本部分内容的作者们处理了下述具有争议的领域：理论秩序和实践秩序之间的关系；应然和实然的问题；自然法首要训令或原则的本质；人类善是否处于一个层级结构之中的问题；审慎的智慧在具体道德规范演绎中的作用；天主和神意在伦理理论中的地位。

威廉·梅针对近年来美国哲学家和神学家之间存在的一些自然法思想为我们提供了一种综合性的概述和批判。他对帕梅拉·霍尔（Pamela Hall）、本尼迪克特·阿什利、拉尔夫·麦金纳尼以及格里塞学派等当代自然法思想的概括主要集中在：这些思想家怎样定义自然法，他们怎样理解实践推理的首要原则，以及他们怎样理解自然法的需要和善的序列（即层级结构问题）。他的文章也论述了他们关于我们怎样认识自然法训令以及我们怎样从自然法的首要原则演绎具体道德规范的观点。梅在概述每位论者对这些要点的思想之后，又提出了对这些论者所持观点的各种批判，而且在这一过程中他都明确地坚持托马斯主义立场。梅在整篇文章中都始终关注着两个问题，他认为这两个问题表现了霍尔、阿什利和麦金纳尼与格里塞学派之间的分歧：(1)这些作者在多大程度上忠于阿奎那自身的思想？以及(2)这些思想家的观点是客观真实的吗？

梅同样以捍卫新自然法理论为目标。他简洁地概括了它的主要信条,回应了霍尔、阿什利和麦金纳尼的批判,然后他提出了自己的两个批判。这两个批判分别处理了美德的地位问题以及"道德善"作为格里塞学派人格的善的问题。后面的这些批判是从一位基本赞同格里塞学派,但却对他们思想中的这些方面感到困惑的论者的角度提出的。

马克·拉特科维奇(Mark S. Latkovic)对梅的文章的同情性回应完成了两项任务。其一,他简述了梅对近期自然法思想家的概括,指出了他们之间一致和不相一致之处;其二,他扩展了梅所提出的一个问题:怎样从自然法的首要的和一般的原则演绎出具体的道德规范?与强调审慎德性的霍尔、阿什利、麦金纳尼和劳恩海默的观点相反,拉特科维奇为扎根于格里塞学派思想中的一种立场辩护。

斯蒂芬·朗(Steven A. Long)批判性地研究了新自然法理论,特别侧重于约翰·菲尼斯的著作。他直接瞄准他在这一理论中所发现的一种趋势。他证明这种趋势出现在康德对一种单纯基于实践理性的伦理的证明之中,其中法被理解为不是从属于天主的永恒法,而仅仅是理性主体思想的产物。尽管格里塞等人事实上信天主,但他们却与圣托马斯相反,并不认为天主是我们关于自然法知识的首要要素或者甚至是自然法理论的必要条件。他们未能看到对于阿奎那而言,自然法不仅仅是自然理性的产物,"它是规范性的神学和形而上学秩序，涌入我们的道德逻辑之中，使得这种道德逻辑成为可能，并且根基稳固"。

朗集中关注了两个领域，它们不仅解释了新自然法理论，而且间接地解释了现代和后现代思想家们同圣托马斯所采取的方法之间的更为一般的距离，因为这些思想家们都赞成理性主义者概念体系中的伦理"自主"(autonomy)。首先，朗表明了托马斯在伦理学问题上赋予思辨优先于实践的核心重要性。其次，他证明，对自然法的一种坚定的神律论理解，正如我们在圣托马斯那里发现的，意味着理性道德主体的自由要服从天主的因果性，并且因此同样要服从神意。

对于第一点，朗反对菲尼斯关于基本人类善并非推导自任何思辨理性原则的观点。他辩称，对于圣托马斯而言思辨知识优先于实践知识，这是因为实践知识必然包含着一种心灵的先天等式(prior adequation)，这种等式再进一步指向活动。朗认为，新自然法理论家"没有分清特定的命题在本质上即关涉到行动——因而是实践的——这一事实与这些命题预设的认识的不同性质以便它们能够与行动相关"。他辩称，新自然法理论家所设想的基本人类善理论实质上是"一种不具有思辨内容的真理范畴"，而对于阿奎那而言，"对思辨内容的理解——即便是被实践理性理解——

也是知识本质所要求的。"除了思辨对于实践优先性的这种形式要素,朗同样证明,在道德哲学中思辨的形式优先性向我们昭示了一种实质要素:"目的层级优先于选择"的托马斯主义观念,这不同于新自然法认为基本善不可通约的观念,即"并非规范地优先于选择"。

对于第二点,朗探讨了那些人的实践寓意,他们错误地假定在天主的因果性方面"道德责任要求一种中立的自由"。这种错误解释了自然法规范性方面的"反律法倾向"[xx](antinomian disposition),这种倾向构成了之前和当下世纪道德反思的主要特征。朗辩称,实际上"对这一错误的间接反应"可以解释格里塞等人为何不愿使用"自然法"这一术语,因为它暗含着"人类主体自然地承受着法律的制定者和颁布者的支配",那就是天主。但是,他提出质疑,如果人的自由"对于这种天主的因果律来说是绝对的,那么理性造物在何种意义上自然地受神圣统治的支配呢?"按照朗的观点,人们必须真正地同意圣托马斯,认识到理性意志的行为"既是自由的也是由天主造就的"。他证明,圣托马斯关于自然法是理性造物对永恒法的分有这一定义"要求并表明,理性道德主体的自由从属于神圣的因果性,并且因此受神意支配"。最后,朗在其文章的结尾处证明,那些像格里塞等人一样"不把他们关于道德法的解释围绕天主训令的人就没有遵守圣托马斯·阿奎那的教义,甚至不拥有一种自然法学说"。简言之,对于这些人的理论,以及康德的理论,(朗认为除了基本善之外)我们看不到任何"形而上学和目的论秩序的伦理规范性",而这些恰恰在本质上定义着圣托马斯的自然法学说。

第四部分:法学和政治学

如前所述,在当代的法律和政治哲学中对阿奎那思想的研究成果颇丰。本部分内容的作者们思考了诸如托马斯主义自然法与美国自然法传统之间的关系,20世纪杰出实证主义法律哲学家对自然法理论的批判,法官在自然法方面的义务等方面的问题。这最后一个主题——法官在自然法方面的义务——是现代美国宪法中最具争议的问题之一,而且值得注意的是,即便对此阿奎那的著作也可以贡献良多。

克里斯托弗·沃尔夫(Christopher Wolfe)集中讨论了托马斯主义自然法与美国自然法传统之间关系的本质问题。在简要描述托马斯主义自然法与现代自然权利传统之后,沃尔夫考察了自然法在美国政治史中的运用。他得出结论认为,"问题的实际情况是,美国最具影响的'自然法'形式一直是现代自然权利理论,较为传统的或者说托马斯主义自然法理论的影响力始终极为有限。"然而,沃尔夫也指出,"有可能在美国自然法传统中发现一些重要的渊源以支持那些较为古老的自然法理论的核心原则。"古典的/中世纪的传统和美国自然法传统实际上分享着一种相似的道德观。

沃尔夫继续讨论了20世纪,特别是20世纪60年代以来对这种共享道德观的阐释。他在检讨了自然法在当代美国的近期发展之后得出结论认为,自然法的影响力仍然"非常弱,在很大程度上处于美国知识和公共生活的边缘状态"。这里他的关注重点是自然法思想与美国学界和政治社会制度的主流哲学之间,尤其是与美国最高法院判决之间的疏远关系。然而,沃尔夫也看到了几个亮点。他指出,"美国总体上一直在抵制知识精英的比较激进的趋向","在学界和知识生活中存在着对于某些形式的自然法理论的日渐增长的尊重",而且,"在天主教知识圈之外,对自然法的兴趣日渐增强。"最后,他通过勾勒一项规划作结,"形成一批年轻的自然法学者以及政论家和政治活动家,他们尊重自然法思想,并以自然法思想为知识资源"。

威廉·马西(William Mathie)对沃尔夫文章的回应集中在洛克("美国政体奠基者们的导师")和托马斯主义这两种自然法的差异上。他指出,这种差异实际上是鲜明的,但是,"对较早一代美国人所抱有的教义的正确认识或错误认识之中"存在着对古老自然法理论核心原则的支撑。最后，马西在他的回应结尾处表明，洛克式和杰斐逊式理解的道德和政治不足可以通过亚伯拉罕·林肯(Abraham Lincoln)对美国政体本质的理解加以解决。

罗伯特·乔治(Robert P. George)回顾了汉斯·凯尔森(Hans Kelsen)的著名论文《科学法庭上的自然法学说》(*The Natural-Law Doctrine before the Tribunal of Science*)。他思考了凯尔森对自然法的解释在何种程度上适当地描述了阿奎那的自然法学说，以及凯尔森的批判是否因此瓦解了阿奎那的教义。乔治得出结论认为，凯尔森对自然法的处理"实际上与阿奎那的思想几乎没有关联。因此，凯尔森的批判……很少适合或者无法适合托马斯主义自然法理论"。凯尔森对自然法学说的阐述"事实上与阿奎那的思想没有半点联系。因此，凯尔森对该学说的批判很少或根本不适用于托马斯主义的自然法理论"。

首先，乔治认为凯尔森对自然法的理解与阿奎那对自然法的解释极为不同。具体来说，乔治解释认为，阿奎那没有犯下自然主义谬误，这是凯尔森归于"自然法学说"之上的罪责，而且自然法不一定会"沦为……某种形式的伦理非认知主义(ethical noncognitivism)"。然后，他批判了凯尔森认为自然法理论使得实在法变得多余的主张。按照乔治的观点,"阿奎那坚持认为实在法是必要的。这既是因为现实的人类存在有时需要惩罚的威胁,以便抑制他们去做自然法早已禁止的事情……从而实现基本的正义要求;也是因为经常需要权威的规定去协调行为以便实现共同善。"最后,乔治着手处理凯尔森的下述指责,自然法混合了"道德"和"法律"的范畴,而且这种理论最终"表现为对既存政体的一种意识形态的辩护……"乔治辩称,凯尔森为了败坏所有的自然法思想,特意树立了一个攻击的靶子。按照乔治的观点,阿奎那"以一种相当灵活的方式使用'法律'一词,以便把下述各种要求之间的差别考虑进去:(1)系统法律分析或论证……;(2)我们所称的'描述性'社会理论……;(3)完全批判的(即'规范的','道德的',影响良心的)话语"。而且,阿奎那"显然不能接受凯尔森所宣称的信条:在自然法则之下不存在或者只存在有限的抵抗权"。结果,凯尔森处理自然法的有趣之处在于,"科学的法庭"居然没有着手处理"在自然法传统中处于如此核心地位的一位倡导者的思想"。

拉塞尔·西丁格仔细思考了法官在自然法方面的义务问题。更为具体地说,他思考了"作为法官,一个人是否具有根据对自然法要求的判断无视或改变法律,或者免除法律规定的判决的权力"。西丁格试图把主要精力都放在阿奎那对法官和自然法的有关论述之上,并且最大程度地避免臆测圣托马斯对美国法院司法的政治越权可能做出的评论。

西丁格以对法律和自然法的一般评论开始。他询问道,"法律处于什么之中?"对于阿奎那而言,法律实质上处于立法者的心思之中,这是"托马斯立法原意学说(doctrine of original intent)的基础,也是他坚持法官必须时时支持立法者意图而非书面文字的理由"。然后,西丁格讨论了法学的本质以及立法者与法官之间的角色差别。他解释了法官的受到限制的立场。一个法官必须既遵守自然法(如所有人必须遵守的那样),也遵守人类立法者制定的法律。法官是享有委托授权的公仆,他必须在裁判中诉诸立法者心中的法律。

最后,西丁格转向下述问题,如果法官有理由认为立法者的法律不知何故地不符合或者违背自然法,他应该怎么做呢?对于当前的论题而言,这一讨论的最有趣之处在于,根据西丁格的判断,"托马斯对公正(equity)的理解不会容许法官选择自然法而放弃人类立法者的法律。只有在自然法的这条或那条训令已经为立法者了然于胸,只是以一种实质缺陷(但不是道德缺陷)的方式包含在成文法之中这样的前提下,法官才能提出自然法问题"。然而,阿奎那并不认为法官能够强制执行一种要求某种违背自然法行为的人法。正如西丁格所引述的,"不应根据这类法律进行审断"。但是,即便是在此处,圣托马斯"并没有说人们有资格制定新的规则和标准,因为那代表着立法权。一部败坏的法律并没有给法官颁发立法的执照"。正如西丁格所指出的,"然而,托马斯不会允许随心所欲地诉诸自然法,甚至是一个宪法法院……"针对当前关于美国法院地位的争论,西丁格的结论——基于对阿奎那的阅读——显得清晰明确:"即使是在拒绝作出审断的极端案例中,法官就其作为法官的身份而言,也并没有资格做开路先锋,更无权以他自己的法律去取代立法者的法律。"

第一部分

自然法的哲学基础

1. 自然法的人类学基础：与现代科学的一种托马斯主义式结合

（本尼迪克特·阿什利，多明我会士）

当下各个不同领域的专家对先天-后天（nature-nurture）问题进行着尖酸刻薄的争论。因此，我们可以看到 E. O. 威尔森（E. O. Wilson），一位社会生物学家，试图通过进化遗传学解释人类行为；而另外一位专家理查德·C. 勒万庭（Richard C. Lewontin）却公开指责社会生物学是伪科学。[①]

[①] 对于这段争议的历史请参见乌利卡·希格斯特雷尔（Ullica Segerstrale），《真理的守护者：社会生物学领域的科学争论及其超越》(*Defenders of the Truth: the Battle for Science in the Sociobiology Debate and Beyond*)，纽约：牛津大学出版社2000年版，尤其是第3章第35—52页。

这种争论通常都会以平庸乏味的妥协收场：先天和后天以一种复杂的方式"相互作用"，在判断它们各自对人类行为的贡献上不存在可行的标准。然而，这种妥协却无法终结争议的发生。为何会出现这种僵局？在科学中"自然"（nature）一词是无可避免的，我们用"科学"一词所指代的是自然科学而不是纯数学、伦理学、神学等科学。我们同样也谈论自然法，并且区分人类创造的人工制品或人为对象与自然对象。

4　　此外，科学家们使用可资信赖的标准去甄别可否用自然法解释一种观察对象。因此，他们通过观察大型物体之间的相互引力斟酌牛顿关于重力的自然定律。这在实践中是非常困难的，因为重力是一种非常弱的因素，观察的结果很容易受到偶然（chance）因素的干扰。然而，没有人会怀疑可以通过人的聪明才智设计出一些方法从而高度精确地测定重力因素。因此，一切科学知识都依赖观察，有时甚至需要尖端的技术，由此"自然"事件区别于那些偶然的或归因于人类干预的事件。据此可以看出，"自然"是事物在独立于偶然因素或人类有意安排等干涉时所展现的一致或规律行为。

假如我们像理解物理学那样理解"自然"一词，那么在区分人类行为中的自然部分和非自然部分就基本上没有困难,所需的只是观察人类行为,然后略去人类行为中非普遍的、不规律的和不一致的那些特征。当然,当做出这种尝试时,显然可以发现人类行为变化无常,其中的很多内容不能视为是"自然的",并因此不得不归因于偶然或技巧。但是,全体人类所共同具有的特征的可以证明的剩余部分是存在的。如果它们不存在,那么谈论现代人类(Homo sapiens)就毫无意义。

对于人性(human nature)这些归纳出来的特征可以列举广泛的例外,但这也不能瓦解它们的科学效力。甚至重力定律也被证明存在诸多例外——例如,一片树叶停留在风中或者一个热气球只升不降。但是,当我们发现这种例外时我们总会去寻找某种偶然的因素,例如,气流碰巧使得树叶处于那种状态,或者人为技巧制造了这种热气球,在它里面充满了氦气,这些因素可以解释这些例外;我们并没有放弃落体的定律。因此,似乎先天和后天的争论在原则上是可以解决的,即便在实践中并不总是能够解决。我们对人类行为所做出的观察越是精确,就越会清晰确定地发现人性不同于"后天"(nurture),或者换作其他的术语,"文化"(culture)和偶然(chance)。

但是,我们怎么区分"文化"和"偶然"?19世纪的决定论科学拒斥"偶然"的现实。它相信拉普拉斯(Pierre Simon

de Laplace)的主张:如果他确切地知道某个特定时刻的宇宙状况,那么就可以绝对无误地预测它的全部未来。② 如今量子论和混沌理论已经使机械论主张显得荒谬不堪。量子物理学的自然定律(natural laws)并不预测物质的精确未来,而是只是提供其变化的概率范围。③ 这些定律随着物质活动均值的提升呈现出决定论的外形,但是它绝不排除高概率事件。混沌理论表明自然过程初始条件的微小改变,甚至是那些几乎难以察觉的微小改变,都会造成这一过程最终结果的巨大差异。它同样揭示出即使起初纯属随机的过程,即偶然性所决定的过程,如果在某些特定的结果上呈现出充分重复的相似性,那么在先前也会显露出隐蔽的自然决定论。④ 例如,钟摆的摆动实际上是非常随机的,但是如果多次摆动的长期稳定性可以充分计算出它的均值,那么就可以用作一种固定的计时标准,并且可以证明牛顿的重力定律。

---

② 皮埃尔·西蒙·德·拉普拉斯(1749—1782),《关于概率的哲学文集》(*Philosophical Essay on Probabilities*),特拉斯考特(F. W. Truscott)和埃默里(F. L. Emory)英译,纽约:多弗出版社1951年版,第4页。

③ 关于这个主题请参见默里·盖尔曼(Murray Gell-Mann),《夸克与美洲豹:简单物与综合体的奇遇》(*The Quark and the Jaguar: Adventures in the Simple and the Complex*),纽约:弗里曼出版社1944年版。

④ 对此请参见詹姆斯·格雷克(James Gleick),《混沌:造就一种新科学》(*Chaos: Making a New Science*),纽约:企鹅出版社1988年版。

偶然性无法从我们对自然界观察结果的解释中剔除，它潜藏在自然定律的事实之中。自然和偶然可以区分，但却无法摆脱地相互勾连。因此，斯蒂芬·杰伊·古尔德（Stephen Jay Gould）会说，达尔文主义的生物进化，这个在当下被视为全部生物科学基础的自然过程，在很大程度上也是一个偶然性的问题。⑤ 我们可以用种种不同的自然定律重构一个物种的诞生史，但却无法消除偶然性的因素。偶然的现实并不违反自然法，因为偶然对于我们来说意味着一个按照其自然本质合法运行的事物干扰到另一个根据其自然本质合法运行的事物的活动。用来测量两个重物之间万有引力定律的实验从来都不可能十分精确，因为它们可能受到实验室内轻微空气对流的干扰，也可能受到实验室外一辆过路卡车的震动的妨碍，或者可能受到其他因素的影响。

当然，也可能存在第三种法则，它以一种一致的方式调整着另外两个物体。如果这是真的，那么我们就有着一套复杂的因果系统。然而，即便如此，也没有任何科学的证据

---

⑤ 并非所有达尔文主义者都会同意古尔德的观点，请参见奈尔斯·埃尔德雷奇（Niles Eldredge），《重塑达尔文：进化论贵宾席上的伟大争论》(*Reinventing Darvin: The Great Debate at the High Table of Evolutionary Theory*)，纽约：约翰·韦利和森斯出版社1995年版。

证明我们的宇宙是由某种单一法则紧密控制的系统,直至可以消除一切偶然事件。做出这种假定的唯一条件是要满足拉普拉斯那样的决定论者的偏见。但是,科学的进步不仅不需要对决定论的妥协,而且它还会受到这种决定论的妨碍,正如爱因斯坦对决定论的偏袒曾一度阻碍了对哥本哈根(Copenhagen)量子现象解释的接受。

在我们解释观察世界的结果时,"人为的"这一概念,或者说自由的、人造的因素,同样也是如此。当然,有人认为,如果我们很好地了解人性以及人类当前的境况,那么就可以预测他们未来的行为。他们试图发现"历史的法则"(laws of history)。但是,现在已经证明偶然性在宇宙史中发挥着重要的作用,我们怎么能假定人类史更具决定性?事实上,通过在进化的世系中对比观察我们人类的行为和那些与我们相近的类人动物的行为,我们很快就会发现,除了决定论法则和偶然性几率之外,自由选择也进入了人类行为之中。"文化"这个概念表明人类具有高度的创造力。

富有创造力意味着可以思考选择的可能性,并且在它们之中进行选择以发现实现特定目的的恰当手段。⑥ 因此,先天和后天的争论实际上是关于自然——与自然中的偶然

---

⑥ 《神学大全》,第一集,问题83。

因素——有助于解释人类行为的相对程度，以及人类自由对它的作用程度的。自由和自然的相互联系就像自然和偶然的相互联系一样，并不否定决定论或者人类行为的自然方面，而是使它更为完美。例如，人类文化的典型特征是语言，然而语言学家向我们证明，在人类语言中心理法则和自由创造是何等的相互交织。所有正常发育的婴幼儿都具有学习其父母语言的非凡天赋，而且他们所学习的语言是由他们父母的文化所决定的。但是，这种语言每天都因新词或新用法的创造而一点一点地发生着改变。因此，人类语言的历史种类是庞杂的，至今已有大约6000种左右。

我已经相当详细地讨论了这些问题，旨在表明对"自然法"的探讨需要关于"自然"和"偶然"的定义明确的概念，而对"自然道德法"的探讨也需要设定"自由"的概念。在当今文化中，"自然道德法"的传统概念虽然是生发出现代社会价值系统的基础，但却常常被人们拒绝，究其原因在于这些概念混乱不堪，对它们之间的相互关系也误解重重。

阿奎那的人类学或人性理论

圣托马斯·阿奎那对于我们当下试图恢复"自然道德法"的本旨颇有助益，因为他细致深入地分析了自然、偶然和自由这些概念的区别和联系，而这正是当今许多伦理学争论所忽视的内容。阿奎那的人类学是真正经验的,完全建立在我们所观察到的人类行为的基础之上。当然,他缺乏我们现在可以从生物学、人类学、心理学和社会学中获得的大量的信息资料。毫无疑问,如果他面对当前的知识爆炸,也会像我们一样不知所措。但是,他的资料的贫乏迫使他进行一种根本性的分析。当我们使用一架望远镜或一部显微镜时,我们必须解释并证明我们通过它们所看到的东西与我们的肉眼所见大体一致。我们现在经常忽视这一点。对于我们当前通过全球旅行或者编制病例所能收集到的人类学和心理学材料也是如此。一位外部观察者对于精确理解外国文化的内容总会有特殊的困难。一位临床医生知道人们在他诊室的行为方式,却无法揭示他们在自己家里的行为方式。

阿奎那为我们仔细地分析了我们在日常生活中可以获得的先于任何特殊观察技术的知识。因此,他的结论具有不受流行意识形态影响的特殊价值。不仅如此,我们只能把它们视为一种极为广泛的轮廓,必须随着人性的发展不时地往里面填充更多的细节。

8　　通过这种质朴而概括的方法探索人性,我们认识到人类是活物,动物,并且是非比寻常的动物,这正在于我们拥有一种创造性的文化,通过一种包含抽象概念的真正语言进行社会交往是这种文化的标志。圣托马斯并没有像古代哲学家——如柏拉图——那样开始,或者像自笛卡尔以降的大多数近代哲学家那样,反思我们的内在意识,然后试图通过"我思故我在"(cogito ergo sum)演绎出人性的其他特征以及我们与周遭环境的关联。在形而上学方面阿奎那是一位亚里士多德主义者,他认为自我意识,也就是我们的内在生命,比任何其他事物都更要晦涩和神秘。由于我们应当从更为了解的事物深入到较少了解的事物,所以研究人性的正确方法是从构成我们环境的对象出发,其中尤其包括我们能够触摸、看见、听到和嗅到的其他的人(human beings)。通过对这些可感知对象及其行为的观察,我们可以逐步认识我们内在生命的晦涩和神秘。⑦ 因此,阿奎那一定不会接受笛卡尔关于人的二元论。尽管我们人类由精神性的灵魂和物质性的肉体构成,但它们是相连的,就像系统组织与它的各个组成部分的关系一样。只有认识了各个部分才能认识系统,同时除非根据各个部分在整个系统内部

---

⑦ 那些从《神学大全》中呈现阿奎那哲学的作者们经常使阿奎那的哲学思想变得模糊不清。在《神学大全》第一集问题 75 中阿奎那从灵性的人的灵魂出发,然后在问题 76 中降到它的肉身。这是因为神性所遵循的顺序是从天主的自我启示降到他的创造物,从天使到灵性灵魂再到肉体的创造。但是,在圣托马斯对亚里士多德著作的评论中却遵循着一种严格的哲学顺序,以肉身开始,逐渐地上升到灵性灵魂。

的运行就无法理解各个部分。

阿奎那通过这种方法研究人性，论定存在着一种人种类型(human species)，它的所有成员在本质上都是相同的，尽管在次要的意义上他们可能差别很大，比如，在性别、成熟程度方面，但在本质上他们仍然保持相同。只有特别关注正常和完善的标本我们才能获得对人性的最佳视角。至于性别，这意味着以关系互补的方式思考男人和女人；至于成熟程度，有必要思考从受孕到死亡直至永生的生命过程。然而，人的许多不同之处都与人性的探讨无关，比如，肤色、教育以及特定时空下所特有的风俗习惯。正是通过对何为普遍、何为特殊的探寻我们才会接近对于人类而言何为自然的内容。

人类语言的事实、家庭生活的特殊形式或者更大范围的社会生活是人类动物的典型特征。阿奎那把它们作为理解人性最为具体和独特内容，并因此作为解释我们所拥有的特种动物躯体的线索。标出人类界限的特殊能力是人类语言所展现的人的抽象思维能力。⑧ 人的自由、自由选择和道德规范的可能性，以及由此而生的人类社会创造一种文化和人工技术的能力都源于上述能力。现在对动物行为更

---

⑧ 《反异教大全》(SCG)，卷4，第41章。

为细致的研究表明,一些猿不仅有着学习新的行为方式的能力,还具有以某种文化形式将其传递给后代的能力,它们具有一种语言,可以习得较好的交流方式,而且它们不仅能使用工具还能制造工具。当然,阿奎那很可能也知道鸟会筑巢,蜜蜂会构建蜂房,而猿能使用木棍作为武器。如今我们开始认为尼安德塔人(Neanderthal)会使用石质工具并懂得用火,但或许还不能说话,在基因方面还不属于我们人类。⑨

然而,一旦我们同意教宗若望·保禄二世关于人类源于生物进化的观点,我们就不会对上述的发现感到惊讶。⑩在生物进化的过程中,一些低等的生命形式一定非常接近较高的上一级生命形式。然而,存在着新的物种产生的节点,它由某些新的具体特征表示出来,这些具体特征在之前只具有类似的近似值,就像第一份示意图一样。再者,按照阿奎那的观点,人类所特有的不是任何种类的语言,不是任何种类的传递习得的能力,也不是任何种类的使用和创造

---

⑨ 参见伊恩·塔特索尔(Ian Tattersall),《变成人类:进化与人类独特性》(*Becoming Human: Evolution and Human uniqueness*),纽约:哈考特·布雷斯出版社1998年版,第164—173页。

⑩ 教宗若望·保禄二世,"致教皇科学院的进化论启示"(*Message to Pontifical Academy of Sciences on Evolution*),载《起源》,第25卷,总26卷,1996年12月5日,第414—416页。

工具的能力,而是抽象思维的能力以及因抽象思维而成为可能的自由选择的能力。⑪ 我们对表现出这种抽象思维能力以及自由选择能力的过去的或者活着的古猿一无所知,但却可以在每个正常发育的孩子身上观察到这些活动。

如果阿奎那从这些观察中得出的人类独特的本性在于智力和自由意志这一结论是正确的,那么问题就在于这些能力与下述事实之间的关系:我们显然也是动物,依靠植物也具有的营养和再生的能力而存活,并且还受统治着无生命物质的物理法则支配。关于人类解剖学、生理学和基因学阿奎那所了解的远比我们少。他甚至还追随着在今天看来荒诞不经的亚里士多德的错误意见,尽管后者根据的是希腊医学,即认为心脏是人体最主要的器官,而我们今天都知道是大脑才对。⑫ 然而,我们可以遵循阿奎那的观点,认为人体的独特特征适于某种有机体,这种有机体的行为是理性的、自由的,而且能够控制其环境。他指出,人手具有相对的大拇指,能够非常灵巧地控制活动,这就是智性动物

---

⑪ 《神学大全》,第一集,问题 79 第 1 节;问题 80 第 2 节;问题 83。
⑫ 对于亚里士多德为何犯下这些科学错误,请参见我发表于《新经院主义》(*New Scholasticism*)上的文章,"亚里士多德的迟缓地球,第一部分:《论天地》的难题"(*Aristotle's Sluggish Earth*, *Part* 1: *Problematics of the De Caelo*),1958 年 1 月第 32 期:第 1—31 页;第二部分:"证明中项"(Media of Demonstration),1958 年 4 月第 32 期:第 202—234 页。生物学部分从未发表。

1. 自然法的人类学基础：与现代科学的一种托马斯主义式结合　43

所需要的那种工具类型。⑬当前，我们可以借助身体对服务于理性生活的进化性适应极为详细地解释身体的解剖学和生理学，尤其是大脑，而且通过发展现代科学技术我们可以运用这些显著的控制手段控制它的物理环境。

然而，人类特有的抽象思维能力说明了我们为何需要一个这么大的大脑，以及儿童为何像大脑的发育那样成熟得这么缓慢，等等。这就提出了智力与大脑之间的关系问题。当下许多人相信，我们不久就能够制造出会抽象思维的计算机，它甚至可能比人脑更好地进行思考，从此之后人脑就只是一个精密的计算机，人类智力也只是对这种计算机的操作。然而，如果有人仔细研究这一主题上的现代文献，⑭他就会发现，即使阿奎那了解我们现在所知道的一切，他仍然绝不会得出结论说我们的智力就是对大脑的操作。11相反，他会推导说身体的主要器官一定是内部感觉的器官，这种器官一定是智力的主要工具，但只是它的工具而已。⑮

智力活动在认识物质对象时绝对地超越它们的物质

---

⑬ 参见阿奎那对亚里士多德《论灵魂》的评论，卷3，第13讲，注释789及以下。

⑭ 对于这个问题在当前科学中的介绍，请参见罗杰·彭罗斯（Roger Penrose），《皇帝的新思维：电脑、思维和物理定律》（The Emperor's New Mind: Concerning Computers, Minds, and the Laws of Physics），纽约：维京-企鹅出版社1990年版。

⑮ 《神学大全》，第一集，问题76第4节和第7节。

性,智性的人类在理智地认识这些对象时间接地认识他们自身的超越活动以及他们自身对物质的超越性。因此,我们不仅是物质的、肉体的存在,而且是那种物质性存在,它的形式是非物质的,即精神性的,并且我们因此能够进行动物或任何其他物体无法进行的活动。许多深刻地思考过"心体问题"(the mind-body problem)的现代科学家都承认没有任何的人工智能机器能够真正地进行思考,而是只能完成有思考能力的人已经为它写好了程序的计算。正如数学家库尔特·哥德尔(Kurt Gödel)所证明的,人类思维总是能够想出某个难题,这个难题是人类思维目前所设计出来的任何计算机程序都无法解决的。然而,人类思维或许能够设计出一种新程序成功地解决这个新问题。我们总是会比我们的计算机快上一步!

对于说我们的智力和自由意志是精神性的机能,以及说我们是人而不仅仅是动物,而且是精神性的存在物——人类,阿奎那作出了一般性的解释。我们只能通过与直接观察到的物质性的东西进行类比才能认识这一点,因此我们的解释总是不完美的,有待改进的。然而,阿奎那能够以这种方式分析人类的肉体-人格(body-person),它为心理学提供了一种比该领域内已经存在的众多敌对理论所能提供的更为坚实的基础。这一分析的最有价值的特征在于,精神性的存在物因为超越于自然法的决定论和偶然性从而具有对自身生活的责任。为了实现这种责任,一种伦理的科学最为有益。

阿奎那的自然道德法理论

因为对于要做什么或不做什么我们有责任做出自由和智性的选择,所以我们不仅要对塑造自己的生活负责,而且要对塑造我们自身负责。那些现实地、智性地行动的人使得他们更易于做出现实而智性的决定。这种持续地并且具有某种自发性地做出好的生活决定的能力或性格的生长就是阿奎那所称的美德(virtue),与之相反,对于那种非智性地、强制性地行为的倾向,他称之为罪恶(vice)。⑯ 通过我们的自由决定,我们成长为善良的或者邪恶的,更为自由的或者更为依赖的,成为好人或者沦为坏人。

但是,我们怎么判断什么决定有助于而什么决定又有害于其概念赋予我们的巨大潜能的人性呢? 阿奎那认为这些决定总是关于手段而不是关于目的的。⑰ 假定我们想实现某个特定的目标,我们的智力和自由使得我们可以确定具体的行为会不会有助于我们实现那一目标,或者会不会

---

⑯ 《神学大全》,第二集第一部分,问题49—56。
⑰ 《神学大全》,第二集第一部分,问题13第3节。

破坏我们实现该目标的努力,因此我们可以自由地选择或不选择某个特定的手段。那么,是什么决定着我们的目的或目标的内容呢?显而易见,人们致力于不同的目标,鉴于这些不同的目标他们选择实现目标的相应手段。有人致力于追寻美德,而有人却选择邪恶的生活。

这就是本性或自然道德法介入的端口。阿奎那坚信,人性在质料和精神上都固有地指向幸福(happiness)这一目标。[18] 没人真正地不去选择幸福。对于人类而言,这种由我们的本性推动我们去追寻的幸福是非常复杂的。它是由对我们本性所固有的若干不同需要或目标的满足构成的。然而,这些内容必须以一定等级的美德加以协调,其中有一种美德是至高的。

按照阿奎那的观点,[19]这些基本的人类需要有:(1)食物,健康,安全,以及实现这些需要所必要的物质手段;(2)与其他人共同组成的团体(community),在这种团体中我们可以获得和分享单个人所无法实现的东西。这种社会的需要有两个层次:(a)出生和受教育的家庭,对于大多数人来说成熟后要建立恩爱而有成果的性关系以维持我们种

---

[18] 《神学大全》,第二集第一部分,问题1。
[19] 《神学大全》,第二集第一部分,问题94第2节。

族的延续;(b)更大的团体,各种才能和合作的成果使得人们能够实现物质幸福和家庭安全的主要需求。(3)我们第三项大的需要是对真理的追求,即认识他人、我们自身以及世界,最为重要的是认识造物主,他创造了我们,让我们成为他的朋友。

这三种基本的需要形成了一个等级结构。第一项需要是实现其他需要的基础,然而我们可以牺牲许多物质的善,甚至是健康或者生命本身,从而去稳固我们的家庭、更大的社会或者去获得智慧。至于社会,不管是家庭抑或更大的团体,它的最高成就就是促进真理。真理既引导生活实现其目标,也是体现在与他人、人类、天使或与天主之间友爱关系中的最高人生目标。对于这最后的目标而言,虽然其他的内容也是目标,但它们却都是从属性的。因此,真理的实现使得正确的决定成为可能,这是因为它向我们表明了什么是真正实现幸福的手段,以及这些手段当中哪些是最为有效的方法。

然而,尽管我们在本性上都追寻幸福,因为正是自由使得为着目标选择正确的手段成为可能,但是,我们同样可能因自由而做出错误的选择,从而使得我们自身的幸福成为不能,并且也使得他人实现幸福也变得困难。这是为什么呢?苏格拉底和柏拉图都认为,认识善的人绝不可能去选择恶,因为那会是去寻找悲苦而不是幸福。如果我们人的智慧,像我们的造物主的智慧那样无所不知,这种说法是对的。然而,所有受造物的智慧都是有限的。他们所考虑的最为重要的方面也不过是他们直接利益的局部而不是全局,他们所追寻的也只是自身的幸福而不是个人幸福只占其中一个部分的全体的幸福。

撒旦是所有造物中最为智慧者,是具有广泛知识和自由的纯粹精神体,但他却对他的真正幸福失去了判断力,那种幸福只存于一种与天主为他的所有造物规划的生活之中。他和一些天使犯下了骄恃之罪,只贪图自己的幸福而罔顾他人的幸福。他们都是智慧的,都现实地知道这是个自我毁灭的选择,但他们却都沉溺于自身的利益之中。因此,苏格拉底和柏拉图说错误的选择源自无知,这是对的,但他们错过了阿奎那的要点:我们可能故意无视我们所知道的更为抽象的真理从而滥用我们的自由,并且故意追求一种更为即刻的善。

阿奎那解释说,忏悔我们有罪的选择对于我们来说是可能的,但对于堕落的天使却是不可能的。[20] 特别智慧的天

---

[20] 对于阿奎那的这个论点,请参见雅克·马里旦,《天使的罪》(The Sin of the Angels),威斯敏斯特,马里兰:纽曼出版社1959年版。

使,形体变化多端,准确地知道他们的所为,却从不改变他们的心思。然而,随着我们身体的状态(mood)和知觉(perception)的改变,我们在不同的时间对事物的理解也不同,因此在天主的帮助下我们可以忏悔。晚上饮酒太多的人可以在他因宿醉而感到痛苦的第二天早晨进行忏悔。然而,他不应忘记这次的醉酒(可能)已经让他上瘾,从而使他容易再次喝醉,并且每次忏悔也会变得愈加困难。另一方面,如果抵抗住了诱惑,他就会开始修德,从而最终使得节制变得容易。

那么,在阿奎那看来什么是"自然道德法"呢?[21] 首先,它是对我们的人性、我们对幸福的需要、幸福生活的因素以及它们的相对重要性的正确理解。简要来说,它就是对我们必须追求幸福的至高目标及其从属目标的具体理解。其次,它是对实现这一至高目标及其全部附属目标的各种手段的正确理解,如果我们想真正为幸福而努力就必须在这些手段中进行选择。就这些选择而言,很明显每个人都处于不断变化的生活境况之中,他们有时会因特定的手段不实际而将其排除在外,同时也会因其他手段可行而采纳它们。

因此,我们发现在选择过程中存在着某些非常一般的

---

[21] 《神学大全》,第二集第一部分,问题94。

原则,它们建立在人性固有目标的基础之上。这些一般的原则就是自然法的首要训令,并且对于任何有思考能力和人生经历的人都是不证自明的,例如,我们都需要保持健康、维护安全,都需要结交朋友,都需要获得对对错行为的现实理解。同时,还存在着从成熟的人生经验和广泛的伦理智慧获得的更为具体的原则。从中我们可以认识更为详尽的善的生活的规则,比如,在饮食习惯和性欲望方面养成自我控制的重要性,在逆境中正道直行的重要性,以及在家庭和团体中尊重他人权利、履行自身义务的重要性。

在这层道德含义上,我们明显可以看出,一些似乎诱人的行为始终都是错误的。它们之所以被认为是"本质上恶的"不是因为没有善的方面,而是因为它们从根本上阻塞了我们实现真正生活目标的路径以致难以成为实现该目标的实际有效的手段。[22]

例如,要求与一个不情愿的对象发生性关系(强奸)在本质上是恶的,这不是因为它似乎无法在特殊的情形下带

---

[22] 若望·保禄二世的通谕《真理之光》捍卫了教会的传统教义,认为某些针对特定人类行为的具体的否定性训令总是义务性的,因为它们证明这些行为是"本质上恶的"。换言之,在一切情况下,不管出于何种意图实施这些行为都是与人生的真正目的相矛盾的,因此它们总是客观地有罪的。这个宣言之所以必要是因为"比例主义"的理论否认这一学说,而一些杰出的天主教道德神学家拥护它。

来好处,而是因为我们作为性存在物(sexual beings)的本性只有在性关系被用来表达家庭之爱时才能得到真正的满足。当把性活动强加给对方时,对方的权利受到侵犯,而强奸者也把自己变成了一个与真正的人相比更像动物的东西。说谎也与此相似。尽管它有时似乎是实现好的结果的手段,但事实上它总是触犯作为社会基础的人与人之间的诚信关系,并且使得说谎者孤立于他所需要的团体之外。然而,请注意,在有些社会背景下作为一种谎言的东西在其他的社会背景下可能只是一句玩笑或者习惯性表达,对于它们任何人都这么认为,所以是非沟通性的。因此,在某些事项上好的道德决定要求我们细致入微地理解我们真正选择去做或拒绝去做的行为是什么,以及我们为着何种动机去选择。

最后,在第三层的道德判断上存在着成熟的、审慎的美德,我们可以借助它在深思熟虑地做出好的决定上变得游刃有余,甚至在特别复杂和异乎寻常的情况下也是如此。[23] 对于具有审慎智慧的人而言,做出深思熟虑的决定似乎成了他们的"第二本性",他们也知道怎样采纳别人的劝告并从更智慧者处获得指导。我们或许会因无知犯错而被宽

---

[23] 《神学大全》,第二集第二部分,问题47—56。

恕，但当我们认识到需要指导却拒绝探寻或者拒绝服从时就不应乞求宽恕。因此，与自然法相一致的行为就不仅仅是简单地遵循一般的规则。除此之外，它还需要不断地追寻对自然本性在特定情形下要求什么这一问题的真正理解。

对于所有人都能明确知悉并轻易获得这种实践的、审慎的道德智慧，阿奎那没有抱任何幻想。《圣经》向我们生动地表明了人类是怎样缓慢地获得对何者是真正的善的适当理解的。如果不是天主通过启示的佑护，人类或许在很久以前就已经毁灭了。在我们自己的时代，我们业已经历了核危机，那时我们曾濒于全人类共同灭绝的边缘，而且这种危机很可能在将来再次出现。

在一个道德观点相互冲突的社会中，人们会发现很难在精确的意义上理解自然法。即便是遵守我们在特定时间认识到的自然法也是困难的，因为本来应该帮助我们正确行为的文化却常常诱导我们犯错。女人杀死她的孩子显然既与她自己的本性相悖，也与孩子的本性不符，然而在我们这个屠戮的社会中，我们在"自由选择"的名目下对我们自己和他人的行为都丧失了判断力，而且在她缺乏良好的社会援助的情况下我们也无法尽自己所能地帮助她做出好的选择。

有句深刻的谚语说得好，"天主总是乐于宽宥，但自然

1. 自然法的人类学基础:与现代科学的一种托马斯主义式结合

本性却从不如此"。我们要认识我们的行为对我们自己以及对那些我们需要与之分享共同生活的他人的自然结果,据此做出自由、合理和现实的选择,这是自然法的要求。如果我们不服从自然法,或者我们的社会不通过它自身的法律或社会制裁加强这种服从,自然法就会自行强制实施。即使我们对自然法的违反是出于无知,或者对有意的违反表示忏悔,我们还是要付出代价。如果没有选择通向幸福的实际路径,我们就无法收获幸福。

回应

品质作为道德判断的推动者
（珍妮特·E. 史密斯）

17　阿什利神父非常正确地指出,虽然道德判断随文化差异而各不相同,但这并不意味着不存在普遍的、客观真实的道德判断。他在这种关于证明重力和事物之间的万有引力问题上困难重重的语境中很好地说明了这一点。偶然介入的因素会歪曲数据的读值,但经过足够仔细的观察和校准就可以证实关于重力的主张。人们需要合适的工具或者标准才能做出正确的判断。

我非常欣赏斯蒂芬·科维(Steven Covey)曾经使用过的一个方法。他让一屋子的人每人伸出一只手臂指向北方。结果人们的判断大相径庭。然后他问道,如果仅仅因为人们对北在哪儿意见不一,就意味着不存在北这个方向,或者说就没有办法去认识它吗?

最近,针对那些试图弄清怎样反驳文化相对主义(cultural relativism)的学生,例如,怎样确定一夫多妻或一夫一妻是否是婚姻的正确形式,或者同性恋在道德上是否可以允许,我也特别重视这种论证方法。我说我们没有全面一致地采用这一原则,即不同文化具有不同判断就表明不存在客观的真理。例如,因为某些文化或者某些时代会认为放血是治疗某些疾病的方法,我们并没有因此承认这是治疗这些疾病的真正方案。当然,治疗疾病的方案不止一种,例如,草药和手术可以治疗某些癌症,但这并不意味着没有无效方法的存在的方案。由于这些学生正处于欧洲旅行期间,我发现他们看到过各地洗浴设备的重要差别,比如说奥地利的或者意大利的,对于孰优孰劣他们都可以毫不费力地作出判断。18

他们发现,健康和生活保养是我们借以判断医疗和浴室的标准,然后就接着问,那么,什么是判断道德主张的真理性标准呢?当然,对于这些学生来说,他们都认为强奸是错的,奴隶制是错的,但他们不知道是怎样得出这些结论的,也不知道怎样去证明他们的信念。我试着使他们相信,证明道德主张的难题同样也存在于证明那些他们认为已经确定的主张之中。还是赶紧说说我的目的吧!我的目的不是要把他们对道德判断的怀疑扩展到所有判断之上,而是要把他们对许多事项的信心同样延伸到道德问题的事项之上。

由于他们一般都把增进健康和提高生活标准视为善的,我就问他们是怎么知道健康和生活保养是善的。这令他们有点窘迫。当然,有人会说这是明白无误的或不证自明的,或者它对于我们想要保持健康和保养生活是自然的,但我们现代人不允许这般断言:我们需要某种研究或者证明。学生们难以回答这个问题的状况揭示了一个深刻的需要,需要解释我们可以认识事物这是如何可能的。

或许这里非常适合谈一点亚里士多德主义/托马斯主义的认识论。《形而上学》卷11第6章一个不那么引人注意的段落指出了我想在这里强调的问题:

> 普罗塔格拉的说法与我们刚才的观点相仿。他说人是万物的尺度,这就意味着对每个人显得是的东西就是确定不移的。如果是这样,那么同样的事物既是又不是,既坏又好,全部对立陈述的内容也都成了真的,因为特定事物经常对一些人是美的而对另外一些

人反倒不是,而那对每个人所显现出来的就是尺度。

这正是我们要探讨的问题——因为不同的文化和不同的民族看待事物的方法也各不相同,那么就没有裁断他们的主张或解决争议的方法了吗?亚里士多德继续说:

> 但是,同等地关照争议双方的意见和想象这是幼稚的想法;因为他们之中显然有一方是错的。而且从感觉发生的事项中也可以明显地看出这一点;因为同一事物不可能对于一些人来说是甜的而对另一些人来说与甜相反,除非在辨别前述味道的感觉器官受伤或扭曲的情况下。即便是在这种情况下,一方也应该被视为尺度而另一方却不是。而且我认为对于好与坏、美与丑,或者其他的类似性质也同样如此。因为坚持我们所反对的观点犹如坚持认为,那些在人们把手指放在眼睛底下使它看起来是两个而不是一个的事物一定是两个(因为它们显得是那个数目),而又是一个(因为对于那些眼睛没有被干扰的人来说只呈现出一个)。①

---

① 亚里士多德,《形而上学》,罗斯(W. D. Ross)英译,《亚里士多德基本著作选》(The Basic Works of Aristotle),纽约:兰登书屋1941年版。

我们何不都做一下这个小实验呢？用手指戳一下你的眼睛下方，你会发现自己看到了重影。这说明现在房间里的人数是以前的两倍了吗？或者这只是说明你产生了错觉？我们怎样知道谁在正确地观察事物呢？我们选择那个感官在正常活动的人。我们怎么知道哪个人的感官现在活动正常呢？我们或许会发现所有这些测试都是有用的——有时候一次投票表决就可以了，而有时候我们可能需要测试某种与其他感觉相反的感觉，或者发明一些工具过滤掉被扭曲的东西。通常我们会认为自己能够找到一些确定何者感觉正确的方法——尽管我们开始常常不会同意。

这一段落中有两点极其重要。其一是感知者的状况在某种程度上决定着什么正被感知，其二是当我们的感觉器官和判断官能运行正常时，一般来说我们对感性材料的感觉以及我们的审美和道德判断就是正确的。

再者，关于使用视觉的例子也是有用的。那些视觉扭曲者不是可见现实的正确向导。亚里士多德认为在道德判断中那些邪恶者不是什么是善或什么是恶的正确向导。我相信亚里士多德在《形而上学》的这个段落中所说的是，正如我们的感觉如果活动正常就是认识现实的可靠向导，那么对于我们的灵魂而言，如果我们的感情和理性配合得当，我们的判断也会是什么是善和什么是恶的可靠向导。那些灵魂得到恰当安置的人就是那些能够判断什么是善和什么是恶的人。当我的学生告诉我，瘾君子们认为是可卡因而不是美德才是幸福的钥匙，而且还应当尊重这些人的想法时，我就问他们，为什么我们还要把那些做出了这类错误判断者的想法当真呢！无论如何，我们都不会向盲人询问颜色。我们知道他们的判断是不准确的。我相信亚里士多德会认为在通常情况下，区分有德者和无德者与区分盲人和正常人其难度相当。

我再把这一点提炼一下。亚里士多德和阿奎那的伦理观点的基础在于确信所有人都分享一种自然或本质，而且通过这种本质人们可以正确地感知现实。正是这种本质或自然，而不是自然的法则，才是自然法的真正基础。无疑，我们具有对什么是对我们是善的自然欲求，而且它们因此是什么对我们是善的有用指示，但它们必须借助理性加以安排。从我们刚才引用的《形而上学》段落可以看出，亚里士多德在人的肉体的欲望、感性的欲望和理性的欲望之间进行了非常强烈的对比。阿奎那也持这种观点。他们都认为人的感觉能够准确地掌握特定的物质对象，同样也都认为人的欲望会把他引向对他是善的对象。

除非存在缺陷，否则眼睛可以正确地看到颜色，味觉能够正确地尝到甜苦，触觉也能够正确地分辨软硬。我们对食物、饮水、睡眠、性、伙伴关系、正义和友谊的欲求都是自然的,它们把我们导向对我们是善的事物。即使没有经过训练或者只经过极少的训练,我们的感性欲望也同样能够正确地感知许多现实。我们很容易对温雅和正义感到愉悦,同时也往往会对熊这类凶猛造物的威胁或者暴君的残忍感到恐惧。毕竟,对于亚里士多德和阿奎那而言,有德者对美德行为感到愉悦,而对邪恶行为感到苦痛。然后,他能够用这种愉悦和苦痛的经历作为什么是正当和什么是错误的向导。然而,因为我们的欲望会被扭曲,所以我们必须使用理性去安排它们。

再者,虽然我们能够自然地对善的事物表示愉悦,但我们需要关于自然的经验告诉我们什么是善。破解亚里士多德主义/托马斯主义伦理学的密匙即是阿什利神父提到的要点,即阿奎那的人类学是"真正经验的",这就是说,我们通过观察人的行为就知道人是理性的、社会的动物,通过观察这一自然本性的运作就知道什么是善。并非基于经验观察的判断构成了首要的原则,从这些原则即可推导出所有的道德内容。毋宁是,我们必须通过进一步的经验观察判断哪些行为与人性的理性的、社会的以及动物的方面相一致。

然而,虽然道德推理不是从先验分析命题进行演绎的问题,但演绎在道德推理中确实具有它在其他所有推理中同样的地位。但是,我们必须谨记对偶然事物的演绎——人类事务是非常偶然的——需要借助通过经验观察和反思获得的材料。我们经常进行伦理方面的演绎:例如,我们会这样推理,不应故意杀害无辜的人命,胎儿的生命是无辜的人命,因此我们不应夺去胎儿的生命。不是说道德主体的全部道德推理都以这种严格的三段论形式进行,但是事实和价值在所有道德推理中都会交织在一起。

我们继续讨论自然法的一个相关特征,它已经受到关注但却没有得到太多解释。这就是在某些方面自然法铭刻在我们心中的主张。我试着做出某种解释。

许多人错误地认为,由于阿奎那主张自然法印刻在人的灵魂之上,这就意味着《十诫》(Decalogue)的两块石匾上的内容早就以某种方式印刻在我们的良知之上了,于是每个人都天生地知道谋杀、盗窃等是错误的。我认为阿奎那并没有做出这种论断。相反,正如上述指出的,亚里士多德和阿奎那相信我们的存在被预定为要掌握关于现实的真理。符合他们观点的主张是,我们的内心已经"印刻"了颜色的光谱,我们需要能看见的眼睛和一些把我们置于颜色之中并且在我们内部触发颜色的经验,但当我们看见各种颜色时我们能够辨认出它们,而且它们的正确序列对我们来说也不难理解。更为精致和细微的光影并不是所有人都能轻易看出的——由于天生的禀赋或者训练一些人能够看到各种微妙的差别。对于道德判断也是如此。我们能够非常容易地理解生命是一种善,不应夺走无辜者的生命。我们几乎不需要生活经验就可以掌握这些真理。如果我们具有更多一点的经验和信息——如果我们不是生活在太糟糕的时代的话——同样也可以很容易地理解堕胎是对生命善的一种违反。这即是说,自然法的原则和训令并非固有的,但对于培育良好的人来说它们是容易认识的,因为我们被预定要掌握它们。在这种意义上,就像是说颜色"印刻"在视觉神经上一样,自然法"铭刻"在"心"上。因此,我们当中那些在道德上最敏锐的人就是何者正确与何者错误的最好法官。

22 对于我们怎样认识自然法这一过程有诸多必须澄清之处,但更需揭示的是灵魂及其在自然法伦理学中的角色。阿什利的论文正确地强调了必须承认对自然法道德规范的精神和理性能力。他通过论证我们比最智能的机器所能做的事情还要多,所以我们一定具有它们所不具有的能力,证明了这些精神能力的存在。但是,阿什利从没有使用过"灵魂"(soul)一词,我很好奇他为什么没有这么做。这是因为他认为这个词具有太重的宗教包袱吗?或者是由于其他原因？"精神"(spirit)一词具有"灵魂"一词的许多同样的作用，但不是全部。我发现至少对我的学生保留这个词是有用的，因为提及灵魂是生命的原则，并且解释说植物和动物也具有灵魂（但不是精神性的或者不朽的灵魂），这有助于他们更好地理解存在的层级。探讨灵魂存在以及灵魂不朽的哲学论证有助于他们更好地理解人格和人类幸福。

承认灵魂对于自然法伦理学的核心地位同样使得强调美德对于自然法的核心地位变得容易，因为美德是灵魂的秩序。许多现代学者，例如亚里士多德主义学者玛莎·努斯鲍姆(Martha Nussbaum)就认为，美德最好定义为对于实现人之目的有用的品质(characteristics)，不管它们可能是什么，而且道德规范就是实现这些目的的恰当指引。但对于亚里士多德和阿奎那而言，人的自然目的是幸福，美德是幸福的必要条件(sine qua non)，因为它是让灵魂有序的一种习性。

在托马斯主义自然法伦理学中怎么强调美德优先于道德规范也不过分。道德规范植根于对作为自然地趋近某些对象的灵魂欲望以及对美德的需要或者理性控制这些欲望的理解中。道德规范只是哪些行为善良（即与正当安置的欲望相符），以及哪些行为邪恶（即造成欲望的扭曲）的身份证明。例如，通奸是一种违反正义和节制美德的行为。因此，要认识规范是什么，我们必须认识我们的欲望是什么，以及怎样安置它们对于我们的善有益。这里稍作说明，我是在较为宽泛的意义上使用"认识"（know）一词的。当人们谈论道德行为时，真正的意见通常几乎和知识一样好。道德的人（ethical person）和伦理学家的知识不一定相同，但这种区别通常会被忽视。

我们必须密切注意，美德伦理学和自然法伦理学对于阿奎那并无二致的另一个原因在于，相对于自然法的话语许多人更容易接受关于美德的讨论（这在过去的十年间有着显著的发展）。我们或许会发现这是进行对话的比较好的起点。

最后我以指出另一种支持自然法的佐证作结。心理学和社会学的许多研究，更不用说历史记录和文学故事了，提供了自然法主张的坚实支持。位于伊利诺伊州罗克福德的罗克福德研究所（Rockford Institute in Rockford, Illinois）是这些研究的一个极为出色的来源。这些研究表明那些拥有朋友和家庭的人，那些具有强烈是非意识的人，那些婚前保持贞洁、婚内继续忠诚的人以及那些践行宗教义务的人，等等，一般都比那些没有朋友和家庭、没有是非感、性关系混乱和离过婚以及不信神的人更为幸福。莱昂·泰格（Lionel Tiger）和弗朗西斯·福山（Francis Fukuyama）近期的著作论证了节育正在摧毁人类关系。那些掌握了正确人类学的人几乎不需要这些研究结果,因为简单的常识会揭示同样的内容。但是,众所周知,当下正缺乏这种简单的常识。上述事实对于解释自然法为何如此失宠大有裨益。

2. 托马斯主义自然法与亚里士多德主义哲学

（拉尔夫·麦金纳尼）

开场白

我将以亚里士多德主义者的风格，一种圣托马斯的追随者们都熟悉的风格，来展开我的论题。首先，我会对托马斯主义者对待亚里士多德的态度作一些一般性的说明；其次，我将表明对亚里士多德的疑虑如何影响了关于道德学说的思想；最后，我会阐述亚里士多德与托马斯主义自然法的具体问题。

但丁（Dante）在《新生》（*La Vita Nuovo*）的结尾处告诉我

2. 托马斯主义自然法与亚里士多德主义哲学　67

们,为了把贝亚特丽斯(Beatrice)写成此前未曾出现过的女性的样子,他首先要着力严肃地研究哲学和神学。或许,尽管并非每位着迷的诗人都会遵循这一合理的建议,但对我们来说这似乎非常合理。据说但丁在佛罗伦萨与方济各会(Franciscan)和多明我会(Dominican)的修士们一起学习过。而在这些多明我修士中间有两名曾在巴黎与阿奎那一起做过研究。考虑到但丁对托马斯、波拿文都(Bonaventure)和布拉班特的西格尔(Siger of Brabant)之间争论的了解——这三者在《天堂》(Paradiso)中被一同置于了"太阳圈"(the Circle of the Sun)——这似乎是真的。但说明但丁曾经受到托马斯影响的另一标志是,他把亚里士多德描述为那些有学识的人的导师。① 枢机主教纽曼(Cardinal Newman)若干世纪后的话与此呼应,他说亚里士多德表达了我们在我们生前很久所知道的事物。②

　　与他同时代的人一样,托马斯称亚里士多德为那位大哲学家(the Philosopher)。我们不知道他在卡西诺山是否读过亚里士多德的著作,但他在那不勒斯一定读过,而且在他加入到多明我会之后,他有着与科隆的大阿尔伯特(Albert

---

① 但丁,《地狱篇》(*Inferno*),4.131。
② 约翰·亨利·纽曼(John Henry Newman),《大学的观念》(*Idea of a university*),"对话",第5章,第5节。

the Great in Cologne)一道进行研究的弥足珍贵的特权。阿尔伯特写过无数关于亚里士多德文集的解释，托马斯则编辑了阿尔伯特对《尼各马可伦理学》的评论。从一开始亚里士多德就出现在托马斯的著作之中，而且在阿奎那生命的最后的六年当中他有五年是在致力于对亚里士多德著作的评注——总共有十二部，其中有些未能完成。与阿威罗伊主义者的论战推动了这些评注，它们试图表明亚里士多德实际上究竟在教导什么，但托马斯使它们成为了对亚里士多德文集的一生的反思结果。而且这些评注写作于托马斯正在从事难以计数的官方著述任务之时。托马斯的著作中遍布着亚里士多德的身影，由此能得出怎样的结论呢？

在语言学家中间存在着一种被称之为"原始资料研究"（quellenforschung）的理论，根据这种理论，对研究文本中的每一评论都必须标明是借自前期文本。如果有作者说太阳是暖的而水是湿的，那么相关的学术性工作就变成了一个发现早期作者或作者们的过程，而他正是从这位作者或这些作者们那里偷来了这种神秘学问。尼采（Nietzsche）就曾玩过这种游戏，他最有资格讽刺这种原始资料研究。

现在存在着一种相反的态度，如果听起来不是太海德格尔化的话我将称之为"遗忘原始资料的研究"（quellen-vergessenheit）。实际上，我完全可以随意地称呼它。它的支持者们的努力重点是要表明正被研究的文本或作者此前从未被思考过、言说过,也从未被书写过。或许最好称之为"拒绝原始资料的研究"(quellenzuruckweisen),拒绝所有的前辈。

也许这两种极端在阿奎那的追随者们当中都未曾以纯粹的形式存在过,但它们都存在着相近的形式。

亚里士多德传统的托马斯主义哲学

在第一代现代托马斯主义者之中——从1879年《永恒之父通谕》(*Aeterni patris*)的发布起算——托马斯·阿奎那的哲学经常以带连字符的形式出现,以此表明他的哲学亲近于并且依赖于大哲学家亚里士多德的哲学。鉴于利奥十三(Leo XIII)希望一种基督教哲学的复兴可以抵制的那种文化病症的哲学根源,正是亚里士多德的唯实论风格吸引了那些反对被宽泛解释的笛卡尔主义的人们。

我们在艾蒂安·吉尔森(Etienne Gilson)那里发现了相反的趋势,他在1932年在瑞维西(Juvisy)召开的法国托马斯主义大会的讨论中反对曼铎奈(Mandonnet)这位伟大的多明我托马斯主义者和中世纪研究家。在阿伯丁·吉福德(Aberdeen Gifford)的讲座《中世纪哲学的精神》(*The Spirit of Medieval Philosophy*)中,吉尔森为基督教对哲学的影响问题提出了雄辩的哲学论证。曼铎奈的观点大致是这样的：哲学是一回事，神学是另一回事。虽然所有的神学家都可被视为基督徒，但有的哲学家是基督徒而有的哲学家却不是。因此，一位哲学家是基督徒是偶然（per accidens）的事情，在形式上也与哲学研究无关。或许雅克·马里旦和约瑟夫·皮珀（Josef Pieper）对什么是基督教哲学已经作出了最具说服力的解释。信仰对哲学探讨的影响不仅是一个历史事实，而且也是个人体验的事实。但是怎样在哲学和神学之间保持清晰的区分呢？这当中所包含的困境仍然可以在基督教哲学的信仰与理性（Fides et ratio）的争论中看出端倪。

我提到这些是因为它们似乎是吉尔森反亚里士多德主义的原因。他总结说，"对于圣托马斯思想的传播，即便是在多明我会内，没有比亚里士多德和作为其鼓吹者的卡耶旦（Cajetan）更大的阻碍了"。[3] 这种观点后来才出现，但可

---

[3] 在"卡耶旦与存在论"（Cajetan et l'existence）（载《哲学杂志》[*Tijdschrift voor philosophie*]，1953 年第 15 期，第 284 页）中，吉尔森写道："对于圣托马斯思想的传播，即便是在多明我会内，亚里士多德的影响是最主要的阻碍。"同一年在他写给雅克·马里旦的一封信中立场更为强硬："在我的头脑中至少有一点是清楚的：圣托马斯的最坏的敌人，甚至是在多明我会中，就是亚里士多德，而卡耶旦是其鼓吹者"（1953 年 4 月 6 日）。请参见《艾蒂安·吉尔森与雅克·马里旦通信集：1923—1971》（*Etienne Gilson-Jacques Maritain: Correspondence, 1923—1971*），杰里·布卢沃（Géry Prouvost）编，巴黎：弗兰出版社 1991 年版，第 188 页。

以看出它酝酿了多年。吉尔森对托马斯的存在（esse）概念的解释表明，在托马斯之前没有任何人抓住了存在或者理解了托马斯思想中的那些要点（clef de voûte）。这不仅消除了源头，也摆脱了同伴。对我的主题有着特殊意义的是吉尔森的下述立场：

存在是托马斯思想的核心；

亚里士多德忽视了存在，将之视为本质（essence）；

所以，亚里士多德哲学和阿奎那哲学完全不同。

为了表明亚里士多德的形而上学与阿奎那的有着根本的不同，人们必须利用一些各种科学相互区分的因素。托马斯为我们提供了一切必需的标准。首先，必须指出，形而上学的主题对亚里士多德而言不同于托马斯·阿奎那。通过一种紧密相连的方式，托马斯指出哲学家的神学，形而上学的顶点，其实也是哲学的顶点，与基于启示真理的神学是如何不同的。但是，在形而上学上却没有与之相似的努力，所以很少成功过。贯穿于这些努力的是下述不争的事实，即托马斯似乎并不知道他自己与亚里士多德之间在形而上学上有着任何根本的区别，并且毫无顾虑。这些确实没有在对《形而上学》的评注中表现出来，也没有在其他任何地方表现出来。这一主张似乎使得主张者比托马斯更托马斯主义，甚至要求一种近乎斯特劳斯主义的解释学（Strausian hermeneutic）。

道德哲学的领域

那些把自己与在亚里士多德和托马斯的思辨哲学之间进行划界的努力分开的托马斯主义者,在涉足道德哲学时却不这样。

如果目的是道德论证的起点,引领着对实现目的的方法的探求;如果人的终极目的被认为是某种超出了哲学家梦想的东西——与天主同在,那么很明显,信仰者将不会从这一领域的不信仰者那里获得太多的帮助,即便获得了帮助,那也是边缘性的、补充性的,而不是实质性的。

按照吉尔森的观点,圣托马斯的哲学只能在其神学作品中发现,而且哲学讨论的顺序与《神学大全》的顺序实际上完全相同,这一点并未能说服马里旦。马里旦认为,在理论推理和实践推理中事物是完全不同的。人类心灵能够达到对天主的理解,他存在并且有着确定的属性。这种思辨努力不需要附属于或者统辖于信仰就可以取得成功。但是,实践秩序却表现出一种不同的困难,在这个问题上,马里旦形成了一种"充分考虑的道德哲学"(Moral Philosophy Adequately Considered)的理论。根据这种理论,如果道德哲学要把我们引向我们的终极目的,那么它只能是实践的。④但我们的终极目的现在被视为是超自然的。因此,道德哲学为了成为真正实践性的就必须与道德神学循次相生。马里旦认为,这并没有破坏作为哲学的道德哲学,把它转化为神学。⑤但是,在道德秩序中亚里士多德显然并没有被指望成为一个完美的向导。

自然的与超自然的

由上述可以看出,自然的和超自然的之间的关系是这些争论的核心。从吉尔森和亨利·德·吕巴克(Henri de Lubac)的通信可以看出,他们在吕巴克所提出的关于超自然的概念上意见一致。⑥(在他关于超自然的观念中,耶稣从云里来,并且常常被视为一直处于 1950 年《人类通谕》

---

④ 请参见雅克·马里旦,《关于基督教哲学的一篇论文》(*An essay on Christian Philosophy*),纽约:哲学图书馆 1955 年版,第 38—42 页。还可以参见雅克·马里旦在《科学与智慧》(*Science and Wisdom*,纽约:查尔斯·斯克里布纳的森斯出版社)中对道德哲学问题的探讨。

⑤ 我在 1990 年 GcGivney 讲座中讨论了这个问题。请参见拙著《基督教伦理学的问题》(*The Question of Christians Ethics*),华盛顿:美国天主教大学出版社 1993 年版。

⑥ 艾蒂安·吉尔森,《艾蒂安·吉尔森与亨利·德·吕巴克的通信》(*Letters of Etienne Gilson to Henri de Lubac*),亨利·德·吕巴克评注,玛丽·艾米丽·汉密尔顿(Maryl Emily Hamilton)英译,圣弗朗西斯科:伊格内修斯出版社 1988 年版。

[*Humani generis*]的目标区内。)吉尔森与吕巴克的相近之处源于他们对卡耶旦的反感。1948年,吉尔森曾写过一篇名为"卡耶旦与存在论"⑦的文章,论证这位伟大的评论者丢失了船只,而那正是理解托马斯思想的关键。由此看出,德·吕巴克呈现了这样的一个卡耶旦,对他来说自然秩序是自给自足的领域而超自然秩序却是作为某种奇迹添加进来。⑧据说,人具有对其真正目的即超自然目的的自然欲求。那么,我们怎么自然地欲求在我们自然本性之外的东西呢?答案是,我们有着服从的潜能——这一能力只有在超自然主体天主那里才能得到激发。德·吕巴克对卡耶旦的指责开启了我自己所相信的对卡耶旦在服从潜能问题上的严重误读——在关于超自然问题的第二部著作中,德·吕巴克与卡耶旦之间的差别不值得一提。⑨ 但吉尔森和德·吕巴克却没有看到这一点,并且指责卡耶旦持一种《信仰与理

---

⑦ 请参见前注"卡耶旦与存在论"。

⑧ 亨利·德·吕巴克,《奥古斯丁主义和现代神学》(*Augustinianism and Modern Theology*),兰斯洛特·谢泼德(Lancelot Sheppard)英译,赫德&赫德出版社1969年版。

⑨ 请参照弗洛朗·加博留(Florent Gaboriau),《对话中的托马斯·阿奎那》(*Thomas d' Aquin en dialogue*),巴黎:FAC出版社1993年版,第4章"服从的潜能:一个噩梦?"第37—74页。加博留在《托马斯·阿奎那:教会中的沉思者》(*Thomas d' Aquin, penseur dan l' Eglise*,巴黎:FAC出版社1992年版)和《在神学和圣托马斯·阿奎那之间》(*Entrer en théologie avec Saint Thomas d' Aquin*,巴黎:FAC出版社1993年版)这两部著作中讨论了同样的问题。

性》称之为分离主义者的观点。

就我的主题而言，问题就变成了如下内容：如果事物的善和目的（telos）来自其本性，那么人有与其本性相应的目的吗？如果有，那么在这一目的——自然目的——与启示给他的超自然目的之间有着什么样的关系？前者已经被后者取消了吗？自然目的的说法建立在假定人类处于纯净本性的状态基础之上吗？换言之，建立在一种错误的假定基础之上吗？[10]

亚里士多德与阿奎那

《尼各马可伦理学》的首要任务就是阐明人的终极目的。我们的全部行为都具有这种终极目的，这是不证自明的。我之所以提到这个是因为亚里士多德对这一主张的辩护仅仅是说，存在着一种我们任何行为都指向的超越的目的或善，否定这一点就会导致矛盾和荒谬。但这种论证方式只能用于对那种自明原则的辩护。

不管怎样，亚里士多德对人的超越性善或目的的解释

---

[10] 请参见丹尼斯·布拉德利（Denis J. M. Bradley），《阿奎那论双重人类善》（*Aquinas on the Twofold Human Good*），华盛顿：美国天主教大学出版社1997年版。也参见斯蒂芬·朗，"人的自然目的"（Man's Natural End），载《托马斯主义者》（*The Thomist*），2000年4月第64期，第211—237页。

31 就是这样的。当我们想知道一个东西是否好时,首先要问它是什么。就人类主体而言,我们要问他所特有的是什么,或者他的定义项是什么,对于确定主体是否是他的种类中好的,这不仅为我们提供了标准的定位也提供了标准的来源。定义项使我们能说一件人工制品,或一种自然组织,或者一个人类主体是否是好的。好的眼睛是能使我们看得好的眼睛,好的瑞士军刀是能够方便割碎的军刀,以此类推。好的厨子能烹饪得好,等等。能够很好地执行其定义性职能的东西就是好的。

这些思考会让亚里士多德去探问人是否也存在着一个定义项或功能。如果存在,那么我们就可以直接回答人类善的问题:一个好人就是能很好地履行人类特有功能的人。事实上,恰恰存在着这样的一种功能:那就是理性的活动。理性活动的完善和德性也因此就是使得一个好人好的东西。这一分析的出现是道德哲学史上最伟大的时刻之一,如果有时间的话,我们应该停下来品味它。让我们保持一分钟的沉静。但是,我们却必须加快前行。对"理性活动"的认识很快就会打消了我们刚才的喜悦。它是一个多价的,意义含糊的,或者如托马斯所说的,类比的术语。它以一种有序的方式集合了理性活动的实例,而这些实例并非只具有单一的含义。

理性活动可能是理性本身的活动。但是,理性本身的活动又分为两种:理论理性和实践理性。还存在着另外一种理性活动,它之所以是理性的是因为它受理性的统治:我们的感情由此被理性导向总体的善。

如果一项功能的完善就是其德性,如果人类的行为,理性活动,具有多重含义,那么理性活动的多重含义也必定衍生出多种的德性。这就为伦理学设定了议程,首先讨论道德的德性,然后是理智的德性,最后是最高的理智德性,即沉思。

显然亚里士多德的工作深深吸引了托马斯·阿奎那。这可以从他对《伦理学》的评注以及他在《神学大全》第二集第一部分的前五个问题对亚里士多德的频繁引述中清楚地看出。

为了澄清人类善、人类的终极目的,亚里士多德提及人类主体的总体的善。但如果是总体的,那么它就不应该遗漏任何东西。如果不能遗漏任何东西,那么就没有讨论外在于它的善的空间。对人类善的正确探讨似乎是一旦拥有它就不再想往任何其他的东西。让我们回想一下亚里士多德所列举的终极目的的性质和评注——它们自身即是自足的。

那似乎就包含着这种含义。亚里士多德清晰说明的总体的善与基督教所呈现的总体的善是相冲突的。救世主是道路,是真理,是生命。他是唯一所需的事物。这里我们似乎遇到了对满足人的善的两种相互对立的解释。但是,它们不可能同时既是充分的又是终极的。信仰者认为他所称的目的自身就足以宽慰心灵的渴望。而亚里士多德显然不会这么认为。

现在让我把这种难题进一步凸显出来。对终极目的的评注表明它是人的充分的善。如果一方面亚里士多德提出了对人充分的善的解释,另一方面,受基督教信仰指引的托马斯·阿奎那却则认为亚里士多德的解释是不充分的,因此必须对人的终极目的进行另一种不同的解释,那么这二位就分道扬镳了。如果亚里士多德是对的,那么托马斯就是错;如果托马斯是对的,那么亚里士多德就是错的。从这一点应当推出,在论及终极目的时,托马斯应当忽略亚里士多德的观点。但托马斯并没有这样做。他对逻辑的理解松动了吗?他认为可能同时支持相反的主张吗?但是,说亚里士多德的解释是充分的与说它是不充分的这二者是相互矛盾的。

正是这种明显的难题使得托马斯更为细致地阅读亚里士多德的文本。从道德哲学的优越地位,他探问亚里士多德是否确实认为自己已经提出了关于终极目的的充分解释。如果他真的这么认为,他的观点就和托马斯相冲突了。

2. 托马斯主义自然法与亚里士多德主义哲学　　79

但是,托马斯找到了一个段落,它表明亚里士多德并不认为他对终极目的的解释就是充分的。

当亚里士多德提出可以称之为终极目的及其性质的形式解释时,他仍然需要表明这种形式解释要实现什么内容。因此我们的问题就变成了:亚里士多德认为在终极目的的完整和完善的含义之外,人类还能够成就一种生活吗?托马斯让我们阅读《尼各马可伦理学》第一卷第十章(1101a14—20):

> 那么,一个依照完整的德性活动的、充分地拥有外部善的人,而且这不是短暂如此,而是终其一生,我们不应说他是幸福的吗?或者,我们必须加上"他注定这样生活,并死得其所"?当然,未来对于我们是模糊的,而我们主张幸福是目的,是最后完成的东西。如果是这样,我们应当只称在那些活着的人中实现了条件或者即将实现条件的人是幸福的——是幸福的人。⑪

托马斯认为亚里士多德允许加进下述主张:我们人在此生中只能不完善地实现幸福的理想。这就为托马斯开启了一

---

⑪　亚里士多德,《尼各马可伦理学》,载 W. D. 罗斯(W. D. Ross)英译,《亚里士多德基本著作选》(*The Basic Works of Aristotle*),纽约:兰登书屋1941年版。

条路径,可以把亚里士多德关于善的生活不得不说的内容纳入一个关于终极善的更丰富的视角,以此克服此生的短暂易逝、变化无常和兴衰变迁。⑫ 因此,托马斯经常使用不完善的幸福(beatitudo imperfecta),即我们在此生获得的幸福,以区别于至福(beatitudo perfecta),即许诺给我们的来世的幸福。正因如此,在托马斯集中讨论终极目的的五个问题中他对亚里士多德的引述多达 63 次,这也就不令人感到奇怪了。

正因为超自然并没有毁坏人的自然本性,那么继续探讨人的善仍然是可能的,人就是他的所是。人所能实现的善缺乏一种对形式上的终极目的的完全实现,这并不能阻止上述情况。

亚里士多德与自然法

有人曾说人生就是一本书,我们以一个故事开始却以另一个故事结尾。你或许想知道我在写这篇文章时有没有同样的事情发生。我的文章的题目是托马斯主义自然法和亚里士

---

⑫ 请参照《神学大全》,第二集第一部分,问题 3 第 2 节释疑 4。有人或许对阿奎那是否在评论相关文本时证明了这一点提出疑问。他确实证明了。"但是,这些事情似乎并非在一切方面都符合上述幸福所要求的条件,他补充说我们称之为幸福的那些是人,受制于此生的变化,无法实现至福。由于一种自然的欲求不会白费,我们可以正确地判断出至善留到人的此生之后。"参见《亚里士多德〈尼各马可伦理学〉评注》(Commentary on Aristotle's Nicomachean Ethics),利特辛格尔(C. I. Litzinger)英译,南本德,印第安纳:哑牛丛书,卷 1 第 16 讲,注释 202。

多德哲学,但我似乎一直在探讨另外的问题——当然也不是完全与主旨无关。对托马斯和亚里士多德之间关系的一般思考引导着我们关注道德原则,当然也把我们引向对终极目的的探讨。我自始至终都在托马斯和亚里士多德之间进行着对比。但是,不可否认的是,我一直未提及任何的自然法。

毫无疑问,不可能在没有对终极目的的前述讨论下探讨自然法。自然法的训令一定与目的相关。就其本意而言,一条训令就是一项去做实现其目的的事情的命令,或者一项不做破坏其目的的事情的命令。一直有人想发现《神学大全》开始其道德部分的方式与后来探讨法律的方式之间的对立。[13] 就像我们先前所回顾的那样,德性的概念非常自然地从对终极目的的讨论中浮现出来。这要求我们把重点置于审慎的智慧及其引导的道德德性上,而不是置于法律及其训令的适用上。[14]

为了迅速解决这一难题,我提供如下文本:

---

[13] 那些在托马斯和"德性伦理学"之间看出亲缘关系的人有时把审慎的智慧当作自然法的对手。参照安东尼·李思卡(Anthony Lisska),《阿奎那的自然法理论》(Aquinas's Theory of Natural Law),牛津:克拉伦登出版社1966年版,其中对此有着精彩的讨论。

[14] 对于《尼各马可伦理学》也存在着相似的看法。关于人类决定的目的/手段分析与卷6和卷7关于道德决定的解释和实践三段论的介绍相反。三段论!一些可能使尼采感到高兴的学者辩称这本著作的章节是错误的,亚里士多德先写了后面的部分,然后才写前面的部分,因此可以把目的/手段的分析看作是对实践三段论的原则/适用模式的进攻和拒绝。当然,这是一种错误的反对。

一般意义上的善是意志自然地追求的东西,其方式就似潜能趋于其对象,这也是那终极目的,它与可欲的事物的关系就像证明的首要原理与可理智理解的事物之间的关系;而且,通常来说这也是那些按其本质适合于意愿的东西。这不是说我们在意愿时只追求与意志的潜能相关的东西:我们还追求与其他潜能以及与整个人相关的东西。因此,人自然地追求的不只是意志的对象,还有适合于其他潜能的对象,例如与智性相关的真理的知识,以及存在和生命,还有其他与自然幸福相关的事物,这些都作为具体的善包括在意志的对象之中。[15]

35　当然,这段文本是问题94第2节的讨论的一个预告,而且它清楚表明了试图分割终极目的和自然法训令的做法是多么的不明智。

---

[15] "Hoc autem est bonum in communi, in quod voluntas naturaliter tendit, sicut etiam quaelibet potentia in suum obiectum: et etiam ipse finis ultimus, qui hoc modo se habet in appetibilibus, sicut prima principia demonstrationum in intelligibilibus: et universaliter omnia illa quae conveniunt volenti secundum suam naturam. Non enim per voluntatem appetimus solum ea quae pertinent ad potentiam voluntatis; sed etiam ea quae pertinent ad singulas potentias, et ad totum hominem. Unde naturaliter homo vult non solum obiectum voluntatis, sed etiam alia quae conveniunt aliis potentiis, ut cognitionem veri, quae convenit intellectui; et esse et vivere et alia huiusmodi, quae respiciunt consistentiam naturalem: quae omnia comprehenduntur sub obiecto voluntatis, sicut quaedam particularia bona."《神学大全》,第二集第一部分,问题10第1节。

在问题 90 到 97 之间的 37 节中，亚里士多德被引述了 44 次，但他的影响体现得最为明显的地方还是对自然法的下述描述：自然法为实践推理提供了某些起点，它们与一般推理的起点发挥着类似的作用。⑯ 这是坚持所有行动者都理解这些关于善和实施行为的构成性指导原则的基础。自然法的原则自然地、深深地铭刻在人的心底，永远无法全部抹去。当然，这绝不意味着每个人都自然地知晓托马斯所提供的自然法的定义或解释——人类对永恒法的特殊分有；实践推理的不可证明的首要原则——但是，我们可以指望每个人都能发现善恶之间的差别，既在一般的意义上，也在它们较为具体的例证中。

当然，知晓它们并不必然表示服从它们，并且坏的教育和坏的行为都会使人心智迷乱从而视邪恶为良善。托马斯提供了一个特别适用但却不是专门适用我们这个时代的例子，即变态的罪恶（unnatural vice）。⑰

---

⑯ 《神学大全》，第二集第一部分，问题 91 第 3 节；问题 94 第 2 节和第 4 节。
⑰ 在讨论自然法能否从人心中废除时（《神学大全》，第二集第一部分，问题 94 第 6 节），托马斯区分了所有人都认知的最普遍的原则以及作为最普通原则的紧密相关的结论（quasi conclusiones propinquae）的较为具体的训令。前者不能被普遍地废除，"但正如上述表明，由于情欲和一些其他激情的原因，在将共同原则适用于特定行为时理性会受到阻碍，在这个范围内自然法会在特定行为中被抹去。在如派生规范这样的情形中，自然法或者被错误的信念从人心中抹去，正如在思辨事件中错误会在必然性结论中出现一样；或者会为坏的惯例、堕落的习惯抹去，例如，在有些民族中偷窃不算有罪，甚至如宗徒在《罗马书》中所言变态的罪恶也不被视为有罪。"

思辨推理和实践推理这二者在起点问题上的类比表明了自然法训令是道德论证的终极论据。不管我们在道德的途中分歧多么巨大,我们都能够发现一些争议双方都赞同的东西。试图否定不证自明的做法包含着不一致的地方,并且没有人能够做到连贯性地不一致。尽管判断理论性秩序中的差别常常也很难,但比起实践性秩序还是要简单的多,因为在后者之中欲望具有一定的作用。善的正确陈述与欲求和追求善不是一回事——我们用善(good)不仅是指真(ut verum),或者说主要地是指真,而且还指善(ut bonum),即可欲的。而且,没有人不想得到善。在我看来,切斯特顿的一席话似乎抓住了亚里士多德和托马斯理论中的善的总体性:一位年轻人正在敲妓院的大门,切斯特顿评论说,这是在寻找天主。我们会将事实上与我们所追求的动机相反的东西视为善。无论追求什么都是在以善的理性(sub ratione boni)方式追求,但并不是被视为那种理性载体的任何东西在事实上都是如此。

结论

我的目的并非要逐一探讨所涉及的每一主题,而是要表明,这些事项的积累效果体现了亚里士多德形成阿奎那道德思想的基础结构的方式。其中的一个标志是阿奎那在讨论终极目的和自然法的过程中三番五次地引证他。(当然,我并不是说他的影响仅限于这两个问题。)把亚里士多德视为托马斯主义的阻碍的最大障碍在于托马斯自己。托马斯把亚里士多德看作权威和盟友。离开了亚里士多德他的思想将是不可理智理解的。只有完全理解了亚里士多德在托马斯思想中的地位我们才能全面地体会托马斯对他思想的深化。正如有人曾言——比科·德拉·米兰多拉(Pica della Mirandola)——没有托马斯亚里士多德将是黯淡的。[18] 同样真实的是,如果没有亚里士多德托马斯也无从发现他那杰出的言论。

对此《信仰与理性》发掘出了更为深远的意义。信仰并不推导自理性,但理性是信仰不可或缺的预设。人的思维依其自身的能力所能理解的仍然扮演着"福音的预备"[37](praeparatio evangelica)和"信仰的先导"(praeambula fidei)的角色。正是这种不可或缺性——恩宠基于自然而不破坏自然——造成了我们今天所见到的似是而非的局面。在我们这个时代教宗不仅是信仰的主要守护者,而且也变成了理性的主要捍卫者。托马斯和亚里士多德的关系可以看作是信仰者如

---

[18] 保罗·奥斯卡·克里斯特勒(Paul Oskar Kristeller)在他的《托马斯主义与意大利的文艺复兴思想》(Le thomisme et la pensée italienne de renaissance,蒙特利尔:弗林出版社1967年版)中把"没有托马斯亚里士多德将是黯淡的"(Sine thoma Aristoteles mutus esset)这一说法归于比科。

果要潜心于神学就必须躬耕于哲学这条道路上的具体例证。

在结尾处我将就亚里士多德为何在哲学上如此吸引托马斯作一些评论。在理应受到如此多的关注的文本中作者将一般推理的首要原则与实践推理的首要原则进行类比就可以说明这一点。我想着重强调利奥十三指定托马斯的一个主要动机,这个动机在《信仰与理性》中表现得更为清楚。

笛卡尔引领着文化发展的潮流,这令利奥十三满怀惊愕地环顾四周,这种惊愕在若望·保禄那里加深了。笛卡尔式的怀疑有一种强调不够的含义,它认为不能说人们认识任何事物。任何真知的备选都必须经受怀疑的严格洗礼,只有采取这种方法,并在这一过程中幸存下来的那些人才能说认识了严格意义上的知识。那么,这对于像我的祖母那样的数以亿计压根没有学过哲学更不用说用方法论思辨的人来说可是个坏消息。在笛卡尔那里,哲学呈现出一种宿命式的精英转向。以后哲学的每次转向都比上次更为精英主义,直到现在我们在理论思想中已经达到了实用主义的怀疑主义了,在道德事项上则成了麦金泰尔所说的"普遍的激情主义"(universal emotivism)。[19]

---

[19] 阿拉斯代尔·麦金泰尔(Alisdair MacIntyre),《追寻美德》(After Virtue),第2版,南本德,印第安纳:圣母大学出版社1984年版,第21页。

2. 托马斯主义自然法与亚里士多德主义哲学　87

若望·保禄在《信仰与理性》第四条中提到一种"绝对哲学"（Implicit Philosophy），可以指望任何人都认识其中的真理。他列出这些真理是为了将它们作为克服哲学困境的方法，这种困境在于十几种完全不同的哲学体系相互竞争以获得我们的拥护。任何人都可以看出托马斯主义对这些绝对哲学教条清单的回应。教宗的程序清楚地表明了他把我们引向托马斯的原因，以及托马斯主义为何不仅仅是另外一种体系。我们并没有被敦促成为托马斯主义者以对抗黑格尔主义或者现象学或者其他的什么主义。我们只是被敦促要好好地研究哲学。

好好研究哲学的最大前提是起点正确。哲学的起点并非从哲学中获得。在开始研究哲学之前它就已经被人拥有。哲学的起点或者原则是可以指望任何人都已经知晓的真理。哲学就是从这些真理出发的，不是取代或者抛弃它们，而是要发展它们的含义。任何偏离这些起点的哲学立场都早已谬以千里了。

这里我们可以看到亚里士多德在自然法的问题上对托马斯的最为重要和最为深远的影响。在实践秩序中，首要的问题是，就我们应该做什么或者避免什么这一问题我们能期待人们知道多少。自然法是由无可争议的实践推理的首要原则构成的。主张每个人都知道自然法的原则并不当然地主张每个人,甚至是我的祖母,都知道这些定义。正如圣保禄所言,自然法铭刻在我们的心中。[20] 但是认识自然法并不必然要求知道圣保禄。实践推理首要原则的普遍性在人类关于善恶的日常评述和争论中显露出来。当母亲问我们为什么喜欢别人对我们所做的那种行为时,她们就是在援用一种阿奎那联系自然法的东西。我们的母亲援引它使我们认清,我们自己都不愿意被垒球棒打脑袋。我们都意识到不要伤害别人是作为人的基础前提。我想在谈论自然法时我们更应该关注这样的家庭道德争论。它们训练我们使我们适合在家里处理更为复杂的错误。

当我们被告知只要我们尊重他人的自由就可以自由地做我们希望的任何事情时,如果我们真的像失去控制一般的自由,那么我们就会认为这是一个武断的限制。当肯尼迪法官(Justice Kennedy)在"秘密条款"中告诉我们,每个人都有权利如其所愿地定义生活,甚至定义宇宙之时,[21]我们会认为如果这个陈述是真的,那么它就错了。或许我们的问题不是"自然法"这一术语,或者它在学者中的命运。关

---

[20] 《罗马书》,第 2 章,15 节。
[21] "自由的核心在于定义自己关于存在的概念、定义宇宙和定义人生秘密的权利"(宾州东南计划生育组织诉凯西案[*Planned Parenthood of SE Pennsylvania v. Casey*])。

注在普通人群道德话语中实际起作用的东西,这会展现自然法的真正存在。这也是我们唯一所能期待的。如果自然法理论是正确的,那么它之所以正确并不是因为我们可以劝诱人们采纳一种理论;毋宁说,这一理论之所以正确恰恰在于人们早已接受了它所坚持的内容。

这些仅是一些简单的思考。但简单正是我们的主题所需的。当看门人偶尔听到我们的讨论时,不管他感到多么奇怪,他都会知道我们在谈论什么,不过可能不是以我们谈论它的方式罢了。克尔凯郭尔(Kierkegaard)曾问道,如果不是要把简单的东西复杂化,我们还需要神学家做什么呢!当然,这是在嘲讽。但是,除了表明这些困难的讨论最终不过寄生于我们每个或者聪明或者愚钝的人早都已经知道的简单问题之外,我们还需要哲学家做什么呢?

第二部分

神学语境中的自然法

3. 迈蒙尼德与阿奎那论自然法

（戴维·诺瓦克）

自然法与神法

毋庸置疑,梅瑟·迈蒙尼德对托马斯·阿奎那的思想有着重要的影响。不管是否赞同他,阿奎那总是给予迈蒙尼德以他对基督教神学和希腊、阿拉伯哲学渊源相同的尊重。众多富有洞察力的现代研究表明了这种影响的深度,并且表明了为何对阿奎那思想更为深刻、更为全面的理解必须把迈蒙尼德的思想考虑进去。① 进一步来说，迈蒙尼德似乎是阿奎那给予认真对待的唯一的犹太思想家，这或许也是因为他是阿奎那曾经读到的唯一的犹太思想家。

大多数探讨迈蒙尼德对阿奎那影响的研究都集中在形而上学方面。这有着充分的理由。因为迈蒙尼德是引起欧洲基督教思想家关注和思考亚里士多德本体论理论这一链条上的重要一环。在形而上学方面，迈蒙尼德把自己的声音添加在了伊本·西纳（Ibn Sina）这样的伊斯兰思想家的思想之上。阿奎那追随他的导师大阿尔伯特的足迹，渴望把这一伟大的形而上学传统融入到某种形式的基督教神学之中，这种基督教神学要在其自身的积极努力中认真对待哲学。同样地，阿奎那不会十分忽视迈蒙尼德处理这种思想的方式，他总

---

① 例如，参见艾萨克·弗兰克（Isaac Franck），"迈蒙尼德和阿奎那论人对天主的认识：基于20世纪的视角"（Maimonides and Aquinas on Man's Knowledge of God），载《形而上学评论》（Review of Metaphysics），1985年第38期，第591—615页；以及伊迪特·多布斯-韦恩斯坦（Idit Dobbs-Weinstein），"迈蒙尼德和圣托马斯论理性的限度"（Maimonides and St. Thomas on the Limits of Reason）。所有这些文章都收录在蒂斯塔格（J. I. Dienstag）主编的《迈蒙尼德和圣托马斯·阿奎那研究》（Studies in Maimonides and St. Thomas Aquinas）之中，探讨的是他们之间形而上学上的相似和差异之处。

是尊称迈蒙尼德为"拉比梅瑟"(Rabbi Moses)。② 然而,在形而上学层面,迈蒙尼德是否是拉比梅瑟这在很大程度上是无关紧要的。在这些关于形而上学的讨论中,一个人是像亚里士多德那样的异教徒,伊本·西纳那样的穆斯林,迈蒙尼德那样的犹太人,还是像托马斯·阿奎那那样的基督徒,这几乎没有区别。③ 只有当接近更明确的神学层面,不管这种神学是理论的还是实践的,这些宗教讨论才会出现真正的不同。

人们可以不用以任何方式贬低形而上学就能充分地证明,迈蒙尼德对阿奎那的影响在覆盖着伦理学和政治学结合部的实践理性领域表现得更为深远。在实践理性领域阿奎那是以基督教道德神学家的身份进行研究的。

---

② 在一本由犹太学者写成的关于阿奎那的最早专著《托马斯·阿奎那与犹太教和犹太文学的关系》(*Das Verhältnis des Thomas von Aquino zum Judenthum und zur jüdischen Literatur*,哥廷根:范登霍克与鲁普雷希特出版社)中,雅各布·古特曼(Jakob Guttmann)在一开始(第3页)就指出阿奎那是多么敬重迈蒙尼德("一项光荣的证明"[ein ehrenvolles Zeugnis])。关于阿奎那论犹太人和犹太教的一般观点请参见胡德(J. Hood),《阿奎那与犹太人》(*Aquinas and the Jews*),费城:宾夕法尼亚大学出版社1995年版。

③ 因此,伟大的古代和中世纪哲学史学家哈里·沃尔夫森(Harry A. Wolfson)写道:"在阿拉伯、希伯来和拉丁语术语的背后存在着相同的希腊语术语……这三种哲学文献事实上是以不同的语言加以表述的一种哲学,几乎在文字上都是可以相互翻译的"(参见《斯宾诺莎》[*Spinoza*],剑桥,马萨洛塞:哈佛大学出版社1934年版,第10页)。对于在天主论领域深刻地证明这一点的研究,请参见戴维·布瑞尔(David B. Burrell),《认识不可知的天主》(*Knowing the Unknowable God*),南本德:圣母大学出版社1986年版,特别是第1—18页。

他以两种方式论述实践理性,当代的托马斯主义者一直在争论哪一种在他的道德神学中更为重要。在《神学大全》第二集第一部分的开场白中,阿奎那研究了我们当下称之为"德性伦理学"(virtue-based ethics)的问题。④ 但是,《神学大全》的这个部分(从问题 90 开始)的大多数问题都是关于我们当下称之为"法律伦理学"(law-based ethics)的内容的。⑤ 尽管阿奎那自己并没有像今天通常所说的那样称这部分为《论法律》,但是人们可以看出为何他对法律问题的讨论(de Legibus)可以被视为自身完备的作品。因此,为了理解迈蒙尼德在其中发挥的重要作用,我们需要分析阿奎那是怎样组织《神学大全》的这部分内容的。

阿奎那把法律分为六类:(1)永恒法,这是天主据以统治宇宙的规范,它大部分内容是有限的人类心智所不能认识的;(2)自然法,这是永恒法的一个方面,有限的人类心智可以认识它并把它适用于人类生活,我的导师杰曼·格里

---

④ 例如,参见丹尼尔·韦斯特伯格(Daniel Westberg),《正当实践理性》(*Right Practical Reason*),牛津:克拉伦登出版社 1994 年版。

⑤ 例如,参见拉塞尔·西丁格,"自然法与天主教道德神学"(Natural Law and Catholic Moral Theology),收录于《一种保存的恩宠:新教徒、天主教徒与自然法》(*A Preserving Grace: Protestants, Catholics, and Natural Law*),迈克尔·库洛马蒂(Michael Cromartie)主编,密歇根:埃德曼斯出版社 1997 年版,第 1—30 页。

塞教授称之为"对现实的理智大小的一口"(an intellect size bite of reality)⑥;(3)人法,这是人类心智把自然法的一般原则适用于具体历史情境的方式;(4)神法,这是天主通过历史启示使人类心智认识到的永恒法的一个方面;(5)《旧约》法律,这是天主通过前基督的启示向犹太民族所揭示的神法的一个方面;以及(6)《新约》法律,这是基督向教会所揭示的神法的一个方面。

这种安排的有趣之处,甚至是令人惊奇之处在于,与其他法律种类相比,阿奎那把更多的精力都放在了对《旧约》法律的讨论之上,而且正是在这些问题之中,我们发现迈蒙尼德的名字极有规律地出现。如果知道这是阿奎那最为集中、最为广泛地处理犹太教的地方,并且知道他对犹太教的全部了解实际上都源自《圣经》和迈蒙尼德的解释,这就毫不奇怪了。⑦(阿奎那对犹太教的了解通过的是与迈蒙尼德的神交意合,而迈蒙尼德恰恰又是之后的犹太思想家在思考犹太教时无法真正越过的思想家,这对阿奎那,对我们后人来说是何等的幸事!)人们在这里可以看到,阿奎那是多

---

⑥ 杰曼·格里塞(German Grisez),"实践理性的首要原则:对《神学大全》第二集第一部分问题94第2节的一个评论",载《自然法论坛》(*Natural Law Forum*),1965年第10期,第174页。

⑦ 请参见古特曼,《托马斯·阿奎那与犹太教和犹太文学的关系》,第13—15页。

么仔细地阅读了迈蒙尼德哲学神学的主要著作《迷途指津》。阿奎那在讨论《旧约》法律时就从这部著作的第三章受益良多,该章处理了拉比传统称之为"律法的理由",而迈蒙尼德和中世纪的论者称之为"诫命的理由"的内容。⑧ 然而,我不禁在想,如果阿奎那有机会接触到迈蒙尼德对犹太法律的百科全书式的编纂,即《米示拿妥拉》,阿奎那该从迈蒙尼德的犹太法学中收获多少啊!迈蒙尼德在《迷途指津》中称那部著为"我们的伟大作品"。⑨ 如果阿奎那能够读到它而不是仅仅听说它,他会称之为《犹太法大全》(Corpus Juris Judaeorum),甚至《犹太神学大全》(Judaicae)。

在这一点上我想探讨一下阿奎那为何要在自己的伟大著作中如此详细深入地处理犹太教的原因,对此很多人忘记了这是一部神学大全而不是哲学大全,而且哲学是神学的仆人(ancilla theologiae)而不是其主人的事实。这种探讨以这个问题开始:为何阿奎那在基督教神学中对自然法感兴趣?还有,自然法和《旧约》法律的联系是什么?这是一个重要的问题,因为在阿奎那讨论《旧约》法律时迈蒙尼德

---

⑧ 请参见《巴比伦塔本德》(Babylonian Talmud):犹太人公会,21a—b;迈蒙尼德:《诫命书》,引言,脚注5,以及《迷途指津》,卷3,第26章。

⑨ 《迷途指津》,卷1,第36章,阿拉伯文:《迷途指津》(Dalalat al-háirin)芒克(S. Munk)主编,耶路撒冷:国家公园出版社1931年版,第56页。

对他的思想的影响最为深远。

我们之所以要问这些问题是因为，一位神学家对自然法的兴趣不同于一位哲学家。迈蒙尼德和阿奎那把哲学家看作人类的思想家，对他而言启示是无法获得的（或者就像斯宾诺莎说的那样在本体论上是不相关的），主要的例证就是亚里士多德和亚里士多德主义者，他们对自然法的兴趣（说是作为真正逻各斯或正当理性的"自然权利"更佳）根源于试图认识与人类历史中短暂狭隘之物相对的人性中的永恒和普遍之物。[10] 发现自然法即是发现宇宙之中的神圣之物，特别是当它与人类条件相关联时。这是人类世俗知识的最顶峰。但是对于一位神学家而言，神法超越自然法。正因如此，它是无法自然地发现的，即无法通过普遍具有的人类理性发现。神法由天主在历史中直接向其挑选的群体启示。它不是人类历史中可有可无的因素，相反却是历史本身末世圆满的预演。这就是为何神法是超自然的，却不是非理性的。[11] 对于哲学家而言，恰恰相反，自然法或者与

---

[10] 请参见列奥·斯特劳斯（Leo Strauss），《自然权利与历史》（*Natural Right and History*），芝加哥：芝加哥大学出版社 1953 年版，第 81—119 页。

[11] 请参见约翰·考特尼·默里（John Courtney Murray, S. J.），《我们坚信这些真理：对美国命题的天主教思考》（*We Hold These Truths: Catholic Reflections on the American Proposition*），纽约：希德女瓦德出版社 1960 年版，第 298 页。

神法相同(如柏拉图),或者神法低于自然法(如康德)。[12]对于神学家来说,自然法至多是一个更大的神圣叙事的不可或缺的因素,那是一些现代神学家称之为救世史(Heilsgeschichte)的东西。[13]

在阿奎那的思想中,恩宠成全自然。[14] 正因如此,自然法必须在某种程度上被视为包含于神法之中。无独有偶,迈蒙尼德早先就说过"神法尽管不是自然的,但却参与到自然的之中"。[15] 因此,自然法可以视为神恩的前提条件,迄今为止它的最大的显现就是神法的启示。启示可能参与的可以人为地认识的世界一定是一个自然法得以发现并受到尊重的世界。

---

[12] 请参见柏拉图,《法篇》,631B—D。请参照康德,《单纯理性限度内的宗教》,格林(T. H. Greene)和赫德森(H. H. Hudson)英译,纽约:哈珀和兄弟出版社1960年版,第169—171页。但是,亚里士多德是否肯定我们所说的"自然法",即普遍有效的、可以认识的道德规范,这是有疑问的。请注意他在《尼各马可伦理学》1134b25—34中表现出来的犹疑。

[13] 对于把阿奎那的自然法理论置于他的圣经解释理论并因此置于他理解救世史的语境之中的研究,请参见尤金·罗杰斯(Eugene F. Rogers Jr.),《托马斯·阿奎那与卡尔·巴特》(*Thomas Aquinas and Karl Barth*),南本德,印第安那:圣母大学出版社1995年版,第46—70页。

[14] 请参见《神学大全》,第二集第一部分,问题99第2节。

[15] 《迷途指津》,卷2第40章,斯劳墨·派因斯(Shlomo Pines)英译,芝加哥:芝加哥大学出版社1963年版,第382页。对于迈蒙尼德关于自然的观念的充分探讨参见拙著《犹太教中的非犹太形象》(*The Image of the Non-Jew in Judaism*),纽约、多伦多:埃德温·梅林出版社1983年版,第290—294页。

3. 迈蒙尼德与阿奎那论自然法

我现在想要表明的是，神法和自然法之间这种关系的原理对于阿奎那和迈蒙尼德的理论是如何具有异曲同工之妙的，因为这二位神学家都必须处理启示的自然前提问题。然而，他们之间也存在着具体的差异，这些差异对于当代神学家，不管是犹太教的还是基督教的，在今天重新思考自然法都具有重要意义。

由于种种原因，对迈蒙尼德和阿奎那之间更为神学化观点的比较比对他们更为哲学化观点的比较更为重要。原因之一或许在于，人们当下仍然可以像迈蒙尼德和阿奎那那样去从事神学尤其是道德神学的研究，而试图以他们二者理论之中都具有的亚里士多德主义形而上学的方式进行研究，这就令人颇感惊异。可以说在道德神学中我们仍然处理着他们曾经都处理过的相同主题。然而，在形而上学这种客观的延续性就难以置信了。就他们各自的"元伦理学"（meta-ethics）而言，伦理学仍然是相同的。但就他们各自的"元物理学"（meta-physics）而言，物理学则极其不同。对于当前那些认为他们可以回归到全面的亚里士多德主义立场的人来说，这是一个巨大的难题。[16]

---

[16] 参见拙著《圣约权利》（Covenantal Rights），普林斯顿：普林斯顿大学出版社2000年版，第21—23页。

首先，我们来看一下迈蒙尼德是怎样建立自然法和神法之间联系的。接着，我们来看一下阿奎那是怎样建立这种联系的。最后，让我们尝试评价一下他们各自在处理所谓自然与恩宠之间联系的方法上的具体差异。

迈蒙尼德关于自然法的主要论述

《迷途指津》中关于法律的论述是阿奎那所熟悉的，它的基础是作者在伟大的法律纲要《米示拿妥拉》中对法律的讨论。（这种断言充满争议，后来的列奥·斯特劳斯教授及其追随者在《米示拿妥拉》中的迈蒙尼德和《迷途指津》中的迈蒙尼德之间看到了一种质的区别。我则遵从那些学者，他们在迈蒙尼德的神学中所发现的更多的是统一性，而在这两部主要著作之间更多的只是度的差异。⑫）尽管阿奎那不熟悉这部更早的、更庞大的著作，但从中发现迈蒙尼德关于自然法的最明确的论述对于我们是重要的。（这种断言同样充满争议，因为后来的马尔文·福克斯教授及其他人都认为迈蒙尼德和阿奎那之间的通常区别在于阿奎那具有

---

⑫ 请参见戴维·哈特曼（David Hartman），《迈蒙尼德：犹太律法与哲学请求》（*Maimonides: Torah and Philosophic Quest*），费城：美国犹太社会出版社 1976 年版，第 22—26 页。请参照列奥·斯特劳斯，《迫害与写作艺术》（*Persecution and the Art of Writing*），芝加哥和伦敦：芝加哥大学出版社 1988 年版，第 38—94 页。

一种自然法理论,而迈蒙尼德却完全否认自然法。[18])如果不
阅读其在《米示拿妥拉》中的前身,人们就无法完全理解迈
蒙尼德在"诫命的理由"的语境中对自然法的讨论。

尽管迈蒙尼德没有使用"自然法"一词,但当他提到一
些规范"由于理性倾向"而需要时,他显然指的是极为相似
的东西。[19] 这个词可以在字面上翻译为阿奎那的拉丁语
inclinatio rationalis,对于人类来说就是首要的自然倾向
(inclinatio naturalis)。[20] 这个词用在犹太人对外邦人的可能
统治的重大讨论之中,那是在《米示拿妥拉》第八章"君王的
法律"。这种可能的统治有哪些类型呢?

犹太人统治外邦人最明显的形式是外邦人皈依犹太
教。这种统治形式是最完整的,这种完整性在事实上表现
为外邦人完全不再是外邦人,而是全部被吸纳进犹太民族。
这等同于在罗马法中,非罗马出生的人被罗马人收养,就可
以对他们说"我现在是一个罗马公民"(civus Romanus
sum)。迈蒙尼德提出了这种选择(这可以不强迫外邦人违

---

[18] 请参见马尔文·福克斯(Marvin Fox),《理解迈蒙尼德》(*Interpreting Maimonides*),芝加哥:芝加哥大学出版社1990年版,第124—151页。

[19] 《律法新诠》(Mishneh Torah,后面简称"MT"):君王,8.11(整个《律法新诠》的英译在耶鲁犹太文物系列都可以获得[纽黑文,康涅迪格:耶鲁大学出版社])。

[20] 请参见《神学大全》,第二集第一部分,问题91第2节。引证采自托马斯·吉尔比(Thomas Gilby)等英译的《神学大全》,剑桥:布莱克弗赖尔出版社1964—1974年版。

背自身的意志），但这不是他在此处的主要关怀，他所关心的是外邦人"他者"。㉑ 迈蒙尼德这里所关心的犹太人对外邦人"他者"的统治具有三重含义。

首先，根据《塔木德》(Talmud)的要求，任何生活于犹太统治之下的外邦人都需要接受七种规范，这些规范被视为对于所有人都具有约束力。它们被称为"诺厄后裔的七种诫命"。㉒ 这些诫命的核心是三种一般的禁令：禁止偶像崇拜，禁止杀害无辜人命，禁止永久异性结合之外的性关系。㉓ 接受这些基本禁令是任何外邦人成为犹太政体外来居民的要求。㉔ 由于这些必备的规范由犹太当局执行，而且又由于这些规范似乎通过理性证明了其普遍的正当性，一些学者把这类犹太人统治定居在他们中间的外邦人的规则与罗马政治制度中的万民法(ius gentium)进行了比较。㉕ 后者是罗马官方用于管理长期生活于罗马统治之下的非罗马民族的法律形式。（后期罗马法通过各民族的同意制定了国际通行的法律。）对于罗马公民而言，万民法比罗马法更为一般、更为粗疏。

㉑ 《米示拿妥拉》：君王，8.11。
㉒ 《土西他》：偶像崇拜，8.4；《巴比伦塔木德》：犹太人公会，56a—b。
㉓ 《巴比伦塔木德》：犹太人公会，请参见74a，在那里这三条相同的诫命指明要求犹太人作为一个殉道者而不是违法者去死。
㉔ 《巴比伦塔本德》：偶像崇拜，64b。
㉕ 参见拙著《犹太教中的非犹太形象》，第11—14页。

其次，迈蒙尼德讨论接受诺厄法的外邦人，这不是因为犹太统治，而是因为对犹太教视为理性地约束所有人的东西的接受。这些人由于"理性倾向"而践行这些基本的法律。[26] 此处我们就可以看出一般道德义务与具体犹太政治义务之间的差别。那些遵循理性之人根本无需生活于犹太政制之下，而犹太传统把他们的道德地位仍视为是守法之人。因此，有效的道德规范无需犹太人的强制推行或监督。迈蒙尼德称这些人为"他们［即外邦人］的圣人"。[27] 毫无疑问，这类人既包括那些可以通过他们自身的推理达到道德真理的人，也包括那些遵循他们自己的圣人的教义的人，这些圣人是一种令人敬仰的道德传统的参与者。有些学者已经看出这种规则与罗马的自然法（ius naturale）概念类似，这种自然法是先于任何人类政体建立的法律。[28]

最后，还存在第三重含义。这是疑问最多的一个，它成为若干世纪以来迈蒙尼德研究者之间重大争论的主题。迈

---

[26] 对于这个概念的希伯来语渊源，请参见《土西他》：宰杀供食用之动物 8.1；《巴勒斯坦的塔木德》：犹太人公会，1.1/8b；同样参见古特曼，"迈蒙尼德论道德仪式的普遍性"(maimonide sur l'universalité de la morale religieuse)，载《犹太研究杂志》(Revue d'etudes juives)，1935 年第 99 期，第 41 页。

[27] 《米示拿妥拉》：君王，8.11。

[28] 参见拙著《犹太教中的自然法》(Natural Law in Judaism)，剑桥：剑桥大学出版社 1998 年版，第 122—142 页。

蒙尼德原文是这么说的：

> 任何接受七戒并负有履行之责的人都是世上的各民族虔诚者的一员，在来世都具有一份。但是，这个人是出于天主已经在《妥拉》中规定了它们而加以接受的。天主已经通过先师梅瑟让我们知道了诺厄法的内容在过去已经被规定了。[29]

许多学者已经解释了迈蒙尼德的论述，特别是把它作为他反对自然法观念的明确标志。他们把它解读为只有那些接受梅瑟的启示和关于外邦人规定的人才能被视为守法的外邦人。[30] 而且，他们也接受对《米示拿妥拉》印刷文本的解读，认为迈蒙尼德说过那些仅是由于理性倾向而接受诺厄法律的人"既不虔诚也不智慧"。斯宾诺莎充分利用了这个文本，用它证明在犹太教中不存在普遍的伦理，而且实际上这种伦理甚至不能由迈蒙尼德这种致力于调和《圣经》和理性的人建立起来。[31]

---

[29] 《米示拿妥拉》：君王，8.11。
[30] 请参见福克斯，《理解迈蒙尼德》，第130—139页。
[31] 斯宾诺莎，《神学政治论》，第5章，雪莉（S. Shirley）英译，莱顿：E. J. 布里尔1991年版，第122—123页。

按照这种理解,对于迈蒙尼德而言,唯一的守法外邦人是那些愿意遵照专为他们制定的犹太法律部门而生活的人。这包括任何实际生活于犹太政治统治之下的人,或者任何愿意接受经书上犹太教义的道德权威的人。后一种守法的外邦人或许也包括基督徒,他们会认为《旧约》上的一般道德教义即使在基督降生、《新约》出现之后仍然具有权威。[32] 通过更为广泛的阅读,他们甚至包括穆斯林,他们的基本道德规范看起来与犹太教紧密相关,而且也尊称梅瑟为真正的先知。[33] 然而,他们不包括那些其道德规范根源于自身对自然法的理性发现的人。但是,通过仔细阅读这个文本,再加上对迈蒙尼德理解实践理性总体倾向性(Tendenz)的审视,就会产生一个不同的总体印象。

首先也是最重要的,迈蒙尼德说有些妥拉法律是理性上显而易见的(阿奎那称之为 ratio quoad nos),七种基本诺

---

[32] 参见拙著《迈蒙尼德论犹太教和其他宗教》(*Maimonides on Judasm and Other Religions*),辛辛那提:希伯来协和学院出版社1997年版,第4—10页;同样参见拙著《犹太教—基督教的对话》(*Jewish-Christian Dialogue*),纽约:牛津大学出版社1989年版,第57—72页。

[33] 参见拙文"迈蒙尼德法律著作中的穆斯林和伊斯兰教研究"(The Treatment of Muslims and Islam in the Legal Writings of Maimonides),载《伊斯兰教和犹太教传统研究》,布林那(W. M. Brinner)和里克斯(S. D. Ricks)主编,芝加哥,加利福尼亚:学者出版社1986年版,第233—250页。

厄法律就归入这类。㉞ 其次,最完整的手稿与印刷的文本不同,它没有迈蒙尼德关于那些遵守诺厄法律的人不智慧的说法。相反,它们具有迈蒙尼德关于那些由于理性倾向而遵守这些法律的人不虔诚"却智慧"的说法。㉟ 把后者放在《米示拿妥拉》关于外邦人义务的整个章节中更讲得通。最低层次的外邦人是这样的,他接受犹太教视为普遍的命令的东西是因为那是他在犹太政体中获得一个稳定而受保护的地位的方式。这使得一个人合法地成为一名外国居民。下一个高级层次是这样的人,他接受犹太教视为普遍的命令的东西是因为那是他推理为正确的。这使得一个人成为智慧的诺厄人。最高层次是这样的人,他接受犹太教视为普遍的命令的东西是因为他坚信这是一种神法。这使得一个人虔诚。只有这最后一种人才与所有接受(或者最低是不否认)梅瑟律法为神法的犹太人一道配享来世的荣耀。但是,必须谨记,这种虔诚的外邦人无需为了实现来世而皈依犹太教。

在分析了文本之后,我们发现迈蒙尼德似乎确信无疑地肯定了自然法,而且自然法是通过实践智慧得以认识的。

㉞ 请参见《神学大全》,第一集,问题2第1节。
㉟ 请参见特维尔斯基(I.Twersky),《迈蒙尼德的法典》(*The Code of Maimonides*),纽黑文:耶鲁大学出版社1980年版,第455页,注释239。

恪守自然法与恪守神法之间的差别仅在于自然法的恪守者只具有今世的受尊重的地位,但神法的恪守者同时还具有来世的一种受尊重的地位。

这二者之间的差异似乎在于神法的恪守者必须通过梅瑟的启示接受它,而自然法的恪守者却只需要通过理性地观察人性就可以拥有它。然而,甚至这种区别也不是迈蒙尼德的意思。

通过仔细阅读文本表明,迈蒙尼德并没有说虔诚的外邦人之所以虔诚是因为他们接受梅瑟的启示。他只是说梅瑟的启示"告知我们"——犹太人——普遍的道德性法律早已被过去的人们接受为神法。换言之,他们所发现的妥拉不一定是具体意义上的梅瑟妥拉。正因如此,颁布给犹太人的梅瑟妥拉确认了外邦人自从远古时代就已经做出的或者能够做出的行为。并不是说诺厄人需要从犹太启示那里学习他们的基本道德规范,犹太启示对他们来说不一定是规定性的。反而,犹太启示仅仅是对为其他地方外邦人所规定的内容的描述。而且,如果他们从其他渊源接受神法,那么他们也配享在来世加入标准的以色列。但是这种其他渊源是什么呢?我们不是早已摈弃了理性和梅瑟启示吗?它一定是像基督教的或伊斯兰教之类的启示吗?或者还存在其他选项?

对于要求我们回答上述问题的请求，从这个文本所能获得的唯一答案是，迈蒙尼德说犹太人从天主经由梅瑟向我们揭示的内容可以认识诺厄人/人类的规范性。但是，这可以在梅瑟启示的哪个地方发现呢？犹太法典的拉比们在解释这些诫命时所提到的圣经的只言片语是晦暗不清的，而不是严格规定性的。[36] 这无疑是迈蒙尼德没有引述它们的原因。那么，迈蒙尼德这里所说的梅瑟启示就是口述传统，对他来说，这就是犹太教师推想妥拉可能的意涵和适用的悠长历史。[37] 这种推想有时甚至包括对下述内容的思考：接受具体的梅瑟妥拉必须要求的普遍前提是什么。这种推论式的传统由梅瑟开创，并由参与和促进它的所有人所继续。他们像梅瑟一样发挥着作用，并有梅瑟做保证。[38]

从迈蒙尼德关于梅瑟启示的论述中推出，他的意思或许是犹太人通过推想任何人的体面生活都需要的那些基本要求获悉了诺厄人被命令的内容。我认为这并非不合理。按照《塔木德》这是些那样的事情，"即使没有写出它们，过

---

[36] 请参见《巴比伦塔木德》：犹太人公会，56b—57a。
[37] 参见拙著《犹太教中的自然法》，第95—99页。
[38] 《米示拿妥拉》：反叛，第1章。

去也一定打算书写它们。"㊴实际上，根据拉比传统，犹太人在他们于西奈山接受成文妥拉（即《圣经》的基本内容）从而提升地位之前，他们自身就是诺厄人。㊵换言之，犹太人习得诺厄人／人类义务的方式与所有人获悉他们道德义务的方式相同，即通过推想人性实现所根本要求的内容。当人们认为这一定是天主通过创造人类从而意图他们去做的内容时，这就被视为神法。但是，如果真是这样，那么迈蒙尼德为何放弃把理性倾向作为认识怎样到达来世的充分方法呢？

对这最后一个问题的答案我们无法从刚才一直在仔细讨论的文本中推断出来。对此我们必须转向《迷途指津》寻找这个答案。这是阿奎那所熟知的迈蒙尼德的著作，而且迈蒙尼德在这部著作中更直接地表达了自己的哲学观点。

㊴《巴比伦塔木德》：赎罪日，67b，马丁·亚夫在回应这篇文章时指出，迈蒙尼德正是通过援引这段塔木德文本反驳"辩证神学家"对"理性诫命"的讨论。根据这段文本（《米示拿评论》：阿沃特，引言[8章]第6章），亚夫教授得出结论，"这段本身就可以明确判断迈蒙尼德是否具有一种自然法教义的问题。至少按照他自己的标准来说，他不具有"（亚夫，第71页）。然而，鉴于前述在理性诫命和启示诫命之间的区分，那个不停地强调诫命的理由的迈蒙尼德能够不肯定理性诫命吗？因此，似乎最好把迈蒙尼德对早期神学家的区分的批评解释为是因为他们把"理性的"范畴只限定在某些诫命上。然而，一种更为充分的形而上学基础会使得他们肯定所有的诫命都是理性的，尽管有些诫命比其他诫命具有更明显的理由，迈蒙尼德自己也会这么肯定。请参见拙著《犹太教中的非犹太形象》，第285—287页。

㊵《巴比伦塔木德》：许愿，31a。

我们在《迷途指津》中看到,存在着两种不同的人类理性,对它们的分别运用确定了我们所获得的法律的种类。

> 因此,如果你看到一种法律它的全部目的……指向城邦的秩序……你必然知道这种法律是一部统治城邦的法律(nomos)……相反,如果你看到一种法律它的全部规定……既关注肉体也关注良好的信念……是关于上帝的……而且这些欲求令人智慧……你必然知道这种指引来自上帝,他的尊贵,这种法律是神圣的。㊶

从中我们可以看出,普通的人类理性指向纯粹的政治事项,可以满足理性倾向的直接实践要求,但它不会把理性倾向导向其真正的目标。智性的真正目标是理解何者对于人生是好的,这是整个宇宙的神圣统治的结果。我想当迈蒙尼德说"人们能够超越常识和当前科学,理解我们理性认识和行为的动态结构,然后明确地阐述一种形而上学和伦理学"时,他一定会赞同伯纳德·洛纳根(Bernard Lonergan)的观点。㊷ 对于迈蒙尼德来说,那种形而上学和伦理学是

㊶ 《迷途指津》,卷2,第40章,第383—384页,阿拉伯文本,第271页。
㊷ 伯纳德·洛纳根,《洞察力》(*Insight*),纽约:哈珀&罗出版社1978年版,第635页。

"自然的",对自然的理解使得它们对于宇宙是自然的,而不仅仅是对世俗政治所要求的一般结构是自然的。他认为,来世不是一个未来的历史事件,而是上帝的永恒王国,那些具有最高理性能力的人即使仍然生活在现世也能够领悟它。

一些学者把这种更高的理性类型视为实践理性和理论理性的更具柏拉图色彩而非亚里士多德色彩的相互关系。[43] 犹太教-基督教-伊斯兰教认为自然是神圣创造者/立法者的合法造物的观念为这一进程提供了一种新的、更令人满意的基础,据此伦理学预设了形而上学,而形而上学需要伦理学。[44] 这与那种满足于在表面上对政治上有用之物的实践推理相去甚远。同样也与那种把宇宙视为与人类行为无关的理论理性有着天壤之别。而且,尽管这些真理是人类理性可以获得的,但由于它们对于大多数人而言并不是那么显明,所以犹太教和基督教以及伊斯兰教的启示(一神论的仅存的历史上有记载的启示)使得它们教义化,即使不是证明式的,在较大的人类团体中也是可资利用的。[45]

---

[43] 请参见斯劳墨·派因斯的《迷途指津》引言,88。请参照亚里士多德,《尼各马可伦理学》,1177a25—30;托马斯·阿奎那《亚里士多德〈尼各马可伦理学〉评注》,10,第2087—2097页,利特辛格尔英译,南本德,印第安纳:哑牛丛书1993年版,第624—626页。

[44] 参见拙著《犹太教中的自然法》,第113—121页。

[45] 请参见默纳罕·凯尔纳(Menachem Kellner),《中世纪犹太思想中的教义》(Dogma in Medieval Jewish Thought),牛津:牛津大学出版社1986年版,第10—49页。

56　最后，身为一名犹太神学家迈蒙尼德相信犹太教以最佳的方式展现了神法，它是世界上可以获得的实践智慧和理论智慧的最佳协作。即使不是直接明确的，也是可以理性地认知的（阿奎那会称之为理性自明）。㊻然而，正如一位最敏锐的评论家所指出的，当迈蒙尼德表明到达来世并不要求皈依犹太教时（但是从犹太教中叛教就会丧失它），他接受了一种与之相反的观点。㊼这种相反的观点是一种"教会之外无拯救"（extra ecclesiam nulla salus）的犹太版本，即是说，只有犹太人才能实现来世生活。㊽迈蒙尼德明确地反对这一点。

与其他的一神论宗教以及对伦理学和形而上学的哲学调和相比，犹太教的优越性至多是一种度上的而不是质上的。先知启示是一种人性要求的习性，而且只有哲学家才能成为先知，但并不存在他们真正变成先知的自然必然性。㊾预言并不局限于以色列之内（这正如迈蒙尼德的先驱犹大·哈勒维[Judah Halevi]所证明的），但梅瑟在所有先知

㊻ 《神学大全》，第一集，问题2第1节。
㊼ 约瑟夫·卡罗（Joseph Karo），《柯塞弗米示拿》，关于《米示拿妥拉》：君王，8.11。
㊽ 请参见《土西他》：犹太人公会，13.2，以及《巴比伦塔木德》：犹太人公会，105a，重复《全咏集》，9:18。
㊾ 参见拙著《犹太教－基督教的对话》，第129—138页。

中是独一无二的,永远不会被超越。[50] 对自然法的认识,尤其是当它在人性中活动时,是一个可能会终止于先知启示的进程的开端部分,它使我们看到了更大的受造自然,而人性只是其中的一个部分。但是,脱离自然法的形而上学基础去观察自然法即是让人类理性而不是神圣智慧作为万物的尺度。这就是迈蒙尼德为何对脱离整体法律(full Law)自身去探讨自然法有所保留的原因。仅仅关注直接明确的内容就很容易带来错误的结论,从而认为我们在政治层面上称之为自然法的内容对于人性的实现不仅必要而且充分。自然法可以从整体法律中抽离出来,但它无法以任何独立于后者的充分方式建立起来。正如迈蒙尼德以彻底亚里士多德主义的推理所指出的,自然法/诺厄法"由梅瑟的妥拉完成"。[51]

阿奎那论《旧约》法律

尽管阿奎那不知道迈蒙尼德把诺厄法当作自然法(这是由于迈蒙尼德在《迷途指津》中没有讨论诺厄法),但人们

---

[50] 《米示拿妥拉》:妥拉约基础,7. 1—6;《迷途指津》,卷2,第36和39章。请参照哈勒维(Halevi),《库萨里》(Kuzari),1. 95,赫希菲尔德(H. Hirschfeld)英译,纽约:帕德斯出版社,第31页。

[51] 《米示拿妥拉》:君王,9. Ⅰ。

可以作出如下类比:迈蒙尼德关于诺厄法和梅瑟法之间关系的观点在逻辑上极为类似阿奎那关于《旧约》法律和《新约》法律之间关系的观点。这种一般的相似性最容易从以下事实看出:与迈蒙尼德相同,阿奎那把先前法律和后来法律的关系视为一种潜能(potency)和实现(act)的关系。即是说,《旧约》法律作为其在《新约》法律中全部实现的潜能而发挥作用。他们都在各自的目的论方面从亚里士多德那里受益匪浅。

　　身为一名基督教神学家阿奎那必须处理一个自基督教从犹太教中分离出来就困扰着基督徒的难题。人们或许会把这个难题视为一名基督徒怎样避开马西昂主义的斯库拉(Scylla of Marcionism)与犹太化的卡律布迪斯(Charybdis of Jdaization)的问题。因为基督教的主张主要基于《旧约》的启示("犹太"《圣经》),如果像马西昂及其追随者(在各个时代)那样拥护对犹太教的绝对压制,这就会破坏基督教的基础。这个基础就是拿撒勒的耶稣是以色列预言中的弥赛亚,天主化身于这个顺服妥拉的犹太人体内。㉒(这就是为何犹太教-基督教之间的争论定位于犹太人和基督徒之间关于《希伯来圣经》作为首要真理标准——妥拉=真理的含

㉒ 《玛窦福音》,第5章,第17节。

义的对立主张之中。)一些明显属于犹太人的事物必然保留在基督教及其教义之中。另一方面，如果基督教在犹太教的融合中不是拣选的，那么它怎么能被视为不仅仅是犹太人的异端教派(由于绝大多数犹太人都拒绝接受基督徒的主张)？那么基督教神学家如何划出这条极端重要的界线呢？

在阿奎那看来，犹太教对于基督徒继续有效的原因在于它的自然法的高级原理(superior constitution)。自然法是人类对下述内容的发现，它存在于他们“认识天主的真理以及生活于社会的自然倾向之中，在这点上任何与这种倾向相关的内容都属于自然法”。(53) 阿奎那说“《旧约》法律符合 58
理性”，而且“《旧约》法律是好的，但不完美”。(54) 然而，《旧约》法律的不完美直到《新约》法律以相同的方式启示出来之后才得以发现。我们可以说，一颗橡子的不成熟直到它长成一棵成熟的橡树才能看出。换言之，旧事物的不完美只能在新事物出现之后才能回溯性地发现。就自身而论，《旧约》意图“一种可感知的、世俗的善，人直接指向它”。(55) 实际上，阿奎那对于《旧约》法律在世俗上的充分性非常严肃，以致认为“《旧约》法律就其道德训令而言是无条件地、

(53) 《神学大全》，第二集第一部分，问题 94 第 2 节。
(54) 《神学大全》，第二集第一部分，问题 98 第 1 节。
(55) 《神学大全》，第二集第一部分，问题 91 第 5 节。

绝对地永存的"。㊶ 而且,"《旧约》法律显然为人与人之间的相互关系规定了充分的内容"。㊷ 实际上,仅仅是因为存在"一些人类理性偶然受阻的事物"才导致不得不在古以色列的自然法上贴上神法(即启示的法律)的标签。㊸

阿奎那坚持认为,自然法不仅"完全"包含于《新约》法律之中,而且甚至也包含于《旧约》法律里。㊹ 实际上,由于阿奎那甚至表明"神法所确立的统治形式"(神法即《旧约》法律)是混合政体在人类历史上的最佳例证,融合了君主政体、贵族政体和民主政体的最好元素,那么自然法在《旧约》法律之中或许比在《新约》法律之中表现得更明显。㊺ 这具

㊶ 《神学大全》,第二集第一部分,问题 103 第 3 节释疑 1。请参见《神学大全》,第二集第一部分,问题 100 第 1 节。

㊷ 《神学大全》,第二集第一部分,问题 105 第 2 节。请参见《神学大全》,第二集第一部分,问题 91 第 5 节。

㊸ 《神学大全》,第二集第一部分,问题 99 第 2 节释疑 2。在约翰·戈耶特教授对本文的回应中他正确地指出,阿奎那看到了需要自然法成为启示的《旧约》法律的一个部分(援引《神学大全》,第一集,问题 95 第 1 节),"因为原罪……人类无法具备他所需要的实现自然法的知识,天主就有必要把《旧约》法律颁给犹太人以修复自然"(戈耶特,第 77 页)。但是对于迈蒙尼德来说,恰恰相反,似乎是,如果说存在任何的"原罪",这就是亚当(及其后代)从沉思的生活(vita contemplativa)的堕落,并且只关心作为行动的生活(vita activa)(参见《迷途指津》,卷 1,第 2 章)的身体的善。因此,对于人类的这种困境有着一种自然的治愈。然而,关于原罪以及需要恩宠/启示治愈人类这种结果的拉比观点,请参见关于《创世纪》第 31 章 24 节的利未拉特婚姻,103a—b。

㊹ 《神学大全》,第一集第二部分,问题 94 第 4 节释疑 1。请参照约翰·加尔文(John Calvin),《基督教要义》(*Institutes of the Christian Religion*),2.7.10 和 4.20.16。

㊺ 《神学大全》,第一集第二部分,问题 105 第 1 节。

有非常重要的意义,因为可以用它证明《新约》法律自身并没有截然不同的政治教义。耶稣向罗马帝国的官方代表彼拉多宣告,"我的国不属于这世界。"[61]在这之前他区分了恺撒的此世国度和天主的来世国度。[62] 伯多禄和保禄都赞成对世俗权威的服从,只要人们还生活于这个世界之中。[63] 至多可以说,特别是从奥古斯丁开始,人们可以看到,只要国家权威试图把自己打扮成神圣的造物,基督教政治理论就会成为这种国家权威的否定性限制。[64] 这就是为何阿奎那似乎表明了,一位世俗君主试图把他的王国按照圣经的政治和结构观念实在地复制出来,只要他不把这种政治规划表现为一种《旧约》法律本身的字面重建,这就是一件好事情。[65]

阿奎那对《旧约》法律的选取可以从他把训令分为三种的方式看出来:道德的、礼仪的和司法的。只有道德规范才被证明是包含于《十诫》之中的训令,可以视为永久的自然法训令,而且决不会被《新约》法律的训令所取代。相反,仪

---

[61] 《若望福音》,第 18 章第 36 节。
[62] 《玛窦福音》,第 22 章第 21 节与类似的地方。
[63] 《罗马书》,第 13 章第 1—7 节;《伯多禄前书》,第 2 章 13—17 节。
[64] 请参见奥古斯丁,《上帝之城》,卷 19,第 17 章。
[65] 《神学大全》,第一集第二部分,问题 104 第 3 节。参见《神学大全》,第一集第二部分,问题 98 第 5 节。

式训令和司法训令已经被《新约》法律所取代,但是取代的方式却极为不同。

《旧约》的礼仪训令已经被新法律所规定的圣事取代了,教会的教权把它解释为《新约》。[66] 过去这些礼仪训令是以色列人合法地敬拜天主的方法,直到基督降临之前都是如此。正因如此,它们在今天的意义在于,通过观察天主是怎样细致地使人敬拜他而纪念他对以色列的不弃。而且,更为重要的是,它们被看作是对天主完整敬拜的预兆,这种敬拜由基督的圣事组织造就。就此而言,它们的含义是象征性的,与那些圣事相反,这些圣事对于基督徒而言其含义是字面的,即便它们根据此世的标准是神秘的。[67] 然而,由于它们已经全然(in toto)被圣事实际取代,阿奎那坚持认为,如果在基督到来之后还以他到来之前(恰当地)遵守它们的方式去遵守它们这就是灵性的倒退。事实上,"现在遵循那些旧约的先辈们投注了忠诚和热爱的礼仪将是一种死罪",它们"不仅是死的,而且对于在基督到来之后仍然遵循它们的人是致死的"。[68] 此处阿奎那的目标似乎直指那些基督徒,他们认为可以前后一致地践行犹太教和基督教。(然

---

[66] 《神学大全》,第一集第二部分,问题104 第3 节。
[67] 《神学大全》,第一集第二部分,问题104 第4 节。
[68] 《神学大全》,第一集第二部分,问题104 第3 节。

3. 迈蒙尼德与阿奎那论自然法   121

而,很难弄清他是怎样看待犹太人继续践行这些诫命的合法性的。)

但是,司法训令与其说被取代,毋宁说是被相对化了。即是说,它们与持久的道德训令的联系可以理解为它们是绝对目的的历史性的相对手段。它们的功能必然被视为一些亚里士多德主义者所称的"工具性目的"。[69] 至于《旧约》法律,阿奎那把司法训令视为"根据不同的人类状态……对那些事物的限定。"[70]他用"限定"(determinatio)指一些类似于康德用"图式"(schematization)所指称的东西,即"一个范畴适用于诸表象"。[71] 与礼仪训令之于那些管理神人关系的永久自然法训令相比,这些司法适用与管理人际关系的永久自然法训令更为接近。人们应当把这种司法训令具有的历史功能以及司法训令与道德训令之间的联系更为紧密的观点视为阿奎那自然法理论的原创性观点。

在写到自然法训令不证自明时,阿奎那并不想说这些

---

[69] 请参见《尼各马可伦理学》,1094a1-5。亚里士多德在那里作为活动本身的目的和作为活动之外的结果的目的。显然,前者高于后者;事实上,如果所有目的都是工具性的,那么我们将面临着无限递归的谬论(参见《形而上学》,994b10—15)。进一步的阐释,请参见阿奎那,《亚里士多〈德尼各马可伦理学〉评注》,1,12—14讲,第4—5页。

[70] 《神学大全》,第一集第二部分,问题104第3节释疑1。

[71] 伊曼纽尔·康德,《纯粹理性批判》(Crtique of Pure Reason),B177,肯普·斯密(N. Kemp Smith)英译,纽约:麦克米兰1929年版,第180页。

训令足以管理人类历史上的任何真实社会。⑫它们要求确切地适用于身边的道德、政治形势。因此,他写道,"那些通过具体限定的方式派生于自然法的事物属于国内法,这视各个国家确定什么是对其最好的而定。"⑬我想这里需要在法律的特殊化与事例的具体化之间做出区分。阿奎那似乎认为,国内法在特殊社会和特殊法律制度的意义上派生于自然法。它们被制定出来以作为一般正义目的的手段。因此,国内法在特殊社会中适用于具体事例。善恶选择有时泾渭分明,甚至根据首要的自然法训令就可以做出道德决定。但是在大多数情况下,首要的训令需要国内法具体规定的居间辅佐。这种国内法就是良好的行政、立法和正义审判所必需的人法。尽管"自然法包含着某些经久不变的普遍原则,而人法却包含着随各种环境而变化的特定的具体原则"。⑭正因如此,自然法的限定内容由人类权威机关以一种历史偶然的方式表述出来。而且"这些由人法作出的限定结果被称为实在法而不是自然法"。⑮

---

⑫ 《神学大全》,第一集第二部分,问题100第4节。
⑬ 《神学大全》,第一集第二部分,问题95第4节。
⑭ 《神学大全》,第一集第二部分,问题97第1节释疑1;参见《神学大全》,第一集第二部分,问题96第2节;问题98第2节释疑4。
⑮ 《神学大全》,第一集第二部分,问题99第3节释疑2;参见《神学大全》,第一集第二部分,问题108第2节释疑4。

然而,实在法不局限于人法。同样也存在着一种神圣的实在法(ius divinum positivum)。⑯ 阿奎那重新拾起刚才引述的对人法的讨论,他说,"那些由神法作出的限定结果也与属于自然法的道德训令相区别。"⑰ 因此,一些神法是永恒的,因为它或者与自然法相同,或者与基督启示的超自然现实相同(不同之处存在于世俗和天国的目的之间),而有些神法由先知们为着特定时期所提出。⑱ 神圣实在法的这个方面具有司法训令的形式,只要它被自然法而不是被前基督启示所证明,就可以具有巨大的类比含义(不同于象征含义)。阿奎那认为基督之后只有一种启示作为启示就具有直接的规范性。⑲ 这种启示和自然法训令一道对于实现世俗和天国的目的是完全充分的。

迈蒙尼德和阿奎那之间的不同之处

迈蒙尼德和阿奎那的主要相同之处在于他们都承认神法包含自然法,当然其中有些变通之处。他们都必须同各自社会之中的信仰主义者抗争,这些人似乎认为把理性归

---

⑯ 《神学大全》,第一集第二部分,问题 104 第 1 节。
⑰ 《神学大全》,第一集第二部分,问题 99 第 3 节释疑 2。
⑱ 《神学大全》,第一集第二部分,问题 102 第 2 节。
⑲ 《神学大全》,第一集第二部分,问题 103 第 3 节释疑 4;问题 103 第 4 节;问题 107 第 2 节释疑 1。

给天主的法律会限制天主意志和权力的大能。[80] 并且,迈蒙尼德和阿奎那都被后来的信仰主义者在各自的传统中怀疑为过于哲学而难以让虔诚者信任。[81] 不应低估他们既有着共同的朋友也有着共同的敌人这种相同之处。任何自然法的复兴,不管是由犹太人还是由基督徒引发的,都可以从迈蒙尼德和阿奎那以及他们在历史上的贡献中获益良多,这些贡献既体现于他们各自的时代也体现于他们以后的时代。然而,为了使犹太人和基督徒能够在自然法的导师上具有较大的差异,我们也必须理解他们之间的不同之处。那么,这些不同之处是什么呢?

第一个不同之处不仅是神学上的,而且也是宗教信仰上的。身为一名《塔木德》之后的犹太人,迈蒙尼德无法完全接受以一种新法取代梅瑟的妥拉(以及建立于其上的整个犹太传统)。上帝的法律集中于梅瑟的妥拉之上,从其最一般的训令到具体的枝节都是恒定的和完美的。[82] 迈蒙尼德拒绝一种较早的拉比观念,即认为当弥赛亚到来时那些阿奎那(以及他人)称之为"礼仪"的妥拉内容会被取消,他

---

[80] 《迷途指津》,卷3,第31章。
[81] 请参见萨拉谢克(J. Sarachek),《关于迈蒙尼德理性主义的争论》(*The Conflict over the Rationalism of Maimonides*),纽约:赫蒙出版社1970年版。
[82] 请参见迈蒙尼德,《米示拿评论》:犹太人公会,第10章;基础,第8条。

强调天主绝不会改变其法律的任何内容。[83]（而且，他否认拿勒撒的耶稣就是弥赛亚。[84]）实际上，弥赛亚的任务不是取消法律，而是建立一个政治王国，其中法律在每个具体方面都能够而且会被完全遵守。对于他来说，在道德训令与礼仪训令或司法训令之间没有规范性的区别。从实在法是法律的意义上说，不存在允许取消或废止的神圣实在法。只是由于犹太人现存的政治条件使得他们不能遵守法律的某些方面，例如圣殿的某些仪式。然而，弥赛亚的统治会使得犹太人再一次遵守完整的法律训令，它们自身从未失去其永久的规范效力。[85]

启示的实在法不同于启示中的自然法，它通常涉及法律的具体内容，特别是在其仪式方面，这是无法从法律的总体目的之中理性地推知的。[86]对于它们并非理性（绝不是无理性）的特点，迈蒙尼德和阿奎那一定意见一致。他们的不同之处在于，这种并非理性的特点使得它们是暂时的（这会是阿奎那的观点）还是非暂时的（这会是迈蒙尼德观点）。

实在法在任何暂时的和有限的意义上都是人类的。对

---

[83]《米示拿妥拉》：君王，第11章（未审查版），拉比诺维茨主编，耶路撒冷：摩萨德·哈－拉维·库克出版社1962年版，第416页。

[84] 同上注。

[85]《米示拿妥拉》：君王，12.1。

[86]《迷途指津》，卷3，第26章。

于犹太人而言,它是作为立法者的拉比为所有以色列人制定的法律。[87]（从犹太法律史可以清楚看出,拉比权力必须回应制定法律的普遍要求以及在劝说共同体接受法律中出现的流行意见。[88]）而且,当且仅当随后确定这些法律不再服务于原初制定它们的目的时,这些人类制定法才允许废止。[89]（当作为犹太人最高立法-司法主体的 Sanhedrin 消失后,法理上[de jure]的废止变得不可能。然而,事实上[de facto]的废止采取了更为保守的司法审查和重释旧法等形式。）对于迈蒙尼德来说,与阿奎那神圣实在法概念粗略相似的唯一事物可能是《圣经》中存在的特设诫命（ad hoc commandment）,它们是在特定时间向特定先知传递的。[90] 犹太传统并不认为它们属于六百三十条成文律法的永恒诫命。但人们不得不把这些戒命视为对更为一般的原则的具体适用,而不是以普通法的形式对它们的具体化（specification）。有时它们甚至是来自妥拉法律的具体免除,由非常有限的情形加以补偿,拉比称之为"按时计算的法令"。[91]

---

[87] 参见《米示拿妥拉》:反叛,第1—2章。
[88] 参见《巴比伦塔木德》:偶像崇拜,36a—b。
[89] 参见《米示拿》:证言集,1.5。
[90] 参见迈蒙尼德,《诫命书》:引言,脚注3。
[91] 参见《巴比伦塔木德》:赎罪日,69b;同样参见《巴比伦塔木德》:犹太人公会,46a。

迈蒙尼德和阿奎那的第二个不同之处是神学的，在这一点上迈蒙尼德不仅不同于阿奎那，也不同于其他一些重要的犹太神学家。与阿奎那不同，迈蒙尼德似乎没有在自然法和超自然法之间做出真正的区分。这种区分正如我们在阿奎那那里看到的那样，是目的论的。对于迈蒙尼德而言，自然法导向自然的目的，这种目的自然地或者精神地实现。来世的生活可以通过此世的肉体和灵魂的一般行为实现。的确，迈蒙尼德似乎把来世看作自然的最高层面，是永恒的极乐之境。[92] 原则上，所有妥拉法律都具有此时此地可以理性地追求的普遍理由。它们在原则上都是自然法。但是在这种理性主义上，迈蒙尼德遭到卡巴拉主义神学家的强烈反对。对于他们中的一些人而言，例如迈蒙尼德最为系统的神学批判者纳蒙尼德（Nahmanides）(d. 1270)，虽然一些与人际关系相关的诫命确实具有世俗的理由，但大部分与神人关系相关的诫命所具有的却是超自然的理由。[93] 即是说，对于它们的效果必须考虑恩宠的而不是自然的作用。从这个视角，迈蒙尼德消弭了神学和哲学之间的差别。

---

[92] 参见《米示拿妥拉》：忏悔，第8章。
[93] 参见拙著《纳蒙尼德神学的系统探讨》（*The Theology of Nahmanides Systematically Presented*），亚特兰大：学者出版社1992年版，第107—113页。参见《神学大全》，第二集第一部分，问题91第4节；问题100第5节。

然而,对于许多卡巴拉主义者而言,他们与迈蒙尼德的差异甚至更大。他们认为所有的诫命都是恩宠的结果,而不是自然的产物。事实上,在他们所谓的无限神学(acosmic theology)中,根本不存在自然,所有真实之物都是对上帝生活的直接分享。一切现实都是泛神论的。[94] 所有事物都极是阿奎那所称的圣事。[95] 而且,甚至像纳蒙尼德这种承认有限自然现实的卡巴拉主义神学家,也都广泛地批评迈蒙尼德是泛自然主义/泛理性主义(pannaturalism/panrationalism)。在纳蒙尼德那里,可以肯定自然法,但这是一种比迈蒙尼德所认为的更低限度的自然法(就此而言,也比阿奎那所认为的更低)。最后,甚至那些不把这些诫命视为卡巴拉主义上的圣事的犹太神学家(同样容易把神力归给它们),也会把比迈蒙尼德更大的历史特殊性归于它们。由于这种历史特殊性意欲一种全部人类历史的救赎圆满,它并不共有现代历史主义及作为其明显前提的相对主义的陷阱。根据这种观点,救世史成全自然,它并不破坏它或否认它。但迈蒙尼德拒绝把任何超自然的意义归咎于历史,甚至是神圣的历史。[96]

---

[94] 参见拙著《犹太教中的非犹太形象》,第265—268页。
[95] 参见《神学大全》,第三集,问题62第1节。
[96] 参见拙文"迈蒙尼德具有一种历史哲学吗?"载塞缪尔森(N. M. Samuelson)主编《犹太哲学研究》(*Studies of Jewish Philosophy*),马里兰:美国大学出版社1987年版,第397—420页。

自然法的当代复兴

自然法理论存在于哲学和神学的边界之上。没有神学,它往往蜕变为某种理性主义,忽视人性的基本宗教助力,忘记人本质上是天主追求的独特造物。缺少哲学,自然法易于沦为特殊宗教教义的纯粹辩白,即存在于它目的论要求中的合理化而不是理性。[97] 通过把我们的关注点聚焦到迈蒙尼德和阿奎那在理解《希伯来圣经》的规范意义时所表述的自然法理论,犹太人和基督徒最需要向他们学习。毕竟,迈蒙尼德的犹太教和阿奎那的基督教的最基本的主张都来自对那一经书的共同的和竞争的解释。由于这部经书向我们传递了世界的创造,特别是具有同一自然和同一天命的人的创造,犹太人和基督徒的自然法理论必须最终从那里找到神学证明,否则在哪里都无法找到。还有谁比梅瑟·迈蒙尼德和托马斯·阿奎那更懂得这一点呢?

---

[97] 参见拙著《犹太教中的自然法》,第174—178页。

回应

迈蒙尼德的自然法?
（马丁·亚夫）

首先,对于戴维·诺瓦克的真诚尝试,我必须致以敬意。他试图在我们当下称之为守法公民的共同幸福(common well-being)的问题上提出托马斯·阿奎那和迈蒙尼德之间的相似性。我记得我们的国父们在建立一个法治政府时曾诉诸"自然法和天主的自然法"(Laws of Nature and of Nature's God)以及"神意的佑护"(Protection of Divine Providence)。这种法治政府致力于实现下述主张:人人"生而平等……秉造物主之赐，拥无可剥夺之权利"，同时受赠了一部除其他之外还用来"卫护自由之福"的宪法。① 在确立我们法律的基础时，尽管由于或者说可能由于来自《圣经》或通往《圣经》道路上的派系意见林林总总，但它们仍然被视为《圣经》教导我们的生活得以持续繁荣的方式，这有任何疑问吗？② 由于阿奎那和迈蒙尼德在各自教派中处于权威导师的相似地位，而且又由于阿奎那指望通过"拉比·梅瑟"来理解神圣教条（sacra doctrina）的前基督根源，那么我们就很可能认为阿奎那在自然法教义这一具体方面也与迈蒙尼德相近。如果说我与诺瓦克存在不同之处，对于能否把某种严格意义上的自然法教义归之于迈蒙尼德我有着挥之不去的疑惑，那么，这也不是因为我对迈蒙尼德像阿奎那一样看到了为了澄清守法的理解和实践从而需要求助自然和天主的自然这一点有所怀疑。而是因为我难以把在阿奎那那里发现的某种自然法教义与迈蒙尼德《迷途指津》及相关著作中的具体细节对应起来。

对于诺瓦克的论证我有几点疑问。我下面要勾勒这些疑问，在我有限的能力范围内满怀敬意地模仿阿奎那《神学

---

① 我遵循从乔治·阿纳斯塔普罗（George Anastaplo）那里发现的《独立宣言》和《美国宪法》的句读方法，《1787年宪法：一个评论》（The Constitution of 1787: A Commentary），巴尔的摩：约翰·霍普金斯大学出版社1997年版，第239、243、266页。

② 请参考《联邦党人文集》（The Federalist），第51篇。

大全》及其他文本的文风，并且以争论问题的形式阐明这些难题。更确切地说，由于我无法为问题的反面举出令人信服的论点，所以我仅仅列出对诺瓦克自身观点的一连串反对意见，并请那些希望捍卫他的观点的人进一步提供恰当的"但是相反"（sed contra）、"我的回答是"（respondeo dicendum），如果可能的话请他们逐一回答我的反对意见。

那么：似乎在迈蒙尼德那里不存在自然法的教义。

首先，诺瓦克认为"发现自然法即是发现宇宙之中的神圣之物，特别是当它与人类条件相关联时"。然后他继续表明，神法包含自然法的观念为我们提供了进入迈蒙尼德神学教义的充分进路，这正如说它为我们提供了进入阿奎那神学教义的充分进路一样。我这里的疑问与迈蒙尼德从未在任何地方使用过"自然法"一词这个事实相关。然后，我的问题就是：如果我们把迈蒙尼德理解为是在谈论自然法，那么为何看起来他似乎没有在谈论自然法？在我们急不可待地把迈蒙尼德没有明确说出的内容强加给他之前，难道我们不应该接受他明显说出的内容的指导吗？还是让我把这条反对意见再细分为三点吧！

第一，诺瓦克说自然法是神法的一部分这种神学观点比神法与自然法相同或者低于自然法这种严格的哲学观点更为可取。他把神法与自然法相同这种观点归之于柏拉图和亚里士多德,而把神法低于自然法这种观点归之于康德。对于当前的目标来说,康德的观点是年代错置,暂且不表。迈蒙尼德自己的观点似乎更接近柏拉图和亚里士多德的观点,他们同样似乎不由一种自然法的观念加以定位。③ 对于迈蒙尼德来说,法律首先是一种政治现象,对于柏拉图和亚里士多德来说也同样如此。迈蒙尼德是在与诺摩斯(nomos)（他用的是希腊语）相反的意义上理解"神法"概念的,而诺摩斯指的是治理一个政治共同体的法律或法律集合。根据诺瓦克只引述了其中部分的迈蒙尼德的段落,法则(Nomoi)是指:

  ……专门指向城邦及其境况的秩序,废除了它就是不正义和压制;如果在那种法中完全不关注思辨事物,不关心理智能力的成全,不考虑意见的正确或错误——相反,那种法的全部目的在于实现一种安排,不管这种安排是怎么产生的,都针对人们相互之间关系的境况以及他们获得……某种被视为幸福的事物——那么你就一定会认识到那种法就是诺摩斯……④

---

 ③ 请参照柏拉图,《高尔吉亚》(Gorgias),483e,《蒂迈欧》(Timaeus),83e;亚里士多德,《修辞学》(Rhetoric),1373b4—18,《论天地》(De Caelo),268a10—15。
 ④ 梅瑟·迈蒙尼德,《迷途指津》,卷2,第40章,派因斯英译,芝加哥:芝加哥大学出版社1963年版,第383页及以下。

相反，神法是"一种法，如前述所言，它的全部规定既关注肉体状况的良好也关注良好的信念——这种法致力于教导关于天主的正确观念……还有天使，而且这些欲求令人智慧，赋予他理解力，唤起他的关注，使他认识以真实形式存在的事物整体。"⑤对于迈蒙尼德而言，"神法"是一种由神力提升的诺摩斯，是一组与其他法典明确区别的政治法，因为它由上帝揭示，并旨在关于所有事物的智慧和理解，这些事物既包括神圣的，也包括人类的。

第二，我们几乎不应指望在柏拉图和亚里士多德那里发现天主揭示自然法的观点，因为正如诺瓦克所言，这种观点是神学的证明而不是严格的哲学论证。但是，正如我们所见，从迈蒙尼德期待从"肉体状况的良好"，即人体的自然需要，其中包括它在政治生活之中与其他身体之间的相互依赖，发现政治性法律的恰当标准，我们可以明显地看出相较于阿奎那他更像柏拉图和亚里士多德。与阿奎那不同，迈蒙尼德不是从人类身体之外的理性能力中推出政治生活的需要——即从阿奎那所称的"根据理性本质对善的倾向，这是人所特有的。"⑥迈蒙尼德通过"自然"确定了自己的定

---

⑤ 《迷途指津》，卷2，第40章（派因斯英译，第384页，强调为作者添加）；参照卷3第27—28章（派因斯，第510—514页）。

⑥ 《神学大全》，第二集第一部分，问题94第2节（所有关于阿奎那的翻译都是作者自己的）。

位,但这似乎并没有受惠于对一种来自政治生活状况之外的法律的诉求,尽管或者说是因为,那些法律与来自政治生活状况之外的神圣启示相互合作。⑦

第三,迈蒙尼德在追随柏拉图和亚里士多德而不是自然法传统时,同样完全不把神法与自然法相互等同,只要是柏拉图和亚里士多德也不这么做。例如,亚里士多德把"自然"(phusis)定义为内在于事物之中自动地推动或改变事物的支配原则或原因。以此,他把自然与"技艺"(techne)区分开来,后者涉及人类工匠对事物施加的支配事物变化的原则。⑧ 亚里士多德似乎谨记着荷马的《奥德赛》(Odyssey),那是这个词首次出现的地方:当赫尔墨斯在瑟西岛挖出魔草并向奥德修斯展示它的"自然"时,他所表明的是联系黑色的根与白色的花的东西;换言之,自然就是植物的生长之中黑和白、根与花结合在一起的原因——这种原因独立于人类、同样也独立于(荷马式的)神的武断意志。⑨ 当亚里士

---

⑦ 请参照雷蒙德·维斯(Raymond L. Weiss),《迈蒙尼德的伦理学:哲学道德体系与宗教道德体系的遭遇》(The Encounter of Philosophic and Religious Morality),芝加哥:芝加哥大学出版社 1991 年版,第 178—185 页。

⑧ 亚里士多德,《物理学》,192b21—23. 参照拙文"亚里士多德神学中的神话与科学"(Myth and 'Science' in Aristotle's Theology),载《人与世界》(Man and World),1979 年第 12 期,第 70—88 页。

⑨ 荷马,《奥德赛》,10. 303,请参照塞·伯纳德特(Seth Benardete),《弓与琴:奥德赛的柏拉图式解读》(The Bow and the Lyre: A Platonic Reading of the Odyssey),马里兰:罗曼 & 利特菲尔德出版社 1997 年版,第 86 页及以下。

多德在自然之物(例如,植物、动物、星辰)这些自行运动和改变的事物与神或者纯理智(nous)这种不发生改变的事物之间做出区分时,他维持了荷马的理解。⑩ 按照亚里士多德的观点,在这一切当中不存在神和自然的共同"法"(nomos),除非引入神话,这正如他所说,"是为了说服大众,以及用于法则(nomoi)并且与(政治)权宜有关"。⑪ 尽管如此,迈蒙尼德在亚里士多德的理性证明的、无形体的神与《希伯来圣经》中的神之间发现了明显的相似性。他补充说,圣经中的神的唯一不同在于他从无中创造了世界,尽管其他的许多不同都会由此随之而来。虽然迈蒙尼德没有发现从无中创造可以通过理性证明,但他也没有发现它的不合理性;⑫尽管如此,他也不认为这意味着存在一个受

---

⑩ 亚里士多德,《形而上学》,1069a30—1069b2,1071b3—1076a4,特别是1074b15以下。

⑪ 《形而上学》,1074b3—5,对于阿奎那所理解的自然法与亚里士多德在《修辞学》1373b7中所理解的"根据自然"的法之间的区别,请参见哈里·雅法(Harry V. Jaffa),《托马斯主义和亚里士多德主义:对托马斯·阿奎那〈尼各马可伦理学评注〉的研究》(Thomism and Aristotelianism: A Study of the Commentary by Thomas Aquinas on the Nicomachean Ethics),芝加哥:芝加哥大学出版社1952年版,第168—169页;列奥·斯特劳斯,"论自然法"(On Natural Law),载《柏拉图政治哲学研究》(Studies in Platonic Political Philosophy),芝加哥:芝加哥大学出版社1981年版,第139—140页;以及拉里·阿恩哈特(Larry Arnhart),《亚里士多德论政治推理:对"修辞学"的一个评论》(Aristotle on Political Reasoning: A Commentary on the "Rhetoric"),德卡伯:北伊利诺斯大学出版社1981年版,第103—105页。

⑫ 请参见《迷途指津》,卷2,第13—24章。

到自然法（或者我们可以看到的他称之为"理性法"）约束的神。

我现在简述一下我的第二个主要反对意见。诺瓦克指出，"试图以他们（迈蒙尼德和阿奎那）二者理论之中都具有的亚里士多德主义形而上学的方式进行研究，这就有些令人惊异了"。但是，如果要正确地说明我刚才所提到的要点，似乎有些东西挡住了去路，我们需要再次全面地审视亚里士多德。诺瓦克所提到的"全面的亚里士多德主义立场"实际上比那些不再把他当回事的人通常所说的更为可行。具体而言，亚里士多德有助于我们处理下述棘手的问题：例如，支撑婚姻和家庭的自然纽带问题，奴隶制对自然权利的违反问题，当前试图把自然征服扩展到人类基因的不明领域的问题。[13] 正如诺瓦克在一个不同的段落中所言，"脱离自然法的形而上学基础去观察自然法即是让人类理性而不是神圣智慧作为万物的尺度。"

---

[13] 对于前两个问题，特别参见拉里·阿恩哈特，《达尔文主义的自然权利：人性的生物伦理学》(*Darwinian Natural Right: The Biological Ethics of Human Nature*)，奥尔巴尼：纽约州立大学1998年版，第89—210页，第238—248页；对于最后一个问题，特别参见列昂·卡斯(Leon R. Kass)和詹姆斯·威尔森(James Q. Wilson)，《人类克隆的伦理学》(*The Ethics of Human Cloning*)，华盛顿：AEI出版社1998年版，以及卡斯，《趋向一种更自然的科学：生物学与人事》(*Toward a More Natural Science: Biology and Human affairs*)，纽约：自由出版社1985年版，第275页。

我的第三个也是最后一个反对意见涉及诺瓦克所提出的这个问题,阿奎那对迈蒙尼德以及对犹太教的理解是否会因为对迈蒙尼德严格法律著作的熟悉而得到提高。这里我的疑问有三个方面。

首先,对于迈蒙尼德的严格法律著作是否支持诺瓦克的"迈蒙尼德也和阿奎那一样具有一种自然法教义"这一主张,他所引证的塔木德材料("即使没有写出它们,过去也一定打算书写它们"⑭),迈蒙尼德在他的一本法律著作《米示拿评论》(Commentary on the Mishnah)中同样援引过,只不过却是具有相反的效果。迈蒙尼德是在重新思考亚里士多德及其他人下述观点中援引它的,德性是否高于节制或者正好相反,换言之,是克制非道德的欲望(节制)好,还是不把它放在首位(德性)好。他对塔木德材料的理解似乎与诺瓦克相反。这是迈蒙尼德的原话:"当哲学家们说人们不欲求它们比人们欲求它们却克制自己不去欲求更有德时,他们所说的是这些恶的事物——它们一般为所有人作为恶的事物而接受,例如谋杀、偷盗、抢劫、欺诈、伤害无辜、以怨报德、侮辱父母,诸如此类。它们是这样的法律,圣人说,如果没有写下它们,它们也理应被写出。我们当代饱受辩证神

---

⑭ 《巴比伦塔木德》,赎罪日,67b。

学之苦的智者称它们为理性法"。⑮ 迈蒙尼德援引了前述材料以支持这个观点,这个观点在《迷途指津》中放大了,⑯称那些恶的事物为恶的根据在于它们一般被接受为恶的,而不是说它们与任何"理性的"(或自然的)法律相反从而是恶的。⑰ 这个段落自身就明显地确定了迈蒙尼德是否具有一种自然法教义的问题。至少按照他自己的标准,他不具有。

其次,我想知道阿奎那对于《旧约》法律和《新约》法律之间关系的观点,因此也是对于犹太教和基督教之间关系的观点,是否可以用"潜能和实现"之间的关系加以充分地描述。阿奎那自己在《神学大全》的第一个问题就以区分《圣经》的字面含义(阐明了《旧约》内容)与比喻义(指向《新约》内容)作为开端。同时,他坚持字面含义作为天主这

---

⑮ 迈蒙尼德,《拉比道德教义导读》,第 6 章,收录于雷蒙德·维斯、查尔斯·巴特沃斯(Charles Butterworth)编《迈蒙尼德伦理著作选》(*Ethical Writings of Maimonides*),纽约:多佛出版社 1975 年版,第 79 页及以下。

⑯ 特别参见《迷途指津》,卷 1,第 2 章(论亚当),以及卷 3,第 22—23 章(论约伯)。

⑰ 与阿奎那《神学大全》第二集第一部分问题 94 第 3 节释疑 2 相反:"所谓人的自然本性,我们或者用它意指人所特有的,在这一意义上,所有的罪恶既与理性相对也与自然本性相对;或者用它意指人和其他动物共有的本性,在这一意义上,特定种类的罪恶才被认为是反自然的:例如,那些与动物自然具有的雌雄性活动相悖的行为,就被视为一种反自然的罪恶。"非常感谢达拉斯大学乔舒亚·巴恩斯博士(Dr. Joshua Parens)提醒我注意这里所讨论的这段及其他文本。

位《圣经》作者的原初意图具有完整性。[18] 后来,当在《神学大全》中遇到怎样对待犹太人的实际问题时,阿奎那俯下身来——如果我可以用比喻的话——以免给基督徒任何逼迫犹太人归化或者其他侵扰他们的借口。[19] 显而易见,不管《旧约》有何等的神学缺陷,它都不仅仅是《新约》的质料。由于阿奎那在《论法律》中集中关注了外部法与内部法的区别,[20]《神学大全》的"犹太"层——如果这么说正确的话——似乎可以通过对这种法的范围及其限制的哲学惊奇(philosophical wonderment)达到,这种惊奇是阿奎那与柏拉图和亚里士多德,当然也包括迈蒙尼德,一同分享的。[21]

最后,就迈蒙尼德的严格法律著作与《迷途指津》更为一致还是更不一致而言,迈蒙尼德自己似乎更看重他们的

---

[18] 《神学大全》,第一集,问题1第1节;同样也可以参见《神学大全》,第二集第一部分,问题107第3节。为阿奎那解经法的辩护,特别是关于《约伯传》,参见拙文"解释性论文",收录于《托马斯·阿奎那约伯传的字面解释:关于神意的圣经评论》,达米科(A. Damico)英译,亚特兰大:学者出版社1989年,第1—65页。

[19] 例如,《神学大全》,第二集第二部分,问题10第8节和第11节;第三集,问题47第5节;参见《论犹太人统治》,载《托马斯·阿奎那政治著作选》,登特列夫(A. P. D'Entrèves)主编,纽约:麦克米兰出版社1959年版。同样还可以参见拙文"约翰·胡德的《阿奎那与犹太人》书评"(review of Acquinas and Jews by Johan Hood),费城:宾夕法尼亚大学出版社1995年出版,《犹太人研究会评论》(Association for Jewish Studies Review),1997年第22卷,第122—125页。

[20] 《神学大全》,第二集第一部分,问题98第1节;问题99第3节;问题100第2节。

[21] 请参考《迷途指津》,卷3,第34章,以及卷1,第34章。

不一致性。他称前者为"法律的律法主义研究",而说《迷途指津》是关于圣经术语和寓言的研究,即对法律的律法主义研究的非律法和超律法补充。② 与迈蒙尼德严格法律著作相反,《迷途指津》针对的是法律的基础。迈蒙尼德的严格法律著作与《迷途指津》之间的关系有点类似《独立宣言》和《美国宪法》及相关著作之间的关系,或者说,一方面是洛克的《政府论》,而另一方面是阿奎那在《神学大全》中对法律的讨论。

---

② 《迷途指津》,卷1,引言(派因斯英译,第5页及以下)。

回应

自然法与创造的形而上学
（约翰·戈耶特）

对于戴维·诺瓦克在迈蒙尼德和阿奎那之间所做的富有启发性的比较，我想提三点相对简单的评论：首先，我想指出他关于迈蒙尼德具有一种自然法学说这一断言的问题。其次，我想对他所说的可以不通过研究形而上学而为自然法辩护提出一个问题。最后，我想突出他这一主张的重要性："犹太教对于基督徒继续有效的原因在于它的自然法的高级原理"。

我们能在迈蒙尼德那里发现自然法教义吗？马丁·亚夫通过详细研究迈蒙尼德的某些文本已经提出了在他的理论中寻找自然法教义的若干问题。我想从阿奎那的角度提出一个问题。阿奎那在《神学大全》第二集第一部分问题91中，把自然法定义为理性造物对永恒法的分有，而天主通过永恒法支配着"整个自然的所有行为和运动"（《神学大全》，第二集第一部分，问题93第5节）。这个定义导致的后果是，对于阿奎那来说，自然法预设了世界由神意统治，这种神意延伸到具体事件。（注：阿奎那在《反异教大全》中对自然法的探讨就位于他对神意的处理之中。）简单来说，自然法以一位神圣立法者为前提。如果没有这位立法者，留给我们的不过是自然权利而已。例如，禁止谋杀违背了理性，并且因此而违背了人性，但如果自然秩序是由一位神圣立法者确立的，那么这就只能被理解为对自然法的违反。然而，由于只有世界是由天主创造的，神意才能延伸到具体事件，所以对于圣托马斯而言自然法预设了天主是创造者。[75]但是，至关重要的是，由于自然法关系到在神圣启示之外的可认识的事物，它预设了我们可以通过独力的人类理性认识到世界是由天主创造的。那么，托马斯主义自然法就预设了我们所说的创造的形而上学，即对从无中创造的哲学证明，对于这种证明阿奎那声称他在《神学大全》的前面部分已经提供了(《神学大全》,第一集问题44第1节和第2节)。但是,这就提出了推定迈蒙尼德具有自然法教义的下述问题:如果迈蒙尼德像他在《迷途指津》中所做的那样,明确否认我们可以借助独力的人类理性认识世界是由天主创造的,那么他怎么可能具有一种自然法教义呢?

有人或许会通过指出这一点来回答上述问题:对于阿奎那而言,自然法,或者至少是自然法的首要原则,是能够被所有人认识的,但是按照阿奎那的观点,大多数人并不具有一种关于天主存在的哲学证明。实际上,阿奎那追随迈蒙尼德,主张神圣启示之所以必要的理由之一在于,关于天主存在和本质的证明知识只有少数人才能掌握,而且这种知识要通过一生的学习才能获得,同时还会混杂许多错误(《神学大全》,第一集,问题1第1节;《迷途指津》,卷1,第33章)。阿奎那似乎承认在对造物主天主的存在的证明之外,自然法也可以认识。尽管如此,阿奎那仍然坚持认为,在神圣启示之外造物主天主的存在也是可以认识的,至少在原则上可以认识,而且这种知识是捍卫自然法和神法之间的区分所绝对必要的。如果世界的创造只能通过神圣启示加以认识,那么就很难做出下述断言:独力的人类理性所判断认为的对于人类幸福所必然的东西就具有法的约束性。

这就把我带到了我希望表明的第二点,诺瓦克教授认为我们可以不通过研究形而上学而为自然法辩护。他在文章中比较了迈蒙尼德和阿奎那作为道德神学家的观点，这部分是因为他坚信迈蒙尼德和阿奎那的形而上学思考都根源于亚里士多德的自然科学，而他暗示这种自然科学不再能通过现代科学的表面成功加以辩护了。我应当说明诺瓦克并没有否认自然法预设了形而上学的基础。他在文章后面承认"伦理学预设了形而上学"以及"脱离自然法的形而上学基础去观察自然法即是让人类理性而不是神圣智慧作为万物的尺度"。他所质疑的似乎是，我们是否能够或者应当通过独力的人类理性去提供那种形而上学基础。

我对此感到疑惑。即使为着论证之故我们假定，正面证明从无中创造的能力并非根本必要，因为人们也可以通过信仰认识天主的真理，我仍然想知道是否可以完全摈弃形而上学。大多数人所拥有的自然法的实践知识能够独立于创造的形而上学，不管这多么真实，但这种实践知识总会受到对整体的错误解释的危害。许多人的道德生活总会受到那些人的危害，他们否认天主顾念着人事，或者整个地否定天主，例如宣称有序的整体不过是盲目偶然的结果。自然法的实践知识总是需要加以辩护，以免遭这类意见的侵蚀，而这种辩护必须借助形而上学。因此，虽然迈蒙尼德没有像阿奎那那样宣称可以证明从无中创造，他也认为能够通过哲学拒绝任何声称创造的不可能性的论证，这对于自然法的辩护是必要的(《迷途指津》，卷2，第15章)。在我们这个时代，现代科学对于亚里士多德主义自然科学的明显胜利不应导致在自然法的辩护中放弃传统的形而上学。相反，现代科学所提出的挑战使得当下更需要形而上学。放弃可以为自然法教义提供理论基础的形而上学思考似乎促进了这种观点，至少对我来说如此，即自然法理论只是"特殊宗教教义的纯粹辩白"，而这种观点正是诺瓦克教授明确地设法避免的。尽管我同意诺瓦克的意见，即阿奎那的自然法学说常被视为可以直接从其神学语境中抽离出来，但我也认为我们不应忽视这个事实，即神学的女仆不可或缺。

我虽然执着于形而上学的重要性，但并不打算对诺瓦克的基本命题提出异议：在神圣启示的背景下或者在神圣神学中，自然法可以得到最为丰富的思考。这把我带到了我想要表达的第三点，即诺瓦克的断言，"犹太教对于基督徒继续有效的原因在于它的自然法的高级原理"。正如他所指出的，《神学大全》中对法律的最大篇幅的论述即是关于《旧约》法律的探讨。实际上，我可以证明《神学大全》处理自然法的最重要的问题不是问题94，它只是明确地探讨自然法本身的问题，但是在问题100中阿奎那却致力于探讨《旧约》法律的道德训令问题。正是在这个问题之中，我们不仅了解了作为自然法部分内容的《旧约》法律的道德训令，而且也获得了关于自然法各类别和等级之间关系以及各种不同自然法训令之间序列的详细讨论。为什么会出现这种情况？阿奎那为何要选择把对自然法的详细探讨放在对《旧约》法律的讨论之中？我认为这个问题的答案与我之前所表明的观点紧密关联，即是说，大多数人在他们的自然条件下不具有认识自然法所必要的知识。这在关于天主崇拜的那些训令方面表现得最为明显，例如，禁止崇拜偶像。由于大多数人并不自然地具有关于天主存在以及他是宇宙的创造者和统治者这种事实的知识，他们没有能力以自然法所要求的方式崇拜他。但这怎么可能呢？如果天主崇拜方面的训令在人的自然条件中不可认识，那么我们怎么能把它们作为自然法的一部分加以谈论？这个问题的答案在于对于阿奎那而言不存在纯粹自然状态这样的事实，尽管他明确地思考了这种状态的可能性（《神学大全》，第一集，问题95第1节）。阿奎那认为，自然法之中的"自然"是指既存的神意秩序中的自然，这种自然已经在恩宠之中创造，受到原罪的削弱，然后借助恩宠和神启而得以修复。正如阿奎那在关于《旧约》法律的讨论中所明确表明的，因为原罪……人类无法具备他所需要的实现自然法的知识，天主就有必要把《旧约》法律颁给犹太人以修复自然。因此，人在原罪之后通过《旧约》法律就获得了自然法的知识。结果,《旧约》法律的道德训令在阿奎那看来可以还原为《十诫》的训令,也是自然法的一部分,尽管其中的一些训令——例如,禁止偶像崇拜——必须通过神启才能为大多数人所知。因此,我认为阿奎那一定会赞同诺瓦克教授的主张"自然法理论存在于哲学和神学的边界之上"。虽然如此,阿奎那与迈蒙尼德是不同的,前者捍卫通过独力的人类理性,人类在原则上具有认识自然法训令内容的可能性。对于阿奎那来说,尽管自然法在事实上是通过天主对犹太人的启示得到认识的,但它也可以在法理上从对《旧约》法律的抽象中加以认识。

4. 阿奎那何故把自然法置于神圣教条之中

（罗马努斯·塞萨里奥 多明我会士）

本文意在表明神学家同样有能力探讨自然法问题。* 79 这个计划似乎是一种奇怪的尝试，直到我们意识到近期关于自然法的富有教益的探讨文献都主要来自基督教哲学家和法学教授。伊夫·西蒙（Yves Simon）、拉尔夫·麦金纳尼、拉塞尔·西丁格、约翰·菲尼斯和罗伯特·乔治都是一些即刻浮现于我们脑海之中的名字。当然，我们也可以举

---

* 本文的一个版本构成了拙著《道德神学引论》（*Introduction to Moral Theology*）第 2 章的部分内容。华盛顿：美国天主教大学出版社 2001 年版。

出某位将其注意力转向自然法论题的神学家或者圣经学者,例如,在对《罗马书》开始章节进行评论的语境中,但他们的人数并非太多。更为重要的是,这些神学因素介入的目的在更大程度上还是可以用修正主义者(revisionist)加以描述。正如那些亲切地回应我的文章的教授将会指出的,下面的内容可以描述为一种依据其经典形式予以呈现的自然法论文,它主要来自圣托马斯·阿奎那的思想。

基督和神圣智慧

根据道德神学的目的,我们可以在神圣智慧之中区分出两重意义。首先,智慧象征着一种形象或理型,即控制着造物活动的统治概念。在这个意义上《圣经》直接把先在的基督,即神的道,称作"在天上和地上的一切,可见的与不可见的"的真正类型(《哥罗森书》,第1章,第16节)。其次,智慧意味着一种目的论原则,即,通过目的的至高权力引力把万有推向其恰当目的的原则。在这个意义上,基督,"在他内蕴藏着智慧和知识的一切宝藏"(《哥罗森书》,第2章,第3节),不仅卓越地完成了有效引导人类活动实现的任务,而且也完成了把这种活动吸引和召唤到他作为至高权力和圆满目的自身的任务。把神圣智慧与道成肉身的子位格性地联结起来,这又引入了天主对世界的智慧统治的另一种区分。虽然神学家可以恰当地把"天主的德能和天主的智慧"(《格林多前书》,第1章,第24节)分配给永恒的子,凭着他在天主三位一体生命中的出生与联系,但是神圣本质(divine nature)自身统治着宇宙,规定着人类幸福的必要之物。① 换言之,"圣父、圣子和圣灵不是三种创造的原则,而是一种。"②

当阿奎那在《神学大全》中讨论永恒法时,他注意到了一个对于理解基督与受造道德秩序之间关系的非常重要的区分。单纯在一种借用意义上(appropriated sense),即通过一种例证的神学传统,我们只把三位一体的第二神格等同于永恒法。为什么呢?阿奎那根据神的第二位格,即道或言,与一种理型或形象概念之间的亲近性为这种借用辩护。③ 借用本质

---

① 这条教义大体上反映在教皇通谕性信件《真理之光》第43条中,它援引了《梵蒂冈二次公会关于宗教自由的宣言》(Second Vatican Councilis Declaration on Religious Freedom),《人的尊严》(Dignitatis humanae),第3条:"至高的生活规则即是神法自身,它是天主出于智慧和爱安排、指引和统治整个世界以及人类共同体路向的永恒的、客观的和普遍的法律。"

② 《天主教会教义手册》(Catechism of the Catholic Church),第258条,援引15世纪弗洛伦斯公会议(DS 1331),并且追溯到6世纪君士坦丁堡二次公会议(DS 421)。

③ 请参见《神学大全》第二集第一部分问题93第1节释疑2:"对于任何种类的语词来说,都需要考虑两点:语词本身,以及语词所要表达的对象。这是因为,口语由人口发出,表达的是人类语言所要表明的事物。这同样适用于人类的思维语言,它不过是心灵的构思,以此人们在思维中表达其所思维的对象。因此,天主内的圣言是圣父理智的构思,是一个位格的术语。但正如奥古斯丁所言(《论三位一体》(De Trinitate),卷15,第14章),天主知识范围内所有事物不管涉及本质或者位格又或者天主的作品都是通过这圣言表达的。但在这圣言所表达的事物中也包括永恒法。这不能说明永恒法是天主位格的名称。然而,由于语词和理型的契合,这与圣子却是相称的。"

的神圣属性,例如智慧,来指称圣三位一体的位格之一,这只能用于呈现信仰的一个特定方面。④ 鉴于永恒法代表着实际指引和推动所有存在物趋向完美的天主智慧和权力的理型,所以它满足了形式理型的因果性所要求的条件。因此,由于基督的逻各斯——子的神圣地位,"他是不可见的天主的肖像,是一切受造物的首生者"(《哥罗森书》,第1章,第15节),他体现和展示了人类存在秩序在世界上所应当采取的样子或形式。梵蒂冈二次公会发布的《教会在现代世界的牧职宪章》这么表述:"只有在道成肉身的奥义中人的奥秘才得以揭示。"⑤

自对永恒逻各斯道成肉身的神学思考伊始,基督教护教者和神学家就尝试进一步探寻终极逻各斯或者理性事物,它支撑和引导着受造秩序。一切正当人类行为的调整类型最终都存于神圣的三位一体之中,这是基督教道德神学不证自明的公理。作为人类神圣生活的一个原则,我们的三位一体的起源同样展示了一种趋向终极目标的秩序,

---

④ 请参见《神学大全》,第一集,问题39第7节释疑2:"真实地,圣子的名是'圣父的智慧',因为他是来自作为智慧的圣父的智慧,每个都是智慧自身,并且二者一起是一种智慧。"

⑤ 《教会在现代世界的牧职宪章》,第22条,援引自《信仰与理性》,第60条,教宗若望·保禄二世在那里同样承认这条会议信条从他的第一份通谕作为教宗教义"经常参考的要点"一直有效。

即仁慈地赐予人类的"最高天职"。⑥ 由于这种类型特别暗示着第二神格,圣父的完美肖像,把他称之为一种逻各斯类型就是适当的。按照逻各斯类型塑造自由造物的行动和指导人类行为的方式来发现和解释它,这正是基督教道德神学的职责所在。

对于永恒的道以何种方式提供着正当道德行为的类型,这种疑惑使得一些神学家以这种方式谈论道成肉身的基督,似乎他在道成肉身中出现的自由而仁慈的神圣献身之前就已经包含在了受造的道德秩序之中。然而,这种神秘的基督教义中心主义(Christocentrism)脱离了神圣智慧的完整超越性。《新约》问道,"智者在哪里?经师在哪里?这世代的诡辩者又在哪里?天主岂不是使这世上的智慧变成了愚妄吗?"(《格林多前书》,第1章,20节)。肯定永恒法

---

⑥ 《信仰与理性》,第13条,引用《教会在现代世界的牧职宪章》,第22条,使得这一点更为清楚:"主耶稣基督'在揭示圣父和他的爱的奥义中,完整地揭示了人自身,清楚地显露了人的天职',那就是分享三位一体生命中的神圣奥义。"基督与创造以及指导创造的永恒法之间的关系依赖于一种显现或形象的共同概念。我们发现这个概念既在基督的三位一体的位格,天主的道——天主智慧的显现——中证实了,也在永恒法作为一个规划或理型的定义——天主智慧的显现——中证实了。对于圣托马斯怎样理解循环(circulatio)学说的充分分析,例如,《〈彼得·伦巴德语录〉评注》,卷1,第14章,问题2,第3节,请参见简·阿特森(Jan Aertsen),《自然和创造:托马斯·阿奎那的思想进路》(*Nature and Creature: Thomas Aquinas's Way of Thought*),莫顿(H. D. Morton)英译,莱顿:E. J. 布里尔出版社1988年版。

的超越性并非要贬低道成肉身对于教会的核心的和不可或缺的重要性。这是因为,道德秩序的终极调整在耶稣基督这道成肉身的子与那些和他在位格上保持联合的信徒之间的沟通自由中得到了卓越的表达。为了尽力使这种联合有形化,一些神学家提出基督的后继者(sequela Christi),或者基督的追随者(following of Christ)。但是,用永恒法指天主的道,圣父的永恒的子,这对于教会而言包含着比道成肉身的圣子为其追随者提供了一种可以效仿的善良行为的榜样更为丰富的内容。

瑞士神学家汉斯·乌尔斯·冯·巴尔萨泽(Hans Urs von Balthasar)把基督称作道德生活的"具体规范"。⑦ 他以此表明,标志着人通向天主旅程的"出与回"(exitus-reditus)实际上围绕着耶稣基督的位格展开。而且,冯·巴尔萨泽在作出这个断言时回应了我们刚才引述过的梵蒂冈二次公会的信条:

> 这就是基督,最后的亚当,在揭示圣父和他的爱的奥义中,完整地揭示了人自身,清楚地显露了人的天职……他是"不可见的天主的肖像"(《哥罗森书》,第1章,第15节),是完

---

⑦ 请参见汉斯·乌尔斯·冯·巴尔萨泽,"基督教伦理学九题"(Nine Theses in Christian Ethics),载《国际神学委员会:文本和文献 1969—1985》,迈克尔·夏基(Michael Sharkey)主编,圣弗朗西斯科:伊格内修斯出版社 1989 年版,第 105—128 页,特别是第一题:"作为具体规范的基督"。

美的人，恢复了亚当后代在原罪之后被损害的天主的肖像。由于存在于他之中的人性并没因此毁坏，基于这个事实我们之中也获得了一种卓越的尊严。通过他的道成肉身，天主之子在某种意义上与每个人都联合在一起。[8]

这份会议文本不仅提及永恒法在基督中的具体的和历史的实现，更为重要的是，它也显示了共同本性之中的有机联系，这种联系被认为存在于道成肉身的圣子与道德生活之间。

当圣奥古斯丁说"这些至高理性的法律只能被理解为永恒不变的"，[9]他使人易于把永恒法作为天主智慧的一种固定表达视为西方的神学传统。当阿奎那明确地表示确立一切源自永恒法的事物的根源都存在于天主自身之中时，他进一步阐发了这种观念。阿奎那在《神学大全》中进一步

---

[8] 参见《教会在现代世界的牧职宪章》，第22条："Christus, novissimus Adam, in ipsa revelatione mysterii Patris eiusque amoris, hominem ipsi homini plene manifestat eique altissimam eius vocationem patefacit...Qui est 'imago Dei invisibilis' (Col 1:15), Ipse est homo perfectus, qui Adae filiis similitudinem divinam, inde a primo peccato deformatam, restituit. Cum in eo natura humana assumpta, non perempta sit, eo ipso etiam in nobis ad sublimem dignitatem evecta est. Ipse enim, Filius Dei, incarnatione sua cum omni homine quodammodo se univit."

[9] 请参见《神学大全》，第二集第一部分，问题91第1节，但是相反："'Lex quae summa ratio nominatur, non potest cuipiam intelligenti non incommutabilis aeternaque videri.'"引证来自圣奥古斯丁，参见他的《论自由意志》，卷1，第6章（PL 32:1229）。

说明了永恒法,他有时称之为神圣法(lex divina)或者神法(divine law),体现了"存在于天主内作为所有事物实际统治者的统治理念或理性"。⑩ 在理性和指导原则的意义上,我们可以把神法或永恒法作为神圣智慧的一种类比表达。因为阿奎那把这条教义与天主对世界的照管联系起来,所以神圣统治的秩序就直接与永恒法的概念相关。这种神圣的事物秩序支撑着整个受造的道德秩序。这是一个宏大的计划,不能轻易地加以简化以适应偏执道德主义的外形。永恒法体现着天主如何认识未来的世界,他如何实际地构思存在于创造之中的万物秩序。⑪

天主如何认识未来世界

因为永恒法主要反映着神圣智力,它与神意之间的关

---

⑩ 请参见《神学大全》,第二集第一部分,问题91第1节:正如前述所言……法律不过是实践理性的命令,源于治理完美共同体的统治者……假定世界是由天主的道统治的,那么,显然整个宇宙共同体就由天主的理性所统治。因而,天主作为宇宙统治者统辖万物这一观念中存在着法律的本质。并且,由于天主的理性不在时间之内思考……天主的思想是永恒的,这种法律也必然被视为永恒的。

⑪ 作为一份对自然法秩序基础和含义的优秀研究,奥斯卡·布朗(Oscar J. Brown)在其专著《阿奎那理论中的自然正当与神法》(*Natural Rectitude and Divine Law in Aquinas*,多伦多:中世纪教皇机构研究1981年版)第1—12页根据永恒法揭示了这一点。

系就像实践理论与实践行为的结论之间的关系那样。[12] 思考这个例子。一个将军掌握了一些军事科学的内容,换言之,学会了一种实践理论,但并不因此表明这个将军就可以赢得一场具体的军事战役,即他可以成功地实施一种实践行为。一方面,人类认识和行为所包含的偶然性不准假定人类理论和实践之间存在着必然的联系。另一方面,因为天主至为纯粹,在他所知与所行之间没有真实的分别,他关于事物的实践理论与它们的实际实现保持同一。[13]

几乎所有人类语言都明显不足以表现神圣真理,神学在形成含义明确的词语上受到限制。例如,对于"自然"一词的神学运用就保留着许多类比的含义,其中包括神圣三位一体的生命、自然界,以及人类活动的领域。法的概念与我们人类的经验相关,尤其涉及法理的领域。[14] 当神学家使用"法"这个词时,它的类比性质包含着广泛的含义,例如有作

---

[12] 当阿奎那描述审慎的本质时,他不遗余力地坚持审慎形成实践理由的原因在于它的命令权,其原因在于,它的命令权(imperium)("命令自身实现"["actus eius praecipere"])进入实践推理的秩序之中,去做某些事情。参见《神学大全》,第二集第二部分,问题47第8节,"Utrum praecipere sit principalis actus prudentiae."译为:"命令是审慎的实现原则吗?"

[13] 对于评论请参见约翰·菲尼斯,《自然法与自然权利》,纽约:牛津大学出版社1980年版,第391页,注释35。

[14] 对于进一步的讨论,请参见爱德华·达米西(Edward Damich),"托马斯·阿奎那论法的本质"(The Essence of Law According to Thomas Aquinas),载《美国法学杂志》,1985年第30期,第79—96页。

者这样描写,"从天主心识中纯粹和永恒的理型到人性中不稳定的欲望的攒动。"⑮在对"法"这个词的每种类比适用中,容许对它广泛运用的共同含义围绕着规制(regulation)的概念。因此,作为目标性的至福,天主处于规制所有道德行为的终点;作为一切存在物的智性根源,天主是每一行为的起点,当受到恩宠的自由统治时,这种行为通向天堂的至福之境。

一些历史的原因使得道德唯实论者相信可以把永恒法描述为天主是如何认识未来世界的。例如,唯实论神学家试图避免诉诸天主的"绝对"(absolute)权力与"有序"(ordained)权力之间的区分来解释永恒法,这种区分是14世纪晚期由加布里埃尔·比尔(Gabriel Biel)这样的唯名论者引入西方神学的。比尔把天主的绝对权力定义为天主做任何不包含一个矛盾的权力,不涉及天主是否事实上自己已经致力于这个行为——即不考虑"有序权力"(de potentia orinata)。与"绝对权力"所预定的无限可能相反,"有序权力"标志着天主事实上自由地实施的行为过程。⑯ 虽然唯意

---

⑮ 请参见托马斯·吉尔比;"附录2:法的神学分类",收录于圣托马斯·阿奎那,《神学大全》,英国剑桥:布莱克弗赖尔1966年版,28:162。

⑯ 对于进一步的讨论,请参见海科·奥伯曼(Heiko Oberman),《中世纪神学的收获:加布里埃尔·比尔与中世纪晚期唯名论》(*The Harvest of Medieval Theology: Gabriel Biel and Late Medieval Nominalism, Cambridge*),剑桥:哈佛大学出版社1963年版,第37页和注释25。

志论代表着一个基本的基督教现象,出自于对一个自由行为的天主以及宣示同一天主的意志的基督的默念,但它对不受限制的意志的强调并不体现一个把永恒法理解为一种神圣创造智慧表达的恰当背景。

由于唯意志论者的立场在于尽力确保天主不至于变得受制于受造的道德,他们的神学家申明天主不是因为事物本质上的善和正当而意欲它,毋宁恰恰相反。也就是说,在唯意志论者的解释中,神意自身决定着神意对象是否善和正当。因此,对于这种理论而言,不是神圣知识——天主如何认识未来世界——确定着受造秩序的内在善。但是,在把神圣智慧解释为一种天主自身内的偶然现实时,唯意志论神学家必须面对天主"不受法律约束"(lawlessness)所带来的困境,因为那些人辩称,"宇宙的创造者和世界的统治者可以任意行为却不是对其造物的不义。"[17]

因为道德唯实论的实践者把天主理解为智慧的全部,他们直截了当地拒绝了唯意志论者对天主如何在俗世确立一种道德秩序的解释。另外,对于现实主义者的神学而言,对受造秩序的逻各斯类型充满信心,相信每个人从中都可以为过一种幸福、成全的生活而发现某种理型,这并不意味

---

[17] 奥伯曼,《中世纪神学的收获》,第97页,注释26。

着基督教神学就支持某种形式的决定论。换言之，肯定永恒法的颁布并不否认人类自由的实现。相反，永恒法开启了人类通过对自身意志的自由处置而分有神意的奥秘，"我们是由那位按照自己旨意的计划施行万事者，早预定了的，为使我们这些首先在默西亚内怀着希望的人，颂扬他的光荣"（《厄弗所书》，第1章，第11、12节）。

在每个应得永生的善行中，天主和人都经历着不同却相关的因果律。人类行动和神恩进行协作的类型反映着人类拯救的神助谋划。"天主丰厚地把这恩宠倾注在我们身上，赐与我们各种智慧和明达，为使我们知道，他旨意的奥秘，是全照他在爱子内所定的计划，当时期一满，就使天上和地上的万有，总归于基督元首"（《厄弗所书》，第1章，第8—10节）。尽管一些论者认为托马斯主义的预定论观念贬低了人类自主在得救中的地位，但阿奎那自己在分析人的自由和神的自由的不同运用时却没有保证这种未被区分出来的判断。[18] 相反，他提出的观点认为，人的自由自身与神的全能保持着辅助性的关系。在对恩宠和自由的这种解释中，托马斯主义传统尊重神的因果性和人的自主的完整性，

---

[18] 例如，参见《神学大全》，第一集，问题15第3节；第二集第一部分，问题91第1节，问题93第1节。这里与《真理之光》称之为"神律"（theonomy）的具有明显的相似性。对于进一步的讨论，参见拙著《道德神学引论》第5章。

而且同时避免把它们之间的相互作用降低为同种存在范畴内的互相补充,那样仿佛天主做他的部分,而我们人类做我们的部分。

天主对俗世的主动的智慧照管覆盖着人类生活的每一情形。永恒法适用于一个自由的,因而是有缺陷的、容易犯错的人类世界。在耶稣基督的治下,天主的智慧甚至为那些人类做出错误决定的时刻进行了预定。《若望福音》记载,耶稣遇到了一位撒玛黎雅(Samaritan)妇人,我们被告知她没有遵照永恒法的旨意而生活。但是,我们同样也得知,基督请求撒玛黎雅妇人的"水"在信徒那里变成了一眼"永生的水泉"(《若望福音》,第4章,第14节)。这段问答的寓意是显而易见的:任何个人经历或者当下条件都不会把一个人排除于遵照天主的真道生活之外。基督自己宣布了这个慰藉的讯息:"谁若渴,到我这里来喝吧!凡信从我的,就如经上说:从他的心中要流出活水的江河"(《若望福音》,第7章,第38节)。信基督,与天主的真道一致,这会带来人的自由而不是对自由的限制。遵从基督会净化灵魂。

永恒法与拯救

虽然说基督自身显现了圣父拯救我们人类的完整规划这是正确的,但当神学家们暗示永恒法的知识只属于那些神启的受惠者时，他们却是错误的。相反，对一种在自然中起作用的统治理念或者理性的认识源于对它在世界中所产生的效果的关注。"因为认识天主为（人们）是很明显的事，原来天主已将自己显示给他们了。其实，自从天主创世以来，他那看不见的美善，即他永远的大能和他为神的本性，都可凭他所造的万物，辨认洞察出来"（《罗马书》，第1章，第19—20节）。

88　　阿奎那明显表现出对保禄训诲的同情，即除了天主对以色列以及在基督中的启示我们还能知道什么。事实上，在《神学大全》的文本中我们可以看到一个特殊的拉丁词，阿奎那用它区分了永恒法被我们所知的方式以及智性造物掌握其他真理的方式。我们关于永恒法的知识并不效仿日常求知的方式，这就是拉丁词 scire（认识、知道）及其同源词所表明的内容。更确切地说，这种知识形成的方式类似于心灵理解思辨推理的首要原则的方式。在阿奎那的拉丁用语中，永恒法被认为是"nota"，它来自于拉丁词根"notare"，这个词与英语动词"发觉"（perceive）相近。[19] 引人深思的是，笛卡尔在讲到天主的形象（imago Dei）时也说，"作为创

---

[19]　根据《新牛津英语词典》（1993），"note"这个单词的一个定义就是"perceive"。

造者'nota',印刻在其作品上",但阿奎那的用法与一种笛卡尔主义的先天观念的原则并不相近。[20]

永恒法在一些造物中表现得比在其他造物中更为清晰。然而,对永恒法的分有并不局限于自然界,因为在人造物反映着人类智力的范围内,它们同样显现了神圣智慧。因为低于理性的造物无法选择置身于神意秩序之外,它们同样要受到永恒法的约束。然而,当一些质料上的缺陷破坏它们对神圣计划的分有时,其造成的损害结果要小于自由造物的任性的罪对神圣秩序的毁坏。据此,圣人过一种善良的生活比罪人遵从恶行更能反映神圣智慧的计划。[21]

由于神圣真理的目的在于导人向善,所有人类实在法都应该以此作为衡量标准。任何坏的公民立法都会发展成一种对天主照管的粗暴破坏,这绝非虚假之言。在现代西方法律文化中,自然法明显被引为一种使得实在法的权威处于次要地位的自治原则。[22] 自然法的公开而真诚的拥护

---

[20] 笛卡尔,《第一哲学沉思集》,第三个沉思(Adam-Tannery, VII, 51):"tamquam nota artificis operi suo impressa"。

[21] 请参见阿奎那在《神学大全》第二集第一部分问题93第6节中对"是否所有人事都服从永恒法"的讨论。

[22] 对于进一步的思考,请参见拉塞尔·西丁格,"神学与自然法理论"(Theology and Natural Law Theory),载《共同体》(Communio),1990年第17期,第402—408页。

者不可能在自由政府中获得关键位置。不是把自然法看成是对永恒法的分有以及对社会共同善和定义这种善的目的层级的接受，西方法律文化倾向于援用自然正义（natural justice）以维护与公民社会共同善相反的无序个体欲望的自主表达。当然，阿奎那没有遇到这种"自然正义"和"自然权利"的反律法主义的用法。㉓ 他对当代法律理论的影响在一定程度上是由于这个事实：自然主义者的法律哲学如今对自由主义法学的某些"自治论者"（autonomist）的假定提出了质疑。这些假定已经导致了对天主此世计划的公然挫败，例如赞同可耻的堕胎犯罪，因此更新的任务迫在眉睫。㉔ 罗马教皇甚至已经提到了构建"公民拯救"。

那些把法律和道德都视为恰当地从属于永恒法的指引

㉓ 对于进一步的讨论，请参见恩斯特·福廷（Ernest Fortin），"论个体权利的假定的中世纪渊源"（On the Presumed Medieval Origin of Individual Rights），收录于《福廷论文集》，卷2，《经典基督教与政治秩序：对神学－政治问题的思考》，布莱恩·班尼斯泰（J. Brian Benestad）主编，马里兰：罗曼 & 利特菲尔德出版社1996年版，第243—264页。

㉔ 教会在不同时期都鼓励了这种改革，例如，在信理部的《关于堕胎的宣言》（1974年12月18日）中："保护每个人的权利、保护弱者无论何时都是国家的任务。为了实现这点，国家将不得不纠正许多错误的做法。法律无须批准每一事物，但是不能违反比任何人法都更为崇高威严的法律：自然法由造物主作为一种规范铭刻于人的心里，这种规范理由澄明，力求恰当阐述……"（第21条）。在1955年的教皇通谕《生活的福音书》（Evangelium vitae）中，这种诉求呈现出更强的语气，教宗若望·保禄二世论证了这一点（第90条），并且进一步强调了促进一种公正社会的紧迫性（第20条）。

功能的人区别于那些持世俗人道主义和道德理想主义的主要信条的人。首先,世俗人道主义肯定人类才智在指导人类发展过程中的自足性;其次,道德理想主义坚持理性的理解范畴足以确立道德原则。与之相对,真正的基督教道德神学首先认可自然和法律的深刻关系,它们是把人引向与主幸福共融这一神圣计划的部分内容;其次,它承认道德的内在基础蕴藏在整体位格之中,特别在于这种位格是神圣三位一体的形象。阿奎那在这一点上言辞确凿。他认为,主要地"自然秩序不是意指自然本身的安排,而是意指存在于神圣位格中符合自然本源的秩序"。㉕ 他没有为理性主义者对自然的简化留下任何余地。

作为一个神学概念,永恒法奠定了基督救赎计划的基础,这种计划无疑随着恩宠的新法的颁布而完成。阿奎那在比较圣奥古斯丁关于永恒法的教导与圣保禄的评论时同样表明这一点。"但如果你们随圣神的引导,就不在法律权下"(《迦拉达书》,第5章,第18节)。阿奎那认为对于宗徒而言的这席话可以从两种意义上加以理解:

㉕ 《神学大全》,第一集,问题42第3节。关于天主形象的本体论基础的进一步研究,请参见尤温拿·梅里埃(D. Juvenal Merriell),《三位一体的形象:阿奎那教义的发展研究》(*To the Image of the Trinity: A Study in the Development of Aquinas;s Teaching*),多伦多:中世纪教皇机构研究1990年版,第170—190页。

首先，说人处于法律之下是因为他不愿服从法律的约束性力量，似乎这是一个重大的负担。因此，……他服从法律是由于惧怕惩罚从而抑制作恶，而不是基于对美德的爱。属神的人不以这种方式服从法律，他基于仁爱而自愿地践行法律，这是圣神灌输到他的心灵中去的。其次，这席话还可以这么理解，圣神所引导的人的行为即是圣神的行为而不是其自身的行为。因此，由于圣神不处于法下，圣子亦是如此……结果这类行为因其是圣神的行为而不处于法下。㉖

这处文本所表明的观点呈现了《旧约》法律在救赎历史中的具体构想，以及基督的苦难完成《旧约》法律这一相关论题。㉗

避免一个神学上的时代错误具有重要意义。阿奎那对于在其死后几个世纪中所产生的关于法律和自由之间所谓自相矛盾的争议完全无辜。16世纪宗教改革家所形成的关于赎罪的神学问题使得这种自相矛盾凸显出来。尽管其先

㉖ 《神学大全》，第二集第一部分，问题93第6节释疑1。
㉗ 对于这个主题的更多内容及其当代意义，请参见马修·利弗林（Matthew Lwvering），"以色列与托马斯·阿奎那救世神学的形成"（Israel and the Shape of Thomas Aquinas's Soteriology），载《托马斯主义者》，1999年版63期，第65—82页，以及他在即将出版的著作中更完善的介绍。

驱可以追溯到中世纪晚期神学家的著作,正如15世纪法国托马斯主义者让·卡博禄(Jean Capreolus)所证明的,但这些争议是在16世纪及其以后才开始占据神学争论的核心位置的。㉘ 在巴洛克经院主义时期,托马斯主义者捍卫阿奎那的观点,反对路易斯·德·莫利纳(Luis de Molina)的解释,这些解释复原了改革家们的一些关于自由和法律的主题。但是在阿奎那那里,以及在中世纪的大多数神学家那里,这个问题呈现出一种不同的视角。他们认为永恒法的显现及其为人类幸福的规划开辟了一条道路,这条道路允许神的爱在俗世自由地生根发芽。他们的观点是交响乐式的。而在实际的拯救秩序中,这种神的爱卓越地源自耶稣基督的位格,正如我们所见,阿奎那把永恒法的三位一体用于确立这种和谐的基础,或者就不悔悟的罪人而言是这种和谐的明显缺乏。㉙

㉘ 对于更为详细的内容,请参见《让·卡博禄及其时代:1380—1444——纪念多明我专刊1》(*Jean Capreolus en son temps [1380—1444] Méloire Dolinicaine, numéro spécial*, 1),盖伊·贝杜尔(Guy Bedouelle)、罗马路斯·塞萨里奥(Romanus Cessario)、凯文·怀特(Kevin White)主编,巴黎:牝鹿出版社1997年版。

㉙ "而且这也是一种自然的物,心灵可以使用它的理性理解天主,根据的是我们所说的天主的肖像一直留存心灵之中;在那些不使用理性的人中,'这种天主的肖像倾覆了,'像是蒙上了阴影,'几乎消失了',或者在罪人中,'变得黯淡并且被损坏了',或者在义人中,'光彩华丽美丽悦目',一如奥古斯丁在《论三位一体》卷14中所言"(《神学大全》,第一集,问题93第8节释疑3)。

阿奎那著作所阐明的天主教教义把基督教生活中的法律和恩宠的和谐作用接受为一种公理。《新约》没有把源自神学爱德的行为置于"法律之下"。相反,福音宣布了一种自由的统治:"主就是那神:主的神在那里,那里就有自由"(《格林多后书》,第3章,第17节)。然而,博爱的行为确实与永恒法的规划一致,因为通过它们基督教信仰者可以自由地完成圣神在此世的工作。"因为全部法律总括在这条诫命之内:爱你的邻人如你自己"(《迦拉达书》,第5章,第14节)。然而,试图在不适当地尊重永恒法内容的情况下实现这条诫命就会失败,这正是由于他们漠视了三位一体中的生成秩序。爱的位格,圣神,不能来自一个与圣父的仁慈的完美形象不一致的行为。我们应当感谢圣奥古斯丁,因为他提醒我们要注意道德生活三位一体的重要意义:"圣神存于三位一体之中,有着父和受生者的温和,他以不可测的恢弘和丰盈向我们显示。"[30]

基督徒的生活展现了对圣父意志的一种服从形式,这是在效法基督,他完成了圣父委托给他的工作(《若望福音》,第17章,第4节)。阿奎那在评论这一福音时甚至提

---

[30] 《论三位一体》,卷6,第10章(PL 42, col. 931)。

出基督是"圣父的信条"(doctrine of the Father)。[31] 这意味着基督自身向他的每个成员都提供了圣神感动之下的道德生活的具体标准或者起点。道德生活的三位一体格律（rhythm）揭示了人类圆满的终极目的是与我们自由的第一运动相互一致的。《智慧篇》预见了这种人类目的的倾向。我们处于天主掌中，我们和我们的言论都是。正是他使我们知道了事件的起点和经过，至日的序列，季节的更替，年月的流失，黄道的位置（参见《智慧篇》，第7章，第16—19节）。这种来自和趋向神的仁慈的运动产生于个人存在的深度——比我内在的部分更内在（interior intimo meo）。"其实你们所领受的圣神，并非使你们做奴隶，以致仍旧恐惧；而是使你们作义子。因此，我们呼号；阿爸父啊！圣神亲自和我们的心神一同作证：我们是天主的子女。我们既是子女，便是承继者，是天主的承继者，是基督的承继者；只要我们与基督一同受苦，也必要与他一同受光荣"（《罗马书》，第8章，第15—17节）。只有在下述语境中才可能详细阐明一种对自然法的恰当神学评价：人的生存的三位一体秩序与在永恒法中所确立的格律相互一致。

作为圣父的儿子，耶稣基督完成了圣父的全部意志，即

---

[31] 请参见他的《若望福音评论》（*Lectura super Ioannem*），7.1.3。

每一必须做的工作,他是圣神感动之下的道德生活的具体标准或起点。㉜ 因此,在天主的永恒计划中,终极目的与我们自由的第一运动相一致,这种运动产生于个人存在的深度;因此,传统中把趋向天主的运动置于人类的核心之处——比我内在的部分更内在。还有其他什么解释了圣保禄的劝诫?"其实你们所领受的圣神,并非使你们做奴隶,以致仍旧恐惧;而是使你们作义子。因此,我们呼号:阿爸父啊!圣神亲自和我们的心神一同作证:我们是天主的子女。我们既是子女,便是承继者,是天主的承继者,是基督的承继者;只要我们与基督一同受苦,也必要与他一同受光荣"(《罗马书》,第8章,第15—17节)。对自然法的恰当的神学评价只能产生于人的生存的三位一体秩序的语境,传统上把这种秩序视为来自永恒法的东西。阿奎那正是通过对这种真理的认识才把自然法置于神圣教条(sacra doctrina)之中,而我们也在《神学大全》之中获得了它的清晰表达。

教会关于人类善的教义并不等同于促进宗派事业。如果存在冲突之处,那也是关于一个共同体怎样生活于永恒

㉜ 请参见威廉·希尔(William J. Hill),《三位一体的天主》(The Triune God),华盛顿:美国天主教大学出版社1982年版。

法之下的问题，而不是关于一种具体宗教传统所拥护的道德价值的问题。这解释了教宗若望·保禄二世为何认定《生活的福音书》必须指导"公民拯救"的构建。㉝他知道神圣的天主教信仰指向所有人。启示使得我们成为神圣教条的特许分享者，这可以描述为天主了解他自己以及传递给那些已经荣见神面的受祝福者的所有事物。

天主教会所捍卫的启示已经改变了俗世的人们看待天主的方式。换言之，基督已经改变了人们看待天主的方式。19世纪70年代，后期的法国多明我会士弗蒂吉埃尔（A.-J. Festugière）看到了基督教启示已经带来的新奇之处："虽然人们一如既往地不幸，虽然1972年像提比略或者尼禄的时代一样充满罪恶和苦难，但我们时代的第一个世纪却发生了异乎寻常的事件：人们开始相信了天主爱他们。"㉞只有神学家才能宣布这种真理。而且它表明了天主认识他自己这一最重要的真理。

㉝ 教皇向聚集在罗马纪念他的通谕《生活的福音书》发布五周年的民众发表演讲。在他的演讲中（"让我们为世界带来新的希望征兆，"《罗马观察家报》N. 8[2000年2月23日]:4)，他声称《生活的福音书》的讯息不仅提供了道德重生的真正指南，而且提供了一种"公民拯救的参照"。

㉞ 安德烈·让·弗蒂吉埃尔（André-Jean Festugière），"附录",《纪念安德烈·让·弗蒂吉埃尔：古代宗教与基督教》（*Mémorial André-Jean Festugière. Antiquité païenne et chrétienne*），根据卢切西（E. Lucchesi）和萨弗利（H.-D. Saffrey）收集的25种研究作品,《东方学卷十》，日内瓦：P. 克雷默1984年版，第275页。

回应

自然理性服务于信仰
（罗伯特·法斯迪基）

塞萨里奥神父的文章深深地扎根于《圣经》和阿奎那著作之中，而且他还坚定地努力把自己的思考立足于基督信仰的核心奥义：三位一体与道成肉身。正是对基督论的和三位一体的"人的生存秩序"的这种承认把塞萨里奥引向了自己的关键论题。阿奎那把自然法置于神圣教条的框架之中是因为自然法源于永恒法，而永恒法是三位一体的天主在基督中彰显的智慧，基督又是所有创造的理型以及指引所有存在物趋向其恰当目的的目的论原则。

作为一般性的讨论，我认为塞萨里奥已经提出了一种令人信服的论证，它融合了《圣经》、梵蒂冈二次公会的《教会在现代世界的牧职宪章》以及教皇若望·保禄二世的深刻见解，特别是《真理之光》和《信仰与理性》中的那些见解。其中有许多观点是挑战性的、令人振奋的，在其他语境中可以进行更多的探讨。我这里列举五点：(1)神圣教条的含义；(2)基督的先在；(3)唯意志论问题；(4)恩宠与自由意志；以及(5)基督教启示的独特性。

神圣教条的含义

如果塞萨里奥神父能够更为具体地言明他(或者阿奎那)用神圣教条所指代的含义，那么这可能更有益于我们的理解。我之所以要这么说是因为，"神圣教条"(sacred doctrine)这个短语对于很多人来说可能意味着知识的结构不同于自然理性。当然，这或许是梵蒂冈一次公会作为神圣信仰加以确立的知识结构，其中"为我们的信念预定了隐藏在天主之中的奥秘，它们无法认识，除非得到神圣的启示"(nisi revelata divinitus)。[①]

[①] 邓辛格·惠那曼(Denzinger-Hünermann)，《信理手册》(*Enchiridion Symbolorum*)(第37版)，第3015页(除非特别注明，所有拉丁语和法语的翻译都是作者自己的)。

如果这就是神圣教条的含义，那么把自然法置于其中就会产生问题，因为这样似乎就破坏了自然法作为"正当理性"之法"铭刻在每个人心中"的通常理解②（在其恰当含义上脱离或者先于神圣启示）。

然而，当我们认识到对于阿奎那而言，神圣教条是一个比梵蒂冈一次公会所阐明的神圣信仰结构更为宽泛的术语时，我们就会发现对于为何可以把自然法置于神圣教条之中存在着若干合理的理由。托马斯·吉尔比发现，在阿奎那那里神圣教条不是一个严格的术语，毋宁只是一个具有某种"可塑性"（plastic）的术语。③ 这就是为何"圣托马斯选择神圣教条而不是神学作为其《神学大全》开篇标题"的原因，因为"形而上学的最高部分也称作神学"。④ 在天使博士那里，恩宠和理性相互协作。他写道："由于恩宠并不停止自然反倒成全它，因此自然理性应当服务于信仰，自然意志的倾向应当服从仁爱，这是恰当的。"（Cum igitur gratia non tollat naturam sed perficiat, oportet quod naturalis ratio subserviat fidei sicut et naturalis inclinatio voluntatis ratio

---

② 《天主教会教义手册》，1956 号和 1954 号。
③ 托马斯·吉尔比，"附录 5：神圣教条"，收录于《圣托马斯·阿奎那：神学大全》，剑桥：布莱克弗赖尔出版社，1:63。
④ 同上注。

obsequitur charitati.)⑤

对于阿奎那而言,神圣教条是"所有人类智慧之上的至高智慧"。⑥ 但是,这种"至高智慧"既包含自然理性也包含神圣信仰。因此,在《托马斯主义者》近期的一篇文章中,劳伦斯·多瑙豪(Lawrence J. Donohoo)认为,神圣教条"为了依次研究自然的知识和超自然的知识,既使用其依靠启示(revelation-dependent)的模式,也使用其理性不断介入(reason-punctuated)的模式"。⑦ 显然,只有在后期的托马斯主义者如圣托马斯的约翰(John of St. Thoma 1589—1644)。那里,一般意义上的神圣教条与关于启示真理的神学教义的更为具体意义上的神圣教条才开始出现鲜明的对立。⑧ 然而,即便在理性的秩序和启示的秩序得到区分之时,自然法仍然是神学关注的问题。正如约翰·里德(John J. Reed)神父写道:

因此,基于自然法被认为是理性秩序的对象的事实,并不能得出它不是启示对象的结论。认识的模式是一个

---

⑤ 《神学大全》,第一集,第8节释疑2。
⑥ 《神学大全》,第一集,第6节。
⑦ 劳伦斯·多瑙豪,"圣托马斯'波依修斯论三位一体'中的神圣教条的自然与恩宠"(The Nature and Grace of Sacra Doctrina in St. Thomas's Super Boetium de Trinitate),载《托马斯主义者》,1999年6月第63期,第398页。
⑧ 托马斯·吉尔比,"附录5:神圣教条",第64页。

方法论问题,自然法的构成性要素是神圣的理性和意志。显然,自然法不仅是哲学的对象,它同样也是神学研究的对象。⑨

所有这些都有助于解释为何阿奎那可以把自然法置于神圣教条之中。

基督的先在

塞萨里奥神父完全以基督教义为中心,文章开端即以《圣经》为基础思考了神圣智慧为何以及如何把基督既作为永恒的道也作为化身的子。然而,他也指出,永恒的道与道德秩序的关联是多么令人疑惑地导致了"神秘的基督教义中心主义",它"谈论道成肉身的基督,似乎他在道成肉身中出现的自由而仁慈的神圣献身之前就已经包含在了受造的道德秩序之中"。但是,当塞萨里奥提到"神秘的基督教义中心主义"时,他想到的又是谁呢?有一种可能性,他指的或许是耶稣会士皮埃尔·德日进(Jesuit Pierre Teihard de Chardin)(1881—1955)。多明我神学家让·赫尔维·尼可拉斯(Jean-Hervé Nicllas)在其《教义总论》(Synthèse

---

⑨ 约翰·里德,"自然法,神学与教会"(Natural Law, Theology and the Church),载《神学研究》(Theological Studies),1965年第26期,第44页。

dogmatique）中写道：

> 按照德日进的设想，为了实现基督的这种首要地位，基督必须与世界进行一种有机的结合。对于德日进坚持讨论一种身体结合，布兰戴尔（Blondel）进行了谴责。实际上，这种"有机论"不是一种可理智理解的理论（基督的身体以其有形实体的形式渗透在事物之中，这是无法思考的），而是一种奥秘。这是某种真理以一种纯粹想象图式的投射：所有事物都指向基督。[10]

塞萨里奥神父明确指出，基督在道德秩序中的核心地位不一定导致这种"神秘的基督教义中心主义"。然而，对于基督在受造道德秩序中的先在地位，甚至是先于道成肉身的地位的信仰并不与天主教传统相抵触。通常这表现在司各脱主义者（Scotist）对道成肉身先于堕落的预定论的信仰之中。虽然与多明我-托马斯主义传统相比这种观点与法兰西斯主义更为一致，但在阿奎那的《神学大全》第二集

---

[10] 让·赫尔维·尼可拉斯，《教义总论》，弗莱堡：大学出版社1980年版，第460页。

第二部分问题 2 第 7 节中,他似乎暗示了一种道成肉身的预定论:

> 在因罪堕落之前,人有着对基督道成肉身的明确信仰,这是因着朝向荣耀完满而不是借助感受和复活脱离罪恶的目标:因为人不具有对以后的罪的预知。然而,似乎人确实具有基督道成肉身的预知,《创世纪》中说:"为此人应离开自己的父母,依附自己的妻子,二人成为一体",宗徒在《厄弗所书》中也说:"一个伟大的奥秘就在这个里面:基督和教会。"⑪

虽然阿奎那在这个段落中的说法似乎与其在《神学大全》第三集问题 1 第 3 节中所说的并不完全一致,但是应当指出,即便是在那里他也没有把道成肉身的目的仅仅限制在赎罪之上。似乎基督对于受造道德秩序的重要意义——甚至在道成肉身之前——在阿奎那的思维中并不陌生。

---

⑪ "Nam ante statum peccati homo habuit explicitam fidem de Christi Incarnatione secundum quod ordinabatur ad consummationem gloriae, non autem secundum quod ordinabatur ad liberationem a peccato per Passionem et Resurrectionem, quia homo non fuit praescius peccati futuri. Videtur autem Incarnationis Christi praescius fuisse quod dixit, 'Propter hoc reliquet homo patrem et matrem et adhaerit uxori suae,' ut habetur Gen. II: 24, et hoc Apostolus ad Ephes., dicit, 'sacramentum magnum esse in Christo et Ecclesia'..." (ST II-II, q. 2, a. 7).

唯意志论问题

塞萨里奥神父正确地比较了中世纪晚期唯名论的唯意志论立场与阿奎那的立场，后者在受造道德秩序中发现了一种内在的理性。极端形式的唯名论坚持天主并不因某物善而意欲它，恰恰是因为天主意欲它它才是善的。正如路德（Luther）所言，"天主所意欲的不是因为他应当或者必须这么做才正当。相反，正是因为他这么意欲，所出现之事才必定正当。"⑫因此，"宇宙的创造者可以任意行为却不是对其造物的不义。"⑬基于此，路德断言："如果天主奖赏不应得者，这会让你高兴，那么他惩罚无辜者就不应不让你高兴。"（Si placet tibi deus indignos coronans, non debet discplicere immeritos damans.）。⑭当然，这种立场与塞萨里奥在阿奎那的现实主义神学中所发现的"对受造秩序的逻各斯类型充满信心"有着显著的区别。

虽然极端形式的唯意志论危害昭彰，但我认为有必要

---

⑫ 路德，《论意志的奴役》（*De servo arbitrio*），第709页，收录于《伊拉斯莫-路德：关于自由意志的对话》（Evasmns-Luthey: Discourse on Free Will），恩斯特·温特（Ernst Winter）英译，纽约：弗里德里克·昂加尔出版社，1961年版，第130页。

⑬ 这句话来自海科·奥伯曼，《中世纪神学的收获：加布里埃尔·比尔与中世纪晚期唯名论》，剑桥：哈佛大学出版社1963年版，第97页，注释26（被塞萨里奥引用过）。

⑭ 路德，《论意志的奴役》，第174页（这段文本不包括在温特的节略本中）。

指出天主意志在受造秩序中确立道德法则的重要性。在探讨自然法的过程中，由于对唯意志论的忧虑，这使得阿奎那不时地批评后来为耶稣会士弗朗西斯科·苏亚雷斯（Jesuit Francisco Suarez）(1548—1617)所持有的那种自然法理论，因为它过分强调法是神圣意志的一种权威表达了。⑮ 苏亚雷斯的这种公开的唯意志论与阿奎那所认为的"法是指向共同善的理性命令"（Lex est ordinatio rationis ad bonum commune）的观点形成了鲜明的对比。⑯

然而，如果我们仔细地阅读苏亚雷斯的《论法》(De Legibus)就会发现，天主的意志与其理智相互一致，不应担心他对立法权威的任意或非理性运用。需要思考的第一点是，在任何理性心灵中（也包括天主的），必定既存在理智也存在意志。正如苏雷亚斯写道：

> 我们必须首先假定法与一种理智本性相关，这是因为也正是因此它与理智心灵相关：在心灵中理智和意志得以理解（因此我现在才能言说）。这自身就是充分自明的，因为法是指一种趋向应做事情的道德命令：

---

⑮ 请参见威廉·梅，"苏亚雷斯的自然法学说"，载《新经院主义》，1984年（秋季）第58期，第409—423页。
⑯ 《神学大全》，第二集第一部分，问题90第4节。

但只有理智本性才能发出这种命令。⑰

因此,对于苏雷亚斯而言,说自然法是一种理性命令这是恰当的。然而,法不仅要求一种理智判断,而且也要求一种意志的命令。正如他发现:"自然法不仅指明善和恶,而且也包含它自身对恶的禁止和对善的命令。"(Lex naturalis non tantum est indicativa mali et boni, sed etiam continet propriam prohibitionem mali, et praeceptionem boni.)⑱

不过不应把苏亚雷斯理解为,某些行为善或恶的原因全部依赖于天主的命令意志。用他自己的话来说就是:

> 天主意志的命令或禁止不是与遵守或违背自然法相关的善和恶的全部原因,但是它在行为中预设了必然的正义和丑恶,并且对此添加了特定的神法义务。⑲

---

⑰ "Primum ergo supponimus legem esse aliquid pertinens ad naturam intellectualem, quatenus talis est, atque adeo ad mentem ejus: sub mente intellectum et volunatem comprehendo (ut enim nunc loguqor). Hoc per se satis notum est, quia lex dicit moralem ordinem ad alquid agendum: nulla autem natura est capax hujus ordinationis nisi intellectualis"(Suarez, De Legibus ad de Deo Legislator, I, 4. 2).
⑱ 同上注,Ⅱ,6.5。
⑲ "Haec Dei voluntas, prohibitio, aut praeceptio non est tota ratio bonitatis et malitiae, quae est observatione vel transgressione legis naturalis, sed supponit in ipsis actibus necessariam quandam honestatem vel turpitudinem, et allis adiungit specialis legis divninae obligationem"(ibid., Ⅱ, 6. 11).

之所以举出苏亚雷斯的例子只是为了强调,在自然法中,如同神法的任何表达一样,在天主的理智及其意志之间存在着一种互补性(complementarity)。这在《十诫》的神圣实在法中表现得尤为清楚。天主并非仅仅指明理性的道德秩序并且评说:"偷盗是错的。"而是说,他还命令:"不应偷盗。"

恩宠与自由意志

我认为塞萨里奥指出在阿奎那那里不存在自然法和恩宠的新法之间的冲突,这是正确的。同样,我认为他把阿奎那理解为保持了恩宠和人的自由之间的和谐关系,这也是正确的。然而,对于他把多明我托马斯主义者和耶稣会莫利纳主义之间的争论描述为"改革家们的一些关于法律和自由的主题"的复活,我颇感奇怪。这个争论导致了教廷的救援争论(De Auxiliis)(1598—1607),一般不被理解为一种自由和法律的冲突,毋宁是如何最佳地协调神圣预定的真理、人的自由意志和恩宠的必要性之间的关系。这个争论也包括何种程度的恩宠才有效的讨论。多明我会士多明戈·班奈(Dominican Domingo Bañez)(1528—1604)坚持认为恩宠自身的内在力量就足以使恩宠有效,而耶稣会士路易斯·德·莫利纳(1535—1600)却坚信自由的意志同意才使得恩宠有效。多明我会士谴责耶稣会士是半贝拉基主义者,而耶稣会士则谴责多明我会士是加尔文主义者。1607年和1611年,教宗保禄五世(Pope Paul V)通过准许双方分别教授己方观点的策略平息了这场争论。[20]

基督教启示的独特性

塞萨里奥神父以对后期多明我学者弗蒂吉埃尔的引证结束了他的文章:"但我们时代的第一个世纪却发生了异乎寻常的事件:人们开始相信了天主爱他们。"然后他评论说:"只有神学家才能宣布这种真理。而且它表明了天主认识他自己这一最重要的真理。"

我当然会同意基督教的启示是一种天主爱世人的启示。实际上,天主的本质即是爱(《若望一书》,第4章,第16节:"天主是爱")。然而,这种对天主爱之本质的洞悉似乎并不仅仅发生于我们时代的第一个世纪。只需要翻到《圣咏集》第103章对天主之爱的伟大确信就可以明白这一点。但是,

---

[20] 邓辛格·惠那曼(Denzinger-Hünermann),《信理手册》,1997—1997a;同样可以参见希尔(W. J. Hill),"班奈和班奈主义"(Bañez and Bañezianism),载《新天主教通谕》(*The New Catholic Encyclo Pedia*),华盛顿:美国天主教大学出版社1967年出版,第2章,第48—50页;希林(F. L. Sheerin),"莫利纳主义"(Molinism),载《新天主教通谕》,第9章,第1011—1013页;以及拉乌尔·德·斯克莱尔(Raoul de Scorraile),《耶稣会士弗朗西斯科·苏亚雷斯》(*Frqncois Suqrew de Lq Compagnie de Jesus*),巴黎:莱蒂埃勒出版社1912年版,第2章,第402—467页。

即便是在圣经启示之外,也不缺乏人类对天主之爱的见证。在《薄伽梵歌》(*Bhagavad Gita*)(公元前 400—前 200 年)之中,克利须那(Krishna)就告诉其皈依者阿朱那(Arjuna):

> 我已向你揭示了一种比任何秘密都更神秘的知识。充分地思考它,然后行你所愿的……再听我最后一言,那一切之中最秘密的。我深深地爱着你,因此我要告诉你你的善。(《薄伽梵歌》,18:63—64)

> 专注于我,爱我,祭我,拜我。我真诚地允诺,你会接近我,因为你是我所爱的。(《薄伽梵歌》,18:65)[21]

我认为,其他宗教对天主之爱的伟大奥秘的见证为塞萨里奥神父的核心命题提供了支撑:即自然法应当置于神圣教义之中。我相信阿奎那会毫不迟疑地支持梵蒂冈二次公会的宣言,即各种不同的宗教"往往反射了那照亮所有人的真理之光"(*haud raro referunt tamen radium illius Veritatis*,

---

[21] 这些英译来自福德姆大学的乔斯·佩雷拉(José Pereira)教授。红衣主教约瑟夫·拉特辛格(Cardinal Joseph Ratzinger)在其著作《世上的盐》(*Salt of the Earth*,圣弗朗西斯科:伊格内修斯出版社 1997 年版)中表明,印度的神祇克利须那与耶稣和道成肉身的基督教信仰很相近。然而,主教也指出印度人对天主降落到克利须那的信仰"完全不同于基督教的信仰,后者相信一个天主与一个具体的历史的人完整地结合,通过他获得了完整的人性"(258)。

quae illuminat omnes homines)。㉒作为一名基督徒,我拥护塞萨里奥神父所见证的基督论和三位一体的"生存秩序"。然而,我坚持认为,理性的恩赐使得我们在神圣启示之外认识自然法,它是我们与所有善良的人的联结。这是一种何等的恩赐啊!

从一种基督徒的视角可以肯定,"只有在道成肉身的奥义中人的奥秘才得以揭示。"㉓但是,道的光自从创造之后一直在闪耀,并且正如塞萨里奥神父所言:"探寻终极逻各斯或者理性事物……支撑和引导着受造秩序"。正是在天主的逻各斯中——也是天主的智慧(Sophia)——自然法才得以确立。正如阿奎那写道,"自然法就是天主置于我们之中的理解之光",而且,"天主已经在创造之际给出了这种光或法"。㉔但理性之光同样也是爱的法。全能的天主已经给予了我们自然法这种非凡恩赐,这是因为而且仅仅是因为:他爱我们众人。

㉒ 《教会对非基督教态度的宣言》,第2条。
㉓ 《教会在现代世界的牧职宪章》,第22条。
㉔ 阿奎那,《论异端》(De praesc.),卷1(引自《天主教会教义手册》,第1955号)。

回应

自然法的基督论基础
（厄尔·穆勒 耶稣会士）

罗马努斯·塞萨里奥神父把托马斯对自然法的讨论明确地置于对神圣教条的托马斯式的理解之中。正如塞萨里奥正确地指出的,这种定位必然要求相应地确立"一切正当人类行为的调整类型最终都存于神圣的三位一体之中"。我全然同意这两点,并且打算在下述评论中继续探讨这个问题。我必须回到先前一篇论文的主题,即《自然法的人类学基础》。理由很清楚:托马斯把那些人类学基础自身就置于神圣教条的语境之中。我将证明，这必然使得对自然法的理解处于一种根本的教会背景之下，也就是说处于一种根本的基督论的语境之中。当托马斯告诉我们基督是"圣父的信条"之时，他提供了神圣教条和基督之间的联系。①耶稣基督即是神圣教条。把自然法置于神圣教条的语境之中同时也就是把它置于一种基督论的，并且最终是教会学的语境之中。鉴于他对神秘的基督中心主义的评论，我怀疑塞萨里奥神父未必愿意走这么远。

如果不同时思考托马斯杰作第三集的地位及其整体结构，我们就无法理解天使博士的人类学在《神学大全》中的地位。对于这一点的现代讨论是由玛丽·多米尼克·舍尼（Marie-Dominique Chenu）1939 年发表的文章"圣托马斯《神学大全》的提纲"（Le plan de la Somme théologique de saint Thomas）开启的。②舍尼自己的建议是，《神学大全》的前两部分是以一种新柏拉图主义的出口-回归（exitus-reditus）形式安排的。这种观点直到当下仍具影响。

艾蒂安·吉尔森在其对舍尼《圣托马斯·阿奎那导学》

---

① 《若望福音评论》，7.2.4（1037）。理查德·尼可拉斯（Richard Nicholas）2002 年马奎特大学的学位论文引起了我对这个文本的注意，对此深表感谢！
② 玛丽·多米尼克·舍尼，"圣托马斯《神学大全》的提纲"，载《托马斯主义杂志》，1939 年第 47 期，第 93—107 页。

(*Introduction à l' étude de Saint Thomas d' Aquin*)③的评论中，极为注重对舍尼关于《神学大全》提纲的评价。④ 他特别挑选了舍尼对一些注释者尝试结果的评论，认为这种尝试在托马斯的"形式和提纲之后"导致了某种波纳文都主义（Bonaventurian）或者司各脱主义的《大全》。这种挑选最终确立了随后争论的一极。⑤ 这一点的重要意义在于，它划分了托马斯的神学和敦司·司各脱（Duns Scotus）的基督中心论神学，后者抵制被作为一种科学加以对待。按照舍尼和吉尔森的观点，不存在这种基督论形而上学的可能性。例如，他们在处理恩宠时并没有直接援引托马斯的道成肉身，而是认为恩宠"具有自身的本质、自身的结构、自身的法，超越于其实现的世俗条件"。⑥ 这在他们心中是拯救计划的具

---

③ 玛丽·多米尼克·舍尼，《圣托马斯·阿奎那导学》（1950年重印版，巴黎：弗林1954年版）；兰德里（A. M. Landry）和休斯（D. Hughes）英译，《理解圣托马斯·阿奎那》（*Toward Understanding Saint Thomas Aquinas*），芝加哥：亨利拉格纳里1964年版。

④ 艾蒂安·吉尔森，《托马斯主义简报》（Bulletin thomiste），1951年第8期，第7页："直译段落质朴中的无价"（pages littéralement sans prix dans leur simplicité）。

⑤ 舍尼，"圣托马斯《神学大全》的提纲"，第106—107页；舍尼，《圣托马斯·阿奎那导学》，第272页；舍尼，《理解圣托马斯·阿奎那》，第317页。对于舍尼拒绝混合不同的神学体系，吉尔森当然感到高兴，这是他多年坚持的东西。

⑥ 舍尼，"圣托马斯《神学大全》的提纲"，第104—105页；舍尼，《圣托马斯·阿奎那导学》，第270页；舍尼，《理解圣托马斯·阿奎那》，第314—315页。参照吉尔森《托马斯主义简报》，第9页。

体表现所要遵从的必然结构。吉尔森写道,"与其他地方一样,历史以自然为前提条件,它不是被推导出来的,但却与之相符合。"⑦恩宠随着自然发生并与自然一致。他们的争论在于,道成肉身在其无理由的历史性上不因"嵌入"这种恩宠的本体论而受到减弱。⑧ 舍尼同样写道,"《神学大全》所遭遇的人性主要不是作为基督的神秘肉体,而是作为某种宇宙论的部分。"⑨(下述我将对这种观点提出尖锐的质疑。)他总结了争议的内容,宣称"从第二部分向第三部分的过渡即是一种从必然秩序转向历史秩序、从结构解释转向天主恩赐真实叙事的通道。"神学"作为一种科学"因而被理解为首要关涉这些必然结构,其次才关涉拯救的具体事件。结果,自然法也将得到相似的理解。人性被理解为不是对神-人耶稣基督的分有,而是对脱离道成肉身加以思考的永恒的道的分有。

安德烈·哈耶在他的简短著作《圣托马斯·阿奎那与天主教会的生活》(*Saint Thomas d'Aquin et la vie de l'Eglise*)中

---

⑦ "Ici comme ailleurs, l'hisoire présuppose des natures, dont elle ne se déduit pas, mais conformément auxauelles elle arrive." 吉尔森:《托马斯主义简报》,第9页。

⑧ 舍尼,"圣托马斯《神学大全》的提纲",第105页;舍尼,《圣托马斯·阿奎那导学》,第270页;舍尼,《理解圣托马斯·阿奎那》,第314—315页。参照吉尔森:《托马斯主义简报》,第9页。

⑨ 舍尼,"圣托马斯《神学大全》的提纲",第104页;舍尼,《圣托马斯·阿奎那导学》,第269页;舍尼,《理解圣托马斯·阿奎那》,第314页。

首先广泛地回应了舍尼的观点。⑩ 哈耶的主要观点是,《神学大全》是通过基督论组织起来的。神性、人性以及它们的结合都与基督相关。他写道,基督在托马斯思想中的地位是"全部,比舍尼神父所想的更为全部……同时也比龙岱神父所想的更为全部"。⑪ 哈耶在随后的文章中反复论及基督论的焦点,在《〈神学大全〉的结构与耶稣》(La structure de la Somme théologique et Jésus)中,他宣称"耶稣基督不仅仅是《神学大全》的核心要点,他就是它的主体"。⑫

龙岱也同样批判舍尼的关于《神学大全》提纲的观点,特别是把道成肉身仅仅刻画为本体论结构的一种具体的、历史的表现而不是独立于它的观点。他写道,"基督是道路(舍尼的观点),但他也是话语;人们不能不加讨论地把基督的奥秘

---

⑩ 安德烈·哈耶,《圣托马斯·阿奎那与天主教会的生活》(Louvain and Paris: Publications universitaires, 1952),第 75 页;同样参见第 88 页。他援引了艾蒂安·吉尔森,"迈蒙尼德及其存在论哲学",载《中世纪研究》,1951 年版,第 8 期,第 223—225 页。对于前一点请参照《圣托马斯·阿奎那与天主教会的生活》,第 80—81 页;他援引了《神学大全》,第二集第二部分,问题 27 第 4 节,释疑 2,以及《论潜能》,问题 9,第 9 节,作为含义改变的例子。同样参照前面的注释 13。

⑪ 《圣托马斯·阿奎那与天主教会的生活》,第 95 页:"Ce qu'on vient de dire permet de préciser avec exactitude la place du Christ dans la pensée de saint Thomas. Cette place ext totale. Plus totale aue ne le veut le P. Cheu…Plus totale aussi aue pour le P. Rondet." 请参照舍尼在评论这部著作时的回应,载于《托马斯主义简报》,1947—1953 年第 8 期,第 771—772 页,第 1346 卷。

⑫ 《神学大全》的结构与耶稣,载《教会学》(Sciences ecc Lésiastiques),1960 年第 12 期,第 61 页:"Jésus-Christ n'est pas seulement le point central de la Somme théologique. Il en est la substance même."同样参照第 68 页。

与天主的奥秘对立起来(或者像他在后面指出的,把圣经神学和思辨神学、把历史与科学对立起来);正是在基督中天主向人彰显了自身,实际上所有事物已经为着基督创造了。"⑬

龙岱同时也指责舍尼忽略了科学中的特称命题的意义。一切科学并不都指向一般命题。"整个知识大厦",他写道,"如果它自身是连贯一致的,如果每一具体科学都不僭越至高科学的位置,那么这个大厦就会以对一个事实的宣告而达至顶点:基督的至上性,在他里面通过神意一切事物都找到了自身的一贯性。"⑭(他这是在引述《歌罗西书》。)为了回应神学首要地是关于那位在其自身中而不是在人类历史中的天主的,龙岱反驳说,只有在救世史中天主才向我们现身。⑮

---

⑬ 亨利·龙岱,"历史神学简报:中世纪研究"(Bulletin de théologie historique:Etudes médiévales),《教会学研究》(Recherches de science religieuse),1951 年第 38 期,第 154 页:"Le Christ est la voie, ,ais il est aussi le terme; on ne peut, sans explications, opposer le mystère du Christ au mystère de Dieu; c'est dans le Christ que Dieu se révèle à l'homme, pour le Christ que, de fait, tout a été créé."

⑭ 同上注,第 155 页:"Si bien que, finalement, tout l'édifice du savoir, s'il est cohérent avec luimême, si chaque science particulière n'usurpe pas la place des sciences supérieures, tout cet édifice cullinera dans l'affirmation d'un fait: la pri, auté du Christ en qui, de par la volonté divine, toutes choses trouvent leur consistance: Christus, in quo o, nia constant (Col 1: 17). Entrer dans ces perspectives ne sera nulle, ent renoncer à la théologie comme science, ce sera seulement reconnaître que la fonction théologique a de multiples aspects."

⑮ 同上注,第 156 页。

另外两部著作值得简要提及。首先是基斯莱·拉芳（Ghislain Lafont）的《圣托马斯·阿奎那〈神学大全〉中的结构和方法》(*Structures et méthode dans la Somme théologique de Saint Thomas d'Aquin*)，这部著作最先出版于 1961 年，在后来的讨论中具有相当的影响力。⑯ 拉芳接受对舍尼新柏拉图主义性质的批判，并把思考重心转向了更为亚里士多德主义的原因论。结果，他的方案并不完全与舍尼的判然有别——取代《神学大全》第一部分新柏拉图主义出口的是拉芳所理解的动力因，取代新柏拉图主义回归的是终极因。然而，他从一开始就在侵蚀自己相当长的研究。他以对《神学大全》问题 2 的思考开始，这是对天主存在的证明，但他却完全忽视了托马斯自己首先着手处理的问题。这是一个相当惊人的方法论错误，尽管它一直极具影响。

迈克尔·科尔宾（Michel Corbin）在《托马斯·阿奎那作品中的神学路线》(*Le chemin de la théologie chez Thomas d'Aquin*) 这本与拉芳相比鲜为人知的著作中就没有犯这种错误。⑰ 他仔细思考了第一个问题，并且指出了它在《神学大全》中的

---

⑯ 圣本尼迪克特修士基斯莱·拉芳，《圣托马斯·阿奎那〈神学大全〉中的方法和结构》，重印版增加了新序言，巴黎：牧鹿出版社 1996 年版。

⑰ 迈克尔·科尔宾，《托马斯·阿奎那作品中的神学路线》，哲学档案图书馆，第 16 卷，巴黎：博切斯尼出版社 1974 年版。

作用。最后他的结论是其中的三个部分是严格对应的——天主和他的任务、人和他的任务以及基督和他的任务。基督,神-人,是一种复合。他的神性实现了这种复合。神性在第一集的第一部分得到了思考。人性对于实现的神性而言处于潜能状态。这种人性在第一集的后面部分以及第二集得到了思考。整体本质是基督自身,这在第三集得到了处理。整个结合都寓居于基督这个神-人之中。第三集不像舍尼所言的那样是一个附录,它在《神学大全》之中具有相当的分量。神圣教条的主题是天主,他不是像哲学家所认为的作为存在的存在,而是具体的存在。天主具体地是三位一体;天主具体地是耶稣基督。这两个断定正是拯救所必要的,托马斯要求即便是那些先于基督者如果想要得救也必须明确地信奉道成肉身。

我们现在分析一下这些主张。首先,在《神学大全》中存在其他的证据支持实现、潜能、实现和潜能的结合构成着著作的全部内容这一主张吗?当然存在。在论创造的章节中,流溢的秩序就不是一种新柏拉图主义的秩序。托马斯严格遵循着一种亚里士多德主义的秩序,首先处理一般然后处理具体:先是来自天主的创造,然后是受造物自身。这里不存在人们在一种新柏拉图主义存在链条中所能看到的从至高到最低的有序推进。首先受造的具体实体是各种天使——纯精神、纯形式（问题50—64）。然后,在物质体及其派生于天主的一般问题之后（问题65）,首先要处理的事物是无形的物质（问题66）。然后是七天创造,其他事物,除了光之外的所有物质体都被创造出来（问题67—74）。最后,托马斯讨论了人的创造,这是精神和肉体结合。

这种结构的亚里士多德主义特征显而易见,同时也是托马斯考虑以这种准则所指示的顺序处理事物的方式。人是一种复合的造物。这种复合物只有在其构成要素得到思考之后才能加以思考：首先是那实现这种复合物的东西,即,精神实体；然而是那处于潜能的东西,即,物质实体。如果托马斯在整个《神学大全》中都遵循与他在论创造中的同样程序,那么只能得出结论说托马斯在《神学大全》中讨论人性的主要兴趣在于安排那在基督中处于潜能的东西。人性不被视为隔离于基督之外的纯本性。《神学大全》中的人性是已经堕落有待基督承担和救赎的人性。这是实际生存的人性,它"在基督之中"。

第二点是托马斯以基督的形式理解人性。在第三集问题8托马斯把基督的恩宠视为教会的头脑。他在第三节问基督是否是所有人的头,同时提到未施洗的人绝不是教会的成员这一反对意见。他的回答是,每个人,除了受惩罚下地狱的之外,就事实而论都在教会之中,至少潜在地如此。

受惩罚者不可挽回地把自己与基督割裂开来,但即便是在这里基本的参考点也是基督。具体地理解,整体的人性是或者潜在地是基督身体的部分。自然法为人性所固有,是内在于基督身体的法。正如塞萨里奥所言,这种法是人对神圣智慧的分享,它植根于天主的三位一体的现实,同时也植根于道成肉身的智慧。

第三点是托马斯以基督身体的形式理解人性,这种论题选择涉及托马斯的选择问题。在第二部分处理恩宠时如果没有对基督的任何明确的提及就会存在一种尴尬的感觉。这一定导致了舍尼,还有许多其他的人误入了歧途。托马斯在这一点上是明确的。基督是教会、一切追求完美的人性以及权柄的头脑,因为"他的恩宠是至高无上的,尽管不在时间之中,由于他的恩宠一切都获得了恩宠……他具有赋予所有教会成员以恩宠的权柄"。托马斯把这个明确扩展到了上述所指出的全部人性。

托马斯在第二集第一部分问题 91 区分了五种法:永恒法是天主对创造的统治,自然法是人类对永恒法适合其自然能力的分有,人法,以及两种分别存在于《旧约》和《新约》之中通过圣经显现以便帮助人们实现其超自然目标的神法。它们都与同样的人性相关,《新约》的纳入清楚地表明托马斯已经计划好了以基督为头脑的人性。

最后，在第二集第二部分的结尾，关于预言、言语、教会国家以及宗教生活的讨论结论清楚地表明人性在原则上，即是说在潜能上，被理解为教会。这个再加上其他的原因使得教会能够权威地探讨自然法，因为她是在讨论自身，实际上不是关于她的超自然目的，而是关于她借助超自然之外的方式在此世的具体生存——她的成员的财产权，她的成员的肉体繁衍，她的成员的实现的或者潜能的世俗统治。

托马斯自然法理论的教会背景表明，如果有人试图抛弃这种背景就会遭遇一些问题。这或许与自然法拥护者之间的混乱，以及难以说服那些完全处于这一背景之外或者虽处于内部却已经持异议姿态者的困难有关。离开对作为智慧（Wisdom）的耶稣基督和作为他的证明的教会的完全接受越远，就越是具体地离开自然法理论在其中发挥作用的那种理性——堕落但却被基督的恩宠所治愈——越远。自然神学存在着一种相似的处境。正如托马斯指出，"只有愚蠢的人才在内心中说不存在天主。"如果选择放弃那种人所特有的理性，正如那些把人的现实降低为仅仅是物质性的，或者那些如此坚持自治以致损害人的理性的共同特征的人所做的，如果放弃这种理性，那么世界上就没什么论证是有效的。

那么，自然法理论的发展主要是一种神学任务而不是一种既依靠《圣经》和教会传统也依赖理性规则（canons of reason）的哲学任务吗？原则上答案是否定的。自然法是对永恒法的分有，与人的心灵相应。然而，在实践中答案却是肯定的，因为作为前提的人的心灵已经得到基督的救赎。自然法理论只能由那些已经皈依基督，成为教会体系一部分的人才能成功地追求，那是托马斯理解自然法的首要参考。

而且，托马斯也理解护教的策略。如果说《神学大全》是围绕着学生信徒的需要组织起来的，那么《反异教大全》就是针对那些不信者进行安排的。听众越是远离教会背景，就越是需要限定性原则和前提，以便尽力发现于他们的共同基础。与其他基督徒在一起时，我们仍然可以使用《圣经》和部分传统以及理性进行道德讨论。但是，离开这一中心越远，就越有必要回溯到理性的规则，就越有必要争辩人类理性的本质。以这种教会之外的背景追求自然法的最终结果是艺术胜于科学，关于基本原则的说服多于科学的研究。当然，对于愚蠢的人什么都无济于事。

理性的规则足以承担这种任务吗？在信徒的手中，答案是肯定的。但是，必须承认，在基督教背景之外所产生的哲学体系总是需要进行转化，以便足以成为真理。一种未经转化的体系最多只是近似真理——说至多是因为即使在教会中对彰显真理的神学理解也只是近似。在教会背景之外,自然法理论不得不呈现出一种多元的特征以迎合具有支配地位的哲学体系。结果就必然出现不仅存在托马斯主义版本的自然法,还存在康德主义版本的,实用主义版本的,现象学版本的,不胜枚举。在明确的教会背景下,自然法仍然可能具有一种多元特征,但它具有信仰的统一性。

　　对于这个主题尚须诸多讨论,但时间有限,无法尽表。暂时先论述到此。

第三部分

新自然法理论

5. 托马斯主义自然法的当代视角

（威廉·梅）

当下许多为托马斯主义自然法提出新视角的重要研究急需我们思考。我相信对其中一些比较重要的研究进行深度探讨和比较对于我们理解什么是自然法，特别是托马斯主义传统的自然法，以及它因何对于我们作为道德存在物的生活具有核心意义，其效果远胜于对一堆不同观点的简单罗列。因此，我决定把精力主要放在帕梅拉·霍尔、本尼迪克特·阿什利、拉尔夫·麦金纳尼以及杰曼·格里塞及其学派的著作上。

帕梅拉·霍尔和拉尔夫·麦金纳尼明确试图使其理论成为或者至少在很大程度上成为对托马斯自然法教义的真正解释。阿什利则认为他自己的观点与托马斯完全一致。格里塞和他的合著者，主要有约翰·菲尼斯、约瑟夫·博伊尔、罗伯特·乔治和帕特里克·李（Patrick Lee），并未表明他们的自然法理论主要是对圣托马斯的解释。然而，在其他人（其中包括霍尔、麦金纳尼和阿什利）声称格里塞学派的自然法理论与圣托马斯不一致的那些主要方面，格里塞等人却坚信在这些问题上是他们自己而不是他们的对手才是这位共同博士的忠实拥趸。

在回顾并简要评述这些作者的主要观点之后，我将把主要精力集中于他们之间的几个重要分歧上，特别是霍尔、阿什利和麦金纳尼之间相互一致而却与格里塞学派不同的地方。在说明这些不同的地方时有两个独立的问题需要思考：第一，这些作者对圣托马斯思想的忠诚度；第二，他们表达自己立场的真实性。对另一个需要思考的相当重要的问题我这样来表述：如果真正存在一种其规范性真理在原则上易于人类理性理解的自然法，那么，我们怎么解释下述事实：理性的人们，据信是理智的而且道德真诚的，为何会在诸如堕胎、安乐死、帮助自杀、婚外性行为等众多对人类文明极端重要的事项上存在如此重大的分歧？

霍尔对托马斯自然法的解释

霍尔在其著作《叙事与自然法：托马斯主义伦理学的一种解释》(Narrative and the Natural Law: An Interpretation of Thomistic Ethics)①中对托马斯主义自然法进行了解释。她坚持认为，除非把自然法置于其与天主统治的永恒法，后天的或自然的和先天的或超自然的德性，以及人类的或神圣启示的法，既包括《旧约》法律也包括《新约》法律，这些关系的语境中，否则就无法恰当地理解圣托马斯的自然法教义。她认为，只有提供一种"完全忠于"其历史发展的自然法叙述，这意味着审慎的活动"既作用于个人层面也作用于政治层面"，我们才能理解自然法是怎样颁布出来或者为人所知的。②

自然法是什么

霍尔在第二章的结尾处写道：

托马斯称自然法是理性造物对永恒法的分有之道。这种分有出现在人由于其自然本性而对具体的善的指向。但

---

① 帕梅拉·霍尔，《叙事与自然法：托马斯主义伦理学的一种解释》，南本德：美国圣母大学出版社1994年版。
② 同上注，第1—2页。

每个人也因其知识和选择分有永恒法:(1)他们必须承认特定的倾向(inclination)是规范性的,命令他们朝向具体的善;而且,(2)他们必须发现和选择借以实现他们被导向的善的手段。③

a. 作为一组自然倾向的自然法。霍尔认为,"托马斯关于自然法的讨论清楚地表明它主要包含指向我们恰当目的或善的形式。"④确实,"托马斯自己对自然法的强调首先即是以倾向的形式,即指向我们目的的方式。"⑤霍尔坚称,我们的自然的"倾向是自然法的首要(primary)构成内容"。⑥自然法是自然地赋予的指向有助于我们存在的实现的目的或善的趋势、倾向或驱动力,它似乎是内在于我们的,至少在基本的部分,是天赋的。实际上,霍尔说这是"我们对自然法的占有(以我们被导向我们特有目的的方式)"。⑦ 我们通过我们的自然倾向占有自然法,正如我们将在下面更清晰地看到的,霍尔坚持认为,这就是自然法在圣托马斯那里的首要含义(primary meaning)。

---

③ 帕梅拉·霍尔,《叙事与自然法:托马斯主义伦理学的一种解释》,南本德:美国圣母大学出版社1994年版,第37页。
④ 同上注,第29页。
⑤ 同上注,第28页。
⑥ 同上注,第31页。这里作者特别强调了"首要"一词。
⑦ 同上注,第28页。

b. 作为被认识的自然法。对于人类这种理性造物而言，自然法具有一种理性特征，它存在于"我们对（自然倾向所提供的）指向的知识"之中。[8] 如果我们认真对待自然法的理性特征就会认识到，"自然法亦能使我们理解我们这样（即自然地）被导向的善。我们必须看到并同意以具体的方式去追求我们自然本性所倾向的善……理性造物把决定他们是什么的倾向视为法。"[9]我们对指导我们实现我们自然地倾向的善的那些训令（precept）的理性理解（apprehension）在霍尔看来，正如我们将在下面更清晰地看到的，就是自然法在阿奎那那里的次要含义（secondary meaning）。

自然法的训令或"规则"以及我们关于它们的知识

a. 自然法的首要原则或训令。自然法的基本原则（训令）经由良知（synderesis）而为我们认识。良知是一种自然的习性（habitus），其基本原则或训令"构成了内在于我们的自然法的核心知识，并且这些原则……是'不可消除的'（indelible），即使在最邪恶的情形下也持续存在"。[10]。这些原

---

[8] 帕梅拉·霍尔，《叙事与自然法：托马斯主义伦理学的一种解释》，南本德：美国圣母大学出版社1994年版，第28页。
[9] 同上注，第29页。
[10] 同上注，第29页。

则之中首当其冲的就是"当行善、追求善并避免恶"（good is to be done and pursued and evil is to be avoided）的训令，它使得人类行为可理智理解（intelligible）并具有目的性（purposeful）。霍尔通过指出这条首要的实践原则如何类似于理论推理的首要原则（即不矛盾律）强调，"正如如果不坚持某事不可能在同时同种情况下既是又否的真理人们就不可能理性地思考一样，如果人们不为某些被理解为善的目的之故而有目的地行为就不可能可理智理解地行为，即慎重地、理性地行为。"[11]

b. 首要训令及人类倾向和善的层级。还存在一些根源于上述基本原则的其他的首要自然法训令，它们使得我们与那些通过我们的自然倾向而导向的善联系起来。霍尔在解释《神学大全》涉及自然法首要训令的关键文本第二集第一部分问题94第2节时认为，对于圣托马斯而言我们自然地倾向的善是按层级排列的。存在着"三组训令"，它们对应于

> 那些倾向本身的层级。第一组……指导着人的生命的保存，这种善为我们与所有生物所共有。第二组涉及两性结合及生育后代，这些善是我们与所有动物共享

---

[11] 帕梅拉·霍尔，《叙事与自然法：托马斯主义伦理学的一种解释》，南本德：美国圣母大学出版社1994年版，第30页。

的。第三组训令支配着人类作为特殊的理性存在者所倾向的善。……通过对我们自然地指向的这些善的勾勒，托马斯向我们呈现了一个"包容性"(inclusive)的自然的人类目的……但是，这个包容性的自然目的在诸善的构成结构上也是层级性的。……那些我们作为理性造物所倾向的善具有最重要的价值。其中，认识天主，即便是在自然沉思所及的有限范围内，也是至高至美的善。[12]

而且霍尔认为，"较小的善"，即我们人类与其他生物以及动物所共享的那些善，只有当它们"以特别理性方式被分享"时才是"人类目的的构成部分"。[13]

这里霍尔对托马斯主义自然法理解的关键之处在于，人首先通过"承认某些倾向是规范性的，指导他们趋向具体的善"，从而作为理智的和意志的存在者分有永恒法（我早先称之为我们通过自然法对永恒法的形式分有）。[14] 此外，霍尔坚持认为，我们对下述内容的理性理解："自然法的首要训令，它们与我们的倾向通过自然本性指示我们追求的

---

[12] 帕梅拉·霍尔，《叙事与自然法：托马斯主义伦理学的一种解释》，南本德：美国圣母大学出版社1994年版，第32页。
[13] 同上注。
[14] 同上注，第37页。

善相关",她说这是"自然法在阿奎那那里的首要含义",构成了"自然法次级的含义,即其规则含义"。[15]

c."次要的"自然法训令或规则及审慎的地位。霍尔指出,在《神学大全》第二集第一部分问题94对自然法的集中探讨中,阿奎那并未"详细阐明自然法的实际规则",而只是忙于表明任何自然法训令与这些训令所指向的善之间的基本联系。[16]那么,我们怎样认识这些实际的训令或规则呢?

对此霍尔在其著作的第二章进行了部分回答。在那里她评论了作为法律的自然法,也评论了《神学大全》第二集第一部分问题94中那些集中讨论自然法的人类知识的章节。霍尔在其著作的第三章再次回答了这个问题,在那里她把托马斯对自然法的理解与《旧约》法律的训令联系起来。

在第二章她说,这些"实际的"训令需要"清晰地表达哪些行为有助于或有害于倾向指示我们追求的那些善"。但是——正是在这里我们走近了霍尔解释的核心主题——在清晰地表达这些行为以及建立于它们基础之上的规则时,对审慎美德的运用是必须的,不管是个人的还是政治的。我们开始理解到,"通过个体或社会的反思……什么行为可

---

[15] 帕梅拉·霍尔,《叙事与自然法:托马斯主义伦理学的一种解释》,南本德:美国圣母大学出版社1994年版,第32页。

[16] 同上注,第33页。

以促成我们的善的实现,以及什么行为会破坏这种实现。然后,通过构造指示或禁止特定行为的规则,我们可以表达这种理解,并使其实际地有效。"⑰对于这些规则的发现,霍尔说,"发生于……使人的理智和意志参与做出具体选择的叙事性的经验语境之中……这种探寻过程……是实践推理的一种……必须以个体或集体的形式展开。并且在提到实践推理时,其中必然包含着审慎思考的某种程度的作用。"⑱

霍尔接着说,为了理解类似"不得杀人"这类"具体规则"的真理,审慎的美德是不可或缺的。不管怎样这对我来说是理解下属段落的恰当方法:

> 按照阿奎那的观点,对自然法的具体规则,例如"不得杀人"的理解,与对该规则的意义和目的的理解不可分离。如果不理解一条训令的目标就不能说明具体的事例。试图这么去做就会割裂规则与其真正功能的联系:促进对人类生活的善的实现……只有审慎才能给予对法的目的或目标的这种理解……因此,分离自然法和美德是对法和美德如何一致地帮助人类实现

---

⑰ 帕梅拉·霍尔,《叙事与自然法:托马斯主义伦理学的一种解释》,南本德:美国圣母大学出版社1994年版,第33页。

⑱ 同上注,第37页。

其特有的善的误解。也是对个人如何最先到达自然法具体规则的误解。假定只有审慎才能实现我们作为真正的善予以追求的目的,这似乎必须使它在自然法的发现中发挥作用。[19]

这里霍尔似乎是在说,根据圣托马斯对自然法的理解,为了抓住"不得杀人"这类具体"规则"的真理,人们需要审慎的美德。然而,在接下来的章节中,她考查了圣托马斯怎样把自然法与《旧约》法律,特别是与在《十诫》中发现的《旧约》法律的道德训令联系起来的(特别是《神学大全》,第二集第一部分,问题100第3节),指出对于托马斯而言,更为具体的道德训令(规则)以两种不同的方式源于自然法的首要训令:首先,那些直接地、只需短暂思考即可认识的道德训令——阿奎那把所有的《十诫》训令都纳入其中,包括这里所说的第五戒,"不应杀人";其次,那些只有"智者"(wise)通过对各种不同情况的充分思考方可认识的道德训令。[20] 根据这一文义似乎并不需要审慎的美德去理解我们不得杀人这一训令的真理。我认为霍尔在这一问题上有些

---

[19] 帕梅拉·霍尔,《叙事与自然法:托马斯主义伦理学的一种解释》(南本德:美国圣母大学出版社1994年版),第38页;强调为作者添加。

[20] 同上注,第56页。

前后不一。然而，正如她所坚持的，对圣托马斯而言，德性，特别是审慎的美德，对于抓住许多道德训令的真理是必需的。

一些批判性的意见

尽管霍尔解释托马斯主义自然法的其他方面也富有教益——例如《旧约》法律中礼仪训令和司法训令以及道德训令之间的关联——但她解释托马斯主义自然法的基本要素现在已经阐明了。接下来我想集中讨论一下霍尔所坚持的一些核心主题，并对它们作出评论。

首先，我认为，霍尔宣称对阿奎那来说自然法主要是通过我们的自然倾向加以理解的，这是不正确的。圣托马斯从来没有这么说过。相反，他强调理性造物对永恒法的分有之所以被恰当地称为法是因为法是与理性相关的。更具体地说，法与理性相关联这是一个指向行为的实践理性的全称命题。[21] 正是在这一意义上自然法才被称作法。《神学大全》第二集第一部分问题 93 第 6 节的讨论更是确信无疑地证明了这一点。托马斯在那里明确区分了通过"以与永

---

[21] 参见《神学大全》，第二集第一部分，问题 90 第 1 节，特别是对第二个反论的释疑。

恒法相一致的自然倾向"对永恒法的分有和"自身即具有善的属性的自然的知识"。使得自然法区别于自然倾向,并使它成为恰当意义上的法的是下述事实:它是实践理性的作品(work),是表达(expression)而不是印象(impression)。[22] 当呈现在我们的自然倾向之中时,自然法允许我们被动地(passively)分有天主的永恒法,即以被统治和被权衡的方式。这与非理性造物分有永恒法的方式相同。但是,恰恰是作为理性的存在物,人主动地(actively)参与到天主的永恒法之中,通过自然法的训令或者规范性真理统治和权衡着他们自身的行为。对此阿奎那已经讲的很清楚了。[23]

霍尔此处的错误与其对《神学大全》第二集第一部分关于自然法和良知习性的解释是密切相关的。正确阅读霍尔

---

[22] 对于这个问题,请参见奥多诺霍(D. O'Dononghue),"托马斯主义者的自然法概念"(The Thomist Concept of the Natural Law),载《爱尔兰神学季刊》(Irish Theological Quarterly),1955 年第 22 期,第 93—94 页。

[23] 请参见《神学大全》,第二集第一部分,问题 91 第 2 节:"法律既然是规则的尺度,它就可以两种方式存在于事物之中:一种以统治者的权衡者的方式存在;另一种是以被统治者和被权衡者的方式存在,事物在分有规则和尺度的范围内是被统治和被权衡的。因此,服从天主之道的万事万物(其中包括人类)都被永恒法统治或权衡……与其他事物相比,理性造物以一种更为卓越的方式服从天主之道,他分有天主之道,既规定自身,也规定他物。"在之前问题 91 第 1 节释疑 3 中,托马斯说:"像有理性的受造物一样,无灵物甚至也以自身的方式分有着永恒之理。但是,有理性的受造物是以智性和理性分有,永恒之法律在有理性的受造物中的这种分有专称为法律……"

的阐述会得出这样的结论：对托马斯而言，自然法被理解为当为之事的训令，最好把它视为良知的习性。但是，托马斯在这节所要表达的教义却恰恰相反。他论证，"在恰当的、本质的意义上，自然法不是习性"。他的要点是说，形式地、恰当地理解的自然法是实践理性的产物，即一组指向行为的实践理性的全称命题。但习性却并非如此。他同意，在一种牵强的、次要的意义上可以把自然法称作良知的习性，作为我们对这些命题的日常知识。[24]

霍尔的解释的另一个问题是，她宣称我们通过"反思我们的自然本性"和"倾向"从而开始认识我们的自然倾向指示我们追求的善。我不认为阿奎那有任何文本支撑这一解读。我们并不需要首先认识我们的倾向，然后反思它们以认识我们被导向的善。

按照圣托马斯的观点，我们的实践理性"将那些我们自然地倾向的事物理解为善，并在行动中予以追求"。[25] 因此，自然倾向自身可以并不为人所知，但是它们却有力地推动

---

[24] 同上注，《神学大全》，第二集第一部分，问题94第1节："习性可以分为两种。一种是在严格的、本质的意义上，据此自然法不是一种习性……在另一种意义上，习性是指人所习惯持有者……在这第二种意义上，可以称自然法为一种习性。"在这个问题上请参见拙著《道德神学引论》修订版，亨廷顿：我们的周日访客出版社1994年版，第45—47页。

[25] 《神学大全》，第二集第一部分，问题94第2节："人自然所倾向者，理性便自然认其为善，由此积极追求；与之相反者是恶，应予避免。"

人们朝向使他和他的实践理性自然地成全的善,换言之,无需进行一种推理过程,或者一个从先前已知真理推导(inferring)某些结论的过程。因此,人们自发地把这些善视为应通过理性行为追求的善,其反面是应当避免的现实。

问题似乎是这样的:我们需要首先认识我们的自然本性和我们的自然倾向,然后通过对我们的自然本性和我们的倾向的反思从而认识自然法的训令或"规则"吗?霍尔的回答似乎是肯定的。但圣托马斯会这样回答吗?

霍尔的解释的第三个问题是她的论点——如果我没有理解错的话——为了抓住自然法的"次级"训令的真理,如"不得杀人"这类"规则",审慎的美德不可或缺。我承认对阿奎那而言,如果要从自然法的首要或普遍的训令抓住"较远"(more remote)结论的真理,审慎是需要的。但是,正如前面指出的,阿奎那明确认为每个人(不论好坏)都能抓住源自那些原则的最接近(proximate)或最直接(immediate)结论的真理。

阿什利论托马斯主义自然法

本尼迪克特·阿什利学识渊博,既是圣托马斯的信徒,同时也是一位导师,他在神学和哲学方面著述颇丰。在他的许多著作和文章中,他深刻地接受了自然法的价值,并且认为作为其信仰对象的圣托马斯是自然法的一个基本源头。近期,马克·拉特科维奇完成了其关于阿什利基本道德神学理论的博士论文。最近他又致力于非常有助于综览阿什利自然法思想的研究。我的论文在很大程度上得益于他的透彻研究。㉖ 与所有的阿奎那评述者相同,阿什利坚信最高的法是天主的永恒法(神法)。天主的智慧和爱的规划

㉖ 马克·拉特科维奇,《本尼迪克特·阿什利会士的基础道德神学:一种批判性研究——对梵蒂冈二次公会号召更新道德神学的回应》(*The Fundamental Moral Theology of Benedict Ashley, O. P. : A Critical Study. Toward a Response to the Second Vatican Council's Call for Renewal in Moral Theology*)。这篇博士论文是在若望·保禄二世婚姻家庭研究所(华盛顿特区)完成的。同样也可以参见拉特科维奇,"本尼迪克特·阿什利会士道德思想中的自然法"(Natural Law in the Moral Thought of Benedict Ashley, O. P.),载《天主教学者协会季刊》,1999 年(秋)第 22 期,第 2—5 页。

拉特科维奇在他的协会文章中列举了下述著作作为阿什利最为全面地研究自然法的著作:《身体的神学:人本主义者和基督徒》(*Theologies of the Body: Humanist and Christian*, 2d ed.),圣路易斯:约翰教皇中心 1995 年版,第 360—372 页,第 386—482 页;《生活于爱的真理:道德神学的圣经引言》(*Living the Truth in Love: A Biblical Introduction to Moral Theology*),斯塔藤:阿尔巴出版社 1996 年版,特别是第 1 部分;与凯文·奥洛克合著《卫生伦理学:一种神学分析》(*Health Care Ethics: A Theological Analysis*, 4th ed.),华盛顿特区:乔治城大学出版社 1997 年版,第 1 章和第 7 章;《教会中的正义:类与分有》(*Justice in the Church: Gender and Participation*),华盛顿:美国天主教大学出版社 1996 年版,第 7—9 页,第 35—43 页;"自然法是什么?"载《伦理学和医学》,12,第 16 卷(1987 年 6 月):第 1—2 页;"具体道德规范的圣经基础",载《托马斯主义者》,1988 第 52 期,第 1—22 页,特别是第 13—22 页;"统治或管理?:神学的思考",收录于《出生、受苦和死亡:边缘生命的天主教视角》,凯文·维尔德等编(波士顿:威科学术出版社 1992 年版),第 85—106 页,特别是第 90—92 页;"人的目的是什么?:天主显圣与人的整体成全",收录于《道德真理与道德传统:纪念皮特·吉奇和伊丽莎白·安司孔》,卢克·高马力编,都柏林:四庭出版社 1994 年版,第 68—96 页。

指引我们朝向最终的幸福。自然法是我们对神法的理性分有。我们"人类在天主的智慧中分享着何种生活最能实现自然本性,造物主通过把我们创造成肉体的存在赋予我们这种自然本性,同时我们在精神智力和自由意志上也是天主的肖像(《创世纪》,第1章,第27节)"。[27]

下面我将着重思考阿什利自然法思想中的以下方面:(1)它的基本内容;(2)我们怎样认识这些内容;(3)基本人类需要、基本人类善的层级序列以及自然法的基本训令的层级序列;(4)它的基本道德原则;以及(5)审慎与从自然法的首要原则向具体规范的推演,其中有些原则是绝对的。

自然法的基本内容

天主的永恒法命令我们追求恰当的目的,幸福,我们通过自然法理性地分有着它。因此,对于阿什利而言,伦理学基本上是目的论的。正因如此,阿什利的自然法思想试图发现实现我们人类自身的途径。与阿奎那不同,阿什利通常不提基本人类"善",而是以"需要"取而代之。拉特科维奇指出,阿什利在使用这一术语时受到了他在芝加哥的指导者伊

---

[27] 阿什利(与奥洛克),《卫生伦理学》,第156—157页;同样参见"自然法是什么?"第2页;以及《生活于爱的真理》,第28页。

夫·西蒙和莫蒂默·阿德勒(Mortimer Adler)的影响。㉘

拉特科维奇发现阿什利经常满足于认为人类的基本需要既是圣托马斯所确认的人类的四项基本善,即生命,两性结合生育并教育后代,共同的社会生活以及认识真理,特别是关于天主的真理(参照《神学大全》,第二集第一部分,问题94第2节)。阿什利称这些基本需要为"生命、生产、真理和社会"。其他一些时候阿什利通过把生命善划分为"食物"和"安全"的需要并且添加上"创造性"的需要来扩充这一清单。这样就出现了拉特科维奇所指出的六项基本需要。"食物"(大致包含营养、水和空气),安全(例如保护不受自然力、动物和他人伤害,包括身体自由的需要),性(与异性结合并再生产的需要),信息(包括感知、智力知识以及交流的需要),社交(例如需要组成团体以满足我们的要求以及通过友谊分享诸善),创造性(为了文明的进步,我们需要在艺术和科学方面富于创造性;它包括我们实现"终极全体"[Ultimate Totality]的需要)。㉙ 阿什利指出不管基本人类需

㉘ 拉特科维奇,《本尼迪克特·阿什利的基础道德神学》,第266—271页。
㉙ 拉特科维奇,"本尼迪克特·阿什利会士道德思想中的自然法",第2页;同样参见拉特科维奇,《本尼迪克特·阿什利的基础道德神学》,第262—288页。他在其协会文章中末"需要"和"善"的清单列举了阿什利的下述著述:《身体的神学》,第396页,以及《卫生伦理学》,第18页,此处阿什利(与奥洛克)将基本的人类需要表述为人作为生物的,心理的,社会的和精神的存在四个维度。

要的精确数目是多少,它们都由人类善或价值加以满足。㉚ 事实上,"这些基本需要的完全满足",阿什利写道,是"一种良好的人类生活,实际上也是一种基督徒生活的首要条件"。㉛

我们关于这些内容的知识

阿什利坚持认为,伦理知识(关于自然法及其规定的知识)尽管在形式上不同于哲学人类学,但在实质上却依赖哲学人类学。伦理学有赖于对什么是人的理解,如果我们要成为道德优良的人,我们的行为必须与人性一致。㉜ 他认为,从我们关于人性的知识中,"我们可以在该术语的严格意义上推导出一种自然法的道德规范"。㉝ 他承认一个实体的内在本性从来都无法穷尽,总是需要更进一步的研究,㉞ 并且由于受到人的罪性的困扰,"有时在有些文化中关于自然法的知识是非常稚嫩甚至是被扭曲的"。㉟ 另外,人通常以特定历史时空特定文化和群体中的成员的形式存在着,结果"什么是人的意涵有着多种不同的展现。它或者为文

㉚ 阿什利(与奥洛克),《卫生伦理学》,第17页。
㉛ 阿什利,《身体的神学》,第396页。
㉜ 参见阿什利,"人的目的是什么?"第74页;《生活于爱的真理》,第5页,注释11。
㉝ 参见阿什利(与奥洛克),《卫生伦理学》,第141页。
㉞ 阿什利,《身体的神学》,第266—288页。
㉟ 同上注,第366页。

化所发展和丰富,或者为文化所扭曲和忽视"。[36] 拉特科维奇指出,这意味着我们的自然是历史的,我们关于自然法的知识相应地要受制于其历史性,这直接意味着,在任何特定的历史时期,"对任何群体的人们而言,他们的道德理解受到他们历史的深刻限制"。[37]

但是,这绝不意味着我们无法认识一种基于我们人类本性的客观而又普遍的自然法。实际上,人类不会存在自己的历史,"除非全人类共享着在大多数时期相对稳定的共同本性;除非人们都有着成其为人并使得人类大家庭的相互合作成为可能的某些基本的共同需要,否则也不会有人类历史。"[38]实际上,阿什利断言,道德规范"潜藏着某种共同人性、固有需要以及这些需要得以满足的价值的概念"。[39]

我们关于人性的知识,如果我们的行为要成为道德上善的就要与之一致,以及关于基本的人类需要和满足这些需要的诸善的知识,从根本上来说是哲学人类学和自然哲学及科学的议题。拉特科维奇指出,对于阿什利而言,下述

---

[36] 阿什利(与奥洛克),《卫生伦理学》,第142页。
[37] 同上注。参见拉特科维奇,"本尼迪克特·阿什利会士道德思想中的自然法",第3页;同样参见拉特科维奇:《本尼迪克特·阿什利的基础道德神学》,第240页。
[38] 阿什利(与奥洛克),《卫生伦理学》,第142页。
[39] 阿什利,《身体的神学》,第372页。

三个自然哲学/自然科学的结论作为伦理学的基础是不可或缺的:"(1)人是活动着、有感知能力和吃、住、自卫、结合生育等生物冲动的动物;(2)人类是智慧的、自由的并且社会性的,因之需要语言、文化和技术;(3)人的智力依赖肉体为其提供能够了解环境和人格自身的工具,但是它却并不等同于肉体活动或任何肉体器官,甚至不等同于大脑,也不受制于肉体的必死性。"⑩

因此,伦理学依赖于自然哲学或者哲学人类学,并以之为前提条件。"这些学科以对作为自然存在物的人类的一般研究为起点,接着是对作为动物的人类的研究。这些动物是自由而智慧的,能够从理论和实践两方面理解自身的行为。我们必须与之保持一致方可成为道德上的善者的人性(自然的道德法则)是这样的一种自然本性,它要求我们对无条件的应当问题(即人类行为的目的或目标)做出决定。"⑪换言之,自然法之知识即源于人性之知识。

无论何种历史时期、何种文化的人"都有着成其为人并使得人类大家庭的相互合作成为可能的某些基本的共同需

---

⑩ 阿什利,"人的目的是什么?",第73页;参见拉特科维奇"本尼迪克特·阿什利会士道德思想中的自然法",第2—3页。
⑪ 同上注,第76页。

要"。㊷ 对这些需要的认识以及对满足这些需要的善的认识使我们得以理解何谓人。这种理解随着自然科学、自然哲学和哲学人类学中的进一步的发现而逐步发展、丰富。例如,《创世纪》中亚当和夏娃的故事所体现的神启同样为我们呈现了一种"深刻的人类学,它既与我们现在已知的人种进化的历史一致,也与植根于人性的普遍道德法则的伦理原则一致,这种人性即是作为肉体存在物的人类能够做出自由的决定和智力的行为"。㊸

基本需要和善的层级序列

阿什利宣称基本需要/善是按层级排序的,并且也坚信这是圣托马斯的教义。因此,他写道:"我们正确地相信,尽管阿奎那表示四项基本善(生命、生产、真理和社会)中的每一项本身即为善而不仅仅是一种手段,但他也确信这些善是以某种显明的方式相互排序的,即前三个隶属于最后一个:至善。因此,所有其他的善都指向的人生终极目的是人与天主在他的国中的友谊,其中包括所有作为天主朋友的人。"㊹ "我们需要生命以实现其他目标。我们需要种族繁

㊷ 阿什利(与奥洛克),《卫生伦理学》,第142页。
㊸ 阿什利,《身体的神学》,第416页。
㊹ 阿什利(与奥洛克),《卫生伦理学》,第168页。

衍,因为不如此就无法保持社会的延续。我们需要社会,因为没有它就无法实现其他目标,也无法与别人分享自己的成就。我们需要真理,因为它对于认识和爱天主,爱我们自己以及爱天主国中每个人,从而指导我们的生活并赋予其最终意义而言是不可或缺的。"[45]就此而言,需要/善具有层级结构。

按层级排列的基本需要/善通过终极的善得以统一。这表现在刚才引证的文本中的"认识和爱天主,爱我们自己以及爱天主国中每个人",有时简单地称之为"沉思"(contemplation)。[46]

与基本需要/善的层级相对应的是自然法基本训令或原则的层级。按照阿什利的观点,自然法的基本原则指导我们"追求身体健康、人类种族延续、社会的共同善以及作为共同善最高部分的真理,它们的重要性依次递增,而且同时避免与这些善相反的事情"。[47]

自然法的基本道德原则

我们刚才看到的是阿什利对自然法的主要训令在一个

---

[45] 阿什利(与奥洛克),《卫生伦理学》,第168页。参见阿什利,《生活于爱的真理》,第93页。
[46] 阿什利,"人的目的是什么?",第86—88页。
[47] 阿什利,《生活于爱的真理》,第93页。

层级之中内在地排序的思考。由于对这些训令的这种理解,他开始明确阐述道德规范的首要原则。阿什利相信这一原则可以表述为,特别是在一种基督教的背景下,"在你的一切行动中追求真正的生活目标",[48]或者"做且仅仅做那些能够作为真正认识并爱天主、爱自己、爱世俗及永恒社会这一至善的恰当手段的行为"。[49] 这些似乎是阿什利以哲学和神学的语言表达"爱天主甚于一切"和"爱邻如己"这两条为犹太人及基督徒所熟悉的基本规范原则的特殊方式。

如果我的解释恰当的话,阿什利这里实际上是在宣称实践理性的首要原则,"当行善、追求善并避免恶",如果与指示我们追求满足我们基本需要的诸善的基本原则放在一起,可以被视为首要的道德原则。这在前面的段落中已经表达得非常清楚了。

审慎及具体道德规范的推演

阿什利与奥洛克一道把自己的道德方法论称为"审慎的人格主义"(prudential personalism)。[50] 与霍尔一样,阿什

---

[48] 阿什利,《生活于爱的真理》,第93页。
[49] 阿什利(与奥洛克),《卫生伦理学》,第171页。
[50] "审慎的人格主义"的方法是由阿什利(与奥洛克)在《卫生伦理学》中最后阐发的,特别参见第137—190页。

利坚信我们通过审慎的美德认识到诸如通奸总是错的,以及绝不应当故意杀害无辜者这样的具体道德规范,同样也是通过审慎我们将这些较为具体的规范适用于具体的情形。他说:"这些基本需要以及满足这些需要的价值……构成了道德推理的首要原则,即自然法的首要原则……"但是,"将其适用于生活中的特定问题构成了[认识并爱天主、爱自己、爱世俗及永恒的社会]这一目标的手段,这却是实践智慧或审慎的任务。"[51]

阿什利和奥洛克讨论了堕胎的不道德性,在这一问题上他们对比了自己的方法论与"规则中心"或"义务论"形式的道德推理,以及功利主义/结果主义/比例主义之间的差异,引人入胜地阐释了"审慎的人格主义"是怎样对表现人们认识具体道德规范真理的方式发挥作用的。[52] 借助审慎的美德,他们形成了涉及生命伦理问题的五项主要原则。[53] 然而,最为重要的是,阿什利认为审慎的美德对于理解具体道德规范的真理并将其适用于生活的具体情形都是不可或缺的。

---

[51] 阿什利,《生活于爱的真理》,第93页。同样参见第107—110页,关于道德智慧(审慎)如何建立于首要原则或人生的目标上,以及"适用它们以形成道德判断……必须要做的具体决定。"在第112—115页阿什利描述了"道德审慎的八个步骤。"

[52] 阿什利(与奥洛克),《卫生伦理学》,第171页。

[53] 同上注,第181—200页。

一些批判性的意见

a. **人类善的层级序列**。与霍尔相同,阿什利坚持认为对圣托马斯而言,人类善是按层级排列的。因此,例如,生命的善与人类共同体的友谊以及认识真理相比就是更低的善,或者说价值更小的善。然而,阿什利仍然认为,所有这些基本善都是不可侵犯的(inviolable),他因此认为,"与这些善直接抵触的行为在本质上是恶的,不能用作实现终极目的的手段,尽管除了形成一个层级它们是不相同的。"[54]但是,他也认为在两个条件下,较低的善可以为较高的善缘故而被牺牲。他认为肉体生命的善,"在基本善的层级中是最低的,当且仅当具备两个条件时,可以为更高的善而牺牲。这两种情形是(1)不包含一种不正义,(2)不是本质恶的。"[55]

稍后我再回到基本善的层级这一问题上来。现在我想着重指出下述思想的危险性,即认为较小的善,特别是生命这种善对于较高的善是工具性的,因而如果不能例示或实现较高的善就不再值得保护。阿什利本人并未说生命仅仅是工具性的,但是我认为这种危险性体现在他所使用的推

---

[54] 阿什利,"人的目的是什么?"第92页。
[55] 同上注。

理所表明的思想中。他推论说我们有义务保存肉体生命，"只有当它给人带来努力实现生命的精神目标时［我们的终极目的，最高层级的善］。为了努力实现生命的精神目标，人们需要某种程度的认识-情感功能。"因此，如果不能使人实现"信、爱、望"，"身体存在本身"无法提供"精神发展的可能性"，因为"意识和自由已经不可逆转地丧失了"。㊼ 阿什利运用这一理由证明其结论：从道德层面上讲，并不需要为处于持续植物状态的人人工供给食物和水，因为这么做无法令其追求生命的精神目标。这一推理也可用于证明这一决定的正当性：不要去阻止患13三体综合征的婴儿的动脉出血，因为他已经没有了认识能力。但是，这显然是错误的。

b. 审慎与对具体道德规范真理的认识。我认为，阿什利与霍尔一样在宣称只有审慎才能揭示具体道德规范的真理，这是错误的。首先，审慎的人在伦理问题上会相互分歧，并且他们的分歧会是相互对立的。一个人说输卵管内配子转移（GIFT）手术"辅助"婚姻的行为但却并不替代它，因此在道德上是允许的；而另一人则认为这种手术明显地取代了婚姻，因此在道德上是不允许的。两者不可能同时正确：必然一个对而另一个错。并不存在支持一个人比另

㊼ 阿什利（与奥洛克），《卫生伦理学》，第426页。

一个人更审慎(有德)的客观理由。因此,审慎的美德无法解决争议,反而诉诸相关的道德原则和有德者收集的论点和论据即可表明谁是正确的。

麦金纳尼与托马斯主义自然法

麦金纳尼被广泛认为是一位杰出的托马斯主义学者。[57] 他已经在几篇重要的文章中发表了对托马斯主义自然法的观点。[58] 这里我通过审视下述问题尽力综合他的全部思想:

---

[57] 最近出版了一本向他致敬的文集:《发现自然:自然哲学、伦理学和形而上学文集致敬拉尔夫·麦金纳尼》(*Recovering Nature: Essays in Natural Philosophy, Ethics, and Metaphysics in Honor of Ralph McInerny*),约翰·奥卡拉汉(John O'Callaghan)和托马斯·希布斯(Thomas J. Hibbs)编,南本德:圣母大学出版社1999年版,这本文集主要集中在他在对连接圣托马斯思想与当代哲学问题上的贡献。然而,其中没有一篇文章试图总结他的自然法思想。

[58] 我要引述的拉尔夫·麦金纳尼的著述主要包括:(1)"自然法的原则"(The Principles of Natural Law),载《美国法学杂志》(*American Journal of Jurisprudence*),1980年版第25期,第1—15页,重印于《自然法》(*Natural Law*),约翰·菲尼斯编,纽约:纽约大学出版社,1991年版,第1卷,第325—339页,(2)《托马斯主义伦理学:托马斯·阿奎那的道德哲学》(*Ethica Thomistica: The Moral Philosophy of Thomas Aquinas*),华盛顿特区:美国天主教大学出版社1982年版,第3章"终极目的与道德原则",第35—62页(这一章主要是"自然法的原则"的再版,有一些修改);(3)《阿奎那论人的行为:一种实践的理论》(*Aquinas on Human Action: A Theory of Practice*),华盛顿特区:美国天主教大学出版社1992年版,第5章"自然法",第102—132页;(4)《阿奎那论人的行为》,第6章,第133—160页;以及(5)"波西亚的悲叹:关于实践理性的思考"(Portia's Lament: reflections on Practical Reason),收录于《自然法和道德研究:杰曼·格里塞著作中的伦理学、形而上学和政治学》(*Natural Law and Moral Inquiry: Ethics, Metaphysics and Politics in the Work of Germain Grisez*),罗伯特·乔治主编,华盛顿特区:乔治城大学出版社1998年版,第82—103页。

130　(1)实践理性和是/应当问题;(2)自然法的本质含义;(3)自然法首要原则的含义以及在"教导我们如何行为"这一首要原则中的表达;(4)人类善的层级;(5)从自然法的首要原则到"准结论"或"结论"的推演。

实践理性和是/应当问题

麦金纳尼坚持认为,只有在《神学大全》第二集第一部分,特别是问题1—5论人类幸福的语境中,才有可能理解阿奎那在《神学大全》第二集第一部分问题90以下关于法律的讨论。在那里阿奎那已经强调,当认为某物是好的时候即是指善,善的理由、终极目的、幸福。所有人都不可避免地想往他们的终极目的,这被理解为幸福。同样我们也必然不仅想往终极目的,而且也意欲任何为这终极目的所必需的东西,诸如生命本身、生存等等。阿奎那对终极目的和幸福的讨论侧重于意志,因为意志的对象即是善。但是善在被当作一种善(ut bonum)而得以意欲之前它首先被理解为一个真理(ut verum),因为知识引导着意志。正是在这个语境中我们才必然要思考阿奎那的自然法教义。[59]

这样,我们就会认识到自然法的首要原则(在下面讨

---

[59]　麦金纳尼,《阿奎那论人的行为》,第103—106页。

论)尽管是不可证明的(indemonstrable),并且因而无法经由思辨或理论真理,或者经由关于人性的知识推导出来,但是却依赖于思辨真理,而且内含于它们,在这种意义上可以说是派生于它们:换言之,从"是"推导出"应当"并非谬误。这可以通过思考当我们和阿奎那都确信无论我们做什么都旨在追求某个目的或结果之时我们的意思是什么看出来。行动的目的是善,思考人类行为的起点或原则是那种善,这是我们意欲任何实际上欲求的东西的形式。换句话说,善是可欲的东西。但是,"可欲的"即便是用于指涉我们事实上(in fact)意欲的事物(可欲的1),也包含着对被意欲的事物完善着意欲者的判断,即可欲的即是应当被意欲的事物(可欲的2),并且可欲的2保持着善或善的理由的含义的形式。

麦金纳尼在评论这一点时说:"(对人的行为的)任何解释都假定可欲的1是可欲的2。如果我们知道可欲的1不是可欲的2,那么我们就已经具有一种意欲真正是可欲的2的事物的动机了……这意味着纯粹事实上的意欲是不存在的。从是到应当的这种想象上的困难过渡表明善的形式,即完善和成全,并不存在于任何的意欲之中。"⑩

麦金纳尼提示我们注意这个问题,因为它与圣托马斯

---

⑩ 麦金纳尼,《托马斯主义伦理学》,第37—38页。

在第二集第一部分问题94第2节提到的过渡相关,从"善是所有人都追求的"到"当行善、追求善并避免恶"。麦金纳尼说,"这就是我们一直在讨论的关于可欲的事物的推演,并且也不再神秘莫测。与前面关于终极目的讨论的联系也就清楚了。"[61]

麦金纳尼进一步强调实践智力和思辨智力并非人的不同的能力而是同一种能力,只是因为偶然地被导向行为或者不导向行为区分开来。而且事实上,圣托马斯认为思辨智力可以延伸至实践智力,思辨思维的首要原则不矛盾律是思想的首要原则,既统辖着实践性秩序也统辖着思辨性秩序。正因如此,实践性秩序的诸项原则尽管无法证明,但却依赖它们在思辨性真理上的可理智理解性,这就像"当行善、追求善并避免恶"在其理智理解上依赖于"善是所有人都追求的"。[62]

---

[61] 麦金纳尼,《托马斯主义伦理学》,第38页。
[62] 我在这里试图通过表明实践性真理"当行善、追求善并避免恶"是如何依赖于理性性真理"善是所有人都追求的"来说明麦金纳尼的观点。对于这个问题,请参见麦金纳尼:《阿奎那论人的行为》,第117—118页。麦金纳尼在那里写道:"有时人们说如果存在不证自明的实践性秩序的原则,那么它们一定与理论性真理无关或者不依赖于理论性真理……这似乎是与托马斯格格不入的观点……"然后,麦金纳尼援引了《神学大全》第一集问题79第11节的文本,托马斯在那里说实践智力和思辨智力是一种能力,之后麦金纳尼批判了那些人,他们借助受康德主义启发的主动的实践理性的概念得出结论说,必须把托马斯解释为实践智力的真理最终独立于世界的存在方式之外。这不是阿奎那的观点。

麦金纳尼也要求注意《神学大全》第一集问题14第16节。该处圣托马斯论及实践思维的程度。这些程度取决于三个标准:(1)认识对象的本质(理论的或实践的);(2)认识的方法(一种从理论上或从实践上思考是可行的或实践的);(3)认识者的意图、目的或目标(去做某事[实践的]或仅仅去认识它[理论的])。他强调对圣托马斯来说,实践真理或实践智力的真理要求理智判断与正当欲望的一致,即欲望被美德所修正。[63] 然后他总结说:"只有完全意义上的实践性知识,完整的实践性知识,才是实践真理意义上的真。其他类型的实践性知识即使为真也只是思辨意义上的真——即它们的判断与事物存在的方式一致。"[64] 因此,按照这种观点,自然法原则的真,实践推理原则的真,并不是实践性的。毋宁说在性质上是思辨性或理论性的真,因为它与事物的存在方式一致。因此,这些实践性原则的"应当"推导自或者派生于关于事物存在方式的理论判断的"是"。对我而言这似乎就是麦金纳尼的主要主张。

---

[63] 麦金纳尼,"波西亚的悲叹",关于《神学大全》,第二集第一部分,问题57第5节释疑3。
[64] 同上注,第97页,强调为添加。

自然法的本质含义

自然法,我们对天主永恒法的理性分有,本质上存在于实践理性的首要原则之中。这些原则表达了非证明性的真理(但是,我们已经看到,这些真理的真是理论性而非实践性的)。麦金纳尼强调:

> 圣托马斯用自然法意指实践理性中的那些原则,它们与思辨理性中的原则发挥着类似的作用……自然法是理性对应当指导我们行为的共同原则的自然理解。正如思辨智力从共同的和特定的真理推演至关于事物的更为具体的真理,实践理性也从基本的、共同的和特定的指示出发推演至关于行动和选择的更为具体的指导。思辨理性的起点是不可证明的,实践理性同样如此。⑥

自然法,或者我们对天主永恒法的理性分有,在本质上

---

⑥ 麦金纳尼,《阿奎那论人的行为》,第110—111页,关于《神学大全》,第二集第一部分,问题91第2节和第3节。

存在于指向行为的实践理性的全称命题之中,或者由其构成,⑯而且,"阿奎那使用自然法指的是实践理性的首要原则,而不是实践理性对这些原则的理解。"⑰麦金纳尼指出,用于指称实践理性对那些原则的理解的术语是良知,⑱但对于托马斯来说,自然法在其主要的或者恰当的意义上既不是良知,也不存在于我们自然倾向中,而是一组指向行为的实践理性的全称命题。我们从这里可以发现麦金纳尼与霍尔的不同之处。

自然法首要原则(训令)的含义及其在"教导我们如何行为"的首要训令中的表达

自然法首要原则或训令是"当行善、追求善并避免恶"。麦金纳尼确信这一首要训令:

"以极度的概括性表现了人类行为的目的。行为时,我们必须追求善并避免相反的……我们必须在行为中追求真正地成就和完善我们、我们的善的事物,并

---

⑯ 麦金纳尼,《阿奎那论人的行为》,第108—109页,关于《神学大全》,第二集第一部分,问题90第1节释疑2。
⑰ 同上注,第113页,关于《神学大全》,第二集第一部分,问题94第1节。
⑱ 同上注。

避免阻碍我们本性成全的东西。"⑲

自然法的首要原则是基本的道德规范:它"由人类理性形成并成为人类行为的指示。接收的对象是人类主体,第一条指示是:完美、完善、终极目的意义上的善,应当追求,并且任何与该目的相违背的事物均应避免。"⑳这一终极目的是人类所特有的排他性的善,即对天主真理的沉思。

自然法的首要训令指引我们追求终极目的。麦金纳尼问道:"进一步的训令要覆盖的领域是什么呢?"他接着引证了《神学大全》第二集第一部分问题94第2节释疑2。阿奎那在那里指示我们:"人性任何部分的倾向,诸如情欲和易怒,在其为理性所统治的意义上都属于自然法,它们都可被还原为首要训令。"并且继续申明:"告诉我们如何行为的训令影响着这些倾向的目的。显然,由于这些倾向是自然的……是否拥有它们或者要它们具有行为的目标,这并非我们的选择。我们所能做的是规制对这些善的追求,而且这些训令(即自然法的首要训

---

⑲ 麦金纳尼,《阿奎那论人的行为》,第136页。
⑳ 麦金纳尼,"自然法的原则",第4页(收录于菲尼斯主编《自然法》,第328页)。

令)通过把这些善导向完整的人的善,导向共同善,来实现这一点。"[71]

自然法的若干训令是"旨在构成人类善或终极目的的指示"。第一项训令指引我们追求我们的终极目的,而它的具体指令指引我们追求"这一目的构成要素"。[72] 这些要素是我们自然倾向的目的或善,它们都是终极目的的组成部分。麦金纳尼指出,"存在着三个层次的倾向——我们与所有存在物共享的倾向,我们与其他动物分享的倾向,以及我们作为人所特有的倾向——在这三个层级之间并对应于它们也存在着训令的层次。这三个层次首要的和共同的分别是,应当在理性的指导下获得饮食,应当在理性的约束下享受两性生活,以及不应伤害同类或者不应因无知而放纵。"[73] 换言之,"我们应当以一种适于理性主体的方式保存生命,以适于理性主体的方式进行性活动。我们应当理性地追求理性自身的善,特别是关于最重要事物的真理。"[74] 或者说,"自然法的训令是以人类善为目标的理性指示。人类善,人

---

[71] 麦金纳尼,《阿奎那论人的行为》,第136页。
[72] 麦金纳尼,《托马斯主义伦理学》,第47页;麦金纳尼,"自然法的原则",第5页。
[73] 麦金纳尼,《阿奎那论人的行为》,第136—137页。
[74] 麦金纳尼,《托马斯主义伦理学》,第47页;麦金纳尼,"自然法的原则",第5页。

类的终极目的是复杂的,但贯穿其中的线索是人类卓尔不凡的标记,即理性。"[75]

人类善的层级

与霍尔和阿什利一样,麦金纳尼认为对于圣托马斯来说,完善人类的善是按层级排列的。因此,他说,"人是由一系列倾向组成的复杂整体,每一种倾向均有一恰当的善或目的。假如我们列出这些倾向并关注其层级,就能瞥见把这些倾向考虑在内的自然法训令了。"[76]理性的善或者成全是一种独特的为人独享的善,是人的目的,但如果是这样的话,"为何托马斯还要提到自我保存这一包括人的所有受造物的共同倾向以及繁衍后代这一包括人在内所有动物的共同倾向呢?"麦金纳尼这样回答:"这些倾向以之为目标的善是人类善的一部分,但当且仅当它们被人化,即被当作自觉行为的目标……受到理性的指导时才如此。"[77]简言之,只有在理性的规制之下,以与理性一致的方式意欲它们时,诸如

---

[75] 麦金纳尼,"自然法的原则",第5页。
[76] 同上注,第4页,强调为添加;参见麦金纳尼,《托马斯主义伦理学》,第44页。
[77] 麦金纳尼,《托马斯主义伦理学》,第45—46页。

人类生命、两性结合、生育子女这些才成为人类善。⁷⁸

从自然法的首要训令向"准结论"或"结论"的推演

我们已经看到,按照麦金纳尼的解释,在圣托马斯的教义中自然法的首要训令根植于当行善、追求善并避免恶这一基本原则之中,指示我们以一种人的方式追求我们自然地倾向的诸善。他观察到,阿奎那自己并没有在《神学大全》第二集第一部分问题94第2节为我们提供任何自然法首要原则的目录。他指出,"事实上,看起来像训令的唯一东西最后被证明是,而且或许可以这样来表述:应当避免无知;不应伤害同类。"⁷⁹这些训令与我们作为人类所特有的倾

---

⁷⁸ 在麦金纳尼的《阿奎那论人的行为》第119—120页中,我们可以发现一段概括他的思想的启发性文本。他在那里写道:"实践理性关注的是成全的活动,而不是它自己的推理,它指导和指示活动的场所包含着进入人类结构的其他倾向,其中一些不同于理性之处在于我们与其他存在物一道共享它们。最为广泛分享的倾向是最基本的,也是最自然的。保存自我存在的自然动力被托马斯视为对于任何事物都是真实的。当它在我们之中呈现时,就主要表现为获得饮食和避免伤害。不存在我们可以选择拥有的倾向。人类的任务是引导这些倾向,使它们以一种与完整的人的善相容甚至是提升它的方式去实现它们的目的或善……以大致相同的方式,我们像其他动物一样也没有决定不被异性吸引或者感受一种求偶的冲动;持续照顾后代也不单纯是决定的结果。如果首要的倾向指向个体的保存,那么次级的倾向就指向种的保存。性活动和抚育子女必须受一种理性方式的指引,从而使得它们实现自然的目的,并且有助于完整主体的善。这些倾向的目的,就像首要倾向的目的一样,是具体的善,必须把它们的背景置于最基本的训令所表明的总体的善之中。"

⁷⁹ 麦金纳尼,《阿奎那论人的行为》,第121页。

向指向的诸善相关。麦金纳尼认为,我们能够"发现(首要)训令的形态,它们可以由首要和次级倾向阐明"。然后他提供了下述公式:"饮食的愉悦应当有助于完整的人的善。""性活动应当以有助于完整的人的善的方式促进生育的善。"⑧但是,我们怎样从这些训令过渡到更为具体的道德规范,例如,禁止杀害无辜,禁止通奸,等等?

在麦金纳尼所列举的《神学大全》第二集第一部分问题100第1节和第3节中,圣托马斯明确指出人们可以便利地诉诸自然法的"首要和共同的原则",并且只需短暂思考就可以直接认识到某些具体规范的真理,例如记载于《十诫》第二块石板上的那些规范。同时表明其他具体道德规范的真理需要更为艰辛的探寻,并且只有"智慧者"才能进行。托马斯称自然法的首要和共同原则为自然法的绝对自明的(per se notae)真理,其中包括黄金规则(Golden Rule)以及不应对任何人作恶这样的原则。他称通过这些首要和共同原则即可轻易认识的《十诫》的训令为它们的直接结论。

在麦金纳尼并未引证的《神学大全》第二集第一部分问题94第6节,托马斯用"准结论"(quasi conclusiones)这个词语指与"首要训令"最为接近的"次级训令"。然后,麦金

---

⑧ 参见《阿奎那论人的行为》,第128—130页。

纳尼追问诸如"不得说谎"及"不得杀人"这样的具体训令的地位(这分别涉及《十诫》中的第八诫及第五诫):"它们不属于绝对自明的训令的情形吗?或者说,'准结论'一词(用于问题94第6节,应当指出,没有用在问题100第1节和第3节)旨在表明一种推论式的推演而不是一种论证或证明吗?"[31] 麦金纳尼认为,某些被禁止的行为方式能够被证明像那些不符合自然法绝对自明的训令的行为一样不连贯。他认为,将某些具体训令,来自首要原则的"准结论",还原为那些原则,"在自杀……酗酒、大规模屠杀等情形下是可能的。如果真是这样的话,那么'准结论'自身就是绝对自明的了。"[32]

如果我的理解没错的话,麦金纳尼因此坚持认为,从《十诫》中只需短暂思考就可以直接认识到的那些具体道德规范,恰当地说并不是通过自然法首要原则加以证明的真理,毋宁说它们与这些首要原则非常接近,因而可以直接还原为这些首要原则,并且被认为是绝对自明的原则。进一步的道德训令,例如那些要求归还所借物品,以及(我设想的)新生儿必须源于夫妻之间的结合的规范,是通过诉诸首

---

[31] 参见《阿奎那论人的行为》,第130页。
[32] 同上注,第131页。

要原则及其直接结论加以证明的,并且只有通过"智慧者"的艰辛探寻才能认识。

麦金纳尼认为,圣托马斯在对婚姻的探讨中清楚地表明了我们自然倾向的善是按层级分布的,指示这些善的训令反映了这一点。他比较详细地思考了圣托马斯关于一夫多妻制的思想,这最早出现在《〈彼得·伦巴德语录〉评注》之中。圣托马斯在那里论证说:一妻多夫,有许多丈夫,这为自然法的首要原则所排斥,因为有多个丈夫完全阻碍了婚姻的主要目的,即生育子女和养育子女,然而一夫多妻,有一个以上的妻子,尽管也有碍婚姻的次级目的的实现,即夫妻间在家庭中的相互扶助,但却并不被自然法的首要原则所排斥。同时圣托马斯提出理由认为,黄金规则这一自然法的首要训令并不排除一夫多妻制。[83] 麦金纳尼的要点是,对于圣托马斯来说自然法并非一组直觉,而是人类行为的理性指示。对于这些训令的公式,一些是共同的,并且是普遍有效的;另外一些是来自这些共同的和普遍的训令的"准结论"形式,它们有着同样的普遍效力;还有一些只对绝大多数情况有效。而且,自然倾向和自然法训令是按层级

---

[83] 圣托马斯在《〈彼得·伦巴德语录〉评注》第四章中的这段文本重印在《神学大全》补编问题65第1节中。

排列的。㊾

一些批判性问题

在本文的结尾部分,在考查完格里塞学派的思想之后,我将重新探讨是/应当的问题。现在我想简要评论下述问题:(a)麦金纳尼对实践理性首要原则的理解;(b)他的我们自然倾向的善按层级排列以及它们必须由理性规制以成为人类善的真正组成部分的思想;(c)从自然法首要训令向具体规范的推演;(d)圣托马斯论婚姻和一夫多妻制。

a.麦金纳尼对实践理性首要原则的理解。按照麦金纳尼的观点,实践理性的首要原则是当行善、追求善并避免恶,这必须被理解为指引我们追求终极目的意义上的善。他认为这一原则意味着"我们必须在行为中追求真正地成就和完善我们、我们的善的事物,并避免阻碍我们本性成全的东西"。他坚持认为,这一原则把我们导向道德上善的行为。

然而,圣托马斯自己在《神学大全》第二集第一部分问题100第1节中却坚持认为,"每一实践理性的判断来自自然地[非推论式和非证明性的]认识的原则"(*omne iudicium*

㊾ 麦金纳尼,《阿奎那论人的行为》,第149—150页。

rationis practicae procedit ex quibusdam principiis naturaliter cognotis）。换言之，即便是实践理性的道德上的恶的判断也是以某种方式从实践推理的首要原则开始的。不道德的行为并非不理性的行为，它也是理性的行为。作恶者经常通过诉诸真正的善以作为其选择背后的动机使其不道德的行为理性化。圣托马斯在其他文本中也指出，实践理性的有罪活动如同其有德活动一样，归因于对实践理性首要原则的理解（只不过是滥用）。⑥ 正如麦金纳尼自己也承认的，圣托马斯在实践推理的首要原则和思辨秩序中的不矛盾原则之间作出了类比。如果这个类比是有效的，那么实践理性的首要原则既约束着行善者的实践推理也约束着作恶者的实践推理。因此，对于阿奎那来说，实践理性的首要原则（包括第一重要的原则）既约束着好人的行为也约束着坏人的行为。所以这一原则指引着我们追求一般意义上的善，而并非道德意义的善。

b. 麦金纳尼讨论了基本善的层级，并宣称我们自然地倾向的善必须受理性约束，如果它们是真正的善的话。我们已经看到了这些主张。圣托马斯确实承认了一种关于自然倾向以及那些倾向指引我们追求的善的秩序。但是，麦

---

⑥《论真理》，问题 16 第 2 节释疑 6。

5. 托马斯主义自然法的当代视角   243

金纳尼只是假定却从未证明这个秩序确立了一种层级结构。阿奎那所确认的秩序原则仅仅是，"人与所有物质共同的东西"，"人与动物共有的东西"，"人所独享的东西"。在讨论这些时，阿奎那与麦金纳尼所说的并不相同，后者宣称"假如我们列出这些倾向并关注其层级，就能瞥见把这些倾向考虑在内的自然法训令了。"而托马斯说的是，"对于人有着自然倾向的那些事物自然地被理性理解为善，然后作为追求的对象，而与之相反的恶则作为予以避免的对象。"⑧这似乎与麦金纳尼所说的完全不同。

尽管托马斯在涉及我们人类特有的善时确实把"避免无知""不应冒犯同伴"作为首要训令，但他却从未给出麦金纳尼在其他倾向的善上提出的那类训令，即"我们应当以一种适于理性主体的方式保存生命，以适于理性主体的方式进行性活动。我们应当理性地追求理性自身的善，特别是关于最重要事物的真理。"相反，与这些善的相关的首要训令似乎应该这样表述：生命是一种应追求和保护的善，与之相反则是一种应予免除的恶，生育和教育后代是一种应追求的善，知识是一种应予追求的善。实践理性自然地，即非推论地，将这些理解为应予追求和实施的善。它们在本质

---

⑧ 《神学大全》，第二集第一部分，问题94第2节。

意义上即善,而非在工具意义上如此。

然而,麦金纳尼宣称,"这些倾向以之为目标的善是人类的一部分,但当且仅当它们被人化,即被当作自觉行为的目标……受到理性的指导时才如此。"这一主张与托马斯主义相去甚远。按照这一观点,人类的性能力是一种低于人的善,是一种为了人而不是人本身的善,人的生命本身、健康和生育、教育后代这些善都并不像托马斯所认为的那样是一种本质意义的善,而只是一种工具意义的善。这非常危险地接近某种二元论。⑰

c. 从首要训令向具体道德规范的推演。在我看来,麦金纳尼过于武断地划分了作为"准结论"的训令和来自自然法首要训令的直接称之为"结论"的训令,并且他认为《十诫》的训令,对此圣托马斯确实称之为源自主要训令的"直接结论",事实上可以还原为首要训令并因此是绝对自明的真理。我认为这是个错误。尽管托马斯在一个文本中(《神学大全》,第二集第一部分,问题94第6节)确实称"更为恰切的次级原则"为"接近原则的准结论",但在他直接思考《十

---

⑰ 参见《〈彼得·伦巴德语录〉评注》,卷1,第48章,问题1第4节,此处知识、健康和德性被列为人类固有的善;《神学大全》,第二集第一部分,问题2第4节,论肉体生命作为本质意义上的善。同样参见《神学大全》,第二集第一部分,问题73第3节。

诫》的训令与自然法的首要训令之间联系的主要文本中（《神学大全》，第二集第一部分，问题100第3节），他却干脆称这些训令为源自"不应作恶"这类主要训令的"直接结论"。而且，去问为何杀害无辜或者撒谎总是错的，这并非是不理性，并因而直接与当行善、追求善并避免恶这一原则或者这一原则的具体规范（specification）相悖。当然，这么做是错的。但这些具体道德规范的真理需要证明，要证明这些种类的人类行为怎样必然地涉及对较为周知的真理（例如自然法的首要训令）的违反。问题在于，哪些原则可以作为最好的前提，据以表明《十诫》训令的真理。

进一步来说，麦金纳尼忽视了两个托马斯文本的重要性，这两个文本均与首要训令向具体道德规范的推导相关。首先是《神学大全》，第二集第一部分，问题100第3节，托马斯说，爱天主甚于一切，爱邻如己，这两条诫命是"自然法首要和共同的训令"，因而，"一切《十诫》的训令均与这二者相关，正如所有结论均与其共同原则相关。"其次是《反异教大全》，卷3，第122章，圣托马斯在论及通奸（第六诫规定的行为）时说，只有违背我们自己的善的行为才冒犯天主（non enim Deus a nobis offenditur nisi ex hoc quod contra nostrum bonum agimus）。这表明对于圣托马斯来说，为了说明具体规范的真理，例如那些记载于《十诫》之上的规范，人们应当先说明何种人类善被故意违反了。

d. 阿奎那论婚姻与一夫多妻制。麦金纳尼为了支持他的善按层级排列的主张,于是就诉诸圣托马斯关于一夫多妻制不同于一妻多夫制之处在于危及的"目的"或"善"不同的证明。这个对比体现在一个是生育和教育后代的善——我们自然地倾向的基本善之一——另一个是夫妻间在家庭中的相互扶助,这明显是更为工具性的善。但是,托马斯对《语录》的评注绝非是他关于婚姻问题的最终结论。他在《反异教大全》卷3,特别是在第123和第124章又重新讨论了婚姻问题。在第124章,他直接讨论了在一个男人和一个女人之间对婚姻的需要,他提到那种应当存在于丈夫和妻子之间的特殊友谊(一种我们自然地倾向的基本善),并且明确认同女人不能有一个以上的丈夫是因为这与孩子的父母身份的善相悖,丈夫也不应有一个以上的妻子,因为这与夫妻之间原本应存的平等自由的友谊不合。这是两类不同的基本善之间的对比,一个是我们与其他动物共有的倾向引导的善(生育的善),另一个是通过我们特有的自然本性我们所倾向的善,夫妻友谊的善。每一种都是本质意义上的善,并不存在一个优于另一个的情形,就像在它们之间存在着客观层级似的。

格里塞、菲尼斯、博伊尔及其学派的"新"自然法理论

从 1964 年出版的《节育与自然法》(*Contraception and the Natural Law*)开始,格里塞[88]已经详细阐述了一种今天广泛称之为"新自然法理论"的理论。在此后的一系列出版物中,格里塞和他的同伴们,其中著名的有菲尼斯和博伊尔,深化并澄清了这一自然法理论。[89]

由于我自认为是这一学派的一员,并在其他地方[90]已经详细讨论了这一学派对自然法的理解,这里就删繁就简。我在早期探讨这一理论时,曾以一种纲要的形式总结过它。[91] 我将呈现这个纲要,在此做一些扩展和澄清,对其特征作一些评论,最后审视一下霍尔、麦金纳尼和阿什利对这一学派的某些主要的批判。尽管其他人也批判过这一理论,其中包括拉塞尔·西丁格和和珍·波特(Jean Porter),这里将不考

---

[88] 关于格里塞,请参见《自然法和道德研究:杰曼·格里塞著作中的伦理学、形而上学和政治学》,罗伯特·乔治主编,华盛顿特区:乔治城大学出版社,1998 年版。

[89] 对于新自然法理论的主要文献目录,请参见附录。

[90] 例如,参见拙著《道德神学引论》修订版,亨延顿:我们的周日访客出版社,第 68—69 页。本书的第二版出版于 2003 年,其中思考了格里塞思想的近期发展,特别是他在《美国法学杂志》2002 年第 46 期的理论阐述中的发展;参见附录 1 格里塞自己的著作。

[91] 拙著《道德神学引论》,第 86—87 页。

虑这些批判；其他的著者已经充分地回应了它们。[92]

新自然法理论综述

143 自然法是法，由实践理性的真值命题的有序组合构成。第一组（1）包括实践理性的首要原则"当行善、追求善并避免恶"，以及这一首要原则的具体限定，它们确认我们自然地倾向的基本人类善，这些善是应追求和应行的善。存在着八种这样的善，五种反身性或者说存在性的，因为选择进入了它们的恰当定义，并且因此存于我们的能力之中，它们通过思考和选择完善着我们作为主体的人；另外三种是实

---

[92] 拉塞尔·西丁格在其著作《对新自然法理论的一个批判》（*A Critique of the New Natural Law Theory*，南本德：圣母大学出版社 1987 年版）中详细阐明了他的批判，并且在他的论文"自然法的复兴与共同道德规范"（载《这个世界》[*This World*]，1987 年夏第 18 期，第 62—74 页）中更为简要地呈现了这一点。西丁格的批判在许多方面严重地歪曲了格里塞的思想，在我看来已经被罗伯特·乔治瓦解了，"自然法理论的近期批判"，载《芝加哥大学法学评论》（*University of Chicago Law Review*），1988 年第 55 期，第 1371—1429 页。以及威廉·马什那（William Marshner）的文章"双福的故事"（A Tale of Two Beatitudes），载《信仰和理性》（*Faith and Reason*），1990 年第 16 期第 2 卷，第 177—199 页。此外，格里塞自己也对西丁格的批判提出了深刻的批判，详细列举了西丁格的误释之处；参见格里塞："对拉塞尔·西丁格的著作《对新自然法理论的一个批判》的一个批判"，载《新经院主义》，1988 年第 62 期，第 62—74 页。

珍·波特在其文章"近期天主教道德神学中的基本善和人类善"（载《托马斯主义者》，1993 年第 47 期，第 27—41 页）中提出了他的批判。杰拉德·布拉德利和罗伯特·乔治已经证明了波特对该理论的描述是多么的不充分和引人误解，并且她的批判是多么的不相关，参见"新自然法理论：对让·波特的一个答复"，载《美国法学杂志》，1994 年第 38 期，第 303—315 页。

体性的,因为它们不要求对其存在进行选择,并且完善着我们作为有机质、作为理性的存在,以及同时作为理性的和动物性的存在。五种反身性的或者存在性的善把和谐作为一个共同的主题,它们分别是:(1)婚姻;(2)个人与个人之间以及个人与团体之间的和谐——和平共处、友谊和正义;(3)个人感情、判断、选择之间的和谐,或者内心和平;(4)个人判断、选择和行为之间的和谐,或者良心的安定;(5)与天主或者高于人的意义和价值源头的和谐,或者宗教。三种实体性的善分别是:(6)生命自身,包括健康、身体完整和人类的繁衍;(7)真理的知识和美的鉴赏;(8)工作和游戏上的杰出表现。任何人在思考去做什么时总会以某种方式使用实践理性的这些原则,不管他得出的结论多么不合理。因此,这些原则同时规制着道德正直与不正直的实践推理;它们本身不是道德的原则,因为它们在选择之前不能让我们确定何种选择是道德上善的而何种又是恶的。

第二组包括:(1)道德规范的第一原则,或者说基本的道德原则,(2)它的具体规范,或者说责任类型。道德规范的第一原则如果以宗教的语言进行表述,即是爱天主甚于一切和爱邻如己这两重诫命。为着伦理的目的可以更为确切地表述如下:在自愿地为人类善行为并且避免其反面时,人们应当选择并且意欲那些而且仅仅是那些可能性,对它们的意欲与趋向完整人类幸福的意志和谐一致。首要道德原则的具体规范称为"责任类型"，它们验明与趋向完整人类实现的意志不和谐一致的具体选择方式。总共有八种这样的"责任类型"，它们排除无知、怠慢、疏忽、武断限制、或者损害、破坏、或者妨碍一项基本人类善的选择和行为方式，同时也排除了基于情感和非理性的选择和行为。

第三组由具体的道德规范组成，它们的真值可借助道德规范的首要原则及其责任类型加以表明。这些规范验明通过全盘考虑（不仅仅局限于某个特定的目标）从而合理的各种人类行为，这些行为由其道德选择的对象具体说明，以及通过全盘考虑从而不合理的行为，即，在道德上善和道德上恶的具体选项之间，进行确认。在该组所包括的具体道德规范中，有一些是绝对的，不允许例外，而另外许多却不是绝对的，允许例外，它们要借助产生它们并作为它们开端的那些道德原则（第二组）。

除此之外，实践推理首要原则的完整指示明确地体现在道德规范的首要原则之中，这一原则指引我们趋向完整人类实现的理想。这种完整指示为我们提供了一个标准，这个标准用于确立我们对人类生存基本善的利益之中的道德优先性。当从完整指示，不受束缚的实践理性的指示，这一角度思考这些善，宗教的善，或者人与天主或者高于人的意义和价值源头的和谐一致,就被视为具有一种优先性,因为献身于这种善就为人提供了一种总体目标(overarching purpose),按照这种总体目标人们能够从总体上安排他们的生活。因此,当从道德真理要求的角度思考时,献身于宗教真理即呈现为完善整个人生的努力。

评论

a. 格里塞和他的学派试图在确立人类自然地倾向的基本善方面追随圣托马斯。阿奎那自己并未试图在《神学大全》第二集第一部分问题94第2节为基本人类善提供一个可以穷尽的目录。这从下述事实可以看出:他在提出了人的生存的三个层次的诸善之后使用了"et similia"("以及诸如此类")一词。而且,在《神学大全》第二集第一部分问题94第3节他又把我们自然地倾向依照理性行为作为另一种善纳入进来,这种善可以称为"实践理性化"(practical reasonableness, bonum secundum rationem esse)。[93] 格里塞等人认为,确认全部的基本人类善,我们自然地倾向的全部善,以及实践理性自然地,即非推论地,理解为当追求和当行的全部善,这是

---

[93] 对于这个问题,请参见约翰·菲尼斯,《阿奎那:道德、政治和法律理论》,纽约:牛津大学出版社1998年版,第83—84页。

极为重要的,因为一个道德正直的人要向全部人类善敞开。

b. 基本人类善并非按层级排列的。每一种都是人类的善而非仅仅是为了人的善,并且每一种都实现人的生存的一个不同方面或层次。这就是说没有理性的办法去比较不同范畴的善,或者比较同种范畴的善的个别例示或者实现。

c. 他们强调,在《神学大全》第二集第一部分问题100第3节中阿奎那明确地把两重爱的诫命作为《十诫》训令的真理所依赖的首要和共同的原则。他们接受这是以宗教语言表达首要道德原则的合理途径,但却坚持认为对于哲学伦理学来说还可以进行如前所述的更为充分的表述。他们这么做是因为这种表述首要道德原则的方式适用于许多基本人类善,这些基本人类善产生了选择和道德判断的需要。通过更为密切地联系实践推理的首要原则(第一组自然法原则),这一首要原则得以更为清晰和完整地表达,即实践推理的首要原则的完整指示得以完全一致地运作。

d. 我们被首要道德原则所导向的"完整人类幸福"自身不是第一组原则所确认的基本善之外或者与之并列的基本人类善。与基本善不同的是,它不是行为的一个理由,而只是一个理想,其吸引力取决于能够吸引人并且作为行动理由的全部的善。它是"不受约束的理性",即正当理性的"对象",它本身即修正着意志。依照着完整人类幸福的要求而进行选择和行为的人的意志即是那种人的意志,他内在地想做出好的选择,依照正确理性进行选择。

e. 他们认为,圣托马斯对从自然法的首要和共同道德原则向具体道德规范的推演的解释,如那些记载于《十诫》之中的那些规范,有待澄清。他们指出,他所确认的原则没有爱的诫命那么普遍,但却比具体道德训令,例如黄金规则这样的原则,更加具体。为了阐述和澄清他从道德规范的第一原则向具体道德规范推演的思想,他们确立了与完整人类幸福不相一致的选择方法,即上述的"责任类型"。这些类型与道德规范的首要原则一道为我们提供了某种前提,这种前提可以表明具体道德规范的真值,并且表明为何一些具体道德规范是绝对的,而另一些却允许例外。

霍尔、麦金纳尼和阿什利对新自然法理论的批判

霍尔的批判

霍尔称新自然法是"没有自然的自然法"。[94] 而且,她认为格里塞和菲尼斯已经摈弃了目的论,并且,"由于离开目的论,自然法将了无根基……[他们]无疑已经放弃了其理

---

[94] 霍尔,《叙事与自然法》,第16页。

论的阿奎那品格。"⑮

在我看来，霍尔的批判根源于其对格里塞等人思想的误读。就拿她认为因为他们拒绝目的论所以不可能忠于阿奎那这一主张来说吧！为了论证她的这一主张，她举出了格里塞、菲尼斯和博伊尔合著的"实践原则、道德真理和终极目的"（Practical Principles Moral Truth, and Ultimate Ends）这篇论文第101页中的一个段落，其中这三位作者拒绝了目的论的伦理理论。但是，他们拒绝的理论是结果主义者/比例主义者理论意义上的目的论，那些理论否认任何行为在本质上是不道德的而且不与自然法的普遍约束性原则相一致。由于当下这种意义的目的论理论被广泛地采用，又由于这才是他们所明确拒绝的目的论，而不是某种认为人类追求被理解为人类行为目的的基本善意义上的目的论，因此，在我看来霍尔此处的批判显属草率。她不可能没有意识到他们所拒绝的那种目的论绝非她宣称他们所拒绝的那种目的论。因此，我发现这个批判完全错失了标靶，并且歪曲了格里塞等人的思想。

霍尔主张，格里塞等人提出了一种没有自然的自然法。这在某些方面类似于麦金纳尼等人的批判，对此我在对麦

---

⑮ 霍尔，《叙事与自然法》，第18页。

金纳尼的评论中有所表述。此处，我想直接援引格里塞的一个并非不典型的段落，它清楚地表明了他对人性有着深刻的理解，对哲学人类学有着深层的领悟，并且肯定而不是否定了道德规范深深扎根于人性之中。他在该段中说：

> 道德思想必须一直以坚守人之身体性的合理的人类学为基础。这种道德思想在人的性行为中看到了人的生物学的，不仅仅是普通生物学的意义和价值。那种在性行为中变成一个肉体的身体是人；在某种意义上，这些身体的结合形成一个人，潜在的生产者，从那里一个新人个体的人格的、身体的现实在物质的、身体的、人格的连续性中流出。[96]

如果像霍尔那样主张这段文字的作者持一种没有自然的自然法观念，这显然是不准确的。她对这一问题的批判又是基于对所批判对象的奇特误解和歪曲之上的。

麦金纳尼的批判

麦金纳尼批评格里塞等人在三个主要问题上是非托马

---

[96] 杰曼·格里塞，"二元论与新道德"（Dualism and the New Morality），载《道德问题》（L'agire morale），卷5，那不勒斯：多明我出版社1975年版，第325页。

斯主义的：(1)事实与价值的二分(是/应当问题)；(2)他们关于基本善和实践推理的首要原则是前道德的而非道德的主张；(3)他们对善的某种客观层级结构的否认。⑨⑦

a. **事实与价值的过度二分**。按照麦金纳尼的观点，格里塞、菲尼斯及其合作者认为关于世界事实的知识与实践理性是无关的，⑨⑧并且他们认为"知识是人的一种善"的主张作为一种形而上学的真理与实践性判断是无关的。他宣称，格里塞"认为在理论性思维中世界在发号施令，但在实践性思维中心灵在发号施令。他[格里塞]经常表明实践理性依赖于其可以任意塑造的可变世界"。⑨⑨

在回应这一批判时，⑩菲尼斯和格里塞首先坚称，他们不断地在肯定"善的基本形式是存在的机遇：人对它们分享得越完全，他就越能成其所能是。而且，对于一事物所能完全成就的这种存在状态亚里士多德借用了'physis'(自然)一词，翻译为拉丁语即为'natura'(自然)……因此阿奎那说这些要求不仅是理性的要求，'善的要求'，同时也是人性的

---

⑨⑦ 这个批判出现在麦金纳尼的论文"自然法的原则"之中。请参见上面关于著述目录的注释。

⑨⑧ 同上注11。

⑨⑨ 同上注9。

⑩ 约翰·菲尼斯和杰曼·格里塞，"自然法的基本原则：答拉尔夫·麦金纳尼"(The Basic Principles of Natural Law: A Reply to Ralph McInerny)，载《美国法学杂志》，1981年第26期：第21—31页，重印于《自然法》，卷1，第341—352页。

要求(蕴涵)。"他们也并未像麦金纳尼所指责的那样,宣称世界的知识与实践理性无关。他们说,"在知识是一种应予追求的善这一实践原则中,'善'是按照当行善、追求善这一首要的实践原则加以实践地理解的。如果'知识是人的一种善'在理论上加以理解,只是作为一种形而上学人类学的真理,那么它所具有的规范含义就不超过'知识是天使的一种善'对我们所具有的实践含义。"他们从未主张过从形而上学的和/或事实的真理加上实践推理的原则不可能过渡到规范性的结论。他们的要点是,"没有规范性原则就不可能存在规范性结论的有效推理,因此首要的实践原则无法从形而上学的沉思中推导出来。"

菲尼斯和格里塞认为,在认识论和直觉论的意义上,首要的实践性原则和规范性命题并不依赖于更为熟悉的理论的和事实的真理。但是,他们却极力肯定实践性真理有着一种对人性的本体论的或人类学的依赖。对于完善着我们的诸善,以及当被实践理性非推论地理解时就作为实践推理首要原则的诸善,如果我们的本性并非现在这个样子,那么它们也就不是现在的这个样子。它完全取决于本体论及人类学的自然本性,但实践性原则却有着对理论性真理的形而上学上的独立性,而且正是在这里菲尼斯和格里塞宣称是他们而不是麦金纳尼才忠于阿奎那。

b. 基本善的"前道德"性。我们已经看到,麦金纳尼主张阿奎那所表述的实践理性的首要原则——当行善、追求善——是一条道德规范,它把我们导向我们的终极目的,而且《神学大全》第二集第一部分问题94第2节中所指出的各种人类善都是"终极目的的组成部分";同时他也主张,对阿奎那的正确理解要求我们承认诸如肉体生命本身、生育后代等善,只有在理性的规制之下才是人的善。他指责格里塞和菲尼斯没有把实践理性的首要原则视为一种道德原则,并且没有承认基本善是道德价值。他主张,他们"缺少在道德和非道德之间进行折中的那些原则"。[101]

菲尼斯和格里塞回应说,麦金纳尼在宣称实践推理首要原则中的善(bonum)是指我们的终极(ultimate)目的时,省略了表述这一原则中的"当行"(faciendum),"对'当行'的这种隐藏当然有利于对作为终极目的的善(bonum as ultimus finis)的解释",但是这却不忠于圣托马斯的文本。另外,麦金纳尼所主张的对托马斯而言,人自然地倾向的所有善都是"终极目的"的组成部分,这也是不清晰的。然而,最重要的是,如果阿奎那在实践推理的首要原则和理论推理的首要原则之间作出的类比是真实的,那么实践推理的

---

[101] 麦金纳尼,"自然法的原则",第10页。

首要原则就规制着作恶者的实践推理。麦金纳尼对他们缺少"在道德和非道德之间进行折中的原则"的指责显然是错误的。他们坚持在该处他们追随着阿奎那（他们提及《神学大全》,第二集第一部分,问题94第2节释疑2;问题100第5节释疑1),强调说,"实践推理的基本原则一定既是好人的推理基础,也是坏人的推理基础,既使得好人的推理成为可能,也使得坏人的推理成为可能。否认这一点的代价就是说非道德即纯粹的非理性,并且因此免于道德责任。"而且,他们也从不认为非道德的人回应了实践推理的所有原则,并且追求着与它们一致的善。"道德上的善与恶之间的分殊正出现于这一点。实践性原则并非'在道德与非道德之间进行折中';相反,毫不正直的良心也是通过某些实践性原则做出行为的,只是忽视了同样相关的其他因素。"[102]

c. 基本善的层级。这一问题在我前面对麦金纳尼的批判中已经充分解决了。

阿什利的批判

阿什利称格里塞、菲尼斯和博伊尔及其合作者所发展的自然法理论是一种"复合目的论主义"(polyteleolgism),并

---

[102] 菲尼斯和格里塞,"自然法的基本原则",第26—27页。

且指出它所肯定的三个"命题"根据他的判断是错误的。[103]这三个"命题"分别是:"(1)伦理学独立于一种哲学人类学;(2)即使基督徒相信当下存在着一种超自然的终极目的,人仍然拥有一种自然目的;(3)人的终极目的不是一种单一的善,而是由若干不可通约的基本善构成的人类完整幸福。"[104]

首先,称新自然法理论是"复合目的论主义"或者"多目标主义"(plural-goals-ism),这是不准确的。它不仅不准确,而且还是对新自然法理论立场的歪曲。格里塞等人确实说过,不同的人类善在人们承认它们值得因其自身之故而予以追求的意义上都是目的。但是,他们避免称这些目的为"目标"(goal),这正是因为"目标"暗含着一种可以一劳永逸地实现的受欢迎的事态,在这一点上人的愿望得到满足。但是,基本人类善并非这种意义的目的。它们不是人们试图带来的作为行为结果的具体事态。对此的明证是,人们从来不会达到拥有"足够"(enough)知识、友谊、健康的状态。

在"实践原则、道德真理和终极目的"一文中,格里塞、菲尼斯和博伊尔解释说,情感动机与理性动机相伴而生。

---

[103] 阿什利是在他的论文"人的目的是什么?"第68—96页提出批判的。
[104] 同上注,第70页。

前者不是与理性所追求的可理智理解的善相连,即与完善人的并且理性地追求的善相连,而且与意图(purpose)的具体方面或者其他的事物相连,这种事物与人们可以想象的意图具有心理学上的联系。因此,一个意图有两个方面:情感方面,意图被意欲为一种具体的和可想象的目标,这是一种事态;理性方面,意图被意欲为一种可理智理解的善或目的。但是,正是因为基本善是目的,即可理智理解的善,它们才充当有意图的人的选择或行为的动机。[105] 因此在我看来,阿什利处理格里塞等人观点的基本方法非常不准确,不仅如此他还向不熟悉这种理论的人传递了一种错误的理解。

对于上述三个"命题",阿什利声称它们存在于新自然法理论之中,而我却坚持认为,它们每个都不是他所归咎的那些作者持有的。

(对命题1的答复)。我们已经看到,格里塞及其合作者与圣托马斯一道认为,实践理性的首要原则是非推导性的,在直觉上或认识论上独立于思辨理性的先验真理,或者人性的先验知识,从这些它们的真理可以被推出。然而,正如我们已经看到的,他们从不否认相反却极力肯定存在着

---

[105] 格里塞、菲尼斯和博伊尔,"实践原则、道德真理和终极目的",第104页。

一种伦理学或者自然法的本体论和人类学基础,因为对于完善着我们的诸善,以及当被实践理性理解时用于思考要做什么的起点或原则的诸善,如果人性并非现在这个样子,那么它们也就不是现在的这个样子。

(对命题2的答复)。格里塞等人明确表示,他们并不认为人有着任何强烈意义上的自然目的,即一些明确的善,独自全然地完善着人。首要道德原则指引人追求的"完整人类幸福"不是一个超级的善,不是人为何选择或应当选择其选择的全部的终极理由;毋宁说,它是这个意义上的终极目的,即它是受到修正的意志的对象,"不受约束的实践理性"的对象。[106]

(对命题3的答复)。格里塞、菲尼斯和博伊尔明确阐明,一种善的生活不是不可通约的善相互联结的综合体,毋宁是一种道德善的行为的综合体。正是在这些行为中并通过这些行为人才表明其作为道德人的身份,正是在这些行为中并通过这些行为人才展现自身的道德品格。通过献身于对天主的真理或者高于人的意义和价值源头的追求,并且按照这种真理塑造人的整个生活,这种人生得以统一起来。[107]

---

[106] 格里塞、菲尼斯和博伊尔,"实践原则、道德真理和终极目的",第131—132页。

[107] 同上注,第135—136页,第145—146页。

对于阿什利的批判本应回应更多,而且也可以回应更多,但上述指出的那些要点已经足以表明他的分析为何离题甚远了。

我本人的关注

在自然法问题上我与格里塞学派结缘数年,而且我也基本同意该学派的思想。但有两个问题一直困扰着我。第一个与人的道德善有关,另一个涉及他们对德性的解释。

"道德善"的问题

人不存在着对道德善或者说对德性的善的自然倾向吗?这不是人的一种完善吗?道德善不是行为的一种基本理由吗?正如菲尼斯所指出的,圣托马斯在《神学大全》第二集第一部分问题94第3节确认了一种在问题94第2节没有指出的自然倾向,即依照理性行为的倾向。对于相应的善,阿奎那经常集中地讨论,它是一种"实践理性化的善(bonum rationis; bonum secundum rationem esse),一种通过智力和理性安排感情、选择和行动的善。这种善既是一种可理智理解的善,也是一种吸引人并且充分整合(思维与意志结合并且每个都带着低于理性的欲望和力量)去选择它并把它付诸实践的善。它的另一个名字就叫美德。"[108]在我看来,把我们导向这种善的原则在圣托马斯自然法思想中所起的作用与完整人类幸福的理想在格里塞等人后期作品中的作用相同,因为它是"不受约束的实践理性"的善,是人献身于通过意志选择人的生存的全部善,也是通过意志趋向完整人类幸福的标志。

而且,菲尼斯自己在《自然法与自然权利》(*Natural Law and Natural Rights*)中已经把它确立为人类的一种基本善,提到它的"要求",它在那一著作中起着后来被格里塞、菲尼斯和博伊尔以及其他人称之为"道德类型"的作用。[109]

事实上,在"实践原则,道德真理和终极目的"中格里塞、菲尼斯和博伊尔指出,在他们的某些前期著作中道德价值已经进入到菲尼斯描述为"实践理性化"的那种善中,他们在后期的著作中把这种善确立为判断、选择和行为之间的和谐一致,称这种善为"良心的安定"。但在这一后期作品中,他们强调这不能被视作道德善,而且把道德价值输入其中是错误的,因为人们可以非道德地分有这种善,通过的

---

[108] 菲尼斯,《阿奎那》,第 83—84 页。菲尼斯在第 98—99 页添加了一个很长的注释,提到圣托马斯关于这种善的众多文本(例如,《神学大全》,第二集第一部分,问题 30 第 1 节;问题 55 第 4 节;问题 59 第 4 节;问题 80 第 1 节)。

[109] 请参见菲尼斯,《自然法与自然权利》,第 3 章。

方式是使判断与非道德的选择和行为相协调,而不是使选择和行为与判断相协调。[110]

然而,对我而言,阿奎那确认为依照理性的善,德性的善,实际上是一种人类的基本善,是一种人类自然地倾向的善。格里塞在其2001年的论文《自然法、天主、宗教与人类幸福》中思考过这一反对意见。他否认德性的善是人类的一种基本善,也否认人对于这种德性的善有着一种自然的倾向。他反驳说,如果存在着这种自然倾向,那么人天生就是有道德的。然而,人却不是这样的。因此,既不存在这种自然倾向,德性的善也不是人类的一种基本善。[111]

在这个问题上我不赞同格里塞的观点。我们有着追求真理知识的自然倾向,但并非每个人天生就是有学识的。道德性的善,使人绝对地善的善,不是一种基本善,并且它使人完善成为一种智慧的、选择的主体,这对我来说似乎是奇怪的。我认为菲尼斯已经回到了他在1980年出版《自然法与自然权利》时所持的观点,即实践理性化或德性的善是一种人类的基本善,因为他在1998年的著作《阿奎那:道

---

[110] 格里塞、菲尼斯和博伊尔,"实践原则、道德真理和终极目的",第139—140页。
[111] 格里塞,"自然法、天主、宗教与人类幸福"(Natural Law, God, Religion, and Hunan Fulfillment),第8页,注释9。

德、政治和法律理论》(Aquinas: Moral, Polilical, and Legal Theory)中在某种程度上发展了阿奎那在这一问题上的教义。⑫

新自然法理论中的德性

不管那些批评者怎样认为,格里塞等人确实肯定了道德生活需要德性,并且提供了一个关于德性的富有教益的探讨。⑬ 尽管如此,他们仍然没有沿袭审慎、正义、勇敢和节制这类枢机之德方面的托马斯主义传统,也没有沿袭阿奎那连接这些德性与人的具体能力的方式,即将这些德性"融入"(seating)那些能力之中,这些能力就是智慧(审慎),意志(正义),性欲(节制),易怒(克制),而且他们命名和思考德性的方式似乎特别灵活并且没有规划性。但在我看来,阿奎那在将具体的德性融入人的具体能力时是要发现重大的事情。因此,纯洁的人与不纯洁的人对性的"感觉"完全不同。格里塞等人也会同意这一点,但我认为他们的阐述没有阿奎那那么清楚。然而,我相信可以把托马斯主义的

---

⑫ 关于这个问题,参见拙著《道德神学引论》,第2版,第3章(见前面注释90)

⑬ 例如,参见格里塞、菲尼斯和博伊尔,"实践原则、道德真理和终极目的",第129—133页。

宏旨整合进他们的思想之中。这个问题有待另文阐释。

最后提示：这篇文章写于2000年春，我并没有考虑马丁·劳恩海默（Martion Rhonheimer）在《自然法与实践理性、道德自律的托马斯主义观点》（*Natural Law and Practical Reasol : A Thomist View of moral Autonomy*）中所提出的对托马斯自然法的理解。这部著作由杰拉德·马尔斯伯里（Gerald Malsbary）从德文版（德文版出版于1987年）译出（纽约：福德姆大学出版社2000年版）。劳恩海默对自然法的理解非常忠于圣托马斯，与这里所讨论的几个作者相比，他的观点与格里塞学派更为一致。然而，劳恩海默赋予我们自然地倾向的德性的基本善以核心重要性，这与托马斯自己在《神学大全》第二集第一部分的教导一致，但却与格里塞大相径庭。在拙著《道德神学引论》第二版中，我详细地讨论了他的观点。

附录：新自然法理论的主要文献

（按照独著、合著以及时间顺序）

一、杰曼·格里塞的独著

1. "实践理性的首要原则：对《神学大全》第二集第一部分问题94第2节的一个评论"，载《自然法论坛》（*Natural Law Forum*），1965年第10期，第168—201页（这篇文章的删节版重印于《现代哲学研究：阿奎那：批判性论文集》（*Modern Studies in Philosophy：Aquinas：A Collection of Critical Essays*），安东尼·肯尼主编，加登城，纽约：双日出版社1969年版，第340—382页，其中包括肯尼重要的、未授权的编辑，因此不应被评论者使用）。

2.《节育与自然法》，密尔沃基：布鲁斯出版社1964年版，第46—106页。

3.《堕胎：神话、现实与论证》，纽约：文献出版社1970年版，第6章。

4.《主耶稣之路》（*The Way of the Lord Jesus*），卷1，《基督教道德原则》（*Christian Moral Principles*），芝加哥：方济各·赫勒尔德出版社1983年版；从第2章到第12章为整个理论提供了最为成熟的表述。

5."自然法与自然倾向"，载《新经院主义》，1987年第61期，第307—320页。

6.《主耶稣之路》，卷2，《过一种基督徒的生活》，昆西：方济各出版社1993年版。本卷致力于探讨所有基督徒的共同责任问题，不管是普通信徒、教士还是虔诚者，主要章节是把在《基督教道德原则》中所提出的原则用于探求道德真理这类主题；对正义、爱和宽容的要求；生物伦理或者生命问题；婚姻和性道德。

7."自然法、天主、宗教和人的实现",载《美国法学杂志》,2002年第46期,第3—35页。

二、格里塞与他人的合著

1. 与博伊尔:《具有自由和正义的生与死:为安乐死争论计献》(Life and Death with Liberty and Justice: A Contribution to the Euthanasia Debate),南本德:美国圣母大学出版社1979年版。

2. 与菲尼斯:"自然法的基本原则:答拉尔夫·麦金纳尼",载《美国法学杂志》,1981年第26期,第21—31页;重印于《自然法》,约翰·菲尼斯主编,纽约:纽约大学出版社1991年第1版,卷1,第341—352页。

3. 与约翰·菲尼斯和约瑟夫·博伊尔:"实践性原则、道德真理和终极目的",载《美国法学杂志》,1987年第32期,第99—151页;重印于《自然法》,带有内容目录,卷1,第236—289页。

三、菲尼斯的独著

1.《自然法与自然权利》,纽约:牛津大学出版社1980年版。

2."自然法与'是'和'应当'问题:求教于维奇教授",载《天主教法律人》(Catholic Lawyer),1981年第26期,第226—277页;重印于《自然法》,约翰·菲尼斯主编,卷1,第313—324页。

3.《伦理学基本原理》(Fundamentals of Ethics),华盛顿特区:乔治城大学出版社1983年版。

4."自然倾向与自然权利:根据阿奎那从'是'推出'应当'",收录于《法律与自由:圣托马斯·阿奎那理论中的自由与法律》,载《托马斯主义研究》,卷30,埃尔德斯(L. J. Elders)和赫德维格(K. Hedwig)主编,梵蒂冈城:梵蒂冈图书出版社1987年版,第43—55页。

5.《道德绝对真理:传统、修正和真理》(Moral Absolutes: Tradition, Revision, and Truth),华盛顿:美国天主教大学出版社1991年版。

四、菲尼斯与他人的合著

1. 与约瑟夫·博伊尔和杰曼·格里塞,《核威慑、道德与唯实论》(Nuclear Deterrenc, Morality, and Realism),纽约:牛津大学出版社1987年版。第10章第4部分提出了这种理论的一种新的、哲学的形式。

上述是提出、发展、澄清以及鉴于批判捍卫基本理论的著作,此外菲尼斯的下述著作与该理论以及理解阿奎那的思想密切相关:《阿奎那:道德、政治和法律理论》,纽约:牛津大学出版社1998年版。

回应

自然法与具体道德规范
（马克·拉特科维奇）

引言

威廉·梅的文章向我们表明,托马斯主义自然法传统当下正充满着生机和活力。在过去的二十年左右,特别是随着约翰·菲尼斯《自然法与自然权利》①的出版,同时也由于梅自己和他在文章中论及的作者、甚至那些他未曾提及

---

① 约翰·菲尼斯,《自然法与自然权利》,纽约:牛津大学出版社1980年版。

的作者如雅克·马里旦、伊夫·西蒙，以及本卷中所涉及的其他各位作者的丰富著述，自然法思想呈现出了当之无愧的复兴之势。

那么，怎样去回应一篇你自己基本赞同的文章呢？我认为有益的做法或许是，首先简要归纳一下梅对霍尔、阿什利、麦金纳尼以及格里塞、菲尼斯和博伊尔等人观点的概述，按照梅的处理方式把他们各自的观点分类归入共同的主题之中：自然法是什么？怎么认识自然法的首要原则？实践推理的首要原则的性质是什么：道德的或者非道德的？自然法的善或需要是按照层级排列的吗？怎样从自然法的首要原则推导出具体的道德规范？然而，我无意接续梅在其文章末尾展开的讨论，这些讨论涉及对格里塞学派的种种批判（其中有些是他自己的）以及他对这些批评的回应。

其次，我将深入探讨上述所提到的最后一个论题：由自然法的首要原则向具体道德规范的推导。为了实现这一目标，我将比较马丁·劳恩海默在《自然法和实践理性：一种托马斯主义者的道德自律观念》(*Natural Law and Practical Reason: A Thomist View of Moral Autonomy*)[2]中所提出的观点

---

[2] 马丁·劳恩海默，《自然法与实践理性：道德自律的托马斯主义观点》，杰拉尔德·马尔斯伯里英译，纽约：福德姆大学出版社1999年版。

以及梅已经简要归纳的霍尔、阿什利、麦金纳尼的观点与圣托马斯·阿奎那的观点之间的异同。同时我也会把这些学者的观点与格里塞学派的观点进行比较。

梅对霍尔、阿什利、麦金纳尼和格里塞学派思想的论述

自然法是什么？梅特别提到，除了霍尔，对于这些学者而言，自然法主要是理性的行动结果，也即是说，它是对人类行为的一种理性指导。因此，他们都会同意，自然法在严格意义上是一组指向行为的实践理性的全称命题，而不是像霍尔所说的那样，是我们人类的自然倾向。

怎样认识自然法的原则？在这一论题上，梅发现，除了格里塞学派之外他文中所探讨的其他论者都认为我们对自然法首要原则的认识依赖于自然哲学和哲学人类学。他将这种观点概括如下：我们首先需要认识人类本性和自然倾向，然后才能通过对它们的反思认识自然法的原则，即自然法的首要原则，这些包含着我们的倾向指引我们去实现的善。尽管麦金纳尼的观点在某种意义上说与此差异微妙，但如果我理解正确的话，他仍然与格里塞学派的观点显著不同。格里塞学派坚持认为，自然法的善虽然在本体论和人类学上肯定植根于人类本性，但在认识论和灵知论上却

都不依赖于人性的先验知识。然而,梅表明,麦金纳尼的观点却是:"(自然法的)实践性原则的'应当'推导自或者派生于关于事物存在方式的理论判断的'是'"。

实践推理的首要原则的性质是什么:道德的或者非道德的?在这一论题上,我们发现霍尔采取了一种非常接近格里塞学派的观点:自然法的首要原则(当行善、追求善并避免恶)是一项实践规范而非道德规范。在这个解释托马斯主义过程中争议迭出的问题上,梅主张格里塞的观点实际上最接近圣托马斯本人:"实践推理的首要原则(包括最重要的那条原则)同时支配着善的行为和恶的行为。因此,这条原则指导着我们追求一般意义的善,而不是道德上的善的事物"。对于格里塞学派而言,这就是为何人们需要一种道德性的首要原则以便能够区分道德上善的选择和恶的选择的原因。然而,正如梅指出的,阿什利和麦金纳尼却都坚持认为自然法的首要原则要求我们去行道德善,而且麦金纳尼又增添了要以一种人类的方式进行追求的概念,这就是说,我们要依据理性追求我们自然地倾向的善。

自然法的善或需要是按照层级排列的吗?除了格里塞学派,梅所讨论的所有学者都认为,自然法的善或需要都被安排在一个层级序列之中。而且,对于霍尔、阿什利和麦金纳尼而言,这种善的层级体系是与自然法一般原则的层级体系是一致的。但是,正如梅尽心竭力地辩驳的,这种观点其实并不像这些学者所假定的那样,在圣托马斯的文本中有着那么稳固的支撑。而且,梅还认为,善的层级性的观点易于滑向某种形式的二元主义,从而贬低人的肉体上的善,使人倾向于更为轻易地实施直接绝育这样的行为,而这恰恰是伤害人的性能力这类基本善的。

从自然法的首要原则到具体的道德规范

怎样从自然法的首要或一般原则推进到具体的道德规范,即托马斯所称的类似于《十诫》的自然法之"最近结论"或"次级原则",这样的问题在多数情况下并未赢得应有的关注。然而,梅所分析到的每个学者事实上都思考了这个问题。

梅指出,与霍尔相反,圣托马斯并没有说人们需要审慎的美德方能理解霍尔意义上的"次级原则"的真理。这就是说,对托马斯而言,《十诫》中的具体道德规范是人"直接地,不假思索"地领悟到的真理。③ 然而,为了领悟距自然法的

---

③ 《神学大全》,第二集第一部分,问题100第3节。《神学大全》的英译本来自英国多明我修会的神父们,纽约:本齐格出版社1948年版。

首要原则"较远"结论的真理,如"为人准则",则审慎就是不可或缺的了。④

对于麦金纳尼而言,至少就梅所解释的麦金纳尼而言,《十诫》所载的具体道德规范并非是我们"通过自然法首要原则加以证明的真理,毋宁说它们与这些首要原则非常接近,因而可以直接还原为这些首要原则,并且被认为是绝对自明的原则"(梅,第137页)。在这种观点中,审慎似乎发挥着分辨"较远道德原则"的真理的功能,这类原则如要求借者物归原主的规范。

然而,梅认为审慎的美德尽管对于善的道德生活绝对必要,但却不足以体现具体道德规范的真理。这正如他在批判阿什利的(还有奥罗克的)"审慎的人格主义"时所言,"审慎的人在伦理问题上会相互分歧,并且他们的分歧会是相互对立的……"而且,我还可以补充一点,即便一个像杰克·凯欧克因(Jack Kevorkian)这样的人也会认为,尽管非常古怪,在医助自杀中杀死邻人是在"爱"邻人。因此,指出《十诫》中的具体道德规范的隐含真理,例如,指出为何杀死邻人——确实不能这么做——不是在爱邻人,这极其必要,尤其是在我们当下的"死亡文化"中。

---

④ 《神学大全》,第二集第一部分,问题100,第3节和第11节。

尽管《十诫》中的道德规范对于正派的基督徒和犹太人来说或许是不证自明的真理,但对于我们许多同时代的人而言显然并不能这么断定。梅将这一问题表述为:"哪些原则可以作为最好的前提,据以表明《十诫》训令的真理。"(梅,第141页。)

我们可以看出对于圣托马斯而言,他坚信《十诫》的箴言是爱天主及邻人这一首要道德原则的直接而且最接近的结论,因此,人们能够无需经过道德推理的繁复过程就直接推导出具体的道德规范。但是,格里塞学派却认为圣托马斯从自然法的首要原则到具体道德规范的过渡太快了。因此,正如菲尼斯所说,圣托马斯认为从最高的道德原则到具体道德规范这条路径"是简短的,但不管多么简短它都需要一个以上的前提,而且对于这些所需的前提他也没有系统地列出"。⑤

现在,在继续讨论劳恩海默和格里塞学派的观点之前,我要首先询问一下审慎对圣托马斯的道德理论而言在这些问题上所扮演的角色。约翰·菲尼斯在《阿奎那:道德、政治和法律理论》中承认,圣托马斯认为"从首要和最一般的

---

⑤ 约翰·菲尼斯,《阿奎那:道德、政治和法律理论》,纽约:牛津大学出版社1998年版,第138页。

原则到具体道德规范对于那些恶习已经了篡夺了审慎的人而言是一条不太清晰的路径"。菲尼斯继续说,审慎确实"不过是通过实践理性指导人的选择和行动的性情。因此,它在每一阶段都由与之相关的各种实践性原则和真正的道德规范加以指引并赋予其内容"。而且,菲尼斯还评述说,"审慎首先由辨别并剔除不法杀人、通奸、伪证和其他不义行为的(具体)规范加以指引"⑥。

至此,我希望已经解释清楚了,尽管审慎对正确选择而言绝对必要,但它却不足以产生出指引人们以一种道德正直的方式做出自由选择的道德规范。除此之外,人们还必须诉诸相关的道德原则。事实上,正是通过与真正的道德原则相一致的一贯选择,人们才形成了审慎的美德(或关于这一点的其他美德)。

很遗憾,马丁·劳恩海默这位瑞士神父和哲学家的观点可能很少为英语世界的读者知晓。但是,随着他的著作《作为道德根据的自然》(Natur als Grundlage der Moral)⑦译成英语,更多的人将会有机会领略他对圣托马斯的卓越理

---

⑥ 约翰·菲尼斯,《阿奎那:道德、政治和法律理论》,纽约:牛津大学出版社1998年版,第168页。

⑦ 马丁·劳恩海默,《作为道德根据的自然:对自律和目的伦理学的一种分析》(Natur als Grundlage der Moral: Eine Auseinandersetzung mit autonomer und teleologisher Ethik),泰罗利亚:1987年版,英文翻译参见前面注释2。

解——这种理解对格里塞学派持同情的立场，但他本人却表示在许多关键点上他都远离了这个学派。

劳恩海默认为，托马斯在《神学大全》第二集第一部分问题100第2节中，通过自然理性（ratio naturalis）这个概念概括了自然法解释的学说。如劳恩海默所理解的，《旧约》的道德戒命即是具有三重层级的自然法。我个人认为，实际上劳恩海默在圣托马斯那里发现的自然法原则的三重层级与威廉·梅在其著作中所列出的非常相似。⑧ 对于托马斯来说，首先是首要原则（"爱天主及邻人"）；其次是最近的、"比较确定"（magis determinata）的原则（《十诫》中的戒命），但人们往往都将它理解为从首要原则推导出来的结论；最后是只有智者方能认知的"较远"的而且较难理解的原则。⑨ 然而，劳恩海默也坚持认为，审慎以及"与审慎——正确判断具体情境的客观意义——总是紧密相关的道德美德要执行的任务在于指引人类行为根据理性的命令追求其目标——追求善"。他坚信，"审慎的行为仍然是基础性的，而且原本不受'规范'制约"。⑩ 虽然这里我无法继续探讨劳

---

⑧ 威廉·梅，《道德神学引论》，第二版，亨廷顿：我们的周日访客出版社2003年版，第76—80页。
⑨ 马丁·劳恩海默，《自然法与实践理性》，第238页，注释略。
⑩ 同上注，第526页。

恩海默对其观点的辩护,但我们可以发现这种观点与梅已经批判过的霍尔、阿什利的观点非常相似。

根据我个人的判断,在这一问题上最有价值的观点当属格里塞学派。对于这些学者而言,需要清楚地表述所谓的中间原则——他们称之为"责任类型"——它们能使我们阐明更为具体的道德规范的真理,例如,要求我们不得杀害无辜,不得说谎,不得盗窃。[11] 这就是说,这些原则,其中包括公平原则或者"为人准则"以及不得以恶制恶的原则(托马斯都已经清楚表述了),使我们能够表明为何具体道德规范确实是源自首要道德原则或规范的结论。格里塞学派这样来表述道德性的首要原则:"在自愿地为人类善行为并且避免其反面时,人们应当选择并且意欲那些而且仅仅是那些可能性,对它们的意欲与趋向完整人类幸福的意志和谐一致。"[12]这样,道德性的首要原则就指引着我们以尊重每项

---

[11] 对于责任类型的列表,请参见杰曼·格里塞,《主耶稣之路》,卷1,《基督教道德原则》(*Christian Moral Principles*),芝加哥:方济各赫勒尔德出版社1983年版,第225—226页。

[12] 同上注,第184页;约翰·菲尼斯、约瑟夫·博伊尔和杰曼·格里塞,《核威慑、道德与唯实论》,纽约:牛津大学出版社1987年版,第283页。这种表述首要道德原则的方法是以哲学的语言表述阿奎那理论中的首要道德原则("爱天主和爱邻人")的更为技术的方法。这一原则,以及责任类型(即构成自然法的原则类型)将通过基督教信仰和爱德转换为明确的基督教道德原则和规范。对于这个问题,请参见格里塞,《主耶稣之路》,卷1,第599—659页。

人类善的方式进行选择。

正如梅在《道德神学引论》中所描述的,责任类型是"比道德性的首要原则更为具体但却比判断各种人类行为善恶性质的具体道德规范更为笼统的规范性原则"。他接着说,这种具体规范可以"通过对推荐的人类行为过程联结个人意志与人类基本善的各种方式的思考,以及按照道德性首要原则和具体内容而对这种推荐的人类行为的思考加以认识"。⑬

我的观点与梅一致,格里塞学派在这一问题上的方法比那些主要依靠审慎来说明具体道德规范真理的方法更为合理。

---

⑬ 威廉·梅,《道德神学引论》,第79页。

6. 自然法抑或自主的实践理性：新自然法理论的问题

（斯蒂芬·朗）

"新自然法理论"的学者①非常出名地使自然法——推定为纯粹是实践性的东西——远离思辨性知识、形而上学和神学。虽然道德真理在本体论上根植于自然本性,但他们论证,它在认识论上却独立于任何自然真理。

---

① 该思想学派的主要先驱当然是杰曼·格里塞和约翰·菲尼斯,但也有其他学者采纳了他们理论的某些方面。因为我最为熟悉菲尼斯的表述,所以这里主要针对他对这些问题的讨论,然而,我并不认为他的讨论与格里塞的理论有多么大的不同。

许多反对他们学说的论点的控诉要旨在于,这种分离与在圣托马斯·阿奎那著作中可以发现的对自然法的经典阐释没有相似的对应物。实践理性从显露的目的论的自然倾向中派生出其原则。然而,这些倾向本身以其目的的知识为前提,这种知识在思辨性上足以作为实践主体的基础。

进一步来说,自然法学说不仅仅是实践理性的一种功能。然而,新自然法理论家明显把自然法视为一种对伦理问题进行回答的纯粹实践性的东西,但对于圣托马斯而言,自然法不过是造物对于天主统治智慧的理性分有。② 自然法并非仅仅是实践理性的结果,而是实践理性正确运用的前提——它是规范性的神学和形而上学秩序,涌入我们的道德逻辑之中,使得这种道德逻辑成为可能,并且根基稳固。通过实践的道德理由我们可以主动地参与到对自身行为的神圣统治。这种秩序有着极大的实践意义,因为不指向适当目的的行为就不是善的行为,而对适当目的是什么的认识要先于对这一目的欲求——所有正当的行为都必须与这种欲求相一致。关于善的道德训令的指引性质实际上以该善的先验知识为前提。

---

② 《神学大全》,第二集第一部分,第 2 节释疑 1。

虽然这些观点是正确无疑的——托马斯将自然法定义为不过是对永恒法的理性分有,这引人深思:事物的定义不可能是偶然附随的——但这一立场的知识根基却是当代哲学家应予复兴的。原因在于,永恒法的现实(作为一个哲学问题)是思辨的形而上学的一种功能,而对于大多数的当代哲学家而言这一科学尚不见边际。

在前期的文章中,③我讨论了新自然法理论为了说明它的典型命题是如何导致了与阿奎那的教义渐行渐远的。其中我指出,新自然法理论某些学说的出处似乎大都是分析性的:尤其是诸如基本善的不可通约性,以及共同善的唯名论的和工具论的还原。本文我想表明新自然法理论的另外一种倾向。这种倾向在康德为一种基于纯粹实践理性的伦理所提供的辩护中可以找到相应的表述,那里法律不被视为是对神圣统治的服从,而是理性主体的自我立法。当然,新自然法理论家都是哲学理论家。他们论证天主不仅不是我们自然法知识的首要前提——而这是任何托马斯主义者都会肯定的——而且天主对这种自然法来说并不必要(这一命题很难说与圣托马斯的文本相符,下面我将证明它在

---

③ 拙文"透过分析之镜看圣托马斯·阿奎那"(St. Thomas Aquinas through the Analytic looking-Glass),载《托马斯主义者》,2001年4月第65期,第259—300页。

思辨性上是不充分的)。④

因此,本文将尝试两件事情,不仅直接论述新自然法理论,而且间接说明在现代和后现代更偏好伦理自主性（这个词的理性主义者的意义）的语境中思想者们对托马斯方法的更一般性的偏离。前者要表明圣阿奎那在道德哲学中——不管是在形式上还是质料上——赋予思辨优先于实践的重要性（形式因素是思辨知识先于正当欲望的必要性,质料因素是在与天主的关系中定义目的的根本层级结构）。后者表明,强烈神律论的自然法学说——如圣托马斯·阿奎那那种——要求并表明,理性道德主体的自由从属于神圣的因果性,并且因此受神意支配。⑤

---

④ 因此,约翰·菲尼斯在其著作《自然法与自然权利》第 49 页提到:"这是事实,自然法可以在不言及天主存在这个问题的前提下,得以理解、同意、适用和反思性分析……"但是,相反,虽然不言及天主,也可以在自然法的质料内容方面理解自然法,但并非对于自然法的全部质料内容都是如此;就自然法的形式而言,离开对天主的讨论就无法理解,因为正如圣托马斯所坚持的,法的形式不过是对永恒法的理性分有。因此,不言及天主就无法从形式上精确定义自然法。

⑤ 这说明了一个历史的和学说的关键点,我相信这个关键点是一种转向纯粹实践理性的天主教内部根源,同时也与《真理之光》所修正的关于高级法的反唯名论相关。如果有兴趣看到这一命题,更为完整地从圣托马斯的文本中得到地解释,抵御雅克·马里旦关于天主和恶的准许的新观念,并由此适用于圣托马斯自然法学说的神律性质,请参见拙文"神意、自由与自然法"(Providence, Libertéet Loi naturelle),载《托马斯主义杂志》,2002 年 12 月第 102 期,第 355—406 页。

要点 A：思辨的优先性

在很大程度上可以说，思辨知识的优先性是新自然法理论提出的众多问题中最难应付的一个。当然他们也指出，绝对自明真理的存在足以表明实践知识在认识论上并非推导自思辨知识？这里的困难触及到定义层面，因为必须理解是什么使得一个理性的行为或者是思辨的或者是实践的。需要注意的是，我们正在确定的是理性自身运用方面的思辨性或实践性，而不涉及实践或者思辨的对象。当某一对象在本质上涉及做或行时，它即是实践的，但这个对象既可以从实践方面（出于做或行的目标）思考，也可以从思辨方面（出于单纯地理解这个本质上是实践行为的结构的目标）思考。那么一个理性的行为何时是思辨的，何时又是实践的呢？

关于首要的实践原则，菲尼斯写道：

> 毫无疑问，真正的首要的实践原则也不可能是关于事实，例如，人性的"思辨的"（"理论的"，即非实践的）命题。一些阿奎那的评论者设想，它们是这类命题，某种意志行为的介入赋予了它们一种"实践的"，即指示的，性质。这种看法不仅与阿奎那关于首要的实

践原则的概念相抵触,他把这些原则"立基于"一项绝对第一的实践原则之上——这项原则的形式使得每一实践原则和命题都成为实践的——这种形式既非陈述的也非命令的,而是动形的和指示的。而且,也与他对意志——对理性的回应——的基本的和普遍的理解不可调和地相矛盾。实践智力与其说是意志的奴隶毋宁说是激情的傀儡……简言之,首要的实践原则的"应当"不是从"是"中推导出来的,不论是从"天主的意欲"中还是从"我自己的规定"中。⑥

在菲尼斯的早期著作中,他也认为关于"首要的善"的命题并非推导自"任何……思辨理性的命题"。⑦ 然而,这却不是圣托马斯在这一问题上的观点。阿奎那既不把思辨的完全地与"理论的"等同视之,也没有确立这类命题,其中心灵的思辨等式(adequation)对存在的首要地位不是善的知识所预设的前提。他一再强调并非存在着两种理性能力——一种是思辨的另一种是实践的——而且,这二者之间的区别是偶然的,因此并没改变对伴随着这种知识本身的现实的等

---

⑥ 约翰·菲尼斯,《阿奎那:道德、政治和法律理论》,第89—90页。
⑦ 菲尼斯,《自然法与自然权利》,第46页。

同。因此，在下面对《神学大全》同一章节的两处引用中，圣托马斯清楚阐明了思辨和实践的本质及其之间的区别：

> 那么，对于理智理解的事物而言，是否被导向行动这是偶然的。据此，思辨理性和实践理性相区分。思辨理性不是将其理解的导向行动，而是仅仅导向对真理的思考；而实践理性则将其所理解的导向行动。[8]
>
> 实践理性的对象是导向行动的善，并且处于真理之下。因为实践理性认识真理，就像思辨理性一样，但是它把已知的真理导向行动。[9]

思辨理性的任务只是对真理的思考，而实践知识则增加了一个导向行动的进一步的职责。由于实践理性认识真理"就像思辨理性一样"，它不同于思辨理性之处只在于，

---

[8] 《神学大全》，第一集，问题79第11节："Accidit autem alicui apprehenso per intellectum, quod ordinetur ad opus, vel non ordinetur. Secundum hoc autem differunt intellectus speculativus et practicus. Nam intellectus speculativus est, qui quod apprehendit, non ordinat ad opus, sed ad solam veritatis considerationem; practicus vero intellectus dicitur, qui hoc quod apprehendit, ordinat ad opus."我事先阅读了英国多明我会神父们的《神学大全》译本，纽约：本齐格出版社1948年版。

[9] 《神学大全》，第一集，问题79第11节释疑2："ita obiectum intellectus practici est bonum ordinabile ad opus, sub ratione veri. Intellectus enim practicus veritatem cognoscit sicut speculativus; sed veritatem cognitam ordinat ad opus."

"它把已知的真理导向行动",那么没有思辨内容的真理概念似乎就是阿奎那的思想所不承认的:概念上的自相矛盾。⑩ 而且,正是由于理性的目的把已知的真理导向行动,这才使得某种知识的偶然事件(与知识本身相对)是实践的。

新自然法理论家没有分清特定的命题在本质上即关涉到行动——因而是实践的——这一事实与这些命题预设的认识的不同性质以便它们能够与行动相关。⑪ 某个命题在本质上涉及行动,这仅仅关系到命题的内容:但是,它能够在本质上涉及行动则取决于有关目的本质的先验等式(adequatio)。

准确地和形式地来思考思辨,它只是对一个对象的认识,

---

⑩ 在这一点上有一个注释——放置在对技艺的讨论之中——与托马斯在《论真理》问题2第8节同源:"但是,一位技师对某物所具有的知识可由两种类型构成:思辨的和实践的。当他知道作品的确切性质,但却不打算把相关原则付诸作品创制时,他所具有的就是思辨的或理论的知识。当他试图把作品的原则作为目的付诸实施时,他所具有的就是准确意义上的实践知识。在这个意义上,正如阿维森纳(Avicenna)所言,医学被分为了理论的和实践的两种。显然,一位技师的实践知识紧接着他的思辨知识,因为通过把思辨知识付诸作品它才变成实践的。但是,当实践知识阙如时,思辨知识仍然存在"(强调为笔者所添加)。这些评述再次表明,在圣托马斯·阿奎那看来,实践知识总是以这种潜在的思辨因素为前提:这一点正是与新自然法理论家的讨论相左之处。

⑪ 劳伦斯·德万(Lawrence Dewan),"圣托马斯、我们的自然权利与道德秩序",载《天使》(Angelicam),1990年第67期,第283—307页。他写道:"在圣托马斯看来,对于一者('那个善')的知识推导自另一者('一个是'),这有任何疑问吗?圣托马斯在《神学大全》第二集第一部分问题9第1节教导说,实践理智具有对于意志的优先性,是意志的推动者,这正是由于它的(理智的)关于'那个善'的看法来自它对'一个是'和'真'的看法。实践理智在是和真的下面看到善,看到善是什么。如果不在是的下面去看善,它就完全无法'理解'。"

其中排除了它所激发的任何欲望的偶然情形。被认识的对象会偶然地(从思辨的角度)地激发欲望,并因此导致一个新的,而且在理性上不同于对象的实践活动。在这种实践活动中,追求对象不再仅仅是为了认识它,而是要作为欲望和行动的目标。但从根本上来说这种实践认识在思辨上仍然是完整的。

思辨的准确含义是最为形式的,因为事物不能由偶然的关系恰当地定义,而且正是与任何思辨对象相对的偶然情形会激发欲望。但是,这仅仅是相对于思辨对象的偶然,而不是相对于人性的偶然。主体是有欲求的,这不是一个偶然,其倾向是有层级序列的这也不是一个偶然。因而,涉及手段的正确性必须与目的的正当欲求相一致,并且这种欲求预设了目的的先验知识。因此,在《神学大全》第二集第一部分问题19,托马斯写道:

> 那么,对于手段,理性的正确性取决于其与正当目的欲求的一致性:无论如何正当目的的欲求预设了理性对目的的正确理解。⑫

---

⑫ 《神学大全》,第二集第一部分,问题19 第3节释疑2:"In his autem quae sunt ad finem, rectitudo rationis consistit in conformitate ad appetitum finis debiti. Sed tamen et ipse appetitus finis debiti praesupponit rectam apprehensionem de fine, quae est per rationem."

6. 自然法抑或自主的实践理性：新自然法理论的问题

而且，圣托马斯也写道：

> 那么，首要的形式原则是普遍的"存在"和"真理"，它们是理智的对象。并且因此通过这种运动理智推动意志，把它的对象呈现给它。⑬

换言之，理性地欲求一种善就要在思辨上先等同它的真理。

因此，对智力的实践运用要求对这种对象的先在的思辨理解。这种思辨等同的优先性主宰着理性知识：思辨等同并非什么可以暂时遗忘以后再想起的东西。⑭ 道德上的善是超越的善的一种，而超越的善仅仅是一种可欲的存在。172

---

⑬ 《神学大全》，第二集第一部分，问题9第1节："Primum autem principium formale est ens et verum universale, quod est obiectum intellectus. Et ideo isto modo motionis intellectus mover voluntatem, sicut praesentans ei obiectum suum."

⑭ 这就是罗伯特·乔治在其论文"自然法与人性"（收录于罗伯特·乔治主编的《自然法理论：当代论文集》）中所举出的论据是如何敲打托马斯主义者的耳朵的。他不遗余力地论证人们可以在认识论上割去自然的本体论秩序。当然，这种抽象是可能的，但把这种抽象视为产生出任何明确意义的"自然的事物"——例如，援引自然主义的谬误反对转向善的目的论结构所要求的意义，这并没有任何特别的理由。无法在结论中推导出前提没有的东西，但是从自然的事物所特有的内容抽象，并且论证抽象后的剩余物应当以"自然"的规范意义加以处理，这却是一个预期的论据。而且，对于上述文本正在讨论的问题，也没有任何理由可以假定绝对不证自明的实践知识在没有自然地先于欲望的目的的思辨知识下发生。

但如果不认识它就无法知道它是可欲的。这就是圣托马斯教义的基本要素。新自然法理论关于基本善的图表实际上规定了一组没有思辨内容的真理,而对于圣托马斯·阿奎那而言,对思辨内容的理解——即便是被实践理性理解——也是知识本质所要求的。正如托马斯在《反异教大全》中辩论的那样,道德行为中的首要的主动原则是被理解的事物,然后是理解力、意志以及执行理性命令的原动力。⑮更进一步说,命令或者统治权主要是一种理智的行为,而不是意志的行为。⑯

假定某人的认识以行或作为目标,即,假定它针对的是一种本质上为实践性的对象。即便在这种情形下,经此得以认识实践对象的理性行为也是通过以下两种方式之一进行的:(1)它会使这种关于实践对象的知识指向行动,此时不仅认识的对象而且认识的行为本身也是实践的;(2)它仅仅试图单纯地去认识实践对象的性质,此时虽然对象是实践的,但这种知识的指向却是思辨的。因此,应当把伦理学作为一种实践对象加以研究,既带着一种指导此时此地的特定行为的观念,也

---

⑮ 《反异教大全》,卷3,第10章。
⑯ 《神学大全》,第二集第一部分,问题17 第1节:"命令是一种理性的行为,但它预设了意志的行为"(Dicendum quod imperare est actus rationis, praesupposito tamen actu voluntatis)。

6. 自然法抑或自主的实践理性：新自然法理论的问题　　293

带着一种认识人类善的基本结构的思辨智慧的观念。

或者，可以思考一种本质上思辨的对象：数学。数学的对象就其本身来说是思辨的。然而，人们可以进一步用思辨性的数学知识指导实践性任务中的行动，例如辅助运算，这是安装一种高科技的设备使其正常运行所必须具备的。或者，人们研究这种本质上思辨的对象仅仅为其自身之故，而不是指向进一步的行或做。当然，数学客观上是一种思辨的科学。但是，数学中所运用的理性行为虽然必然是思辨的，却既可以进一步指向行动，也可以仅仅指向对真理的沉思。

实践和思辨之间区分的偶然性会使我们的理智成为"意志的奴隶"吗？我们可以沉思地考虑同一实践对象，这不是臣服于意志的标志，而是理智和真理的超越性的象征。为何欲求沉思地认识善之本质不应当表明自由相反却要表明"奴役"（这是实践理性化的尊严植根于真理秩序的一种展示，而且这种真理会丰富整个道德生活）？

事情并没有到此为止。这不仅仅是我们以思辨的方式认识实践对象的问题。如我上述所说的，关键之处在于，实践性认识的源头必然依赖于理智与现实的等式，这是真理本身以及实践性认识所预定的。这种关于目的的先验的思辨性知识（由于我们的欲望与意志本质）点燃了我们的激情，接着激发了本质上是实践性的思考。尽管关于实践对象的纯粹的思辨

173

知识是可能的,但实践理性在心灵与善的等式上一定受惠于思辨理性,如果存在着对目的的正当欲望,这种等式是必然的。

如果没有对目的的认识,确切地说是没有对目的的秩序的认识,实践理性甚至不能"启动"——它缺乏"启动资金"。除非借助终极目的(finis ultimus)理性行为就不会发生,导向终极目的的世俗目的的秩序正是使得这些成为目的的东西——存在着多种不同的终极目的这是与自然不一致的。正如圣托马斯所言,"把一个人的意志同时引向不同事物作为终极目的这是不可能的。"[17] 同样的事物使得善之为善,使得它们处于与终极目的相对的秩序之中。[18] 因此,

---

[17]《神学大全》,第二集第一部分,问题1第6节。

[18] 甚至从纯粹自然的假定出发(例如圣托马斯·阿奎那在《神学争论》第一集问题4第3节所阐明的),在对整个宇宙秩序及其超越原则——天主——最为综合和深刻的沉思中,理性的深度完善是人类幸福的首要因素,与之相应的伦理正确不过是理性的广度完美。由于以某种方式与天主相似这是一切事物的目的,那么毫无疑问,否认关于天主的最为深刻的自然知识——它要求也说明关于宇宙的最为深刻和综合的知识——自然就是终极目的。因此,恩宠的施予完善着人的自然活力,使人在一个更高的、本质上属于超自然的秩序中趋向目的——蒙福直观到天主的知识与爱。但是,如果自然上的终极目的不存在,那么或者会出现一种目的的无限递归,或者——就行为来说也是同样——没有任何目的。因为目的的无限递归永远不能实现一个终极目的,由此无法为行动提供一个充分理由;没有任何目的也会导致同样的局面。应当同情新自然法理论家的一个原因在于,他们怀疑新神学及其纯粹自然假定的否认。但是,与纯粹自然相称的幸福没有超自然的终极目的的确定,这并不意味着——假定人是在一种纯粹自然的状态中受造的——不存在终极目的。因为人以一种终极目的的趋向天主这或者是自然的(作为整个宇宙的超越原则,关于宇宙并通过宇宙的沉思),或者是超自然的(以直接的蒙福直观的方式知性上看见)。

6. 自然法抑或自主的实践理性：新自然法理论的问题

基本的伦理问题总是在问：善的本质是什么？这个问题等同于在问：目的的自然秩序是什么？关于自然和目的秩序的智慧增长是可能的，这种增长具有实践含义（显然有人错误地将权力、财富或者性满足解释为终极目的，然而这是不对的）。尽管每个人都可以接近智慧源头的自然证据，但是洞悉目的的自然秩序——洞悉自然证据的源头——却不是自动实现的。人们甚至可能没有把其行为指向天主，或者没有意识到智慧或者忠于友谊本是比健康和游戏更为高贵的目的。

目的的基本层级结构先于选择——圣托马斯的这个教义[19]与新自然法理论关于基本善不可通约的理论（即不是规范性的秩序优先于选择）相反——它是通过思辨在道德哲学中的形式优先性提供给我们的质料因素。因此，在将道德哲学与目的秩序的真理分割开来之际，新自然法理论家被迫假定这种秩序一定是与伦理无关的。这种做法是完全可以理解的。但是事实却并非如此。尽管关于目的秩序的知识不能取代真正的审慎的地位，但如果没有目的秩序作

---

[19] 在《神学大全》第二集第一部分问题94第2节托马斯提到目的的秩序，而不仅仅是"目录"，这种秩序从人与所有存在物共有的东西上升到人与所有动物共有的东西，再到认识天主的真理这样特有的理性善。这实际上就是一个规范的层级结构。

为我们知识中的主要因素,那么正当的欲望就是不可能的,伦理的差别将变成不过是完全无法比较的因素的临时组合。但是,如果被称为"基本"的善完全是无法比较的,那么我们为什么称它们为善呢?似乎它们确实都被归于同一理性之下,而且它们并不同等地分有这一理性,即它们并不都与终极目的距离相等,而是一些较近另外一些较远。例如,生命就不仅仅是工具性的,我们欲求它本身;但是,我们并不仅仅为了它本身而欲求它,而恰恰是为了更进一步指向本质上更高的目的,诸如友谊和智慧。

在任何情况下,实践理性的不证自明的真理都恰恰预设了这种优先的思辨知识,这种知识在我们特定的欲望下产生倾向。倾向的正当秩序遵循着目的的秩序。倾向不可能在真空中被激发——它并非没有目标——也不是说激发了理性欲望的目的最初仅仅是通过我们的欲望认识的,因为离开在先的激发知识这种欲望就不可能存在。这种先在的知识具有思辨的本质——我们是欲望主体或者以欲望主体而行为,这种知识是偶然的,但我们是这种欲望主体,并由此激发倾向,这对于我们而言却不是偶然的。

在宣布新自然法理论的一项核心主题时,菲尼斯这样论证:

6. 自然法抑或自主的实践理性:新自然法理论的问题

因此,首要的实践原则其认识论根源并不是人性或者关于人性的先验的、理论的理解(尽管某种可选择行为的关于效能的理论知识,作为手段,是与首要的实践原则相关的)。这种认识论关系却恰恰相反:任何对人性的深入理解,即,对分有和实现那些善的行为所执行的能力的理解,都是一种可以在我们对那些善和目的的主要的、未被证明的但却真正的实践知识中找到其源头的理解。[20]

但是,与之相反,首要的实践原则的认识论根源将是为理智所认识的真正人性秩序,这种认识因其实践性标准在思辨上等值于一种根本条件。至于思辨优先还是实践优先,思考一下圣托马斯在以下两段中对真(简言之,认识的形式客体)和善(人们通过将认识导向行动所追寻的东西)所说的内容:

> 我的回答是,尽管真和善在存在上是可以转换的,但它们在逻辑上却是不同的。就此而言,真严格来说是先于善的,这主要有两个原因。第一,真比善距存在

---

[20] 菲尼斯,《阿奎那》,第91页。

更近。这是因为,真直接关涉存在自身,而存在是以某种方式完善的,所以善的本质追随着存在;因此它是可欲求的。第二,事实证明,认识自然地先于欲望。因此,由于真关涉认识,而善关涉欲望,真在观念中必定先于善。[21]

一事物由于其先于智力而在逻辑上在先。那么,首先,智力首要地理解存在自身;其次,它知道它理解存在;最后,它知道它欲求存在。因此,存在的观念第一,真理的观念第二,善的观念第三,尽管善存在于事物之中。[22]

简言之,存在和真理优先于善,智力的实践活动预设了思辨并以思辨为基础。实践智力理解善的真理,以导向行动为目的,并且添加了心灵与对象的思辨等式,正是这种等式把认识定义为为了行动之故而对可行动的事物的这种偶然的行动和关系指向。

全部伦理选择的思辨层次以及内在于每一伦理决定的目的秩序共同为道德哲学提供了真正高贵的气息,使它提升到对善良生活之本质的沉思高度。正是这种真正哲学的品格却在道德思想中丢失了,因为它被一种脱离真理的实

---

[21] 《神学大全》,第一集,问题16第4节。
[22] 《神学大全》,第一集,问题16第4节释疑2。

6. 自然法抑或自主的实践理性：新自然法理论的问题

践消解了。但是，对善的真理的沉思并不是奴役，真正的自由也不寓居于对使心灵与存在秩序相符的需要的摆脱。这就把我们带到了另一失败的边缘——其重要性可以争论——这不单是当前道德理论的失败，也是天主教理解道德主体的本质及其限制的历史演变中的失败。

假定道德责任需要一种无关天主因果律的自由，这是一种错误的观念。也应避免假定这个作为纯粹的思辨问题的问题缺乏实践含义，相反，它是自然法的规范性方面唯信仰论主张的根源。这种自然法构成了20世纪和21世纪早期道德反思的主要和鲜明特征。实际上，在新自然法理论家不愿谈论自然法的深层基础上即有对这一错误的间接反应[23]：因为自然法意味着人类主体自然地承受着法律的制定者和颁布者的支配。但是，如果我们的自由对于这种天主的因果律来说是绝对的，那么理性造物在何种意义上自然

---

[23] 例如，菲尼斯写道："自然法……对于我当前对这个词的核心用法来说只是一种类比意义上的法：这就是为何在本章论法时避免使用它的原因"（《自然法与自然权利》，第280页）。当涉及这种类比的类型时，请注意他似乎认可莫蒂默·阿德勒的论题，即自然法只是通过一种外在属性类比才是法，因为换句话说它把道德因素和考虑添加到实在法的程序和实体之中（《自然法与自然权利》，第294页），尽管他也说这种解释"并非在每个方面都尽如人意"。而且，由于在外在属性的类比中，只有一个内在地被比较的存在才拥有类比分享的完善，那么按照阿德勒的解读，在严格意义上就不存在自然法。这不仅是"并非在每个方面都尽如人意"，而且也与任何真正的自然法学说不相一致——因为永恒法比任何单纯的实在法更是真正的法，而对永恒法的分有即是自然法。

地受神圣统治的支配呢?㉔ 我现在就转向这个问题及其道德含义。我知道这么做会在呈现自然法学说的根本性思辨特征上超越新自然法理论的限制。㉕

㉔ 这是哲学结论的一种真正天主教内部的资源,与从康德那里得出的结论具有惊人的相似性,对于后者来说道德主体的最初自律是一种道德价值的绝对前提。

㉕ 当然,这一论证不是说,一个人要成为道德的必须要自觉地拥护自然法不过是对永恒法的一种理性分有这一真理,而是说(1)自然法的规范性寓居于永恒法之中,(2)对道德生活的任何充分理解需要指向天主,这既是在质料上(存在对天主的自然义务,例如把天主单纯地作为正义而加以敬拜),也是在形式上(自然法不过是对永恒法的一种理性分有;而且实际上对永恒法的被动分有表明了天主在自然法颁布中的首要位置)。自然法是法,如果"法"不想成为一种比喻的话,就要求一位颁布者。实际上,恰当意义的法是为了统治之故而由一个心灵对另一个心灵的明确表达——这显然要求一种真正的自然法对造物主心灵的反思和分有。对于这些要点请参见拉塞尔·西丁格的精彩作品《首要的恩宠:在后基督教世界重新发现自然法》(威尔明顿,2003)。这个文集提供了杰出的分析和指导。特别参阅第一部分的前两篇文章,"自然法和天主教道德哲学",以及"作为法的自然法",后者对于我们这里的论点更具形式意义。当然,我没有假定,自然法学说的有神论特征的全部情形都包含在本篇论文中——因为这种情况似乎要预设天主存在的证明,以及(可以争论)作为这些证明基础的形而上学。相反,我这里假定永恒法的证明和学说主要关注和紧随——我相信这二者都是可以很好辩护的——那种可以证明的关键之处,它就是抵制天主教传统内外有神论自然法理论的核心。我在这里也想表明——对一个有深刻见解的多变的哲学家的些许承认——这种方法并不否认亨利·维奇这样的论者所提供的自然法解释的有效性(例如,亨利·维奇,《道德规范的本体论研究:对当代伦理理论的一个批判》[爱温斯顿:西北大学出版社,1971年版])。阿奎那自己基于自然目的论秩序为天主的存在提供了一种论证,即《神学大全》中著名的第五种证明。虽然我认为维奇作品所示例的目的论的、自然的推理对于自然法的完整解释是必要的,也是优良的,但最终我相信自然法的存在和规范性都要求对永恒法的坚持。但是要彻底证明这个问题却是另外一篇不同论文的任务。本篇论文主要关注促使和已经使得许多人拒绝自然法的核心要点——甚至拒绝那种立足点不是明确有神论的自然法。相反的批判看到并且认识到统一的目的论情不自禁地把天主作为第一动力因和终极因,而且也作为一种必定包含人类自由的秩序。因此,现代和后现代试图把人类自由解释为一种无关天主因果律的自主,这种动力开始扭曲自然法学说,把它与永恒法和神意割开,并把自主转变为一种免于高级法的自然自律的管辖权。这是一只幼虫,至少是隐藏地,甚至寄居在许多实质是天主教对这一主题的反思之中。可以提出论据证明,对一种折衷的空想自律的原始恐惧就立于现代和后现代反叛自然法观念的根基之处。

要点 B：作为规诫性分有之必要条件的我们对自然法的被动式分有

思辨和实践因素在任何地方都没有像在圣托马斯的教义中那样强有力地汇合在一起，这个教义就是理性意志的行为既是天主导致的，也是自由的。只要是仅仅把天主作为一个世俗的原因来对待，就一定会误解托马斯的论述。因此，不存在以自身的受造自然本性就有权决定人的意志的中间者（tertium quid），存在的仅仅是天主超越性的首要因果律。

人的自由从属于天主因果律这一教义的重要性具有决定意义。只有这个命题才把人的意志自然地置于天主因果律和统治之下，由此人类造物才能理性地分有和自然地从属于永恒法。正是这种分有定义了自然法：这不是一个偶然，也不仅仅是对某项终究在本质上就自然地缺少天主和永恒法指向的事物的思辨性续发（supervention）。

必须限定并凸显这一点：有人认为，自然法的训令是智力的指引，唯如此才能延伸至意志，从这个意义上来说自然法本质上主要是个认知问题。然而，要自然法指引人类造物，人类造物就必须服从指引。但是，如果人的意志自身从潜能发展到实现，那么它在存在上是独立的，并且不服从于外部的指引——正如天主,他在存在上是独立的,不服从外部的指引。或者,以另外一种方式思考:圣托马斯·阿奎那认为,对目的的意愿并不在人类主宰的事物的范围之内。为什么呢?因为目的是自然的。如果目的不是自然地意愿的,相反却是选择的,那么通过什么才能选择呢?目的将会变得完全武断,并且因此每个行为将会与其他行为一样都值得选择。

因此,显然意志自然地运行到其目的。但是,或许有人认为在意志自然运行到其目的之外——这显然来自天主——人的意志在任何具体选择中都自己适用这种自然的运动,并且完全独自地从潜能运行到实现,由此把自己推至行动。毕竟,正如莫利纳在其《和谐》(Concordia)的著名公式中表明,只有当所有条件都相同意志仍然能够做出其他行为时,它才是自由的。[26] 但是莫利纳的这一命题——对于所有世俗原因都是正确的——对于涉及受造效果的假定的、但却不可改变的天主意愿却是不可能的。因为与这一假定的、但却不可改变的神圣意愿相伴随的变化之物——由于天主的单纯性——不是天主,而仅仅是造物自身。造物实是与天主相关并依赖于天主,而不是相反。因此,天主

---

[26] 莫利纳,《和谐》,第14题,第13节,II。

有效地意愿某种受造效果与天主并非有效地意愿某种受造效果之间的差别在于,有效意愿的效果实际上是如此。因此,不能这么要求,即天主导致了造物自由地行为,造物却未被导致自由地行为,因为这是一个措辞上的矛盾。

莫利纳公式假定,因为意志未被世俗的原因因果性地决定——就这些世俗的原因来说,它在客观上是自由的——所以它在自由行为方面不是被天主因果性地决定的。这一错误要追溯到对"自由"本身的错误定义。因为没有任何造物,无论它多么高贵,可以自己就从潜能推至实现。[27]每一造物都必须依赖天主才能实现。如果不能获得这种依赖,那么就是说存在着一种在存在和实现上都处于永恒法的界域之外的造物。事物只能按其所是行为:行动依随本质,实现依随本质(operatio sequitur esse, agere sequitur esse),

---

[27] 对此可以联系《神学大全》第二集第一部分问题109第1节。"那么显然,正如一切物理运动都来自作为第一有形推动者的天体的推动,因此一切运动,既包括物理的,也包括精神的,都来自那纯然的第一推动者,即天主。而且,无论把物理的或者精神的本性看得多么完美,它都无法继续实现自身,除非被天主推动。这种实际运动遵照天主照管的秩序,而不像天体的实际运动那样符合自然必然性。那么,不仅一切实际运动都来自作为第一推动者的天主,而且,一切形式的完美也都来自作为第一现实性的天主。因此,智性的实现活动,以及任何受造实体的实现活动,都依赖着天主。这包括两个方面:第一,通过具有来自在天主的形式,据此它得以发动;第二,通过被天主推进实现活动。"当然,必须清楚莫利纳并非意图否认自由从属于天主的照管,无论这层含义怎样必然地从他的论述中流露出来。但这实际上是否认我们自由选择行为的积极完善由天主导致的结果。

这两条格言在同一点上交汇。造物的实在受到潜能的限制。如果造物绝对地自我推动，那么它就是一个纯存在而不是造物了。

上述思考提出了进一步的问题，即天主的照管仅仅广及天主的权力范围（这种权力源于纯存在的无限性，延伸到所有不自相矛盾的意愿之上）。从天主权力中除去造物意志行为的运用，那么就立刻从天主照管的统治中除去了造物的意志运用。当然，这种运用不仅是意志的理性的具体规定问题，也是其实施的问题。如果造物对从意志到行为的自然运动的运用不可避免地是在理性上具体规定的，但这种对自然运动的运用在其实施中并不服从于天主的因果律，那么造物的行为就处于照管的统治之外，也就因此处于自然法的统治之外。但是，恰恰相反，如果没有天主的第一推动力，任何造物都无法自行实现。如果这是可能的，那么结论只会是天主并非所有存在、善和真的第一原因，而仅仅是一个"前提"。然而，与之相反，天主通过在我自己自由的自我决定的行为上把我从潜能推至实现，实实在在地使由我实施的行为是由我实施的。

因此，如果理性意志被认为享有一种无关乎天主因果律的自由，那么这就是在直接将其解释为一种纯存在，并且意志会因此自然地与自然伦理学的世俗世界相适合，仿佛这是它自己的王国一样。很难理解启示能给这种含义带来什么不同：当把它自身推定为绝对独立时，一种存在为何还需要天主神启，或者服从于对天主神启的向往呢？但是，如果人类状况的显明事实与把有限的造物视为神的计划背离太远，那么将这些观念转向启示宗教，并且推定性地保持道德哲学对它们的独立，这就是一个历史彰明的策略：混杂着信仰主义谬误的理性主义哲学。

因此，不单是对目的的自然欲求处于天主的统治之下，而且人趋向其目的的全部运动都处于天主的统治之下。这种运动包括着我们在具体行为方面的自由的自我决定。我们为何称一项从属于天主因果律的选择行为是"自由的"？我们称它是自由的是因为，理性的意志的形式对象是普遍的善，在一般意义上是善的。但是，任何有限的善都不能这样凭其自身就构成持久的普遍的善。每一有限的善都被看作是有限的或者受限制的，在某些方面都不是善。即使当有些事物构成了此时此地我们的真正的善，它也只是一种受到限制的善，并且因此在那个方面可以不被认为是善。我去做弥撒的义务显然在某个周日是我的真正的善，但是这并不能阻止我作出以下判断，我太累了需要休息，布道乏味令人恼火，或者其他的善更吸引人，即便实际上按照这些判断行为将会对我有害。因此意志在这些善上享有着一种中立的至上自由。即使在选择为这种善而行为之际,理性主体也是自由的,并且保留着对它的完全独立的中立性。甚至天主也不能使得这种有限的善不可抗拒,因为理智是把这种善作为有限的呈现于意志的,由此它在潜能上不是善。因此,任何有限的善都不能强迫意志:就人的意志的偶然对象而言,意志在客观上是自由的。㉘

然而,由于意志必须被发动以便可以选择某种善,而且由于它不能在绝对意义上发动自己,它必须从天主那里得到发动。就此而言,它与其他任何造物并无不同:托马斯说的很清楚,任何造物,无论它多么高贵,除非它首先被天主推动,甚至于无法前进到其自身的实现。㉙ 这种来自天主的推动不仅仅是意志的自然推动,因为意志的自然推动必须被适用于将要发生的特定的意志行为——人的意志不总是或在任何地方都处于实现之中。即是说,有时我们潜在地意欲某物,而后我们现实地去意欲它。从潜能到实现的这种转换是任何造物离开在先的天主推动都无法获得的。

天主赋予理性造物的推动就是造物借以自由地决定自身的那种推动。因此,对于这种推动而言,造物不是自由

㉘ 参照《神学大全》,第一集,问题82第2节释疑2;或者《神学争论》,第6集,问题2第2节。

㉙ 同样参见《神学大全》,第二集第一部分,问题109第1节。

的,因为这种推动构成并限定了自由的实际运用。我不可能被自由地推动去行为而同时又不被自由地推动去行为。这是不可能的,因为我在做 X 的同时又不在做 X,不管怎样都不会存在这样推动我的意志的 X。这是圣托马斯·阿奎那在自由的分离和综合含义之间所引入的著名区分的当然基础。苏格拉底不可能在综合意义上同时既坐者又站着,由此我们在这种意义上否认苏格拉底具有同时站着和坐者的能力。正因如此,自由的理性主体不可能同时在同一方面既被自由地推动去行为又不被自由地推动去行为:我们在这种综合意义上否认主体具有进行不同地行为的能力。但是,我们可以说当苏格拉底坐着时他在分离意义上具有站着的能力,即在这种意义上,他此时此地坐着并不阻止他具有一种容许不同实现的能力,借此他随后可以站着。正因如此,我们也可以说自由的理性主体在本质上并不被任何有限的善所强制,由此该主体具有去做不同于天主当下推动其去做的事物的客观能力——即,任何关于当前对象的东西都不能使得意志成为必然,意志确能在其他时候做出不同于现在选择的选择。

　　但是,有人或许会争辩,恰恰相反,即使是只动物也可以做出与现在不同的行为,但这却不使该动物成为自由的。因此,这根本不能成为对人的自由的令人满意的解释。我的答复是,动物的确能够以不同的方式行为,但却不是在恰当的方面。理性造物是自由的,这个方面在于它中立于任何有限的善的理性自由。因此,此时此地欲求一种有限的善,这并不改变下述事实:任何与这种欲求的善相关的事物都不限制理性主体去欲求它,而且理性主体也可以在其他时间以其他方式欲求。相比之下,纯粹的动物只具有在狭小的对象范围之内的活动能力,它本能地趋向这些对象,而且除了在这个对象范围之内被驱动,它不能做其他事情。[30]尽管这种本能的活动或许包含一定程度的自发性,但纯粹的动物确实受到其本能的一种理性主体所没有的规定性限制。

任何有限的善都不能限制或强制理性意志,然而动物却在本能上受到规定,并且不能脱离这种规定做出相反的行为,这清楚地表现在许多不同的方面。对于理性主体而言,在做出相反行为这一点上是简单的和绝对的,不是有限的或者本能上有条件的:理性意志不被任何有限的善所

---

[30] 参照《神学大全》,第一集,问题22第2节释疑4:"天主放任人类自行其是,这不是把人逐出于神圣照管之外。而是证明,他们的活动能力并没有像自然物那样被限定只遵循一个方向。自然物不是通过自我导引趋向目标,如同理造物通过自由意志进行思考和选择一样。据此,可以直截了当地说,让他们掌控自己的计划。但是,自由意志的行为回溯到天主作为其原因,由此可以严格地推出,人所自由地做的一切都落入天主的照管之下。实际上,人类的筹划包含在天主的照管之下,就像特殊原因包含于普遍原因之中一样。"

强制,其中每一种都由理智作为有限的并且因此在某个方面不是善的呈现给意志。生理的损伤会阻碍理性的运用,因为理性在本质上依赖于感觉抽象的对象,没有完善的感知接触这种抽象是不可能的。情感的和身体的依赖同样也会阻碍或者扭曲完善的理性思考。但在理性思考发生的范围内,任何有限的善都不能凭其自身强制理性意志。

因此,客观地说,理性意志不被有限的善强制或者决定。但这并不意味着意志在同一时间和相同的方面既可以自由地行为又可以自由地不去行为,也不意味着意志是一个自我发动的存在,可以离开在先的天主发动把自己从潜能推向实现。它不是一个自在的存在,因而离开了天主第一动力因它不能实现。所有造物在智慧和标准上都是由天主规定的,这包括了我们自由的意愿的非常实在的本质,就像存在自身一样,它是最为我们所拥有的,然而也是最受恩赐的。因果的全部普遍性预定了天主的推动,这一推动不是世俗的,而是每一世俗因果性的前提条件。

显然,这都没有否认人的意志的客观自由。但它却否认了人的意志或者其他造物能够把自己从潜能推向实现,也否认了理性造物是由其自我决定所构成的完善的、丰盈的第一因。天主赋予的推动是意志借以自由地决定自身的推动。意志推动的偶然性并不意味着天主的全能没有延伸到它，也不意味着如果天主意欲它的行为，那么这种自由行为的肯定性就有了疑问。理性意志必须首先被天主推动以便实现，否定这一命题就会留给我们一个完全脱离天主照管的自我实现的存在。但是，托马斯在《神学大全》第二集第一部分问题91第2节指出，"如上所述，由于服从天主照管的万事万物都被永恒法统治或权衡，显然万事万物都以某种方式分有着永恒法，永恒法铭刻在它们身上，从而派生出指向恰当行为和目的的各自倾向。"这并非漫无目的。如果人的意志不从属于天主照管，那么它就不为永恒法统治或权衡。但是，正如圣托马斯自己所指出的，照管延伸到权力的边界：[31]如果意志处于天主的因果律之外，那么它就不能从属于天主的照管。因此，如果我们赞同一种自然法的神律论概念，我们同时也要赞同人的意志既不是存在上自律的，也不是行为上自律的，而是被从外界推动到其实现，然而在这种方式中这种推动是其自身的运动：也即是说，意志所收到的推动是其借以在自由的自我决定中推动自身的东西。

从相反的方面思考这一问题也是有益的：如果我们坚

---

[31] 参见《神学大全》，第一集，问题22第2节。

6. 自然法抑或自主的实践理性:新自然法理论的问题 311

持意志有着一种对于天主而言中立的自由,那么这不仅否认天主的全知全能,把天主视为纯粹世俗的原因,而且也使得自然法成了不过是因实践理性向其自身颁布法则从而产生的经验法则(rules of thumb)。因为在这种情况下人类主体就不是从天主处获得其推动,而主体的这一推动也就不是自然地从属于永恒法。但是,自然法"不过"是对永恒法的理性分有,也就是说,那些不把他们关于道德法的解释围绕天主训令的人就没有遵守圣托马斯·阿奎那的教义,甚至不拥有一种自然法学说。正因如此,若望·保禄二世才在《信仰与理性》(83条)中指出:

> ……需要一种真正形而上学级别的哲学,即能够超越经验的材料,以便在它追寻真理的过程中获得一些基础的、最终的和绝对的东西。这种需要既是智慧的知识也是分析的知识的题中之意;而且特别地,它是认识道德善的一个条件,这种道德善在最高的善、天主那里具有其最后的基础。

需要"一种真正形而上学级别的哲学",并且实际上是"认识道德善的一个条件,这种道德善在最高的善、天主那里具有其最后的基础",这些词让人回味无穷。自然法这一智慧维度不是对一种完全实践的因素的一种不相容的思辨侵扰，而是托马斯自然法阐述中的一种定义性的主题要素。

在把理性主体看作存在、善和真的一种完全自我发动的根源之后，接下来就会认为自然法规范是由实践理性绘制的经验法则，表明的不是更高的法律或者权威秩序，而仅仅是一个经常用作记载自然的人之倾向的目录："关于倾向的标准的而又贫乏的目录"。这似乎就是在下述观念中发挥作用的因素：不可通约的"基本善"可以取代自然的道德秩序，那正是定义倾向的秩序和道德训令的秩序的自然的目的秩序。基本善不可通约的学说宣称这些善不是先于选择而得到客观地规定的。因此，例如，据说"游戏"没有被规定指向真理或者宗教，而只是与这些不可相互比较。

然而，在圣托马斯的教义中生命以一种使得真理整个地高于游戏的方式建立于真理的基础之上；同样地，天主的真理（不仅仅是宗教，仿佛仅仅是全部撇开其真理而算作善的假定存在的宗教）自然地是处于高位的。这种秩序并不足以在缺少审慎的情况下给出此时此地的伦理指令，但是它却是使这种指令变得合理的必要条件。然而，必须放弃新自然法理论中的一些主张：在区分"基本善"与"非基本善"时，它仅仅在某种程度上尊重了自然目的论（基本善为何基本？——因为人性的秩序）。然而，不幸的是，基本善中不存在规范的自然目的秩序的主张几乎与缺少任何的目的秩序一样具有破坏性：因为如果仅仅是由一种专横的主观性在选择之中确定基本善的秩序，那么它就不是一种最终决定性的自然秩序和智慧，而只是个人的和不可通约的意欲。我们跳过了那里的一个场景——缺少任何行为的终极因——整个实践领域被剥夺了自然的可理智理解的秩序，因为在这种情况下基本善没有在规范性上进一步指向任何东西。

在把自然法还原为自然倾向的简单目录的另一个极端上，剥离了形而上学和目的论根基的自然法就变成了一种严格施加无实体内容的法律的理性主义，其盲目崇拜的核心就是实践理性自身。当然，这是康德主义的策略，因其对形而上学、自然神学和自然目的论的否认而归之于他。由于目的的自然秩序未被界定为任何的自然目的论，对康德而言，所有趋向目的的倾向都仅仅是偶然的和经验的，没有表现出任何的规范性秩序，而且只包含着可知的低于理性主体的东西。对于亚里士多德（还有圣托马斯）来说，不仅存在着愿望的单纯的偶然对象，而且还存在着源自倾向和目的的规范性秩序的规范性对象，而对于康德而言，愿望和欲望是不可避免地偶然的和经验的,而且不具有规范性价值。这是因为,在缺少形而上学和自然神学的情况下,人的倾向的目的要比理性主体低或者至多不高于理性主体,而且按照这种方式理解理性主体就变成了宇宙中最高的已知原则。康德认为,理性主体不但不是由天主推向其自由实现的,反而既是第一位的主体,也是道德法则的首要颁布者。㉜

由此,我们间接地又踏进了新自然法理论的大雅之堂。因为根据这一理论,在诸多的目的当中并不存在更接近或更远离最终目的的具有重要伦理意义的自然秩序。而且正如康德将其理论确立为一种在思辨的形而上学中没有缠绕之根的纯粹实践的科学,新自然法理论家声称他们发现这(或者至少是与之相似之物)一直都是对自然法的理解——仿佛阿奎那曾以这种现代的、以人类为中心的、理性主义者的方式定义了自然法似的。唯一的不同似乎在于,新自然法理论提到基本的自然的善,这与绝对命令的纯粹形式主义相反,并且以此建立了在质料上更为丰富、或许更为灵活的义务论的道德理论。然而,这种理论拒绝承认目的论和

㉜ 例如,伊曼纽尔·康德,《道德形而上学原理》(*Grounding of the Metaphysic of Morals*),詹姆斯·埃林顿英译,印第安纳波利斯,印第安纳州:哈克特出版社1993年版,第39—45页,或者普鲁士科学院版,第433—441页。

6. 自然法抑或自主的实践理性:新自然法理论的问题

形而上学秩序的伦理规范性,但这些正是定义圣托马斯自然法学说的东西。

如果新自然法理论家的这一观念仅仅是对以下观念的拒绝,即确切地说自然欲望是为着超自然的至福——这一学说与吕巴克(de Lubac)以及其他的新神学(la nouvelle theologie)支持者联系在一起——人们或许会表示同情。但新自然法理论否认在先于选择的"基本"目的中存在着任何具有重要伦理意义的秩序。㉝

自然法并非不同于永恒法的东西,㉞它只是通过第二因果性进行神圣统治的一种模式,只有认识到这些,才能洞悉圣托马斯自然法学说的深刻性。而且,这种统治的发生不仅借助法律所给出的认知的方向,而且通过天主推动的方

㉝ 缺少终极因甚至动力因也是不可想象的,对此托马斯显然是正确的,因为动力因要求一个事物指向另一个事物。如果没有终极因,行为或者永远不会开始——因为它将没有原因——或者永远不会结束(因为如果不指向任何明确的目的,它就没有理由结束)。与这些情形相反,宇宙无处不展现出指向目的的行为,只有错误地混淆我们从这个秩序抽出的能力与它的假定的非存在,才会对上述事实感到惊讶。当然,这是下述主张的关键:"纯粹事实"的命题缺乏"行为理由"——即,对一个事实命题是什么的解释是一个错误的解释,因为自然指向一个具有善的本质的目的这是一个事实。当然,它也暗含着对那些欧陆唯理论者的回答,他们简直无法理解目的是一个目的或者是因为它是自存的善——天主——或者是因为它分有并在一定程度上折射了他的善良。像迪特里希·冯·希尔德布兰德(Dietrich von Hildebrand)这样的理论家永远难以认识到对目的的指向是一种超越性善的内在缝隙,而不是一种把理性造物囚禁在无法逃避地"低等"的"自然"之笼的自然主义者的还原。

㉞ 《神学大全》,第一集,问题91第2节释疑2。

式。借助这种推动造物可以自由地决定去行为，结果意志的实际运用就从造物产生了，从而使得造物能够倾向并实际地接近其目的。当托马斯说所有造物都被动地分有永恒法时，这也包括理性造物，他们的主动的和规诫的分有建立在这种被动的分有基础之上，并以之为前提。㉟所有造物都从天主那里获得其存在、本性、自然能力、通过自然倾向的潜能指向、潜能到行为的运用，当然还有具体说明这些行为的目的的层级机构。如果有人切除了对永恒法的这种被动分有的任何部分，那么他就会在这个范围内把它从永恒法的统治中减去。

事实上，几百年来可以证明的实际情况是，西方人一直在呈现那个寓言的结果：作为已知宇宙的独一无二者，理性主体在创造上是半神式地自我发动的，在运用其自由时不存在对天主的根本的依赖。这一理性主义的"乌尔神话"（Ur-myth）已经散发到西方世界的道德和社会生活的各个领域。在其修正吸引了义务论传统的后继者的伦理客观性上的怀疑主义主要也产生于与这种神话相同的渊源——因为伦理怀疑论者经常凭直觉认为伦理客观性暗含着某种超越

㉟ 《神学大全》，第二集第一部分，问题91第2节，该处简洁而又深刻地说明了这一点。

并统治个人偏爱的秩序。但如果这种超越的规范秩序不首先思辨地认识，那么就无法知晓它是怎样规定我们的行为的。智力是一种被衡量的尺度。如果智力没有首先符合自然中的秩序，那么它就无法成为人的行为的一把标尺——目的秩序的知识被正确的实践判断作为预设前提。当然，就算是手段的实践正确性需要我们的判断与正当欲望相一致，正当欲望也需要对目的以及目的秩序的在先知识。这种目的秩序必须安放在一种最终目的之上，甚至是自然秩序之中的最终目的，这正如主体在自然秩序中的秩序必须来自第一动力因一样。㊱

与道德客观性存在或者不存在的问题相比，人与神的关系问题无论是在理论上还是在历史上都对西方道德思想的历程具有决定性的作用。它的引入是决定性的，因为它直接关系到对永恒法的被动分有，而这又是作为自然法的主动的、理性的和规诫的分有的前提条件。诸目的指向最

㊱ 再者，即使人受造于一种纯粹自然的状态，自然目的不会是至福之境，自然目的也似乎是一种与天主的最为可能的自然知识相关的宇宙的思辨知识，连接着任何适合主动生命的德性。因此，尽管人们或许会同情圣托马斯的约翰，坚持从自然的角度讲人的最后目的不是被具体地决定的，而是模糊地和一般地决定的，但是，仍然存在着一种不完美的幸福，它的顶点是与其超越性原因相关的有序宇宙整体的思辨性沉思。因此，例如，在亚里士多德笔下人的恰当功能展现出一种三重的上升本质，其中包括道德德性的行为、审慎的行为和天使的行为。

后目的——天主㊲——以及行为指向最后目的——天
190 主——这是由永恒法决定的，而且完全由天主照管的计划所统治，执行这种照管计划的是天主的法令。

自然法主要不是与那些否认服从任何更为广泛的规范性秩序的人进行对话的最低自然（minima natura），也不是义务论要具有人的因素所要求的自然完整性的剩余物。请回想一下，一方面，康德指出，任何预设人类学的道德理性的

㊲ 必须谨记，整个宇宙的最后目的存在于天主的某种形象中，即使是从自然的角度讲，确切地是从理性造物恩宠的赐予和至福的呼召讲，这也是正确的，理性造物的自然目的（思辨生活决定着与天主的最为可能的自然知识相关的宇宙的最宽广和最深刻的知识，在这种生活中实践活动广泛地实现着理性的完美）因此在某个方面（根据天主形象的自然模型）被称为天主。因此，就有了《反异教大全》第3卷第17—20章。用其中的一个论证来说："个别的善指向作为其目的的共同善：因为部分的存在是由于整体：所以国家的善比一个人的善更像神。那么至高的善，即天主，是共同善，因为所有事物的善都依赖于他：而且每一事物凭借着那种善从而是善，是那一事物的个别的善，也是依赖于此的那些事物的善。因此，所有事物都指向一个善，即天主，以此作为它们的目的。再者，目的之间的秩序是动因之间秩序的结果：因为正如最高的动因推动着所有的次级动因，所以所有次级动因的目的一定指向最高动因的目的：因为无论最高动因做什么，它都是为着自己的目的。那么最高的动因是所有低级动因的行为的主动原则，把它们推向它们的行为，然后推向它们的目的。因此，次级动因的所有目的都被首要动因引向它的恰当目的。那么，所有事物的首要动因是天主，这我们已经在第二卷中证明过。而且，他的意志除了他自己的善良没有其他的目的，那就是他自身，这我们在第一卷中已经说明了。所以，所有事物不管它们是由他直接制作的，还是通过第二因果性制作的，都指向天主作为它们的目的。但是这适用于所有的事物：因为正如我们在第二卷中证明的，不存在其存在不是来自于他的事物。所以，所有事物都指向天主作为它们的目的"（《反异教大全》，第3卷，第17章）。顺便指出，这一段的运动之前的性质是值得注意的："最高的动因是所有低级动因的行为的主动原则，把它们推向它们的行为，然后推向它们的目的。"这种本体论的语言被大多数当代道德理论家彻底遗忘了，在他们看来道德动因实际上不是被推动的，而是绝对地自我推动的：这是不可能的。

6. 自然法抑或自主的实践理性：新自然法理论的问题

适用都次于纯粹实践理性，[38]另一方面是新自然法理论的"基本的"但却自然地无序的善的学说，它击倒了任何认为一种推定为基本的目的在客观上高于或胜过另一种目的的主张。然而，新自然法理论实质上更为丰富，它既不承认统一的自然目的论是道德生活的决定性因素，也不承认对永恒法的被动分有是自然法的根本的决定性因素。

艰深的道德问题牵涉我们对自然目的论的认识，而且虽然我们共同分享着使得证据容易获得的相同的自然秩序，但与这种证据相关的智慧却不是同等地分配的。认识正确的目的秩序要求我们去认识附从目的与最后目的之间的关系——这种认识离开对天主存在和照管的认识就只能获得部分的和不连贯的实现。[39]正如我在其他地方所

---

[38] 康德，《道德形而上学原理》，第23页，或者普鲁士科学院版，第412页。
[39] 参照伊夫·西蒙，《自然法的传统》（*The Tradition of Natural Law*），瓦肯·魁克编辑，纽约：福德姆大学出版社1992年版，第62页。由于离开有神论的原则自然法就不是最终可理智理解的，它的内容或许是所有人都可以理解的，但是只有当它处于不连贯的状态下它才能成为神学上中立的和最低的同意的一个源头。在他的伟大著作《自然法的传统》中，哲学家伊夫·西蒙或许是最好地表达了这一点。提到在我们自然地发现天主之前发现的道德法的某些真理时，他说："从发现顺序的这种逻辑优先性无法推出对自然法的理解可以在未能从天主那里认识所有法律的最终基础的情况得到逻辑上的保留。"不仅是从目的的指向中得出的较远的推论——甚至是那些普遍的推论——不一定是所有人都得出的，而且进一步的，由于所有人并不处于同样的审慎的条件下，此时此地所要求的道德条件也可能极为不同（例如，正如托马斯在《神学大全》第二集第一部分问题94第4节所说的，它或许在正确性和认识上都有不同）。

说的,⁴⁰离开天主的自然法就像没有声音的歌剧:即是说,即使它是可能的,但仍然无法要求正常的关注,这种说法本身就是一种措辞上的自相矛盾。那么,看到新自然法理论家不愿使用自然法语言,我们不应十分惊讶,他们在这方面的保留对于他们的一般观点来说是完全有根据的。⁴¹

自然法——不过是对永恒法的理性分有——是天主铭刻的那种秩序的规范性,它定义着理性本质,并且渗透进理性本质。因为理性造物都被动地从天主那里获得其存在、本性、自然能力、倾向目的的能力指向,依赖于最后目的的目的的层级机构,甚至是自然意志力到行为的实际运用。正是因为这些是被动地获得的——包括理性本质自身和理性动因借以自由地决定自身的运动——理性才能理性地分有或获得这种秩序,从而为去行动或不去行动提供理由。如果造物要被规范地统治以接近其目的,它就必须服从于天主的因果律。自然法的道德学说只有在因果上丰富的形而上学和有神论的沃土中才能茁壮成长。除此之外别无他法。人的理性没有把纯粹的倾向的水变成律法的酒,但却

---

⑩ 斯蒂芬·朗,"生殖技术与自然法"(Reproductive Technology and the Natural Law),载《国家天主教生物伦理学季刊》(National Catholic Bioethics Quarterly),2002年夏季第2期,第221—228页。

⑪ 当然,我提到菲尼斯不愿意使用这个词,以及他在早期著作《自然法与自然权利》中对莫蒂默·阿德勒大体赞同的引用(参见前注22)。

6. 自然法抑或自主的实践理性：新自然法理论的问题

通过它被动地分有的，而且要求它理性地和规诫地去接受的存在和秩序受到一种法律秩序的支配。

一个行为完全源于自身的动因却需要从他者获得其方向，这是一种措辞上的自相矛盾，因为不从比它自身更高的因果原则那里获得其行为的动因这就是一种自存的动因。这种动因的行为处于任何其他原因的能力之外，因此也处于其他原因的照管之外。而且，它既不需要也不能获得外在的指引原则。按照这种观点，有限动因是它自身自由行为的完善的无中生有的创造者，而且自然地处于任何更高的原则或法律的统治之外。然而，无论理论家否认存在的固有本质——如康德自己——抑或是肯定它，都必须支持意志的绝对自主[42]是道德责任的必然条件，这已经是当今道德理论家的共识。但是，恰恰相反，这种肯定构成了对自然法本身的隐含否认。伦理中的根本选择存在于神治与自主这二者之间，后者既有怀疑主义的形态也有伦理客观主义的形态。用历史的术语来表述即是，绝对自主的妖魔没有逃脱法律的魔瓶，除了为了一种人类中心主义目的的幻想，这主要是为了道德。正如吉尔森在他的著作《哲学经验之

---

[42] 康德，《道德形而上学原理》，第58—59页，或者普鲁士科学院版，第459—460页。

统一》(The Unity of Philosophical Experience)中所指出的：

> 当阅读埃利希·艾迪克思(Erich Adikes)1920年以《康德的遗作》(Kant's Opus Posthumum)为题出版的笔记时，我们不禁会想，如果再多活几年，康德或许最终会向某种神秘的力量让步。青年时期的康德已经证明了我们对天主一无所知，老年时期的康德却开始觉得他自己就是天主："天主不是外在于我的存在，毋宁只是内在于我的一种思想。天主是在道德上实践性地自我立法的理性。因此只存在一个内在于我、关于我并高于我的天主。"一个既内在于我们，又高于我们的天主，作为道德法则本身，他或者是无，或者就是内在于我们的实践理性的立法权。"只能在我们之内追寻天主"，康德如是说，而且他接着说："在我之内有一种存在，尽管与我不同形，却在因果功效上对我有效，并且其自身是自由的，即在时空上都不依循自然的法则，它内在地指引着我（证成或谴责），而且我，作为人，自身就是这一存在。"[43]

---

[43] 艾蒂安·吉尔森，《哲学经验之统一》，纽约：查尔斯·斯克里布纳兄弟出版社1965年版，第239页。

结论

圣托马斯所提出的自然法学说就其本质而言是神律论的。它需要关于目的秩序的思辨知识——其中包括终极目的——以及一种关于受造物与天主因果律之间关系的强劲的形而上学。根据这种学说，自然秩序是有限的和不充足的，但却是非受造智慧的彰显，其中即便是理性造物也不是自我发动的，而是要依赖天主的慷慨恩赐以使得每一运动都趋向善。人们可以理解形而上学方面所出现的那些难题。但是，认为可以建立一种纯粹实践的学说，它在道德哲学的根源处可以摆脱对思辨形而上学前提的需要，而同时又能以某种方式得出相同的结论，这实是轻信之举。康德认为他自己已经在《纯粹理性批判》中彻底地焚化了形而上学，他对此有着更深的理解：没有它的形而上学的前提永远不可能形成自然法学说的规范伦理学。脱离了统一的自然目的论和天主的实体的在先的思辨知识，一种纯粹理性的伦理只能提供最形式的，自然也是最单薄的基本原理：一种纯粹实践的科学。㊹ 对于这一点，在带有实践性和反目的论

㊹ 康德，《道德形而上学原理》，第22页，或者普鲁士科学院版第410页："……最好把这一研究计划作为一项单独的研究，即作为纯粹实践的哲学……"

倾向的新自然法理论与经典的托马斯主义自然法学说之间进行对比,这是具有启发意义的。这种对比是鲜明的,它促使我们重新发现并且再次深入自柏拉图和亚里士多德经由波依修斯、奥古斯丁和阿奎那的这一反思传统,对于天主教神哲学而言,这一反思传统是决定性的。

第四部分

法学和政治学

7. 托马斯主义自然法与美国自然法传统

（克里斯托弗·沃尔夫）

引言

在这篇文章中我想问："托马斯主义传统的经典自然法与美国自然法传统这二者的关系是什么？"

或许有人会问一个更基本的问题："我们为何要关心这个问题？"我认为关心的理由如下：（1）托马斯主义自然法提供了理解政治和社会生活的最佳理性框架。它体现了关于人类共同生活于共同体之中的真理，并且指出了实现共同善的最佳途径。(2)因此,我们应当尽力弄清当代美国政治生活与托马斯主义自然法相比处于何种位置,这既是因为这种知识本身是一种值得追求的善,也是因为我们需要这种知识以便能够更为有效地追求可以使我们的政治生活与之协调的目标。

而且,更好地理解昔日的美国自然法的历史传统,以及它如何与托马斯主义自然法相关,这对于理解我们是如何生活于当下的意义非凡。除了知识本身具有价值之外,它之所以重要是因为对我们过去的理解在某种程度上塑造着我们对当下何为正当和可能的认识。确切地说,理解美国自然法传统是美国公共哲学的重要因素。[①] 例如,国父们对有限政府的承诺,实际上也是随后所有美国人的承诺(尽管以不同的形式),在当前美国人思考和探讨政治的活动中具有极为重要的影响。另一方面,过去的时代有时也为我们提供着消极的典型,这些典型体现在诸如从镀金时代的无限制的财产权和有限政府到新政时期较为有限的财产权和具有社会福利义务的扩张政府这样的过渡中,以及从奴隶制到隔离再到民权运动这样的转变中。总之,理解过去常

[①] 参见拙文"当代美国公共哲学面临的问题"(Issues Facing Contemporary American Public Philosophy),载威廉·博克斯(T. William Boxx)和昆利文(M. Quinlivan)主编:《公共道德、公民美德与现代自由主义的问题》(*Public Morality, Civic Virtue, and the Problem of Modern Liberalism*),大瀑布市,密歇根:伊尔德曼斯出版社2000年版。

常影响着我们当下的判断和行动。

当下关于共同善和美国公共哲学的清晰观念尤为重要,这是因为当前的政治讨论和政治决定——特别是那些涉及所谓文化战争的问题——在美国公共哲学的发展中构成着极为重要的"时刻"。怎样解决这些争论将决定着如何回答亚里士多德对所有政体都提出了的问题:一个好的公民在何种程度上能够成为一个好人?[②]

为了回答这个问题,我提出了托马斯主义自然法与美国自然法传统的关系问题。首先,我将简要地描述托马斯主义自然法,把它与稍后经常称之为自然法但更为恰当地应称之为自然权利理论的思想形式进行比较;其次,我将简短地总结美国自然法传统的一些要点;最后,我将讨论天主教自然法教义、当代政治和法律哲学、美国法律以及自然法理论中的一些当前议题。

对于我所提出的问题基本的回答是:(1)托马斯主义自然法与美国自然法传统具有根本的区别,然而,(2)它们具有足够多的相同之处可以让美国政体的性质变得极为不同,但是,(3)它们之间的重叠之处在现代美国中一直在降低。

[②] 亚里士多德,《政治学》(*Politics*),第3卷第4章。同样参见理查德·约翰·涅高兹(Richard John Neuhaus)主编:《民主的终结?》(*The End of Democracy?*),达拉斯,德克萨斯:斯彭斯出版社,1997年版。

托马斯主义自然法

经典自然法传统的最杰出代表就是托马斯·阿奎那，他关于法律的教义形成于《神学大全》。但是，托马斯并非是在真空中思考。他是若干世纪的自然和道德反思的继承者，它们通过各种思想脉络汇聚在他的身上。实际上，或许可以说，经典（托马斯主义）自然法理论是一个分享着某些基本特征的原则、概念、伦理、政治理论"家族"的部分。其中最为重要的是柏拉图和亚里士多德的自然权利传统，[3]斯多亚传统（例如通过西塞罗某些著作的描述），[4]罗马法，以及奥古斯丁。[5] 托马斯在形成自己的自然法原则时利用了上述这些资源（以及其他的资源）。

阿奎那论自然法

令人感到似是而非的是，托马斯主义自然法是一种在

---

[3] 特别参见亚里士多德的《修辞学》，卷1，第10章和第13章。

[4] 特别参见西塞罗的《论共和国》(Republic)和《论法律》(Laws)。这些对话的参与者在多大程度上精确地陈述了西塞罗的观点，这仍是一个具有学术争议的主题。参见恩斯特·福廷，"奥古斯丁、阿奎那与自然法问题"（Augustine, Aquinas, and the Problem of Natural Law），载《中世纪》(Mediae valia)，1978年第4期，第183—186页。

[5] 奥古斯丁在《论自由意志》中提出了他的学说，不是自然法学说，而是永恒法和人法的学说。

神学著作《神学大全》而不是在哲学著作之中形成的教义。圣托马斯把对法律的处理放在了《神学大全》第二集第一部分问题90—108，它处于对人的道德生活的讨论之中，涉及讨论人之行为的"外在原则"的两个部分的第一部分（下一个部分讨论神恩）。它紧随之前对内在原则的一般讨论（灵魂的能力、善和恶的习性——德性和罪恶），而先于对德性的具体讨论（神学的德性和枢机之德）。

托马斯关于法律的一般定义是，法律是"由关心共同善的人公布的以共同善为目的的理性命令"⑥（《神学大全》，第二集第一部分，问题90第4节）。最高的法是天主的永恒法，其他形式的法包括自然法、人法和神圣的实在法。（《神学大全》，第二集第一部分，问题91）

托马斯把自然法描述为理性造物对"永恒理性的分有，以此它具有一种趋向自身恰当目的和行为的自然倾向；理性造物之中对永恒法的这种分有即被称为自然法……我们借以辨别善恶的理性之光，也就是自然法的功能，不过是天主之光在我们身上的铭刻。因此，自然法无非就是理性造物对永恒法的分有。"（《神学大全》，第二集第一部分，问题

---

⑥ 英文引注来自英国多明我修会神父的《神学大全》，纽约：本齐格出版社，1948年版。

91第2节）

自然法的训令就是实践理性的首要原则。

实践理性的首要原则是建立在善的本质基础上的，即，善即是所有事物所追求的。那么，法律的首要规范就是当行善、追求善并避免恶。所有其他的自然法训令都以此为基础；实践理性自然地理解为人类善的所有事物都属于以追求或避免的事物的形式所存在的自然法训令。（《神学大全》，第二集第一部分，问题94第2节）

但是，既然善具有目的的性质，那么，

对于人有着自然倾向的那些事物自然地被理性理解为善，然后作为追求的对象……自然法训令的序列是与自然倾向的序列相应的。（《神学大全》，第二集第一部分，问题94第2节）

人具有各种不同的倾向。首先，与一切物质的本质相一致，我们按照这种本质追求自身存在的保存，因此，"保存人的生命以及避开其障碍的任何手段都属于自然法"。其次，根据我们与动物共享的本质，那些"自然教会所有动物的事情，例如性活动、教育后代，等等"都属于自然法。第三，根据人的本质，人具有"一种依其理性本质向善的倾向"，其中包括一种"认识关于天主的真理以及生活于社会之中"的自然倾向，(《神学大全》，第二集第一部分，问题94第2节) 因此，自然法包括与这些相关的一切内容 (例如避免无知，避免冒犯那些他必须与之一起生活的人)。

一切这类德性行为都属于自然法，因为德性不过是依照理性行为。但是，具体的德性行为或者由自然法规定或者不由自然法规定，这是因为自然开始就倾向于它们中的一些，而其他的则是结果，不是直接的倾向，而是"理性的探究"，它表明它们"有益于善良生活"。(《神学大全》，第二集第一部分，问题94第3节)

"至于实践理性的一般原则，真理或者正确对所有人都一样，而且被所有人同等地认识。"而"至于实践理性的恰当结论对于所有人既不是真理也不都正确，同样也不被所有人同等地认识。"因此，例如，对于所有人都依照理性行为这是正确的，而且从这个原则出发可以得出结论"应当归还寄存物"。但是这只对"大多数情况"有效——存在无效的情形，例如当有人试图为了叛逆行为而要求返还财产时。(原则的适用越是降到具体事物，就越可能出现例外。)

因此,"自然法就其首要的共同原则而言不论是在其正确性上还是认知上对所有人都是相同的。作为这些共同原则之结论的某些较为具体的方面,在大多数情况下其正确性和认知度对于所有人也都是相同的;但是,在很少的一部分情形却可能失效。"(例如,被激情或者恶习扭曲)(《神学大全》,第二集第一部分,问题94第4节)

自然法首要的、最为一般的原则被所有人认识,而且无法从人心中抹去,尽管它们在具体行为中的适用可能是(由于欲望或一些其他的激情)。但是,自然法的次要的、更为具体的原则"与首要规范紧密相关的结论",由于邪恶的信念或有害的风俗和腐败的习惯,却可以从心中抹去。(《神学大全》,第二集第一部分,问题94第3节)⑦

经典自然法的关键特征

那么,经典自然法的关键特征是什么呢?我们提供了如下的一些可能选择:

1. 自然法是一种客观的道德理论,它是发现的,而非创

---

⑦ 我主要把自己限制在《神学大全》第二集第一部分问题94对自然法的简洁讨论上。应当注意,托马斯对于自然法要说的许多内容都可以在《神学大全》第二集第一部分问题100他对《旧约》道德训令的评论中发现(他把它视为一种自然法训令的陈述)。

造的。

2. 自然法原则是恒定的(不是对特定时期的简单思考),因为它们立基于一种稳定而恒久的人的自然本性之上。

3. 自然法原则是普遍的(不限制于一种单一的文化或者一组文化),因为它们立基于一种所有人都具有的自然本性之上。

4. 自然法以认识论的唯实论为基础:即是说,它立基于心灵与现实的联系,植根于不只是"心灵自身的结构"的事物之中(对比康德)。

5. 自然法以理性为基础,而不是以意志为基础。

6. 自然法立基于一种超越于工具理性的理性概念:它涉及"理解"人类善以及什么有益于它的理智能力;它不是关于快乐或者它的一种功利计算的。

7. 自然法包含一种对幸福的趋向,但它也是一种义务或者命令(尽管它不能简单地还原为命令)。

8. 自然法理论具有一种对人的行为的根本关注,但它也同样强调习性或美德。

9. 自然法理论与一种人类学交织在一起(但它不是它的一种推论),这种人类学包括(a)人类官能的一种内在秩序:理性-精神-欲望(较早的自然权利传统),或者托马斯主义传统中的理智-意志-感受;以及(b)心与体的融合,既不是还原论的(唯物主义或自然主义),也不是二元论的。

10. 自然法与某种自然神学紧密联系在一起(但不是它的简单派生),这可以通过确立一个立法者从而有助于证明"法"一词的用法。

自然权利的传统

自然法传统最终完全变成了一种新的不同的传统:现代自然权利传统。⑧ 托马斯·霍布斯是这一新学说的首位伟大支持者。他证明,最为基本的"自然法"是对自我保存的欲求。在自然状态中,每个人都不得不执行自我保存的权利,结果就是一切人对抗一切人的战争,生命就变得"孤单、困顿、肮脏、兽性和短暂"。在这种情况下,人们发现建立一种社会契约是值得的,以此他们执行自我保存权利的能力就交付给了一个绝对的统治者,他的任务就是通过向所有臣民灌输恐惧以保护每个人的权利。⑨

约翰·洛克作为古典自然权利传统最伟大的代表有着

---

⑧ 这种变化的特别有趣的说明可以参见迈克尔·朱克特(Michael Zuckert),《自然权利与新共和主义》(*Natural Rights and the New Republicanism*),普林斯顿:普林斯顿大学出版社1994年版。

⑨ 托马斯·霍布斯(Thomas Hobbes),《利维坦》(*Leviathan*)。

同样的出发点,他也从自然状态出发,只不过他对这种状态的描述用的是不那么野蛮的措辞。首要的自然法仍然是自我保存,人具有执行这种法律的执行权。即使这种自然状态不像霍布斯描述的那么可怕,它也具有相当大的"不便之处",这使得人们脱离它,缔结社会契约,进入公民社会状态。政府的工作就是保护生命、自由和财产的联合权利(这对于自我保存是必要的,不仅是针对其他人,而且也是针对一种不那么充裕的自然)。"舒适的自我保存"或许是对洛克的伟大所愿的较为完整的表述了。[10]

这种自然权利传统使用了"自然法"的语言,而且洛克直接求助于天主,并援引了"贤明的胡克",一位在旧的自然法传统中被认为神圣的圣公会信徒,这些都增添了连续性的表象。[11] 但是,对这种哲学内容的详细研究可以表明其中已经出现了一种根本性的变化:我们已经从自然法对积极实现人性能力的趋向——趋向德性的全善(summum bonum)——转向了一种对全恶(summum malum)的趋向,即

---

[10] 约翰·洛克,《政府论下篇》(*The Second Treatise of Government*)。
[11] 托马斯·希布斯(Thomas Hibbs)在他回应作为本章基础的论文时指出,丹尼尔·韦斯特伯格对这个关于胡克的假设提出了严肃的质疑。参见韦斯特伯格(Westberg),"理查德·胡克的托马斯主义法律和道德理论"(Thomistic Law and the Moral Theory of Richard Hooker),载《美国天主教哲学季刊》,1994年第68期,第203—214页。

自我保存的丧失,这就出现了把人的终极幸福降低到一个非常私人化领域的问题。[12]

(与自然法一样,自然权利学说也存在着一个大的家族——如果不严格界定这个术语的话。霍布斯和洛克都是奠基者,但这个家族还包括其他人。在每个重要的问题上这些人与洛克和霍布斯的差别就像洛克与霍布斯的差别一样大。这些人包括像孟德斯鸠、卢梭和康德这样具有不同思想的思想家。)

有些人(借用后期罗尔斯的政治理论)论证,自然法和自然权利学说之间最为重要的差别在于,前者要求成为一种综合的道德哲学,而后者则应当被理解为一种较为狭义的"政治理论",针对的是政府的限度而不是人类道德可能性的全部范围。但能否这么简单地界定自然权利学说,是有疑问的。其中存在着几个相互重叠的理由。首先,在某些伦理的、形而上学的或者宗教的观念直接影响这种政治理论的意义上,后者胜过了前者。(这个显著特点在那个时代受到了限制:古典自由主义得以形成的前提假设在于,英格兰17世纪晚期最为盛行的伦理的、形而上学的或者宗教

---

[12] 从自然权利和自然法这一极向自然权利的另一极的转转,这是列奥·斯特劳斯著作中的重要主题,《自然权利与历史》,芝加哥:芝加哥大学出版社1953年版。

的观点与洛克的政治观点并不冲突。只有相当少的、非主流的群体,例如天主教徒和某些小教派,才会感到自由宽容的限制的冲击。)其次,自由主义的政治理论被认为需要某些根本的伦理基础。最为明显的一些是(至少对于洛克这样的人来说是)禁止杀人、盗窃、通奸和诽谤(秘密的和煽动性的)。最后,自然权利的政治理论中隐含着某些目标的优先性,首先是和平和安全。但是,和平和安全是否是最高的目标(甚至是纯粹政治的),这并不那么清晰。那么,一种综合的道德理论与一种纯粹的政治学说这二者之间的差别并不像想象中的那么鲜明。

虽然自然权利理论在根本上不同于自然法,但它还是拥有着某些共同的重要特征:它是(1)客观的,(2)恒定的,(3)普遍的,(4)一般理解为以"唯实论"认识论为基础(尽管它的主要支持者会有不同的观点),以及(5)也以理性为基础(但"理性"的内容相对于自然法来说已经被砍头去尾了)。就这些方面而言,尽管自然权利理论和自然法有着深刻的差异,但与其他现代政治思想的形式相比(例如功利主义、实用主义以及各种形式的后现代主义),它们还是具有一些重要的共同点的。

美国自然法传统

毫无疑问,在美国的政治思想中有一支一直被视为某种形式的"自然法"理论。但是,那种自然法学说的实质和内容又是什么呢?

我已经在其他地方讨论过"自然法"理论在美国历史中的各种不同形式的运用,叙述了(1)司法审查的早期"自然正义",(2)实质正当程序和财产权的兴起与衰落,以及(3)新政后最高法院法官布莱克和法兰克福特之间的"法人组织"争论。[13] 接下来我会简单补充早先的论述,并增加对美国历史上其他三个"时刻"的自然法的简要讨论(建国时期,19世纪后期和20世纪早期最高法院关于家庭的若干判决,以及20世纪中期对极权主义的反抗),并对"自然法"在美国的运用做一些一般性的评述。

建国时期

"美国"政治思想的第一个重要形式来自那些建立了新英格兰殖民地的清教徒。有些学者认为,清教徒思想是塑

---

[13] 参见拙文"自然法与司法审查"(Natural Law and Judicial Review),载戴维·福特主编:《自然法与当代公共政策》(Natural Law and Comtemporary Public Policy),华盛顿:乔治城大学出版社1998年版,第157—189页。

造美国政治思想的首要力量。[14] 但是,在美国建国时主要的政治思想潮流却是建立在启蒙思想之上的。

美国建国政治哲学的关键人物是约翰·洛克。他的自然法的自然权利版本提供了美国宪法哲学框架最为重要的元素。我想我们可以从《独立宣言》,特别是它的第一部分所规定的"不言而喻的真理",清楚地看出这一点,很难不把它视为一种实质上是洛克式的政治哲学。(联邦主义者在证明制定宪法的大会的权威时也利用了这种哲学。在马布里诉麦迪逊案中马歇尔的意见同样暗示了这种统治理论。)

迈克尔·朱克特在其《自然权利共和国》中非常令人信服地证明了洛克的政治哲学是早期美国政治思想的主要元素。[15] 当然,还存在其他重要的元素,其中包括老辉格党的宪政主义、新教徒政治神学以及被理解为古典共和主义某种变种的渐进民主实践。但是,尽管美国确实是这些不同

---

[14] 对于这种早期的政治思想,参见威尔莫尔·肯德尔(Willmoore Kendall)和乔治·凯利(George Garey),《美国政治传统的基本符号》(*Basic Symbols of the American Political Tradition*),巴吞鲁日:路易斯安那州立大学出版社1970年版。正如正文中清楚表明的,我不同意这些作者对这种早期传统在建国中的生命力的评价。

[15] 迈克尔·朱克特(Michael Zuckert),《自然权利共和国》(*The Natural Rights Republic*),南本德:美国圣母大学出版社1996年版。对朱克特的一些吹毛求疵的意见,特别是关于宗教问题和杰弗逊在建国中的核心地位问题,请参见我在《头等大事》(*First Things*)1998年5月15期第52—56页上对该书的评论。

观念的混合物,"自然权利哲学仍然是美国最深刻的、最持久的信条,其他的只有与自然权利相容或者能够被变成这样才得以进入这种混合物。"⑯

虽然美国建国主要从现代自然权利哲学那里获得其目标,但这一点必须加上两点因素的限制:(1)这并不意味着洛克和自然权利被美国公民理解为与自然法传统显著不同;以及(2)正像朱克特自己所论证的,如果洛克式的自然权利理论是建国的主要元素,它也不是唯一的一个。

对于第一点,在洛克式自然法的各种不同的表述与更为经典的自然法方法之间存在着足够多的共同点,结果许多美国人可能会忽略它们之间的重要差异。在这一点上,理解洛克是怎样被美国人接受或者理解的与理解洛克本人一样重要。

例如,洛克对现代"自然法"的描述包含着一种有助于提供连续性的自然神学。虽然对于洛克是否把这当回事存在着相当大的学术争议,但我认为许多"美国的洛克主义者"无疑是这么认为的。洛克在他的《政府论下篇》中说自然法(任何人都不应伤害他人的生命、健康、自由或者财产)建立在下述原则的基础之上:

---

⑯ 朱克特,《自然权利共和国》,第95页。

因为人都是一位全知全能、无限智慧的造物主的创造物,都是一位最高主宰的仆人,奉他的命为他的事业来到这世上,他们都是他的财产,都是他的创造物,是他的意愿而不是他们之间的意愿使得他们存活。[17]

其次,洛克式的哲学语言,例如它对"自然法"术语的使用,以及例如"自由"与"许可"的传统区别,这些都有助于形成一种连续性的感觉。[18]

就第二点而言,没人会否认洛克之外的其他人对建国的影响。国父们广泛地利用了多种资源,如果洛克式的思想占据主要地位,那也不能说它就是全部内容。洛克式的政治哲学是复合物中的一种元素,这种复合物还需要借助其他传统的元素才能形成。[19]

首先,有英国普通法的存在。虽然在那里能够感受到

---

[17] 约翰·洛克,《政府论下篇》,第2卷,第2章,#6。
[18] 对于强调洛克的那些方面与经典自然法相一致的近期论证,参见托马斯·韦斯特(Thomas West),"为洛克辩护:一个17世纪的'自由主义者'如何真正是一个'社会保守派'"(Vindicating John Locke: How a Seventeenth Century 'Liberal' Was Really a 'Social Conservative'),家庭研究委员会威瑟斯彭讲座(Family Research Council Witherspoon Lecture)(2001年2月23日)。
[19] 对于产生美国宪法混合物的各种不同因素的研究可以参见弗里斯特·麦克唐纳(Forrest McDonald),《新的时代秩序》(Novus ordo Seculorum),劳伦斯:堪萨斯大学出版社1985年版,特别是第1—3章。

洛克的影响,这在布莱克斯通在其《英国法释义》中对洛克式的生命、自由和财产三位一体的强调中可以看出来,但那里同样还有其他的因素,这在布莱克斯通与洛克关于自然状态的探讨形成鲜明对比的、更具亚里士多德色彩的政府起源的观点中可以看得出来。

在这方面有一份特别有趣的作品,它是由伟大的普通法法学家约瑟夫·斯托里(Joseph Story)法官写作的关于"自然法"的未署名文章,发表于弗朗西斯·利伯1832年所编订的《美国百科全书》上。[20] 斯托里版本的自然法对传统自然法元素的暗示可以在他设定的下述前提中看出:

> 为了实现本文的目的,我们可以假定,不用承担证明的责任,存在一位具有无限权力、知识、智慧、善良、正义和仁慈的神;他已经创造了具有适当的能力和官能去追求和实现幸福的人。人是道德的、依赖的和有责任的存在物;他的灵魂是不死的;他的终极幸福或灾祸依赖于他自身的行为;存在着一种依照至高智慧和仁

---

[20] 《美国百科全书》(*Encyclopedia Americana*),弗朗西斯·利伯(Francis Liber),第9卷:第150—158页。这篇文章在埃斯格鲁伯(Eisgruber)的文章中得到了讨论,"正义故事、奴隶制与美国立宪的自然法基础"(Justice Story, Slavery, and the Natural Law Foundations of American Constitutionalism),载《芝加哥大学法律评论》,1988年第55期,第273—327页。

爱的未来的报偿状态；借助对自身能力和官能的正当运用，人总是会发现和追求他的职责；美德或者以服从神的意志的方式行善，这与永福的奖赏相连；而邪恶或者以违背那种意志的方式作恶，这必然根据人性的原理与直接或者最终苦难和灾祸相连。简而言之，人无法通过实践邪恶而永久幸福，必须通过实践美德才能永久幸福。

虽然这组前提可以以极为不同的方法阅读（这是由"幸福"、"美德"和"神意"这些概念的实质内容所开启的），但是，对道德责任和职责、幸福和美德、神意和天道等焦点问题的关注表明，这种方法所利用的不仅仅是现代自然权利哲学。

更为具体地说，洛克哲学的核心特征之一是强调财产权的重要性。但是，英格兰非常发达的普通法极为详细地处理了这些正义问题——这种普通法的实体广泛地利用着经典的和中世纪的思想。[21]

此外，普通法包含着关于道德的重要规定，其中涉及性道德或者家庭维持的道德。例如，在美国建国时英国法是非常严格地限制离婚的。真正离婚又重新结婚的在很大程

---

[21] 参见詹姆斯·葛德雷（James Gordley），《现代契约学说的哲学根源》（*The Philosophical Origins of Modern Contract Doctrine*），牛津，英国：牛津大学出版社1991年版。

度上局限于那些获得国会法令的极少数人。[22]

其次,普通法自身反映着另一部分建国中的思想混合物,即基督教。斯托里法官指出,在建国中"美国的一般态度认为,纵然不是普遍的态度,基督教应该获得国家的鼓励,只要它不是与私人的良知权利和宗教信仰自由不相容"。[23] 而且著名的异域观察者阿列克西·托克维尔指出,基督教有助于提供一个使得健康的政治自由得以可能的共同道德框架。[24]

第三,美国人受到一大群国际法作者的影响,其中包括格老修斯[25]、普芬道夫[26]、布尔拉玛基[27]以及瓦特尔[28]等人。除了格老修斯是坚定的"自然权利"理论家,这些作家的思

---

[22] 关于离婚,参见威廉·布莱克斯通爵士(Sir William Blackstone),《英国法释义》(Commentaries on the Laws of England),第1卷,第15章。

[23] 约瑟夫·斯托里,《美国宪法评论》(Commentaries on the Constitution of the United States),达拉姆,北卡罗来纳:卡罗莱纳学术出版社1987年版,第700页。

[24] 阿列克西·德·托克维尔(Alexis de Tocqueville),《论美国的民主》(Democracy in American),特别是卷1第17章。

[25] 胡果·格老修斯(Hugo Grotius),《战争与和平法》(The Law of War and Peace),罗斯林,纽约:瓦尔特·J·布莱克出版社1949年版。

[26] 萨缪尔·普芬道夫(Samuel Pufendorf),《论人和公民在自然法上的义务》(On the Duty of Man and Citizen According to Natural Law),剑桥,英国:剑桥大学出版社1991年版。

[27] 让·雅克·布尔拉玛基(Jean Jacques Burlamaqui),《自然法和政治法的原则》(The Principles of Natural and Politic Law),托马斯·纽金特(Thomas Nugent)英译,费城:尼科林和约翰逊出版社1832年版。

[28] 艾默里克·瓦特尔(Emerich Vattel),《国际法或者自然法的原则》(The Law of Nations; or, Principles of the Law of Nature),T.约翰逊和W.J.约翰逊出版社1883年版。

想与经典自然法各具不同的关联,但他们都增添了在不同程度上异于洛克的自然权利理论的理论元素。

第四,美国人把对经典的和中世纪的哲学的继承视为理所当然的要素,这种哲学的重要性只有在现代知识潮流攻击它时才能得到承认。例如,整个关于权利的政治哲学似乎都以一种唯实论的认识论为前提,假定人类能够真正理解自然的法则——这种假定在很大程度上不同于当前哲学的一些主要趋势(例如,解构主义,历史主义)。(再次重申,不管洛克是否是一位认识论的唯实论者,许多追随他的政治著作的人却都是。)

非财产的"自然法"

虽然财产权是19世纪和20世纪之交自然法思想的各个变种都有着重大影响的主要领域,但是也同样存在着一些涉及家庭的判例。具体来说,自然法就出现在了布拉德韦尔诉伊利诺伊州(*Bradwell v. Illinois*)案中。在这个案例中最高法院维持了伊利诺伊州拒绝(依照普通法)授予一名妇女从事法律职业的资格。在迈耶诉内布拉斯加州(*Meyer v. Nebraska*)和皮尔斯诉姐妹会(*Pierce v. Society of Sisters*)案中,最高法院则支持了父母的权利。

在布拉德韦尔案中,布拉德利法官(Justice Bradley)写了一个附条件同意的判决意见(与菲尔德[Field]和斯韦恩[Swayne]合署),辩称美利坚公民的特权和豁免并不包括妇女从事任何职业的权利。他阐明的理由如下:

……民事法,甚至自然本性本身一直承认男人和女人在具体领域和天命上的巨大差异。男人是而且应当是女人的保护者。女性所具有的自然而且恰当的羞怯和娇美使其明显不适于从事许多公民生活的职业。建立在神圣律令之上的家庭组织以及事物的自然本质表明,家庭领域才是适合女性特征的领域和职责。家庭结构所具有的或者应当具有的兴趣和观点的融洽,更不用说是一致了,与妇女从事一种不同于和独立于其丈夫的职业的观念相矛盾……

确实许多没有结婚的妇女不受结婚状态所带来的义务、复杂状况和无能力的影响,但这些只是上述一般规则的例外。妇女最高的使命和天命是履行妻子和母亲的善良和高贵的职责。这是造物主的法律。而且,公民社会的规则必须要适应事物的一般原理,不能建立在例外情形之上。[29]

---

[29] 16 Wall. (83 U.S.) 130, 141-142 (1873) (Bradley, J., concurring).

这段文字揭示了批评自然法理论的一个源头：从自然法的合理意见出发——例如，家庭组织的重要性，以及性别差异与这一组织的关联——滑向一个没有提供任何证明的结论，即家庭的维持要求已婚妇女——以及未婚妇女，她们是一般规则的例外——不得拥有职业。同时，当代社会是否能够轻易地证明鄙视这种意见缺点的合理性，这也是存疑的。不管这种判断如何地错误，当代美国的道德观念并没有提供一种选择，可以成功地为妇女带来相当的机会以维持稳固的家庭。虽然职业已经向着已婚或未婚的妇女适当地开放，但这却是通过采取一种与巨大的家庭不稳定相伴的方式进行的。至少就目前的情形来看如此。平等主义的政策在家庭组织的幸福上简单地忽视了自然的性别差异，它就像不公正地限制妇女就业机会的较为古老的不平等主义政策那样对社会同等有害。

在迈耶诉内布拉斯加州案中，鉴于内布拉斯加州法律禁止用英语之外的任何现代语言教授小学，最高法院辩称：

> 美国人民一直把接受教育和获得知识看成应当努力促进的最重要的事情。1787年的《邦联条例》宣布，"宗教、道德和知识对于良好政府和人类幸福不可或缺，学校和教育手段永应鼓励。"与控制的权利相应，父

母具有给他们的孩子提供适于其生活状态的教育的自然义务,几乎所有的州,包括内布拉斯加州,都通过义务教育法履行这一职责。[30]

虽然没有直接援引自然法,但最高法院这里所依赖的对于儿童及其与父母关系的理解似乎反映了一种传统的自然法理论。

皮尔斯诉姐妹会案是我所知道的为教皇通谕所援引的唯一案例(在比约十一《神圣导师》[Divini Illius Magistri][论基督教的教育]中持赞成态度)。俄勒冈州通过一项法令,要求所有学生参加公共学校。最高法院宣布:

> 根据迈耶诉内布拉斯加州案所确立的原则,我们认为《1922年法令》不合理地干涉了父母和监护人抚养和教育他们控制之下的孩子的自由,这是完全清晰明白的:正如此前经常指出的,宪法所保障的权利不受与国家权限范围内的某种目的没有合理关系的立法限制。这个联邦的一切政府所依靠的自由的基本理论排除了国家通过强制儿童只能接受公共老师的教育从而

---

[30] 262 U. S. 390, at 400 (1923).

把他们标准化的任何一般性权力。儿童不单纯是国家的造物,那些养育他们、引导他们的人具有承认和训练他们接受其他职责的权利,以及与之相连的高度义务。[31]

有趣的是,在这两个案例中,非财产的自然法论证都与财产权利的论证交织在一起:在迈耶案中是从事教授一门外语职业的权利,在皮尔斯案中是学校教育的权利。这是自然法和自然权利理论在某点上相互重合的例证。最高法院从1890年到1937年的财产权理论在很大程度上是一种"自然法理论"的自然结果。这种"自然法理论"植根于自然权利的政治理论(而不是传统的自然法),但是,这些判例却表明它有时延伸到财产权范围之外,涉及像家庭的本质这样当下容易与经典自然法理论相同化的问题。(当然,如同自然权利的案件一样,布拉德韦尔案这样的意见也表明了一种极端形式的自然权利或自然法理论是如何招致对一般自然法论证的嫌恶的。)

对抗极权主义

第二次世界大战包含着与一种极其邪恶的纳粹政体的

---

[31] 268 U. S. 510, at 534-535 (1925)(内部引用略)。

对抗,而且它特别提出了拒绝执行邪恶实在法命令的责任问题,例如纽伦堡审判所起诉那些战争罪犯。而且,冷战时期与苏联极权主义的对抗也强化了政治上的对错标准问题。这些条件自然地导致了自然法的复兴。这一复兴的两大杰出代表是雅克·马里旦和伊夫·西蒙。这两位法国思想家对美国具有相当大的影响,影响的途径包括他们在芝加哥大学沃尔格林基金系列讲座(Walgreen Foundation Lectures)基础上所出版的著作:马里旦的《人与国家》和西蒙的《民主政府的哲学》。㉜

另一位深受极权主义经历影响的思想家是沃尔特·李普曼。他的著作《公共哲学》㉝提供了一种阻止西方没落所必须具备的自然法观念,尽管这是一种把自然法和自然权利融进同一范畴并且期待对这一传统重新阐释的折中观点。

约翰·考特尼·默里的著作《我们坚信这些真理:对美国命题的天主教思考》同样有助于二战后自然法的复兴。㉞

㉜ 雅克·马里旦,《人与国家》(Man and State),芝加哥:芝加哥大学出版社1951年版,以及伊夫·西蒙,《民主政府的哲学》(The Philosophy of Democratic Government),芝加哥:芝加哥大学出版社1951年版。

㉝ 沃尔特·李普曼(Walter Lippman),载《公共哲学》(The Public Philosophy),纽约:门特出版社1955年版。

㉞ 耶稣会士约翰·考特尼·默里(John Courtney Murray, S. J.),《我们坚信这些真理:对美国命题的天主教思考》(We Hold These Truths: Catholic Reflections on the American Proposition),纽约:希德和沃德出版社1960年版。

默里对经典自然法和洛克自然法的区分比李普曼更为明显,但他声称洛克比他想象的更是经典自然法传统的传承者,而且他认为经典自然法要优于洛克的自然法。

二战后自然法的复兴从未接近使传统的自然法在美国学术圈或者政治和社会生活中成为主导性哲学。实际上,贯穿20世纪的一般潮流一直明显地体现在其他方向上:作为新政准备的各种进步思想的影响(例如,伍德罗·威尔森(Woodrow Wilson)、查理·比尔德(Charles Beard)、弗农·帕林顿(Vernon Parrington)和赫伯特·克罗利(Herbert Croly)),作为典型美国哲学的杜威实用主义的兴起,美国法律思想中法律现实主义和社会法理学的胜利——霍姆斯的后裔,以及二战后体现在社会科学的行为主义之中的科学理性主义的势力扩张。回首往事,紧跟着20世纪中期深重灾难经历的自然法复兴似乎相当短命,与该世纪后期新的思想潮流对比它相形见绌。这些新潮流特别涉及受约翰·罗尔斯影响的反至善自由主义的兴起,以及作为一种主要力量的激进思潮的形成,这种激进思潮发端于20世纪60年代的新左派,然后以批判法律研究、女性主义和多元文化的形式影响着整个学术圈。

当代美国生活中的自然法

本节我想对在美国"发现"经典自然法和自然法在天主教神学和哲学中的当前地位提一些初步观点。这种神学和哲学在历史上一直是自然法传统的主要工具。然后,我想详细研究当代美国思想和政治生活之中存在的那些与自然法在我们社会之中的地位最具关系的思潮。

初步观点

一点警示

在分析"自然法"在美国历史中的作用时既存在良机也存在诱惑。自然法的学者及其在公共生活中的追随者所面对的诱惑是,希望回溯美国历史并发现一个可以抓握的有用"把手"——这种方法旨在表明"自然法"是真正的"美国"方法,那样他们之于公民同胞就不是"外国人",而是作为共同传统继承者的公民同胞。然而,至少在原则上,这会导致希望成为思想之父。这会使得一些人想在过去看到他们想在那儿看到的东西——特别是一种强劲的、充满活力的传统自然法理论。

问题的实际情况是,美国最具影响的'自然法'形式一直是现代自然权利理论,较为传统的或者说托马斯主义自然法理论的影响力始终极为有限。

然而,即使承认经典的/中世纪的自然法传统与美国自然法传统之间的重要差异,也有可能在美国自然法传统中发现一些重要的渊源以支持那些在当代美国正受攻击的较为古老的自然法理论的核心原则。

当下的文化争战特别涉及生与死的问题,还有性的问题。可以证明这些正是经典的/中世纪的传统与现代早期传统之间最具明显连续性的领域。从传统上讲,美国思想强调所有人的平等和尊严。人的尊严的源头——或许比真正的思考结果更为理所当然——在于我们拥有杰出的理性能力,大多美国人一般都从神学的语境中看待这一问题:根据约翰·洛克和《独立宣言》,我们都由造物主和全能的天主赋予了理性,以及与之相伴的权利和义务。经典的/中世纪的以及现代形式的自然法都强调理性,并且以某种自然神学为基础(这被大多数的新教美国人广泛接受),它似乎在很长一段时间内为美国的公共哲学提供着一种"自然的"基础。(甚至可以说这代表着像罗尔斯的"交叉共识"的东西,其中不同的社会部门——例如,天主教徒、加尔文宗、安利甘宗、浸礼教徒、唯一神论者和自然神论者——都可以加入,尽管对这个术语有着不同的理解,但可以发现共同的基础。)这种传统的美国自由主义的核心价值包括一种共同的道德框架(托克维尔特别指出这一点),其中涉及对生命和家庭的捍卫。然而,20世纪的历史,特别是20世纪60年代之后的历史是美国共识拆解的历史,首先是19世纪末20世纪初知识分子和其他精英从中脱离出来,然后是他们对其他社会部分的影响在二战后急剧加快,特别是在20世纪60年代之后。

当代天主教教义和思想中的自然法

关于当代天主教自然法教义我的第一点结论是,天主教训导(Catholic Magisterium)对托马斯主义自然法有着显著的修改。首先,所谓的天主教训导的社会教义通常被认为始于19世纪末的利奥十三(Leo XIII),那时已经采取了某种不完全属于托马斯主义的形式。这在多大程度上标志着一种实质性的改变,或者说只是托马斯主义自然法含义的一个发展和一种词汇的变化——即使是后者,这种改变是否是审慎的,这些都存在着相当大的争论。[35] 从利奥十三开

---

[35] 参见恩斯特·福廷,《恩斯特·福廷论文集》(*Ernest L. Fortin, Collected Essays*),卷3,布林·贝奈斯塔德(Brian Benestad)主编:《人权、德性和共同善》(*Human Rights, Virtue, and the Common Good*),兰纳姆,马里兰:罗曼和利特菲尔德出版社1996年版。

始,特别是在标志性的教皇通谕《新事物》(Rerum Novarum)中,这些社会教义采用了"权利"的语言,这在托马斯自然法教义中是不存在的。而且,这种特征在若望二十三(John XXIII)及其继任者们的教皇通谕中是明显增多的,特别体现在《和平于世》(Pacem in terris)、《慈母与导师》(Mater et magistra)和《民族发展》(Populorum progressio)这几份教皇通谕之中。㊱

其次,目前的教皇,若望·保禄二世一直是某种人格主义哲学思潮的支持者。㊲ 我认为这种人格主义并不违背自然法,而且可以证明它依赖自然法。例如,卡罗尔·沃伊泰拉的著作《爱与责任》在行文的关键部分反复引述传统的自然法教义。㊳ 而且当特别涉及当前道德哲学中的错误时,教皇在《真理之光》的教皇通谕中广泛地引用了自然法。然而,毫无疑问,人格主义哲学与自然法有些不同。相似地,虽然《天主教会教义手册》肯定是与自然法理论是相容的,

---

㊱ 参见布林·贝奈斯塔德,《公正社会秩序的追求》(The Pursuit of a Just Social Order),华盛顿特区:伦理学和公共政策中心1982年版。

㊲ 对若望·保禄二世哲学背景基本要素的有才华的阐述见之于乔治·威格尔(George Weigel)的传记《见证希望》(Witness to Hope),纽约:克里夫街出版社1999年版。

㊳ 卡罗尔·沃伊泰拉(Karol Wojtyla),《爱与责任》(Love and Responsibility),H. T. 维勒茨(H. T. Willetts)英译,纽约:法勒、斯特劳斯、吉鲁出版社1981年版。

它甚至包含着一个描述自然法的两页简介,但它的自然法的语言不是很突出。(有趣的是,那里甚至没有"自然法"的单独词条。它包含在"法律"之下,而且没有涉及先前提及的两页描述的相对简短的介绍。㊴)

不管在训导的教义中自然法的重要性降低的原因为何(或许是由于在当代世界它的修辞的无用,又或许是由于希望重新强调天主教道德神学的圣经和启示的基础),这都是值得关注的。

在较为一般的天主教神学中,传统的自然法教义正受到攻击,这体现在两个方面。一些当代的道德神学家完全拒绝它。其他的虽然坚持它,却实际地修改了它,得出的是与传统不一致的结论。㊵ 最为明显的例子是伴随着教会在《人类生活》(Humanae vitae)中对堕胎教义的再次主张所导致的巨大分裂。

在那些致力于传统自然法理论的人中,最为有趣的发展是杰曼·格里塞、约翰·菲尼斯、罗伯特·乔治㊶等"新自

㊴ 《天主教会教义手册》,1954—1960号。
㊵ 参见理查德·麦克布莱恩(Richard McBrien),《天主教》(Catholicism),第3版,旧金山:哈伯出版社1994年版。
㊶ 参见杰曼·格里塞,《主耶稣之路》,卷1,芝加哥:方济各赫勒尔德出版社1983年版;约翰·菲尼斯,《自然法与自然权利》,纽约:牛津大学出版社1980年版;以及罗伯特·乔治的"自然法理论的近期批判",《芝加哥大学法律评论》,1988年秋第55期,第1371—1429页。

然法理论"的支持者与更为传统的新经院主义自然法理论家,如拉尔夫·麦金纳尼和拉塞尔·西丁格等人的持续争论。[42] 尽管在这种争论中双方都忠于天主教训导——或者换句话说,双方事实上都似乎在关键的道德问题上达成了实质相同的结论——但我认为整体的趋势却是,双方不是把对方视为只具有有限差别的盟友,而是视为对那些已经深入歧途以致根本无法与真正自然法理论相容的观点的支持者。

面对自然法内部的这种分歧,我发现二者都吸引着我,正如学者们文雅的说法,"与二者都有张力"。更为实际的回应是一种担心,这种形之于外的分歧破坏了自然法理论家对当代道德哲学的一致和集中影响。这种观点具有一种赞成某种"联合论"的倾向(强调上述两种立场之间最低的共同特征)。更为理论化的回应是一种赞赏,认为这种充满活力的争论可以推动双方更为深刻地重新研究自然法理论的传统渊源,特别是托马斯·阿奎那的教义;还有一种感觉,发现争论双方之间的理论差异事实上可能具有实质性的不同。这是当前自然法学者(以及那些从他们那里获得

---

[42] 参见拉尔夫·麦金纳尼,《托马斯主义伦理学》,华盛顿特区:美国天主教大学出版社1997年版,以及拉塞尔·西丁格,《对新自然法理论的一个批判》,南本德,印第安纳州:美国圣母大学出版社1987年版。

即便观点的人)所面临的核心问题之一:这种立场之间的可见分歧能够缩小以便形成内在一致、共同防卫的"统一战线"吗?或者说,必须在这种相互竞争的立场之间做出直截了当的选择吗?

当代美国的自然法

公共讨论

对自然法在当代美国的地位问题首先要指出的是,它的影响非常弱,在很大程度上处于美国思想和公共生活的边缘状态。很明显,这个术语在公共讨论中很少用到。但是,更为重要的是,在它变成一个重要公共问题的时刻,它甚至被广泛地视为一种政治负担。

对自然法和最高法院的这个意义重大的公共讨论时刻出现于1991年对克拉伦斯·托马斯(Clarence Thomas)的提名。这里自然法之所以变成一个问题是因为托马斯在演讲中称自然法与美国宪法具有决定性的关系。他尤其援引了哈伦法官(Justice Harlan)在普莱西诉弗格森(Plessy v. Ferguson)案中的不同意见作为法官拥护宪法(特别是《独立宣言》)的高级法背景的充分例证——尽管哈伦在那里并没有直接引证自然法。

然而,托马斯在提名听证会上却撤回了他早期对自然法与宪法解释相互关联的明确支持。他不仅否认法官可以根据《宪法》没有包含的自然法原则推翻法律——这种观点明显与他早期论点一致——而且还认为自然法只具有纯粹"理论的旨趣",对宪法裁判没有任何影响。后来托马斯在与委员会主席约瑟夫·拜登(Joseph Biden)交换意见时愿意肯定地回答拜登的陈述:"我并不认为有理性的人能够得出结论说自然法不影响一个案件的裁判,如果你是一名法官,如果你承认你不得不回首国父们对自然法的理解,那么至少对裁判具有局部的影响……"㊸但即便如此,这也受到实质的限制,根据在于,"(制定者)选择的规定是广泛的规定,通过我们的历史和传统进行的裁判,对我们历史和传统的使用,都在演变。"㊹

从这个问题上的撤退——不管是否是政治上审慎的——减少了在这个问题上进行实质公共讨论的机会,从而使美国人民不幸地丧失了一种教育机会。这种讨论本来能够帮助我们呈现自然法的相关性和重要性,同时还能澄清它的限度。结果,它却成了一种假辩论。托马斯从自然法上的撤退表明即使是自然法的支持者也把它看作一种具

㊸ 参议院司法委员会关于提名克拉伦斯·托马斯为美国最高法院助理法官的确认听证会,第一部分,第276—277页。

㊹ 同上注,第277页。

有政治危险的包袱。

学界

在理论界,下述掌故可以证明当下自然法思想相当贫弱的现状。在1993年由美国公共哲学学会主办的一次会议上,牛津大学著名的法律哲学家约瑟夫·拉兹开始演讲,他说"当下我们有一个共识……"然后迟疑片刻,凝视听众(半数是自然法方向的学者),说"当然不是这儿!"言下之意,他在写一个"共识"时,并没留意自然法理论家的异议——因为他们似乎不足以减损存在一个"共识"的事实。

当前英美政治和法哲学的最为重要的人物是新康德主义的约翰·罗尔斯,《正义论》(*A Theory of Justice*)(1971)和《政治自由主义》(*Political Liberalism*)(1992)这两部著作的作者。与这种反至善论的自由主义相提并论的则是当代思想中的其他主要思潮:各种形式的功利主义和后现代主义或者文化多元论思想(例如,批判法律研究,女性主义,批判种族理论)。[45] 自然权利理论在很大程度上是某些自由主义的起源,就像自然法理论一样只是当代知识生活中的一小

---

[45] 对于当代政治理论的概述,参见克里斯托弗·沃尔夫和约翰·西丁格主编,《十字路口的自由主义》(*Liberalism at the Crossroads*),兰纳姆,马里兰:罗曼和利特菲尔德出版社1994版。

股回流。㊻即使是对自然法的非常有限的关注也只是对它的一种糟糕的理解。㊼

也不是只有当前的自由主义和激进的思想漠视自然法理论。许多保守主义的思想正受到实证主义的吸引。如最高法院的法官威廉·伦奎斯特(William Rehnquist)和安托宁·斯卡利亚(Antonin Scalia)以及罗伯特·博克法官(Judge Robert Bork)等公众人物都是这个方面的杰出代表。㊽

在这个主流思想中对自然法理论的一般态度是,它严苛、过时、不明确,甚至敌视个人和共同体的福利。就最后一点而言,看看罗尔斯以及他的追随者们,如斯蒂芬·马赛

㊻ 例如,参见兰迪·巴尼特(Randy Barnett),《自由的结构》(The Structure of Liberty),纽约:牛津大学出版社1998年版。

㊼ 例如,参见劳埃德·温里布,《自然法与正义》(Natural Law and Justice),剑桥,马萨诸塞:哈佛大学出版社1987年版,以及罗伯特·乔治对这部著作的批判,"自然法理论的近期批判"。

㊽ 我认为伦奎斯特真正属于法律实证主义学派,正如他对奥利佛·温德尔·霍姆斯法官的正面引用所表明的那样。参见威廉·伦奎斯特,"一种活宪法的概念"(The Notion of a living Constitution),载《德克萨斯法律评论》(Texas Law Review),1976年第54期,第693—706页。我认为博克和斯卡利亚最终不属于实证主义者,但是他们的用语有时似乎在强烈地表明他们是。例如,参见罗伯特·博克,"中立原则与第一修正案问题"(Neutral Principles and Some First Amendment Problems),《印第安纳法律杂志》(Indiana Law Journal),1971年第47期,第1—35页,以及斯卡利亚在额我略大学的致辞,引自罗伯特·乔治,"专制国家"(The Tyrant State),载《头等大事》(First Things),1996年11月第67期,第40页。

220 多（Stephen Macedo），对自然法的态度会特别有趣。在《政治自由主义》中，罗尔斯首先表明他的"公共理性"理论排除了禁止堕胎这样的自然法立场，至少在怀孕的前六个月如此。这不仅是因为这种自然法立场是"错误的"，而且还因为它无法满足现代自由社会所采取的一种合法立场的要求。（在批评声中，罗尔斯在《政治自由主义》的平装本引言中撤回了这个论点。）

马赛多紧随罗尔斯，提出了一系列关于自然法和公共理性的特别有趣的论证，反复地提出这样的问题，在堕胎和同性恋这类问题上，自然法的论证是否（1）直接就是错误的，或者（2）不能经受公共理性的检验，因此不是自由社会中合法的论证形式。㊾

由于学界通过对法官、评论者和媒体精英的影响进而对美国生活有着不同程度的影响，因此罗尔斯和自由主义的主导地位并不仅限于学界。二战后美国有两大发展，其一是大众高等教育，其二是休闲娱乐的扩张以及媒体精英和其他塑造流行文化者的伴随影响。美国知识分子（像西方通常的知识分子一样）在整个世纪中都受到远离"自然"

㊾ 参见罗伯特·乔治和克里斯托弗·沃尔夫，"自然法与公共理性"（Natural Law and Public Reason），《自然法与公共理性》（*Natural Law and Public Reason*），乔治和沃尔夫主编，华盛顿特区：乔治城大学出版社 2000 年版。

的哲学运动的影响,但是,他们对公共生活的影响虽然重大,但只要它仍限制在相对小的学术圈内就会十分有限。二战后随着大众高等教育的扩大,越来越多的美国人受到知识精英或者其训练者的教导,因此他们的影响力与日俱增。与此同时,富裕带来了休闲娱乐的扩张,特别是伴随着电视的出现,而且那些塑造娱乐产业的媒体精英也往往会分享知识阶层的文化偏见。[50]

最高法院与自然法

在学界之外的政治和社会生活中,自然法同样遭到广泛攻击。这在一些最高法院的判决中表现得尤其明显。首先,正如迈克尔·桑德尔(Michael Sandel)在《民主的不满》[51]中所言,现代的法院至少从1943年开始(我却认为1938年也是一个有根据的日期)就已经经常采取一种自由主义的"中立"立场,这就导致了他所称的"程序共和国"。这种中立性要求美国的政治生活必须不存在"正统"(orthodoxy)(除了没有正统的传统)。言论自由的判例逐渐

---

[50] 罗伯特·勒纳(Robert Lerner)、阿尔西亚·长井(Althea Nagai)和斯坦利·罗斯曼(Stanley Rothman),《美国精英》(*American Elites*),纽黑文,康涅狄格:耶鲁大学出版社1996年版。

[51] 迈克尔·桑德尔(Michael Sandel),《民主的不满》(*Democracy's Discontent*),剑桥,马萨诸塞:哈佛大学出版社1996年版。

倾向相对主义:淫秽的标准在20世纪60年代的判决中瓦解了,[52]公共场合行为粗俗的禁令在20世纪70年代被推翻了,[53]焚烧国旗和脱衣舞蹈在20世纪90年代开始纳入言论自由的成规之下[54]——所有这一切都是以防止一种公共正统的名义展开的。[55]

自由主义中立性的另一种形式由一种把宗教排除于公共生活之外的相当严格的规定构成,尽管最高法院在20世纪后三分之一的时期在这领域的表达相当含混。然而,有一个领域它是不含混的,那就是在公共教育中排除宗教。[56]

但是,最高法院对自然法理论进行攻击的最为重要的领域一直是所谓的私人领域。从格瑞斯沃尔德诉康涅狄格州(*Griswold v. Connecticut*)[57]案开始,这个案子处理了一条反堕胎的法律,最高法院就已经使用曾经相当不足信的实

---

[52] 参见哈里·科罗尔(Harry Clor)对于淫秽法理瓦解的犀利解释,《淫秽与公共道德》(*Obscenity and Public Morality*),芝加哥:芝加哥大学出版社1969年版,第1章和第2章。

[53] 例如,参见 *Cohen,v. California* 403 U.S. 15(1971)。

[54] *Texas v. Johnson* 491 U.S. 397(1989)和 *Barnes v. Glen Theatre* 501 U.S. 560(1991)。

[55] 对于进一步的讨论,参见拙文"公共道德和现代最高法院"(Public Morality and the Modern Supreme Court),载《美国法学杂志》,2000年第45期,第65—92页。

[56] 参见 *Wallace v. Jaffree* 472 U.S. 38(1985)和 *Edwards v. Aguillard* 482 U.S. 578(1987)。

[57] *Griswold v. Connecticut* 381 U.S. 479(1965)。

质正当程序的观念去树立一个对性道德规范非常公开的规制的障碍。虽然格瑞斯沃尔德案保留了尊重自然法思想的外形,把新设立的权利追溯到婚姻制度,但这个基础很快就在艾森斯塔特诉贝尔德(*Eisenstadt v. Baird*)(1972)案中被否定了。这个案子赋予了这种权利以一种彻底个人主义的模型(在一个由"天主教徒"在法庭上发表的意见中,威廉·布伦南[William Brennan])。[58]法院后来在罗伊诉韦德(*Roe v. Wade*,1973)案中确立了一个相当广泛的、有争议的堕胎权利,重新宣布了其在计划生育组织诉凯西(*Planned Parenthood v. Casey*,1992)[59]案中所坚持的核心判决理由(三名共和党任命者的多数意见)。最后,最高法院通过在斯坦伯格诉卡哈特(*Stenberg v. Carhart*,2000)[60]案中击倒哪怕只是禁止可怕的"晚期堕胎"程序的州的企图,最终以赞成堕胎的法理告终。

在鲍威尔斯诉哈德维克(*Bowers v. Hardwick*,1986)[61]案中,最高法院最初拒绝把隐私权扩展到同性恋行为——但是在法院意见中只是简单地援引实在法(佐治亚人有权根

---

[58] *Eisenstadt v. Baird* 405 U.S. 438(1972).

[59] *Roe v. Wade* 410 U.S. 113(1973);*Planned Parenthood of Southeastern Pennsylvania v. Casey* 505 U.S. 833(1992).

[60] *Stenberg v. Carhart* 530 U.S. 914(2000).

[61] *Bowers v. Hardwick* 478 U.S. 186(1986).

据他们的道德判断立法），而没有做出任何尝试解释法律（道德判断）的基础可能是什么的努力，也就是说解释它因何是合理的。毫不奇怪，法院最终退缩了。在罗默诉埃文斯（*Romer v. Evans*, 1996）[62]案中，最高法院根据平等保护原则推翻了一条科罗拉多州关于根本禁止同性权利的规定的宪法修正案，这种做法标志着对把同性恋作为"单纯男性意图"予以合法化的反对——这是若干世纪西方法律和自然法理论的一项不可更改的道德原则。然后在劳伦斯诉德克萨斯州（*Lawrence v. Texas*, 2003）[63]案中，它直接推翻了鲍威尔斯案的判决，并且推翻了一项禁止同性鸡奸的州立法，这次特别指出是以隐私权为根据的。

而且在安乐死领域，即使当最高法院在华盛顿州诉格吕克斯伯格（*Washington v. Glucksberg*）和瓦克诉奎尔（*Vacco v. Quill*, 1997）[64]案中拒绝承认下述主张时，隐私权包括一种医生辅助自杀的广义宪法权利，仅有的一线希望也阴云密布：五位法官似乎表明在某些有限的条件下，存在着一种获得自杀辅助的受宪法保护的权利。

---

[62] *Romer v. Evans* 517 U. S. 620(1996).

[63] *Lawrence v. Texas* 123 S. Ct. 2472(2003).

[64] *Washington v. Glucksberg* 521 U. S. 702(1997)和 Vacco v. Quill 521 U. S. 793(1997).

最高法院在这些案件中的辩论有一个重要的特征，它一般不涉及现代自由主义和自然法思想的任何真正讨论。223
其中当然出现了自由政治理论，但是，反对自由主义的自治论者的立场却是“反司法能动主义”。不存在对反堕胎法律背后原因的解释，也不存在针对广义堕胎权利的“反堕胎”立场。同样在涉及同性恋的案件中也不存在异性恋规范性的观点。（我认为在涉及安乐死的案例中实际存在着一种捍卫传统道德风俗的努力，但颇具讽刺意味的是，这种意见来自最高法院最彻底的反司法能动主义的实证主义者。而且，在斯坦伯格诉卡哈特案中，斯卡利亚法官流露出对堕胎的个人厌恶。）这种最高法院文化论战中的“非对称性”——自由主义得到捍卫，而自然法或“文化保守主义”却没有——或许是正确的司法立场，也或许不是。但是，我认为它对那些支持传统道德规范的人不利，这些重要讨论的任何参与者都没有真正代表（即解释和捍卫）他们的观点。(65)

---

(65) 有趣的是，还存在着另外一个极为不同的视角，据此把这种现代法院法学的主要动力描述为一种自然法实际上是可能的，正如拉塞尔·西丁格在其论文中所做的，“自由主义与美国自然法传统”（Liberalism and the American Natural Law Tradition），载《维科弗里斯特法律评论》（*Wake Forest Law Review*），1990 年第 25 期，第 429—499 页。受到西丁格的启发，我在自己的论文中讨论了这一问题，“自然法与司法审查”（Natural Law and Judicial Review），载戴维·福特主编：《自然法与当代公共政策》（*Natural Law and Contemporary Public Policy*），华盛顿特区：乔治城大学出版社 1998 年版，第 157—189 页。

精英或者大众意见?

一个重要并且有趣的问题是,最高法院对自然法思想的这种攻击仅仅是少数知识精英通过对法官的影响从而把自己的立场强加给了整个国家,还是最高法院的言论在这个领域既代表着自己也代表着整个国家? 这个问题是关于"民主的终结?:政治的司法篡夺"这个充满争议的"头等大事"研讨会的一个重要内容。六位作者(包括罗伯特·博克、拉塞尔·西丁格、哈德勒、阿克斯、查尔斯·考尔森、罗伯特·乔治和理查德·约翰·涅高兹编辑)提出了美国政体合法性的严肃问题,[66]他们的根据在于两个相互重叠的考虑:首先,法官篡夺了立法权(特别是最高法院的法官);其次,对这种权力的使用违反了自然法的基本原则(例如,堕胎、安乐死和同性恋行为等方面的原则)。这次研讨会甚至在一些通常同情"头等大事"(几位辞职的编辑)和这些作者的新保守主义之中引发了某种深刻的敌意,它提请人们注意在美国政体的主导原则和政治道德的自然法标准之间存

---

[66] 在这个语境中,"政体"(regime)一词意指特定民族或国家的综合的、根本的"组织"(Constitution)(小写的'c')。随着列奥·斯特劳斯对古典政治哲学的敏锐研究,他的学生把这个词流传开来,它强调一个国家的"统治形式"与其"生活方式"的融合,这是现代政治哲学易于分离的因素。

在着紧张的或直接冲突的持久可能性。(67) 但是,虽然研讨会在攻击司法篡权及其违反自然法标准上是明显正确的,潜伏在讨论背后的问题却是这是否就表明了法院敌视这些标准。

我认为答案显然是否定的,尽管法院把这种敌视推向了全国这是真实的。但是,事实上有足够的证据表明法院不是唯一的问题——问题更为深刻地植根于大众。这突出表现在法院影响相对较少的离婚领域。无过错离婚的法律在 20 世纪 60 年代席卷整个国家,在很大程度上变成了国家法。虽然一些公众对此表示绝望,但是却很少出现试图击退这些法律的实际努力。

在堕胎领域,最高法院明显比美国人民走的要远(最高法院在堕胎案件中的判决可以为证)。但是同样真实的是,尽管美国人在堕胎问题上举棋不定,在各种投票中也矛盾重重,但却不太可能支持广泛地中止堕胎权利。如果这个问题回到各个州,也有一些州——特别是纽约和加利福尼亚这样的大州——很可能会保留广泛的堕胎权利。除了这个事实外,如果在全国范围内决定这个问题,很难想象对前

(67) 参见《民主的终结》,卷 1 和卷 2,米切尔·芒西(Mitchell Muncy)主编,达拉斯,德克萨斯:斯彭斯出版社 1998 年版。

三个月的堕胎（这代表着大多数的堕胎情况）的任何严格的限制会得到通过。

在同性恋领域，国家也不愿意与知识精英一道通过接受同性婚姻而把同性恋合法化，但是它越来越不愿意支持反鸡奸的法律，而且似乎可能容忍一些形式的未婚同居法律或者没有婚姻的民事结合。

人们对这些观点不应感到惊奇，因为它们反映的是异性恋道德的大众态度。鲍威尔斯案中的异议——最高法院或多或少地忽略了，大概是因为它不能回应它——指出佐治亚反鸡奸法既适用于异性恋也适用于同性恋，而且异议者愿意支持这种主张：对于异性恋鸡奸明显具有一种隐私权。而且，在这个方面，认为大多数人支持异性恋有进行口交这样的权利，这可能是正确的。我这里说的是"异性恋口交"，而不是有意说"结婚异性间的口交"，这是由于对异性同居有着极为广泛的实践的和社会的接受。（我们甚至不得不在关于美国政治和社会生活的论文中公开探讨口交问题，这表明美国性道德是何等的衰落。）

我认为，从当前关于性的社会观念的根源处我们可以发现对自淫的广泛异性恋接受，它实际是某些形式的婚外性行为和节育。一旦这些活动被接受，一旦性与婚姻、家庭和生育子女相分离，那么就很难坚持反对成人基于同意的性关系的一般权利。尽管尚不存在那种类型的一般宪法或政治权利,但当前的趋势正向那个方向迈进。

与性道德规范紧密相关的是女性在社会中的地位这个大问题。除了更为激进的女性主义的形式,这在学界,或许特别是在法学界具有不相称的影响,人们对与家庭生活相关的性别差异的古老观念有着广泛的质疑。这种质疑有些是可以理解的,因为那些古老的观念通常服务于限制女性自由从事家庭之外的工作和自由参与公共生活的不公正公共政策的基础。不幸的是,回应这些古老观念的一种形式是某种形式的平等主义,它过分强调了权力和声誉的男性标准,要求"提升"女性的地位,让她们更像男性,这反映了男性对女性特质和活动的某种形式的轻视,特别是针对"简单"家庭生活(子女抚养和家庭事务)。这些因素往往容易强化降低性的生育维度的性观念。

性道德也不是传统自然法教义式微的唯一领域。除了生和死的问题(堕胎、安乐死以及人工授精这些具有广泛公众支持的问题),人们还可以指出核武器的使用问题,在这方面许多美国人(可能是绝大多数)坦率地接受结果主义的论证。(在我看来,存在一些以某些方式证明核武器使用的非结果主义的论证,这个事实并不能消除这些论证不是大多数美国人信服的论证这一事实的重要性。)一些自然法理论家认为死刑问题也是一个相似的问题(但我不这么认为)。

而且,更为广泛的是,由于美国人在许多道德问题上的模棱两可,以及他们对社会中道德败坏的公开谴责,对成为"审判的"似乎存在着一种不幸增长的敌意。[68](这反映在这种事实之中,尽管"宗教权利"在美国具有重要的支持,但在"温和派"的投票者中却对它有着相当大的敌意。)在若干年直白的功利主义和结果主义的道德教育之后,我们也不应对此唏嘘不已(例如,在"救生船"的例子中,学生们要决定是否要把律师、牧师或者老人扔到超载的救生船之外)。[69]

亮点

关于自然法在美国社会中的地位问题,在上述阴霾之中是否也存在着一些亮点呢?当然,答案是肯定的。首先,在前面论述中,我已经指出美国总体上一直在抵制知识精英的比较激进的趋向。例如,即使在加利福尼亚这个不太

---

[68] 尽管他严重地夸大了这一论证,但我认为阿兰·沃尔夫(Alan Wolfe)至少在其著作《毕竟是一个国家》(*One Nation, After All*,纽约:维京出版社1998年版)对此的看法是部分正确的。

[69] 对于当代道德教育,参见威廉·基尔克·基尔帕特里克(William Kirk Kilpatrick),《为何强尼不能区分正确和错误》(*Why Johnny Can't Tell Right from Wrong*),纽约:西蒙和舒斯特1992年版。

保守的州,近期最终通过全民投票限制了同性婚姻。堕胎争论对大众意见具有真切的影响,有趣的是,较为年轻的人,比一些年老的人更容易反对堕胎。

其次,在学界和思想生活中,存在着对于某些形式的自然法理论的日渐增长的"尊重"。"尊重"并不意味着同意——只是某些形式的勉强的尊重。约翰·菲尼斯的《自然法与自然权利》在这方面具有相当重要的影响,这也同样反映在罗伯特·乔治被遴选为普林斯顿大学法理学麦克考米克教席教授之中。像"头等大事"和修订后的《美国法学杂志》这类杂志以及像美国公共哲学研究会这样的组织同样反映着并有助于这种复兴。

最后,在天主教思想界之外,对自然法的兴趣日渐增强。特别是,福音新教对它表现出越来越大的兴趣,并开始尊重它,这在《一种保存的恩宠:新教徒、天主教徒与自然法》[70]这部论文集中呈现了出来。这种发展的理由——通常违反新教徒思想传统的要旨,根源于早期新教徒对理性的深刻怀疑——可以在福音派新教徒新的政治信约中发现。在20世纪60年代之前,大多数福音派新教徒在政治上并不

---

[70] 迈克尔·库洛马蒂主编,《一种保存的恩宠:新教徒、天主教徒与自然法》,大瀑布市,密歇根州:伊尔德曼斯出版社1997年版。

活跃,但是——正如内森·格莱泽(Nathan Glazer)令人信服地证明[71]——最高法院对公共生活中的宗教和道德的攻击在20世纪70年代把他们动员起来了。这种政治信约的机理包括培养一种愿望,即发现非圣经的论证去替代传统的圣经论证,特别是要针对大部分美国人,他们在公共领域中敌视宗教或者(更为常见的)对直接的宗教论证颇感不适。

除了福音派新教徒,一些社群主义者同样对自然法推理表现出了兴趣(通常是谨慎的)。但是,社群主义运动是一个相当松散的集合,那里的人们分享着非常一般的关注,同时也有着自身相对重要的不同之处。如果该运动的一些代表更愿意接受自然法(或者至少接受它的实质道德原则),如果他们再走得远些,该运动所达成的一致意见就会瓦解。(例如,值得注意的是,很少有社群主义者愿意处理,或者至少强调,像堕胎这样的有争议的问题。[72])

---

[71] 内森·格莱泽,"趋向新协定"(Toward A New Concordat),《本界》(*This World*),1982(夏)第2期,第109页。

[72] 对于社群主义思想的例证,参见阿米太·埃特兹奥尼(Amitai Etzioni)主编:《新社群主义思维》(*New Communitarian Thinking*),夏洛茨维尔:弗吉尼亚大学出版社1995年版。对于社群主义更为批判性的评价,参见布鲁斯·弗洛能(Bruce Frohnen),《新社群主义与现代自由主义的危机》(*The New Communitarians and the Crisis of Modern Liberalism*),劳伦斯:堪萨斯大学出版社1996年版。

结论：我们要从这里走向何处？

毫无疑问，增加自然法理论在美国生活中的影响只有一种方式，那就是形成一批年轻的自然法学者以及政论家和政治活动家，他们尊重自然法思想，并以自然法思想为知识资源。那么，在一个整体精英阶层都强烈"预先准备"反对自然法学者和学生的学界，以及全部精英都同样不善于接受自然法思维的政治和传媒界，怎样去实现这一点呢？这是一个我至今都没有找到满意答案的问题。基本的要点容易列举，但却难以实现：

1. 自然法学者必须加深他们对自然法传统的研究，通常要克服成功理解这一传统所遇到的严重思想障碍，明确在对它的表述和辩护中的弱点，并且把它合理地、令人信服地适用于当前现实之中。

2. 他们必须以单独或共同的方式努力证明一种主宰思想范式的精深理解，并且形成对它们的有说服力的批判，不管是在内在方面还是在外在方面。

3. 他们必须开发出有效的方式，向不具有自然法学识或者只有讽刺意见的主流学者解释自然法理论。

4. 他们必须预料并有效回应那些通常被认为是拒斥自然法理论的论证。

5. 他们必须致力于发现和教育那些年轻人，他们的天赋（知识的和个人的）明显标志着他们具有在一些他们将会总是可疑少数的领域中取得进步的合理机会。

行文末尾，我提出两个倡导自然法思维的终极问题。第一个涉及有效的修辞问题。自然法学者会从寻找"自然法"的另一名称中受益吗？这个词语的"历史包袱"及其与天主教的联系必然使得它处于当代美国学界和公共生活的"外部"地位吗？果真如此，还有其他词语可资利用吗？第二个问题是，自然法学者能够发现更好的词语捕捉和描述他们的实质观念吗？而不是依赖"传统道德规范"这类词语，因为这几乎就承认了他们的观念在一个不以尊重传统而著称的民主社会中就只是"古老"观念。

回应

美国政体中的阿奎那、洛克和林肯
（威廉·马西）

几年前，我在一个小天主教学院参加了一个讨论约翰·洛克《政府论下篇》的研讨课。这个学院的著名之处既在于它对托马斯·阿奎那教义的忠诚，也在于它对教育的研讨方法的投入。学生们的热情给我留下了深刻的印象，他们对于讨论但丁、《圣经》，甚至欧几里得几何学表现出了极大的兴趣。但是，对于洛克论文的反应却非常不同。我感觉学生们似乎不能，或者说不愿意，在这个文本中发现任何能够激发他们好奇心的东西。通过对这次课程的思考，我开始问自己，洛克著作给这个学院的非常虔诚和爱国的年轻美国人带来的困难会不会是对他们忠诚的一次检验。对这些学生而言，洛克处于类似国父的高度：他实际上是那些建立美国政体的人的导师。但是，托马斯·阿奎那过去是并且现在也是这些年轻人现实中的老师的导师。因此，困难就产生了，我认为它是我在研讨课上看到的那种尴尬的紧张关系的原因。洛克或者说了托马斯所说的一些内容（洛克似乎很少愿意让我们相信），对于他所说的并没有太多要说的了。或者说，他所说的与托马斯的教义截然不同，甚至恰恰相反。但是，这是一个忠诚的美国天主教公民应当继续探讨的问题吗？对于我这样一个一直都是天主教徒的人不论是在过去还是在现在都很容易想到这个。毕竟，在我们加拿大人的祖先中，最为杰出的那些人是对美国革命说"不"的人。他们中的一些人直截了当地指出，对于革命他们反对的就是它的洛克特征。[①]

沃尔夫教授被迫去解决我所认为的让上述那些学生沉默的困难，因为他既是托马斯主义自然法的研究者，也是他

---

① 把他们在革命中惧怕和憎恨的东西等同于洛克的教义偶成了那些人道德文章的主题，他们构成了威廉·尼尔森（William Nelson）称之为《美国托利党》(*The American Tory*) 的无足轻重的残余，波士顿：比肯出版社1964年版。

所说的"美国自然法传统"的研究者,他这篇文章的主题就是二者之间的关系。② 沃尔夫不像我所描述的那些学生,他深知他的主题的重要性和争议性。托马斯主义自然法是重要的,因为它是"理解政治和社会生活的最佳的理性框架",从而也是促进或者实现共同善的最佳向导。理解美国自然法传统与托马斯主义自然法的关联方式是重要的,因为它有助于美国人理解他们是"如何生活于当下的",而且它还可以帮助他们把他们的政治生活带到托马斯主义自然法的真理上来。或许,更为重要的——直言不讳地说出我所描述的那些学生的隐忧——理清托马斯主义自然法与美国自然法传统之间的关系有助于美国人"确定……一个好的公民在何种程度上(能够)成为一个好人"。

那么,对于沃尔夫来说,托马斯主义自然法与美国自然法传统之间的关系到底是什么呢?从某种意义上说,沃尔夫对这个问题的回答存在于他对那些因素所进行的冷静而透彻分析的细节之处,这些因素就像在法院判决中多少(通常较少)凸显出来的那些问题一样,至少与托马斯主义自然

---

② 沃尔夫或许会接受,或者至少理解我所言的他的困难,这从他对托马斯主义自然法的支持者的警示可以看出,这些支持者为了撇清他们所坚持的东西完全与美国传统无关的指责,试图抓住任何只与美国传统具有很小相似性的东西。

法相似。但是，他也同样愿意在他的讨论中从各个方面以更一般的方式描述这种关系，并且愿意写明宪法之父的理解与他认为以托马斯为最典型代表的自然法传统之间的那种关系。对这两种传统之间的这种更为一般的处理对于沃尔夫的研究极具意义，因为它一定能够告诉他怎样去阅读他在法院的判决和政治家的行动中所发现的东西。

231　　沃尔夫说，托马斯主义自然法与美国自然法传统具有根本的区别，然而，"它们具有足够多的相同之处可以让美国政体的性质变得极为不同（例如对它的一种积极贡献），但是，它们之间的重叠之处在现代美国中一直在降低。"沃尔夫的意思是否是说，他所言的贡献派生于托马斯自然法传统，但它的一些因素必须纳入美国自然法传统才可能；或者是说，这两种"根本不同"的观念是否发挥着共同的有益作用，甚至以某种有益的方式互相作用，这尚不完全清楚？无论怎样，沃尔夫继续把二者的关系说成是近来一直在"拆解"（unraveling）的共识问题。沃尔夫关于重叠和拆解的比喻当然具有启示意义，但它们所启示的与其说是答案还不如说是新问题。正如沃尔夫接着所做的，我们必须继续思考托马斯主义自然法以及洛克等作为美国政体缔造者们的导师的教义。那么，如果我们发现这两种教义之间的差别是巨大的——甚至是不可调和的——我们或许就会被迫回答进一步的问题。这个问题沃尔夫提到了,但却没有解决:那种正在降低的重叠或者正在拆解的纠结是由托马斯和洛克实际一致的事物构成的吗?或者,能在美国政体的缔造者和第一公民的头脑中发现它吗?他们可能把托马斯和洛克实际上不一致的地方看成了一致?

我们应当如何理解托马斯主义自然法与沃尔夫等人称之为洛克的自然权利教义并视之为"美国宪法哲学框架的最为重要的元素"这二者之间的关系?沃尔夫说,自然法传统"完全变成了"新的不同的自然权利传统。沃尔夫说,对于霍布斯而言,首要的和根本的自然法则是自我保存。按照霍布斯所言,我们拥有一项权利——而不是义务——去保存我们自己,这是根本的、不可转让的。使得它成为一项权利的是不能谴责任何人保存自己的行为。原因在于,存在着这么做的自然冲动,不能谴责任何人遵从这种冲动。但是,在霍布斯那里,冲动和权利都不是法律。而且,霍布斯有时称为自然法律的只是有条件的命令:如果和平是可能出现的,那么去追求它!如果你订立了一项契约,那么就去遵守它!霍布斯在讨论的末尾承认,它们事实上都不是恰当意义上的法律。③ 正如沃尔夫所言,对洛克来说,存在

---

③ 霍布斯,《利维坦》,第1部分,第15章[41]。

着一种自然法律,它依赖于这种事实:我们不是自己所有的,而是上帝的财产——我们是他带到此世实现他的目的的创造物。但是,正如迈克尔·朱克特所看到的,要求保存人类的这种法律的实际内容是下述事实的奇怪推论:我们不是自己的财产,因为我们的自我保存要优先于帮助别人的义务,而且仅仅号召我们避免对别人的不必要的伤害。④这种法律的主要作用是授予我们每个人洛克所称的伤害别人的执行权,以便阻止我们每个人或许视之为违反自然法则的东西。或者有人会说这是洛克否认亚里士多德和阿奎那二者下述主张的方式:人类自然地是政治的。沃尔夫说,这里我们可以看到自然法从追求实现人类能力的最大的善向避免最大的恶(即毁于他人之手的暴死)的重新定向。这并非不正确,但是在我看来,说我们在这里看到的是从自然法向自我保存的权利的转向更为精当和明确。如果像沃尔夫那样假定美国传统是由洛克首先塑造的,那么问题就变成了:宣称自我保存的权利具有政治优先性的教义与自然法教义之间的关系是什么?我认为沃尔夫正确地拒绝了下述主张,即认为区别自然权利和自然法"原则"的全部要素

---

④ 参见迈克尔·朱克特,《自然权利与新共和主义》,普林斯顿,新泽西州:普林斯顿大学出版社1994年版,第218页。

在于自然权利教义要比自然法更为狭窄，而且事实上自然权利对于人类道德可能性的整个领域毫无涉及。如果美国传统，或者至少被那些作为美国传统缔造者的导师们所理解的东西，围绕着"人类道德可能性的整个领域"展开讨论，那么它所说的内容与托马斯主义自然法所言的可能性会一致吗？

沃尔夫认为，我们可以在美国自然法传统中发现"一些重要的渊源以支持那些较为古老的自然法理论的核心原则"，这种自然法理论由于当代"文化争战"正在饱受攻击。[233]但是，沃尔夫所定位的那些原则的支持不是出现在洛克的教义之中，而是存在于对较早一代美国人所抱有的教义的正确认识或错误认识之中。因此，沃尔夫必然提及一种"经典的／中世纪的传统与现代早期传统之间的明显连续性（强调为作者添加）"，提及一种对理性作为人类尊严本源的无法言明的认同，提及美国洛克主义者赋予洛克而洛克本人可能并没有认真对待的一种广泛接受的自然神学。托马斯主义自然法在文化争战中的支持似乎并不存在于洛克的思想之中，而是存在于他被认为具有的思想之中。当我们潜到洛克本人教义的底层，我认为我们可以发现对于已经变成文化争战核心的生命和性这些问题远未得到良好的解释。仔细考虑一下洛克对于代际作为任何权利和义务基础的否认,他对全部家庭关系(包括父母子女关系)的契约解释,更不用说他明显乐于把所有父母对后代之爱的假定的自然本能与他所报告的秘鲁印第安人的下述恐怖行径联系在一起:他们吃自己的孩子,最后吃那些被征服的敌对部落的妇女,而她们就是生育这些孩子的人。⑤ 在文化争战中从洛克那里获得支持只有基于以下假定:"理解洛克是怎样被美国人接受或者理解的与理解洛克本人一样重要。"

当然,我们可以说,这也是沃尔夫所说的,洛克不是美国政体缔造者的唯一导师,当我们深挖洛克著作时所见的也许不是缔造者们所见的。美国政体不单纯是麦迪逊及其支持者们计划的东西,也不是他们的导师洛克最为深刻地思考的东西。它也是那些在缔造宪法时与麦迪逊结盟者的作品,是那些无论基于何种理由接受费城成果的人的作品,是那些正式批准这一成果的人的作品,甚至是后来根据自己对该成果的理解而行为的各代人的作品,而不管当麦迪逊本人在坚持认为是大众的理性而不是激情才应当统治时预定的内容是什么。⑥ 然而,我们或许仍然不清楚这是否是离开沃尔夫所提出的问题的适当地方。阿兰·布鲁姆

---

⑤ 洛克,《政府论两篇》,第2章第6节,特别是第65页;第1章第6节,特别是第52页,第57页。
⑥ 《联邦党人文集》,第49篇。

（Allan Bloom）曾经指出了一个相似的难题：我们在洛克阐发自然状态中所看到的基本原则与布鲁姆视为洛克仍然依赖传统家庭作为政治忠诚源头的东西之间的张力。布鲁姆得出结论认为，洛克的更深层、更根本的观点在依据他的原则所建立的政治结构中将会战胜他所希望保存的对家庭传统理解的任何东西。为什么呢？布鲁姆回答说："这里的自然有两种相反的观点。正如政治哲学家通常所教导的，在政体中占据权威的那个最终会影响到其部分。"⑦我所描述的那些学生避免深入地讨论洛克的论文，这或许是正确的。

我们能避免这个令人不快的结论吗？在我看来，这似乎是沃尔夫的分析最终指向的结论。我在一开始就提到了一种装模作样的姿态，我发现自己作为一名加拿大人竟然在思考曾经遇到的关于洛克教义的难以恭维的课堂讨论。作为结论，我想以某种更容易捍卫的东西取代沙文主义的骄矜。因此，我想补充说，我接触那种讨论，现在阅读沃尔夫的论文，这不仅是以一名加拿大人的身份，而且是作为一名首先被一位伟大的导师引到沃尔夫论文所提出的问题上来的加拿大人，这位导师尽管在美国鲜有听闻，但却是加拿

---

⑦ 阿兰·布鲁姆，《美国心灵的封闭》(The Closing of the American Mind)，纽约：西蒙和舒斯特1987年版，第112页。

大最为著名公共哲学家。我所说的这位导师就是乔治·格兰特(George Grant)。他既不是天主教徒,也不是托马斯主义者,但他的第一部著作却在为自然法传统辩护,而且他在美国发行的作品也是在圣母大学出版社出版的。⑧ 20 世纪60 年代,格兰特通过一部著作成为了加拿大民族主义的思想领袖。这部著作把美国视为自由主义的先锋,它正在破坏所有的传统和地方性事物。⑨ 十年之后,他论证说,我们在罗尔斯的著作和哈里·布莱克门(Harry Blackmun)关于罗伊诉韦德案的推理中读到的内容是自由主义的道德自戕或自我毁灭——或者自由主义在其自身逻辑范围内发展到这个程度上,它导致平等自由的正义必须被放弃。⑩ 或者

---

⑧ 乔治·帕金·格兰特(George Parkin Grant),《平民时代的哲学》(*Philosophy in the Mass Age*),多伦多:多伦多大学出版社 1995 年版。

⑨ 乔治·帕金·格兰特,《民族的哀歌》(*Lament for a Nation*),多伦多:麦克莱兰与斯图尔特 1963 年版。

⑩ 乔治·帕金·格兰特,《英语世界的正义》(*English Speaking Justice*),多伦多:安纳西 1974 年版。我已经讨论过格兰特的论证,林肯在"技术统治:乔治·格兰特对现代性的分析"(The Technological Regime: George Grant's Analysis of Modernity)中提供了答案,L. 施密特(L. Schmidt)主编:《进程中的乔治·格兰特:论文和对话》(*George Grant in Process: Essays and Conversations*),多伦多:安纳西 1978 年版,第 157—166 页;"理性、启示和自由的正义:思考乔治·格兰特对罗伊诉韦德案的分析"(Reason, Revelation and Liberal Justice: Reflections on George Grant's Analysis of Roe v. Wade),载《加拿大政治科学杂志》(*Canadian Journal of Political Science*),第 19 期(1986 年 9 月),第 443—466 页;以及"堕胎与自由的正义的危机"(Abortion and the Crisis of Liberal Justice),约瑟夫·科特斯基(Joseph Koterski)主编:《生活与求知》,第 8 期,华盛顿特区:大学生活学院1999 年版,第 59—70 页。

说，承认自由主义实现其逻辑结论的方法不是在《独立宣言》的平等的自由中，而是在尼采的分析之中。格兰特的分析在何处离开了沃尔夫论文所提出的问题呢？一方面，在美国这个国家中，堕胎的政治、司法和学术论证都以最大的理论清晰度得以展开。尽管这些论证以多种方式展开——有时通过否认我们同类某些成员的人格，有时通过坚持孕妇的权利包含着堕胎的权利——它们总是以某种与自由主义的道德理解具有紧密理论关联的形式发展起来。而且，在罗伊诉韦德案之前和之后的一系列判决中，那些理论论证已经被赋予了非常有效的权威。然而，另一方面，在美国这个国家中——极有可能是唯一的这样的国家——堕胎仍然是一个活跃的政治议题——或许甚至是根本的问题——人们也通过诉诸美国政治思想的传统进行论证。

反对最高法院堕胎判决或者约翰·罗尔斯理论的那些论证在美国传统中具有某种基础吗？或者它们是一种与美国传统无关或敌视美国传统的意见的剩余物吗？在我看来，为这个问题找到满意答案的最大希望始于一种承认，洛克教义的道德和政治的不充分性已经在美国传统中体现出来并且得到说明——对于这个领域沃尔夫承认在他的研究中存在一个裂缝：他说他不确定自然法和托马斯主义自然法在关于美国奴隶制的讨论中所扮演的角色。最后我以一个问题结束这些评论:我们是否无法为这种案例找到一个基础呢?它反对布莱克门法官及其盟友对亚伯拉罕·林肯批评撤销"密苏里妥协案"(Missouri Compromise)和德雷德·斯考特(Dred Scot)判决,以及最为重要的,对林肯1860年发表的承认之前美国政治家未能察觉奴隶制问题重要性的演讲所持的观点。⑪ 至少就哈瑞·雅法(Harry Jaffa)所阐明的批判而言,我们这里可以发现一个对《独立宣言》和美国民主的洛克式或者杰斐逊式理解的道德和政治不充分性的证明。⑫ 我们能说我们在林肯的推理中所见的——在他二十多年的演讲中逐渐明晰和简练,并在第二次就职演讲中达到顶峰——就是,对平等的自由和共和政府的捍卫要求以极为严格的圣经启示材料取代宽松的、或许是欺骗性的杰斐逊的自然神学吗?

---

⑪ 参见,例如,林肯的《纽黑文演讲——康涅狄格州》,罗伊·巴斯勒(Roy Basler)主编:《亚伯拉罕·林肯文集》(*The Collected Works of Abraham Lincoln*),新布伦兹维克,新泽西州:罗格斯大学出版社1953年版,第15—17页。

⑫ 哈里·雅法,《分裂国会的危机》(*The Crisis of the House Divided*),纽约:道布尔迪1959年版,第318—329页。

8. 凯尔森与阿奎那论自然法*

（罗伯特·乔治）

引言

时值汉斯·凯尔森很具影响力的论文"科学法庭上的自然法学说"①发表五十周年纪念日，这为我们提供了重温

---

* 本文的另一个版本出现于《圣母大学法律评论》上。作者衷心地感谢埃尔哈特基金的慷慨支持。

① 汉斯·凯尔森，"科学法庭上的自然法学说"(The Natural-Law Doctrine before the Tribunal of Science)，最先发表于《西方政治季刊》(The Western Political Quarterly)，第2期(1949年12月)，第481—513页。再版于《何为正义：科学之镜中的正义、法律和政治：汉斯·凯尔森文集》(What Is Justice?: Justice, Law, and Politics in the Mirror of Science: Collected Essays by Hans Kelsen)，伯克利与洛杉矶：加利福尼亚大学出版社1957年版，第137—173页。

这一作品的契机,它代表着20世纪欧洲顶尖法律理论家对自然法理论传统的总体勾勒和强烈批判。无疑,当代学者不管是身处欧陆国家还是英语世界都会从若干不同的角度分析凯尔森的论文。然而,使我感到震惊的却是下述事实:它丝毫没有提及最著名、最有影响力的自然法理论家圣托马斯·阿奎那的思想。凯尔森频繁地提及格老修斯、普芬道夫、霍布斯、康德、黑格尔和古希腊哲学家,但在阿奎那的自然法理论或学说上却一片空白。但是,如果说"自然法学说"可以归之于任何人的话,它当然能够归之于阿奎那。因此,我打算思考以下问题:(1)凯尔森对"自然法学说"的解释在何种程度上表达或描述了阿奎那对自然法的说明,(2)凯尔森对自然法伦理学和法理学的批判是否对阿奎那的教义造成了不利影响。②

自然法、道德真和宗教

我们首先逐句思考凯尔森论文的开篇段落。

第一句:"自然法学说肩负着为正义的永恒问题提供明

---

② 在大多情况下,我会尽量克制不去评论凯尔森对其他自然法思想家的确切归类,他声称他们的各种主张构成了"自然法学说",或者说在某种意义上为"自然法学说"所不可或缺。无论怎样,我的观点是凯尔森的论文在这方面是一个"大杂烩"。

确解决方法的重任,这就是要回答在人的相互关系中何为正当、何为错误的问题。"③

阿奎那不仅在"人的相互关系"中关注"正当或错误",而且在人类事务中一般性地涉及"正当或错误"。他的著名论证是,一切德性行为,而不仅仅是那些以狭义构思的共同善为目标的行为,都从属于自然法。④ 正义问题当然是他思考的核心问题,但并非唯一问题。他的建议既涉及我们所称的"利己"行为,也涉及"利他"行为,尽管他自己并没有这样说。⑤ 按照阿奎那的理解,自然法的原则和规范甚至与永久地孤立于一个小岛上的人相关。然而,就其本身而言,当凯尔森的陈述适用于阿奎那的"自然法学说"的概念时,公平地说它是正确的。

第二句:"这个答案建立于下述假定的基础之上,即区分自然的人的行为和非自然的人的行为是可能的,前者即是说因为行为是自然所要求的,所以它是符合自然的;后者即是说行为是自然所禁止的,因此是违反自然的。"⑥

阿奎那有时确实会在道德规范的意义上使用"自然的"

---

③ 凯尔森,"自然法学说",第137页。
④ 《神学大全》,第二集第一部分,问题94第3节。
⑤ 阿奎那几乎没有觉察到这个区分:参见《神学大全》,第二集第一部分,问题91第4节,这里使用了这一区分,教导说人法禁止所有恶行是不明智的。
⑥ 凯尔森,"自然法学说",第137页。

和"非自然的"这类词汇。然而,他十分清楚地指出人的选择和行为正是在其合乎理性或者不合乎理性的意义上才是"自然的"或者"非自然的"。⑦ 其他的自然法理论家一度试图从对一个可能的选择或行为的自然性或非自然性的判断中推导其合乎理性或不合乎理性。⑧ 并且,这种方法有时也被归到阿奎那头上,但这是错误的。⑨ 然而,在阿奎那那里,真实的情况是,事情以另一种方式发生:正是一个选择或行为的合乎理性或不合乎理性控制着对它进行任何道德规范意义上的自然性或非自然性的判断。⑩

第三句:"这个假定意味着从自然,即是说从人的本质,社会的本质,或者事物的本质推导出特定的规则是可能的。这些规则提供了人的行为的全部的、充分的规定。这就表

---

⑦ 参见《〈彼得·伦巴德语录〉评注》(*Scriptum super libros Sententiarum Petri Lombardiensis*),卷4第2章,问题1第4节对反问2的释疑1("道德训令与人性一致,因为它们是自然理性的要求"),以及《神学大全》第二集第一部分,问题71第2节("德性……在它们与理性一致的范围内与人性保持一致;罪恶在它们违反理性秩序的范围内与人性相悖")。

⑧ 参见,例如,托马斯·J·希金斯(Thomas J. Higgins),《作为人的人:伦理学的科学和艺术》(*Man as Man: The Science and Art of Ethics*),密尔沃基,威斯康星州:布鲁斯1958年版,特别是第49—69页,第88—100页,第120—126页。

⑨ 与上注同。也见劳埃德·L·温里布(Lloyd L. Weinreb),《自然法与正义》,剑桥,马萨诸塞州:哈佛大学出版社1987年版,第33页("[根据阿奎那]自然法指导我们实现我们的自然倾向")。

⑩ 对于这种批判性观点的详细而充分的公开解释参见约翰·菲尼斯,《阿奎那:道德、政治和法律理论》,牛津,英国:牛津大学出版社1998年版,第90—94页。

明,通过对自然事实的认真分析我们可以发现社会问题的公正解决方法。"⑪

阿奎那当然不会假定这样的事情。在他对自然法包含若干训令还是一条训令这个问题的著名分析中,他指出,作为自然法基本训令的实践理性首要原则是不证自明(per se nota)和不可证明的。⑫ 就其本身而言,它们不是推导于关于自然、人性、社会本质或者其他事物的先验判断。⑬ 相反,实践推理源自其自身的原则。我们无需指望物理学、形而上学、人类学、社会学或者其他任何思辨学科(或者用亚里士多德主义的术语来说"理论学科")提供它们。⑭ 当然,如果置身于实践原则的考虑之下,从这些学科获得的信息与道德研究具有高度的相关性。⑮ 确实,一些信息对于关于正当和错误的合理判断经常是不可或缺的。⑯ 但是,根据阿奎那

---

⑪ 凯尔森,"自然法学说",第 137 页。
⑫ 《神学大全》,第二集第一部分,问题 94 第 2 节。关于托马斯主义伦理理论中"不证自明"的含义(误解颇多)参见拙著"自然法理论的近期批判",《芝加哥大学法律评论》,1988 年第 55 期,第 1371—1429 页,第 1387—1389 页和第 1413 页。
⑬ 参见杰曼·格里塞,"实践理性的首要原则:对《神学大全》第二集第一部分问题 94 第 2 节的评论",《自然法论坛》,1965 年第 10 期,第 168—201 页。
⑭ 参见菲尼斯,《阿奎那:道德、政治和法律理论》,第 90—94 页。
⑮ 参见拙著,"自然法理论的近期批判",第 1412—1414 页。
⑯ 例如,关于人类胚胎形成和在子宫内发育的事实知识对于把道德原则恰当地适用于堕胎问题是极端重要的。

的观点,实践理性的首要原则和自然法的基本训令不是"推导于自然"(或者其他事物)。

第四个问题:"自然被设想为一个立法者,最高的立法者。"[17]

这不是阿奎那的观点。他确实承认,如果人性不同,即是说,如果人类通过那些在事实上实现和完善着我们的行为和目的("善")之外的行为和目的得以实现和完善,那么,人类善以及在这些善(及其匮乏)上指引选择和行为的道德规范就会有所不同。[18] 就此而论,道德规范及其内容依赖于(人类)自然。[19] 但是,恰当地讲,因为我们没有(实际上也不能)从自然的"存在"(或者其他的事物——包括天主意志)推导出道德规范的"应当",[20] 所以设想我们能够通过把自然视为某种立法者从而探寻其意图或目的以发现道德真理的做法是错误的。这也是阿奎那所说的。

现在转向凯尔森论文的第二段,我们可以更为清晰地发现他对"自然法学说"的说明与阿奎那关于自然法的教导

---

[17] 凯尔森,"自然法学说",第137页。
[18] 参见约翰·菲尼斯,《自然法与自然权利》,第34页。
[19] 参见拙著,"自然法与人性",罗伯特·乔治主编:《自然法理论:当代论文集》(*Natural Law Theory: Contemporary Essays*),牛津,英国:克拉伦登出版社1992年版,第31—41页。
[20] 参见菲尼斯,《阿奎那:道德、政治和法律理论》,第90页。

内容迥然不同：

> 这个观点预设了自然现象指向一个终点或者通过一个目的而形成，自然过程或者自然被视为一个整体，由终极因加以决定。这是一种彻底目的论的观点，就其本质而言与自然具有意志和理智的观念毫无二致。这意味着自然是某种超人类的人格存在，一种人类必须服从的权威。[21]

不管阿奎那从亚里士多德的思想那里保留了何种关于终极因的观点，他确定无疑地拒绝"自然具有意志和理智的观念"。在阿奎那的解释中，自然并非"某种超人类的人格存在"。也不是我们服从自然"意志"或者其他任何权威的道德义务的基础。与后来的许多自然法理论家不同，阿奎那小心翼翼地避免这种道德义务概念所包含的唯意志论。[22] 根据阿奎那的观点，实践原则（其中包括道德原则）的实质

---

[21] 凯尔森，"自然法学说"，第137页。
[22] 对于唯意志论在阿奎那之后的基督教道德神学上的影响参见杰曼·格里塞，《主耶稣之路》，第1卷，《基督教道德原则》，芝加哥：方济各赫勒尔德出版社1983年版，第12—13页。在同一著作中，格里塞强烈批判了唯意志论并且捍卫了真正托马斯主义的道德义务作为某种理性必然性的替代解释，特别参见第103—105页。同样也可参见菲尼斯，《自然法与自然权利》，第42—48页，第337—343页。

是理性的。这些原则陈述了做出行为或抑制行为的理由，公然违反它们是不合乎理性的，因而是错误的。[23] 就此而论，自然法不是一种外部意志的外在强迫——不管是自然的"意志"，还是任何其他事物(任何人)的意志。相反，它是内在于人的存在的。它的根本的指示物是人类善，这些善构成了人的幸福和实现，本身即是行为的理由。[24]

继续深入凯尔森的第二段，我们发现他的论证如下：

> 在宗教进化的较高级阶段，万物有灵论被一神教取代，自然被视为天主创造的产物，并因此被当做其全能和公正意志的一种启示。如果自然法学说要保持内在一致，它就必须具有一种宗教性质。它能够从自然中推导出人类行为的公正规则，这仅仅是因为自然被视为天主意志的一种启示，并仅限于这一范围之内。结果，考察自然即等于探寻天主的意志。事实上，如果不具有某种程度的宗教性质，就不存在具有任何重要意义的自然法学说。[25]

---

[23] 参见菲尼斯，《阿奎那：道德、政治和法律理论》，第79—86页。
[24] 同上注。
[25] 凯尔森，"自然法学说"，第138页。

8. 凯尔森与阿奎那论自然法

根据阿奎那的观点,自然法是"理性造物对永恒法的一种分有"。[26] 而"永恒法"则是全能全善的造物主借以自由地命令全体造物的至高(实践)理性行为。[27] 因此,自然法是天主借以天道般地统治受造秩序的理性计划的一个部分。[28] 从这个意义上说,可以认为阿奎那的自然法学说具有一种"宗教性质"。然而,它的宗教性质却不涉及任何假定存在的来自自然的推导关系,这种自然被视为天主或者其他任何人(任何事物)意志的启示,具有道德规范或者其他"人类行为的规则"。对于阿奎那而言,从自然(或人性)"直接读出"天主关于人类行为的意志毫无意义。[29]

这里有必要稍停片刻。可以发现,说自然法作为永恒法在理性造物中的分有与人的自由不相容,这毫无意义。人的选择和行为对天主之权力和因果律的依赖并不削弱人类创造性自由选择的权力。实际上,阿奎那把人是天主之

---

[26] 《神学大全》,第二集第一部分,问题91第2节。

[27] 《神学大全》,第二集第一部分,问题91第1节。

[28] 菲尼斯把阿奎那关于"永恒法"的教义总结如下:"天主看到并自由地选择整个事物的秩序,(可谓)规定了那种秩序,方式是把它的原则(如"物理法则"、"逻辑法则",等等)印在各种受造实体和过程的秩序之上或之中。这种行为是为着全体(及其部分)的共同利益。因此,我们可以把这种至高的统治行为视为立法行为,它的理性内容作为一种法律就像其作者一样是永恒的(尽管它的内容是自由决定的,而不是必然的,并且治理的是处于时间之内的造物)";参见《阿奎那:道德、政治和法律理论》,第307页(注释略)。

[29] 同上注,第309页。

形象(imago dei)㉚的经文解释为人类具有实践理性和实践自由的神似属性。

> 人是按照天主的形象创造的,这种形象包含着一种具有自由意志和自我推动的智慧存在:那么,现在我们已经论及理型,即天主,以及那些来自与天主意志相应的权力的事物,留待讨论的是天主的形象,即人,他也是自身行为的原则,具有自由意志并且控制着自身的行为。㉛

因此,尽管天主通过本能或"自然欲望"指引着兽类趋向它们的特有目标,但他却是通过实践理性的神似权力指引人类趋向他们的特有目的,即那种理解何谓人性(其中包括道德)善和恶并以这些规定的理由实施自由选择行为的权力。㉜

按照阿奎那的观点,整个受造秩序就其是天主自由和理智行为之产物而言,充满着意义和价值。同时,部分的受造秩序,但不是全部,也由于人类自由和理性的贡献而具有

㉚ 《创世纪》,第1章,第27节。
㉛ 《神学大全》,第二集第一部分,序言。
㉜ 《神学大全》,第二集第一部分,问题91第2节。

意义和价值（人类能力自身作为受造秩序的部分也借助神圣智慧和自由选择充满着意义和价值）。[33] 这部分受造秩序是由自然法原则统治的，借助这些原则自由和智慧的造物根据实践理性的命令安排着自己的生活。正是在这个意义上，自然法才是"永恒法在理性造物中的分有"。

阿奎那的自然法理论设定了宗教前提了吗？它只能被那些预定天主存在并且确信他已经对人类启示了某些意志的人接受吗？这些问题的答案统统是否定的，对此我早已提示良多。同时，人们也不能从自然法原则可以在不诉诸宗教前提下得到理解和遵行这一阿奎那解释过的事实中推论说，天主不存在，或者天主的存在与自然法理论是直接无关的。

在为分子运动提供合理解释时，我们不用提及分子及其运动法则在其中得到承认的整个事态的自存创造者的存在，这个事实本身并不必然表明：(1)对这一事态的进一步解释是不必要的，或者(2)无法获得这种

---

[33] 这些要点在拙文"自然法理论的近期批判"（第1384—1385页）中解释的更为全面。不幸的是，该文出现在《芝加哥大学法律评论》中时第1384页被印制者省略了关键的一行。因此，读者最好查阅修订版，它出现于拙著《为自然法辩护》，牛津，英国：克拉伦登出版社1999年版，第2章。

进一步的解释,或者(3)自存的创造者的存在不是解释性理由。与此相似,无需提及天主存在问题就可以理解、赞同和反思性地分析自然法,这一事实也不必然表明:(1)对于存在善恶客观标准和(关于正当与错误)合理性原则的事实不要求进一步的解释,或者(2)无法获得这种进一步的解释,或者(3)天主的存在不是这种解释性理由。[34]

我们现在从凯尔森的文首段落进入到他对"自然法学说"的批判。他对自然法理论的主要反对意见在于,它"消除了存在于科学的自然法则这种自然科学借以描述其对象的规则与道德规范和法律这种伦理学和法学借以描述其对象的规则之间的差异。"[35]这种反对意见可以归结为这个命题,"从某物存在的事实无法推出它应当存在或应当去做,或者它应当不存在或应当不去做……从'存在'到'应当',从自然现实到道德或法律价值并没有逻辑的推导性。"[36]

某些自然法理论家(其中包括一些声称受惠于阿奎那

---

[34] 菲尼斯,《自然法与自然权利》,第49页。
[35] 凯尔森,"自然法学说",第139页。
[36] 同上注,第140页。

的理论家）打算从（人类）自然的“存在”导出道德规范的“应当”，这都是真实的情况。[37] 然而，同样真实的是，阿奎那并不包括在他们这一类人之中，他的杰出的当代追随者也不属于这一类。[38] 尽管人们广泛地相信是休谟发现了内在 245
于这种推导之中的逻辑谬误，[39]阿奎那以及其他一些前现代的思想家们都非常熟悉这种谬误，并且他们都比休谟更加小心地去避免它。[40] 阿奎那接受亚里士多德关于“理论的”（或者“思辨的”）和“实践的”推理之间的区分，坚持认为实践推理源自它自身的首要原则。这是我们可以看到的。他并不把实践原则看作通过意志行为赋予其规范效力的理论原则。他也不把人性的理论知识看作为实践知识提供了充

---

[37] 自然法理论的这种研究方法其根源并不在阿奎那那里，而是在稍后论者的著作之中，例如 17 世纪早期西班牙耶稣会士道德和政治思想家弗朗西斯科·苏亚雷斯。特别参见他的《论法律和神圣立法者》（1612 年）第 1 书第 5 章和第 2 书第 6 章。对于苏亚雷斯影响性的有益解释，及其自然法理论方法的有价值批判，参见菲尼斯《自然法与自然权利》，第 43—47 页，第 54—57 页，第 337—343 页和第 347—350 页。

[38] 杰曼·格里塞和约翰·菲尼斯等其他的当代杰出道德哲学家和神学家处于广义的托马斯主义传统之中，他们明确地拒绝任何试图从“存在”导出“应当”的计划，因为他们认为这在逻辑上是不合法的。参见格里塞，《主耶稣之路》，第 1 卷，《基督教道德原则》，第 105 页；以及菲尼斯，《自然法与自然权利》，第 33—36 页。

[39] 对于通常被视为休谟发现这种逻辑谬误的陈述，参见《人性论》（1740 年），第 3 书，第 1 部分，第 1 章。

[40] 对于休谟在这方面的失察，参见菲尼斯，《自然法与自然权利》，第 37—38 页，注释 43。

分的前提,更不用说是为道德义务的实践知识了。[41] 他并没有假定我们先通过非实践性的研究发现人性的"事实",然后通过适用一种类似"遵从自然"的规范确定伦理义务。[42]

休谟及其追随者,或许也包括凯尔森,[43]他们认为如果"价值"无法从"事实"中推导出来,那么它们就不可能是客观的(或者为"真"),相反,必然仅仅是感情、情绪或其他能够推动人类行为的低于理性的因素。他们否认实践理由就其本身而言能够推动人们。因此,他们得出结论说,除非自然法理论家犯下从"存在"推导出"应当"的"自然主义的谬误",否则他们的学说就会沦为某种形式的伦理非认知主义。[44] 但是,

---

[41] 事实上,一些非常类似于相反的事物却是真实的。人性的完全(理论的)解释以实践知识(一组"价值判断")为前提,这种实践知识为理论研究、理解和判断提供了材料。阿奎那坚持了亚里士多德主义的方法论(和认识论)原则,据此我们通过认识人类潜能而认识人性。这些潜能又是我们通过认识人类行为认识的。这些行为又是我们通过认识其目标认识的,即不只是单纯的工具性善,它们是不证自明和不可证明的实践理性的首要原则指引人类选择和行为所趋向的。

[42] 这一切在杰曼·格里塞的"实践理性的首要原则:对《神学大全》第二集第一部分问题94第2节的评论"中揭示得非常清楚。这种非常卓越的文本研究纠正了对阿奎那自然法理论诸多常识性误解,其中明显包括托马斯主义伦理理论试图从(人类)自然的存在推导出道德规范的"应当"这种观念。同样参见杰曼·格里塞后期对这一问题的处理,《主耶稣之路》,卷1,《基督教道德原则》,第103—105页,以及第112页,在那里他评论道,"圣托马斯谨慎地解释说,实践性结论总是必须分解到实践原则之中,这些实践原则不同于也不能还原为理论原则。"

[43] 参见凯尔森,"自然法学说",第141页。

[44] 参见杰弗里·高兹沃斯,"新自然法理论中的事实与价值"(Fact and Value in the New Natural Law Theory),载《美国法学杂志》,1996年第41期,第21—46页。

这又陷入了反对托马斯主义者和其他人的自相矛盾之中，因为这些人其实声称我们可以理解并进而受推动基于不只是单纯的工具性的实践理由（more-than-merely-instrumental practical reasons）而行为。[45] 它在说明大多数人的经验上成效甚微。毕竟，这些人通常认为他们受推动去做某些事（或者避免他们或许会做的某些事）并不是由于非理性的欲望，而是因为他们认识到了去做（或避免去做）它们的价值或意义，并因此发觉了它们的实践意义。[46] 而且，它悍然不顾强有力的反证，这些反证表明任何对休谟式的道德怀疑论或者对其他形式的非认知主义的真正知识论的辩护都是自我反驳的，因为它在实践中与它试图在理论上捍卫的那些主张相互矛盾。[47]

凯尔森主张，"从科学的视角来看，自然法学说建立在从'存在'推导出'应当'的逻辑谬误之上"，[48]这对反对阿奎那所理解的自然法学说没有任何效力。因为阿奎那的自然法理论并不计划进行这种推理。当凯尔森继续这么说时，

---

[45] 参见拙文"为新自然法理论辩护"，载《美国法学杂志》，1996年第41期，第47—61页。本文的修订版本见之于《为自然法辩护》第一章，它避免了印制者的多处错误，这些错误使得读者难以理解原作中若干句子的含义。

[46] 同上注。

[47] 参见菲尼斯，《阿奎那：道德、政治和法律理论》，第58—61页。

[48] 凯尔森，"自然法学说"，第141页。

"那些据信推导于自然的规范事实上被默示地假定,并且被置于主观价值的基础之上,这些规范表现为作为立法者的自然的意图",[49]他的批判再次无法适用于阿奎那的理论。这个批判自身似乎默示地假定着休谟式的观念,一切"价值"都是主观的,即是说,人们无法认识并按照不只是单纯的工具性的理由行为,而这直接与阿奎那的观点相反。但是,由于休谟式观念的真理并不明确——实际上,这种观念充其量也只能是有问题的——凯尔森在其批判"自然法学说"中对这种观念的整理不会给任何有志于为阿奎那或其自然法学说辩护的人造成困难。如果要有效地整理这种观念以反对阿奎那及其当代追随者,那么除了别的任务之外,它的支持者就必须为共同的道德体验提供一个它与此明显不相一致的合理解释。他们必须与反驳的难题达成妥协,这些难题看起来至少会使得对这种观念的任何知识论上的严肃辩护自斥。

自然法和实在法

在论文的第二部分,凯尔森把重点放在了自然法学说中自然法和实在法的关系问题上。他反对这一学说的核心

---

[49] 凯尔森,"自然法学说",第141页。

论点是它会使实在法变得“多余”。[50]

> 如果承认社会公正秩序和自然理智结构的存在，实在法立法者的活动就等同于画蛇添足的愚蠢努力。[51]

然而，他坚持认为：

> 这种学说的追随者中没有一个人胆敢始终如一。没有一个人宣布自然法的存在使实在法的制定变得多余。实际情况恰恰相反。他们都坚持实在法的必要性。事实上，所有自然法学说的最为根本的功能之一就是证明实在法制定的正当性或者有能力制定实在法的国家的存在。在履行这种功能之时，大多数学说都陷入了极为鲜明的矛盾之中。一方面，它们主张人性是自然法的源头，这意味着人性必须在基本上是善的。另一方面，它们只能通过人的恶证明实在法及其强制机器的必要性。[52]

---

[50] 凯尔森，“自然法学说”，第 142 页。
[51] 同上注。
[52] 同上注。（注释略）。

此处，我相信凯尔森提供的是一个精彩的低劣论据（或者一对混乱叠加的论据）。它很可能不会对历史上重要的自然法理论家造成任何不利。它当然也未给阿奎那的理论带来质疑。我们已经看到，凯尔森对于人性作为自然法学说中"自然法源头"的特别说明并不适用于阿奎那的教义。再者，尽管阿奎那真的认为人类善之所以呈现为现在的内容是因为人性如此构成，但是阿奎那丝毫没有计划从在方法论上在先的——理论的——人性知识推导出人类善的知识——实践知识。实践理性的首要原则和自然法的基本训令指引着选择和行为趋向知识、友谊以及其他不只是单纯的工具性的行动理由，但它们绝非是从人类学的、历史学的、形而上学的、神学的，或者任何其他理论前提推导出来的。人们以一种非推论性的理解行为去领会它们，借此"实践智力"——指向回答选择什么和做什么这一问题的单一智力——就可以领会一个潜在行为的可理智理解的要点。这种领会在于，该行为有可能例示一种人类利益，即某些依靠人性实现的并且自身即值得追求的事物（例如知识，友谊）。[53]

那么，对于人类而言，存在着这种为行动提供理由的

---

[53] 《神学大全》，第二集第一部分，问题94第2节。

善,这个事实并不必然表明恶不存在。恰恰相反,人类善的丧失(如,无知、精神错乱、误解、仇恨)是那些为人们在可能的情况下避免它们提供理由的恶(在特定情况下这些理由或许是结论性的,也或许不是)。㊾ 人类具有把特定目的或目标理解为人类实现和本质上善的能力也并不必然表明人类不能以其他方式进行选择,这些方式与人类善的整体趋向是不相一致的,亦即这种选择是不道德的选择。实际上,一个人可以为着某种善,或者为着善在特定人身上的例示,从而以不合理地破坏或不公正地对待其他善,或者不公正地对待其他人的方式进行选择。㊿ 任何这类选择都是不合理的,因为支持它的理由实际上会被一个反对它的结论性(道德的)理由击败。但是,一个被击败的理由仍然是理由——因为不合理的选择并不必然是完全非理性的——尽管这个理由可能是这种人的行为理由,他至少在某种层次上理解其行为的不当性,只是他理解的根据是对抗理性、削

㊾ 《神学大全》,第二集第一部分,问题94第2节。阿奎那在此处把实践理性的首要的和最为一般的原则表述为"当行善、追求善并避免恶"(提出强调)。对于这个原则的合理解释,特别是"善"和"恶"的含义包括一般意义上的值得追求之物以及值得追求之物的丧失,而不(仅仅)是道德上的正当和错误,参见格里塞,"实践理性的首要原则:对《神学大全》第二集第一部分问题94第2节的评论"。

㊿ 参见杰曼·格里塞、约翰·菲尼斯和约瑟夫·博伊尔,"实践原则、道德真理和终极目的",载《美国法学杂志》,1987年第32期,第99—151页,第123—125页。

弱理性或者束缚理性的情感动机。[56]

人们无需为了承认当人类情感不适当地融进人格之中时会推动人们实施不道德的行为这一显明的真理，从而假定人天性即"恶"。这也绝不表明情感本来即坏，或者应当以任何方式消除。（实际上，恰当地融入人格的情感会支持道德上正直的选择。）只能这么说，人们会在情感上被推动做那些与人类善的整体趋向相反的事情——有时是为了他们深深担负或依附的那些真正的、但却是部分的人类善。[57]而且，关于人类存在的这个事实在某种程度上要求和证明着"实在法的制定"以及"有能力制定实在法的国家的存在"。[58]

与此同时，理解阿奎那对这个问题的说明也是重要的，即使在一个总是能够指望人们履行道德善行的人类社会中，实在法仍然是需要的。这是因为任何社会，即便是一个"圣徒的社会"，也需要法律和立法系统，以便为实现共同善

---

[56] 参见杰曼·格里塞、约翰·菲尼斯和约瑟夫·博伊尔，"实践原则、道德真理和终极目的"，载《美国法学杂志》，1987年第32期，第99—151页，第123—125页。

[57] 同上注。

[58] 这显然就是阿奎那在《神学大全》问题95第1节中详细解释的观点（讨论的问题是"法律由人制定有用吗？"）；同样也参见《神学大全》，第二集第一部分，问题96节第5节。

提供权威的合作行为的规定。⁵⁹ 当然，在这样一个社会中，禁止谋杀、强奸、盗窃和其他道德恶行的法律是不需要的，而且现行法律系统中的惩罚和其他强制特征也消失不见，因为根据假定前提，没有人故意不去遵守法律的公正和权威的规定。但是，那些人们在公民日常生活中借以治理的广泛法律——特别是在复杂的现代社会中——仍然具有恰当的意义。

因此，阿奎那坚持认为，实在法是必要的。这既是因为现实的人类存在有时需要惩罚的威胁，以便抑制他们去做自然法早已禁止的事情（或者要求他们去做建议的事情），从而实现基本的正义要求；也是因为经常需要权威的规定去协调行为以便实现共同善。⁶⁰ 他进一步认为，所有公正的实在法——其中包括作为纯粹合作规范的法律——从某种

---

⑤⑨ 参见菲尼斯在《自然法与自然权利》（第 28 页）以及《阿奎那：道德、政治和法律理论》（第 35—37 页）对阿奎那这一观点的解释。当代分析法学强调和有益地探索了法律在下述方面的重要性：法律提供了解决为了实现共同善从而要求人类行为相互合作这类问题上的权威因而具有约束力的方法。这是与阿奎那的法律理论（以及亚里士多德的思想，见《尼各马可伦理学》卷 5 第 7 章）相互一致的。特别参见埃德娜·乌尔曼·玛格丽特（Edna Ullman-Margalit），《规范的形成》(The Emergence of Norms)，牛津，英国：克拉伦登出版社 1977 年版。对于这个领域的一些重要的当代著作，特别关注了守法的表面（可取消的）道德义务问题，参见约翰·菲尼斯，"作为合作的法律"（Law as Co-ordination），《法学原理》(Ratio Juris)，1989 年第 2 期，第 97—104 页。

⑥⓪ 《神学大全》，第二集第一部分，问题 96 第 4 节；菲尼斯，《阿奎那：道德、政治和法律理论》，第 248 页，注释 148 和第 265 页，注释 66。

意义上来说,都派生于自然法。[61] 他表示,立法者的任务即是以统治人类社会的实在法规范和原则的形式实行相关的自然法原则。

这种实行自然法原则的工作是通过两种不同的方式,两种"派生"的形式完成的。有些法律,例如那些禁止谋杀、强奸、盗窃和其他直接违反自然法的严重不义行为,是以一种类似于科学中从普遍前提推导出证明结论这一过程的方式派生于自然法的。[62] 然而,其他的实在法不能以这种直截了当的方式派生于自然法。在要求以法律的方式解决合作问题时,常常会出现许多可能的解决方法,每种方法都有某些不能比较的优点和缺点,都可以作为可行的选项。然而,如果要解决问题就必须由立法者权威性地选择一种解决方法。例如,请思考一下公路上的交通管理情况。从把人的健康和安全作为值得追求的善的自然法基本原则出发,再加上行驶不受管理的经验事实,甚至在那些具有完美善意的驾驶员之间也会置人类善于危险之中,可以得出结论认为一部管理规章(协调)对于共同善是必要的。然而,显而易见地,各种合理的,但却不相容的方案都是可能的。那

---

[61] 《神学大全》,第二集第一部分,问题95第2节。
[62] 《神学大全》,第二集第一部分,问题95第2节。

么，为着共同善的实现，相应的立法机构就必须规定在各种可能的方案之中有一种应当被赋予法律效力。在选择这个方案时，立法者所进行的与其说是任何类似于从前提推导出证明结论的过程，毋宁说是在合理的，但却不相容的选项之间予以选择的过程——对于这个过程阿奎那称之为限定(determinatio)。[63]

按照阿奎那的观点，以限定的方式产生的法律"不是仅仅从理性"那里获得其约束力，而且还从被有效的立法机构"已经制定"的事实中获得其约束力。[64] 尽管事实上除非法律的颁布任何人都不具有按照法律要求进行行为的一般道德义务，尽管事实上立法者(们)可以在与自然法的要求相容的情况下规定一种不同的规定或者一组不同规定，但是，"它的确定性不仅来自被某种承认的法源(立法文件、司法决定、习俗，等等)创造出来的事实，而且来自它与某种道德律令或道德原则的理性关联。"[65]

---

[63] 《神学大全》，第二集第一部分，问题95第2节。关于阿奎那的"限定"理论，参见拙文，"自然法和实在法"，罗伯特·乔治主编：《法律自治：法律实证主义论文集》(The Autonomy of Law: Essays on Legal Positivism)，牛津，英国：克拉伦登出版社1996年版，第321—334页，第327—330页；以及菲尼斯，《自然法与自然权利》，第281—290页和第294—296页，以及《阿奎那：道德、政治和法律理论》，第266—274页。

[64] 《神学大全》，第二集第一部分，问题104第1节。

[65] 菲尼斯，《阿奎那：道德、政治和法律理论》，第267页(注释略)。

很明显，在阿奎那的想法中，自然法的存在并不使得实在法变得不必要。相反，他非常有道理地认为，实在法以及享有立法权的统治组织对于任何社会的共同善都是不可或缺的——即使在一个由圣徒组成的假想社会中也是如此。它们本身在某种程度上就是自然法的要求。[66] 尽管（公正的）实在法的约束力总是部分地依赖于它从自然法原则中的派生性，但是，在阿奎那对它的说明中，实在法绝非是这些原则的单纯显示或者直接反映。实际上，就人法是一种限定而言，立法者享有一定程度的理性的创造自由，阿奎那自己把立法者类比为"需要从房子的共同形式中确定这座那座具体的房子的工匠（或者我们可以说建筑师）"[67]，然而，工匠或建筑师可以在与房屋本来要服务的目的相容的情况下，按照广泛的可能形状中的任何一种来设计房屋结构。这种自由的存在绝不必然表明实在法对自然法的彻底独立性（正如建筑师的创造性自由并不必然表明他的限定完全独立于建筑物的一般原理，如果要想房屋结构合理并且符

---

[66] 笔者曾在其他地方把这一点解释如下："说立法者（包括一定意义上的法官，他在所涉管辖权内行使一定范围的造法权力）通过把实在法从自然法中派生出来从而使得自然法在他的社会中生效，这既是有意义的，也是正确的。自然法本身要求完成这种派生，并且有人（组织或机构）被授权去完成它"；参见拙文"自然法和实在法"。

[67] 《神学大全》，第二集第一部分，问题 95 第 2 页。同样参见菲尼斯，《阿奎那：道德、政治和法律理论》，第 309 页，注释 69，援引《反异教大全》，卷 3，第 97 章。

合居住的目的就必须遵循这些原理,或者完全独立于他的任务的控制条件)。但是,它也表明了这些原则的理由,阿奎那用它们完整地拒绝了凯尔森归之于"自然法学说"的观念——即,由于自然法存在的现实,实在法变得"多余"。

自然法、不公正的法律与抵抗暴政

"自然法学说"的第三个部分[68]开始引入人们所熟悉的凯尔森对自然法理论的另一项指控,即它把"道德"范畴和"法律"范畴混合在了一起,结果,或者(1)一切实在法都是道德上善的,或者(2)道德上恶的法律不是具有意义的真正法律。这一部分以下述反驳自然法理论家的俏皮话开始:

> 如果实在法像所有自然法学说的追随者们所宣称的那样,只在它符合自然法的范围内才能有效,那么,

---

[68] 凯尔森论文的其余部分(从第4到第6部分)主要围绕国家权力和私有财产的问题。他特别关注格老修斯之后的思想,尤其是洛克、孔德、斯宾塞、黑格尔和马克思。他宣称"从格老修斯到康德,自然法最为杰出的捍卫者已经竭尽全力地去证明私有财产权是神圣自然授予人类的神圣权利"(第153页)。尽管他所提出的许多问题可以借助阿奎那的教义进行富有成效地研究,但我不打算在本文展开这种研究。对于托马斯主义自然法的财产学说的透彻阐释参见约瑟夫·M.博伊尔,"自然法、所有权与世界资源"(Natural Law, Ownership, and the World's Resources),载《价值探索杂志》(Journal of Value Inquiry),1989年第23期,第191—207页。

任何由习俗创造或者由人类立法者规定却又与自然法则相反的规范，必须被认为是无法律效力的。这是以下理论不可避免的结果，它承认实在法作为低于自然法的规范系统的可能性。作者遵守这一结果的程度是对其忠诚度的检验。很少有人经得起这种检验。[69]

凯尔森表明，那些无法经受这种检验的人——绝大多数人——都被赶到了相反的立场，即"实在法和自然法之间的冲突虽然在理论上是可能的，但在实践上却被排除了。"[70] 实际上凯尔森甚至宣称"自然法学说除了证明实在法的正当性外没有任何其他的功能，这些实在法即是任何由有效政体制定的实在法。"[71] 因此，事实上，自然法理论以从理论上揭示对实在法和统治政体进行彻底道德批判的可能性为起点，最后却以在实践上发挥一种为既存政体——不管它们的偶然形态是什么——进行意识形态的辩护功能结束。

凯尔森这里的主要标靶是霍布斯和普芬道夫。他断定，尽管二人在其他的重要方面存在着若干差异，尽管普芬道夫批判霍布斯直接把实在法等同于自然法，但是，他们却

---

[69] 凯尔森，"自然法学说"，第144页。
[70] 同上注，第145页。
[71] 同上注。

拥有共同的观点，即自然法必须最终服务于从实际上证明任何既存实在法体制的正当性。凯尔森进一步论证，“存在着一种被**所有**自然法学说的杰出代表都拥护的原则，借助这种原则自然法和实在法之间冲突——如果承认它可能的话——被剥夺了任何危及既定法律权威的效果：正是这一信条使得在自然法则之下不存在或者只存在有限的抵抗权。”(72)这种在本质上“保守”的观点可以公正地归之于阿奎那吗？

对阿奎那的一个寻常批判在于，他显然采纳了奥古斯丁的主张“不公正的法律似乎不是法律”，(73)这表明他犯了把“法律”范畴和“道德”范畴相互混合的错误，这种方式会使 254
得实在法和自然法相互冲突的情况在分析上变得不可能。(74)（当然，在我们当前讨论的论文中，凯尔森自己并没有思考阿奎那对自然法和实在法关系的具体论述。然而，他不能

---

(72) 凯尔森，“自然法学说”，第148页；增加了强调。

(73) 《神学大全》，第二集第一部分，问题96第4节，援引奥古斯丁，《论自由意志》，卷1，第2章。

(74) 例如，阿瑟·C. 丹托（Arthur C. Danto）断然地把“不存在不公正的法律”的信念归于“托马斯主义自然法的捍卫者”。参见他的“人性与自然法”（Human Nature and Natural Law），西德尼·胡克（Sidney Hook）主编：《法律和哲学》（*Law and Philosophy*），纽约：纽约大学出版社1964年版，第187页。同样的结果，参见H. L. A. 哈特，《法律的概念》（*The Concept of Law*），牛津，英国：克拉伦登出版社1961年版，第205页，第206页。

合理地否认阿奎那的论述处于他所说的"所有自然法学说的追随者们宣称"的范围之内。)我们已经看到阿奎那对实在法派生于自然法方式的说明是复杂的,而且在某些方面甚至是极其微妙的。如果我们考虑阿奎那采纳奥古斯丁主张的文本,更为复杂和微妙的情况就会成为关注的焦点。逐渐变得清晰的是,阿奎那关于"法律"和"合法性"的概念在每一点上都与现代分析法哲学家所提出的概念一样丰富和高度细微。不可否认,阿奎那在展开分析性工作上并没有走得太远,这种工作会直接指出人法现象的具体实例可能偏离社会-理论"焦点"或"典范"意义的"法律"的各个方面(这种意义部分是出于对具体实例的考虑建立起来的,即使从一种"内在"观点来看,它自身要求使用批判性-实践性的智力(75)),同时仍然保留法律概念的构成性特征。但是,他以一种相当灵活的方式使用"法律"一词,以便把下述各种要求之间的差别考虑进去:(1)系统内的法律分析或论证(例如在职业法律辩护和判决的语境中);(2)我们所称的"描述性"社会理论(例如"法律社会学");以及(3)完全批

(75) 参见哈特,《法律的概念》,第59—60页,第86—88页,第95—96页,第113页,第197页,第226页;约瑟夫·拉兹,《实践理性与规范》(*Practical Reason and Norms*),第2版,普林斯顿,新泽西州:普林斯顿大学出版社1990年版,第171页,第177页;以及菲尼斯,《自然法与自然权利》,第11—19页。

判性的(即“规范性的”,“道德的”,影响良心的)话语。

阿奎那相信法律可以是不公正的,并且实际上有时确实是不公正的,这既可以从他多次直接提到不公正的法律,也可以从他对法律的不正义问题投入相当多的关注明显地看出来。他思考的核心要点在于,不公正的法律是否约束其臣民的良心,并要求他们遵守,如果约束那么是以何种方式约束。(76) 显然,阿奎那相信人类实在法创造了一种道德义务,即使当它所命令(或禁止)的行为在法律阙如,即在道德 255
上作为一个自然法的问题,是可选择的也是如此。实在法具有创造道德义务(或者在道德义务已经存在的情况下强化它)的权力,对这种权力的批判的-道德的信念自然地就会提出这种权力(以及由于它的存在而对那些从属于它的人所强加的义务)是绝对的还是可取消的问题。如果是可取消的,那么它在何种条件下可以取消呢?

为了回答这一问题,必须强调批判的-道德的分析。权力最初的根源是什么?显然,它是法律服务于正义的原因和共同善的能力,例如协调行为使得整个共同体的人类善尽可能较为完整或公平地实现。但是,根据批判的-道德的视角那些由于不正义破坏而不是服务于共同善的法律就缺

(76) 《神学大全》,第二集第一部分,问题96第4节。

少法律的核心证明品质。因此,它们造法的权力(以及它们声称要强加的义务)就受到削弱或者被取消。阿奎那说,不公正的法律"与其说是法律不如说是暴力行为"。[77] 它们违背了正义和共同善,缺乏法律的道德力量。如果它们真的对良心具有约束力的话,那么也只限于下述范围:人们具有不带来副作用的义务,在具体的情形中,这些副作用往往是由于人们拒绝服从法律造成的。(例如,在一个基本公正的法律体系中破坏对法律的尊重会导致"道德败坏或秩序混乱",[78] 或者把某种不公正法律的负担不公平地转嫁到无辜同胞的肩上[79])。换言之,如果说不公正的法律约束良心,那么也不是在本质上(per se),而仅仅是偶然地(per accidens)。它们是法律,但不是"绝对地",或者我们可以说不是在"焦点的"或"典范的"意义上,而仅仅是在一种派生的或次级的意义上("secundum quid")。

阿奎那法律理论的任何内容都没有表明法律的不正义

---

[77] 《神学大全》,第二集第一部分,问题96第4节。

[78] 《神学大全》,第二集第一部分,问题96第4节。然而,请注意,根据阿奎那的观点,人们可以绝不服从一项要求行不公正之事或道德错误之事的法律。而且,有时不服从是需要的,以避免导致(或者促成)"道德败坏或秩序混乱"。(关于"scandalum vel turbatio"这一阿奎那用语翻译的相关问题,参见菲尼斯,《阿奎那:道德、政治和法律理论》,第223页,注释23;第273页,注释112;以及第274页,注释d。)

[79] 《神学大全》,第二集第二部分,问题60第5节。

性使得它根据系统内法学分析和论证的目标而不是法律（或者"具有法律上的约束力"）。当然，他建议法官们在可能的条件下采取避免不公正结果的方式解释和适用法律，如果他们能够说明立法者没有预见某些情形，而严格适用他们制定的规则会导致不正义，并且如果他们预见了这些情形就会制定不同的规则。[80] 但是，甚至在这里他也没有诉诸下述主张：严格依照规则术语适用规则所可能导致的不正义并不会导致这些术语从法律角度来看归于无效。

阿奎那也没有直接说到或者暗示指出要把奥古斯丁的论述"不公正的法律似乎不是法律"视为与社会-理论的（或历史的）研究相关，这些研究涉及在任何特定文化的法律体系中现在（或过去）都被视为法律并具有法律约束力东西（不管这些研究从批判的-道德的视角来看多么令人钦佩或者相反）。因此，比如，虽然哈特是那些在这一点上误解阿奎那及其自然法传统的论者之一，但是所有阿奎那的追随者们都不应认为哈特关于法律的"描述性社会学"的错误之处在于，他把各种不同的社会规范（以及产生社会规范的制度）视为法律（法律体系），这些社会规范符合哈特法律概念的合法性或法律有效性的标准或条件，尽管他的社会-理论

---

[80] 《神学大全》，第二集第二部分，问题60第5节。

事业在相当大的程度上(实际上它试图尽可能地分割)从对法律和法律体系的批判的-道德的评价中分割出来(合理地!)。哈特著作所招致的来自自然法角度的批判与他愿意把不公正的法律视为法律无关,相反却与他不愿意坚持他自己的方法和对采纳或再造一种内在观点的必要性的洞察相关。如果贯彻这种方法,就会把法律的焦点和典范情形视为公正的法律——服务于共同善的法律——把内在("法律的")观点的焦点和典范情形看作那个人的观点,他把法律和法律体系理解为有价值的(并且把法律规则理解为通常具有良心约束力的),因为(或就……而言)它们是公正的——并且它们通过公正服务于共同善。[81]

257　请谨记上述背景,我们现在直接讨论下述问题:阿奎那("像所有自然法学说的追随者们那样")是否拥护某种排除或有效限制民众抵抗暴政或严重不公的法律体制的原则。在其整个著述活动中,阿奎那都紧紧抓住暴政问题,实际上是诛杀暴君的合法性问题。在其早期著作以及最为成熟的著作中,他都捍卫下述主张,暴君的不公正行为不仅缺乏道德权威,而且它们还构成了某种犯罪行为,这可以证

---

[81] 对哈特(和拉兹)的这种批判由菲尼斯周密地揭示出来,参见《自然法与自然权利》,第12—18页。关于哈特在这些问题上对阿奎那的曲解参见菲尼斯,《自然法与自然权利》,第12章。

明为了实现共同善而实施革命性暴力的正当性，甚至可以证明诛杀暴君作为抵抗暴君，和/或公正地惩罚暴君的正当性。

阿奎那中期曾写过一部影响一位基督教君王良心的作品，《论塞浦路斯王的统治》(De regno ad regem Cypri)，这是一部神学论著。其中存在不赞同诛杀暴君的意思，这是真实的情况。这部著作很可能是真实的，或者说至少在主体上是真实的，尽管也有一些负责任的评注者对阿奎那的作者身份提出了质疑。但是，即使像菲尼斯这种视这部著作很可能真实的论者也发出警告，"对于理解阿奎那的观点它绝不是一个完全值得信赖并且令人满意的源头。"[82] 鉴于《论塞浦路斯王的统治》的教义与那些具有无可置疑的真实性和极大清晰性的较早作品和较晚作品都相互矛盾，这个警告似乎特别适用于诛杀暴君问题。

阿奎那认为，暴政典型地是为了统治者或统治者们的私人利益或私人目的而损害共同（即公共）善的统治（不管是由一个人、一些人，还是由许多人实施）。[83] 暴君实际上是在驱使而不是在服务他对之使用权力并且因他们之故（从

---

[82] 参见菲尼斯，《阿奎那：道德、政治和法律理论》，第 288 页；同样参见第 228 页，以及第 254 页，注释 d。

[83] 《神学大全》，第二集第二部分，问题 42 第 2 节。

批判的—道德的视角来看)公共权威才得以存在的那些人。[84] 阿奎那在较早的著作中区分了两类暴政：(1)滥用合法获得并拥有的权威的暴政，(2)通过篡夺的方式获取和占有权力的暴政。他指出，篡权的暴君——实际上是与政治共同体开战的各方——可以对之进行合法的抵抗，甚至可以被任何具有现实权力的人杀掉。[85] 与之形成对比，如果合法的统治退化为暴政，那么君主(们)享有类似我们所称的"法律的正当程序"的权利。推翻他们的政体，如果有必要的话，把他们本人送交审判和判处惩罚(其中包括在适当的情况下施以极刑)，这些都是其他履行职务的公共官员的职责，而不是(常规情况下)私人公民的任务。[86]

值得注意的是，正如菲尼斯所观察的，阿奎那在其最为成熟的著作中，"似乎已经无意在篡权者和其他类型的暴君之间进行对比"。[87] 在《神学大全》中，他把任何类型的暴政都视为一种根本上属于犯罪的统治类型——实际上是一种煽动叛乱的形式——这可以证明民众革命行为和对暴君

---

[84] 《神学大全》，第二集第一部分，问题105第1节。请注意阿奎那的主张(在释疑5中)暴君"掠夺他们的臣民"，并且把臣民"当作奴隶"进行统治。

[85] 参见《〈彼得·伦巴德语录〉评注》，卷2，第44章，问题2第2节。

[86] 关于篡权暴君与退化为暴政的合法统治者的区分参见菲尼斯，《阿奎那：道德、政治和法律理论》，第289—290页以及那里所援引的文献。

[87] 同上注，第290页，援引《神学大全》，第二集第二部分，问题42第2节和问题104第6节。

(们)实施惩罚的正当性。(88)(我说"可以"证明是因为,阿奎那总是坚持对于诉诸强力的正义的最终道德判断必须考虑可能出现的非故意的副作用的影响。否则,在道德上允许的革命行为在任何具体的情形下对于无辜的第三方都会是不公正的,他们在这些情况下被迫不公平地忍受这些副作用的负担。)

那么,阿奎那的"自然法学说"就并不同意下述原则(按照凯尔森的说法,所有自然法学说的杰出代表都拥护):借助这种原则自然法和实在法之间的冲突"被剥夺了任何危及既定法律权威的效果"。尽管阿奎那没有把抵抗权绝对地置于暴政的对立面,但他显然不能接受凯尔森所宣称的信条:"在自然法则之下不存在或者只存在有限的抵抗权。"暴君——尤其是那些通过法律手段获得权力并通过颁布和实施法律进行统治的暴君(lex tyrannica)(89)——必须从其他地方而不是阿奎那那里寻找道德论据,以使自己免受因暴政而招致的起义和惩罚之苦。阿奎那的思想中没有任何内容把自然法和实在法以这种方式混合起来,授予实在法一种符合自然法要求的自动的一致性。恰恰相反,根据阿奎

(88) 《神学大全》,第二集第二部分,问题 42 第 2 节。
(89) 《神学大全》,第二集第一部分,问题 92 第 1 节。

那的观点,任何政体中的实在法,以及那些创造和实施它的统治者都需接受自然法的判断。暴政的统治是法律的"扭曲",[90]就其本质而言,根本不会创造一种服从的义务,相反却会产生一种最大限度的抵抗权的初步证据(prima facie)。

结论

尽管他有时对自然法要旨泛泛而论,也不管"所有"的自然法重要阐释者都坚持什么,但我们可以看到凯尔森对"自然法学说"的阐述事实上与阿奎那的思想没有半点联系。因此,凯尔森对该学说的批判很少或根本不适用于托马斯主义的自然法理论。阿奎那确立自然法原则的理论,他对这些原则与神权和实在法关系的说明,以及他在把它们适用于法律不正义和暴政等问题上的观点,这些都未能引起凯尔森着手阐述和批判时的兴趣。有人或许以为,如果凯尔森要坚持以他的方式描述"自然法学说",那么他避免提及阿奎那是合适的。然而,尽管如此,退一步讲这仍然是令人奇怪的,因为"科学的法庭"居然未能提及在自然法传统中处于如此核心地位的一位倡导者的思想。

---

[90] 《神学大全》,第二集第一部分,问题92第1节。

9. 托马斯·阿奎那论自然法和审断权限[*]

（拉塞尔·西丁格）

引言

托马斯在《神学大全》中仅用了一个问题单独处理审断的德性问题。他评述说，审断（iudicium）一词原本意指一个关于何为公正的决定，后来引申为"表示一项关于任何思辨

---

[*] 本文的另一个版本出现于拙著第 4 章，《首要的恩宠：在后基督世界重新发现自然法》(*The First Grace*：*Rediscovering the Natural Law in a Post-Christian World*)，威尔明顿，特拉华：ISI 图书 2003 年版。

或实践事项的正确决定"。① 广义而言,审断是"认识能力借以对其特有对象作出评价"的行为。② 由于智力具有理解和具体化普遍形式的自然能力,③因此每个人都拥有某种作出审断的能力:说情况确实如此,或者应当如此。④ 因此,就有了亚里士多德的格言:"对其所认识的每个人都会作出良好的判断"。⑤

审断也可以指"上级对下级作出的关于其应当这么做或不应当这么做的实践判断"。⑥ 审断的这个含义是权威的固有特征,不管它出现于何处,具不具有制定或实施法律的其他能力。例如,我们可以设想修道院院长作出某修士应当成为摇铃人,或者父亲作出儿子应当进行体育活动的判断。尽管合法(lawful),但是,通过私人个人判断产生的命令(imperium)不算法律(lex),也不算法律的判决(sententia legis)。私人个人的判断与立法者(legislator)或法官(iudex)的判断所

---

① 《神学大全》,第二集第二部分,问题60第1节释疑1。
② 《神学大全》,第二集第一部分,问题93第2节释疑3。心思(mens)一词派生于判断和衡量(iudicare vel mensurare),《神学大全》第一集,问题79第9节释疑4。
③ 《反异教大全》,卷2,第48章。
④ 阿奎那解释说自由行动取决于智力的这种天赋。参见《亚里士多德的论灵魂评注》,卷3,第16讲。
⑤ 通过后天的品质,思辨的和实践的,这种能力得到了提升,扩大了对象的范围,并且深化了判断的确定性和自由度。
⑥ 《神学大全》,第二集第一部分,问题93第2节释疑3。

产生的命令不同,它们缺乏命令共同体予以服从的权威。

最后,这个词具有一个特有含义。托马斯主张审断"特指法官作为法官其本身的行为"(iudicis inquantum est iudex)。他指出,法官维护权利(ius dicens),而权利是正义的对象。⑦ 通过使他人或迫使他人归还某人其所应得的(ius),法官被视为"正义的化身"(personification of justice)。⑧ 法官所产生的这种判断和指示性命令必然包含着义务和强制性权力。⑨ 而且,因为判决(sentence)就像一种"特别法"(particular law),法官不仅是广义上的上级,而且是具有公共权威的上级。⑩ 法官具有负责审理一个过错或者一项义务、发布一份判决从而约束或者放任、证明有罪或者宣告无罪的权威。除了基督之外,基督自身即具有合法的审判权,并把它们当作自然权利行使,其他任何人都不具有该词特殊含义上的审断权(potestas iudiciaria)。⑪ 他可以像"天主

---

⑦ 《神学大全》,第二集第二部分,问题60第1节。
⑧ 《神学大全》,第二集第二部分,问题58第1节释疑5。
⑨ 《神学大全》,第二集第二部分,问题60第6释疑1(Sed iudicium importat quandam impulsionem),问题67第1节(debet habere vim coactivam)。
⑩ 《神学大全》,第二集第二部分,问题67第1节。
⑪ 《反异教大全》,卷4,第72章。"审断能由天主依其自身的权力作出:因此,他的审断基于他自己认识到的真理,而不是别人给予的知识:同样的结论也适用于基督,他既是真神也是真人;而其他的法官都不是依其自身的权力作出审断,因此不存在可比性(Alii autem indices non iudicant secundum propriam potestatem)";参见《神学大全》,第二集第二部分,问题67第2节释疑2。

审判者"(Daniel)那样接受它,通过神圣本能实施审断;[12]他可以把它作为一种权力接受,暗含着统治的权力,以此方式最高的立法权具有常人形式的审断权;或者他可以通过主权者的授权接受它,这种方式对托马斯而言是一个法官接受其审判职责的通常方法。

在简要归纳这些定义和术语之后,我们可以转向本文的争议问题。法官被视为"正义的化身",不仅对何为权利作出判断,而且命令给予这种权利。法官在自然法方面的义务是什么?这种义务与立法者的义务有何不同?作为法官一个人具有根据对自然法要求的判断无视或改变法律,或者免除法律规定的判决的权力吗?

我的论文标题包含着一系列的争议问题,它们在我们的国家制度中众所周知,而且经常被人们讨论。然而,我在条件允许的前提下,希望尽可能地避免时代错误,不把托马斯的心思硬塞到我们在能动主义法院上的困惑和争论的陈腐老套之中。[13] 我的目标是为托马斯对法官和自然法要说的内容提供一种确切阐释。为了这一目标我会在探讨这个

---

[12] 《神学大全》,第二集第二部分,问题67第1节释疑1。
[13] 对于这些问题,参见拙文"实在法中的自然法:一个立法问题抑或判决问题?"(Natural Law in the Positive Laws: A Legislative or Adjudicative Issue?),载《政治学评论》(Review of Politics),1993年1月第55期,第5—34页。

问题时撇开二手文献。这么做是为了尽可能地保持我的阐释的洁净，因为根据我的判断二手文献往往容易在这个主题上带来误导。

我的研究分为四个部分。第一个部分，我需要对法律和自然法做某些概括的说明。由于这本身就是一个庞大的问题，我会集中关注托马斯自然法学说中对于回答法官问题有益的方面。尤其是，我们需要理解根据自然法审断的自然权力和委托权力的不同。第二个部分，我要讨论法律的审慎（jurisprudence）如何不同于其他类型的审慎（prudence）。第三部分，我试着回答手边的问题：即，在自然法和人类法学的轨道之内，立法者和法官各自的立场怎样。最后一部分，我将转向托马斯讨论过的三个案例，在这些案例中法官似乎都处于反对立法者的困难局面，因为不管是从表面上看还是在其适用中法律似乎违反了自然法。

法律处于什么"之中"？

托马斯关于法律的定义（definitio legis）是众所周知的。[264] 法律是为了实现政治共同善而制定的具有约束力的理性命令,由具有决定权的权威机关实际地颁布。⑭ 我们的第一个问题是,"法律处于什么之中?"尽管这是一个似乎古怪的问题,特别是对那些主要关注法律认识论的法律理论家而言,但是它却是托马斯曾下功夫去回答的问题。在托马斯的思想世界中,经常出现的问题现实得令人难堪:一个事物的定义是什么?它处于什么"之中"?这个事物在何种意义上是一个原因或结果?它是何种原因?又是何种结果?它运动还是不动?在我看来,清晰地回答"法律处于什么之中"这一问题对于理解立法者和法官之间的关系具有极为重要的意义。

在《神学大全》中,托马斯在回答下述反对意见的问题中进行了首次尝试:圣保禄在《罗马书·7》中说"在我的肢体内另有一条法律"——即所谓肢体的法律(lex membrorum)。⑮ 这似乎暗示法律以一种外在意义处于人"之中"。果真如此

---

⑭ 《神学大全》,第二集第一部分,问题90第1—4节。显然,托马斯并没有把强制力(vis coactiva)包含于定义之中。就其本质而论,法律是具有约束力的理性命令(vis directiva),以把自由和智慧的大众推向共同善为目的。大众是由道德必然性而不是外在必然性推动的。如果消除法律四项原则之一(理性命令、权威、共同善和公布),我们获得的就只是强制力,而非指引力。强制是法律的一种行为(actus legis)。参见《神学大全》,第二集第一部分,问题92第2节。强制只有在产生于构成指引的四项原则时才能被说成合法的。但是,法律的四项特征没有一项在根本上取决于强制。

⑮ 《神学大全》,第二集第一部分,问题90第1节反论1。

的话,那么我们怎么能说法律是理性的命令？托马斯答复说：

> 由于法律是某种规则和标准,它可以两种方式存于事物之中。其一,存在于权衡者和统治者之中；由于这对理性是恰当的,那么此时法律单独存在于理性之中。其二,以被权衡者和被统治者的方式存在。在这种情况下,法律存在于那些因为法律的存在而有所倾向的所有事物中；结果,任何产生于法律的倾向都可以称之为法律,这不是本质意义上的法律,而是对法律的某种程度的分有。⑯

法律作为人类行为的规则和标准,处于实际履行着统治和衡量行为的智力"之中"。在一种派生的意义上,法律也可以说是处于任何被统治和被权衡的事物"之中"。恰当地说,法律一直处于主动的原则"之中",⑰这即是说处于一种心思之中。当两种权力合起来在被动的原则之中造成结果时,形式的概念是从上级的主动原则获得的。⑱

---

⑯ 《神学大全》,第二集第一部分,问题90第1释疑1。
⑰ 《神学大全》,第二集第一部分,问题91第1释疑3。
⑱ 《神学大全》,第二集第一部分,问题13第1节。

例如，我们观察一下井然有序、遵规守法的交通类型。如果我们问何处法律得到了恰当的和根本的遵守（modo proprie et essentialiter），我们会回答说，在实施规则和标准的立法者的心思中："靠右行驶"，"红灯停止"，等等。在派生的意义上（modo in regulato），它也在那些分有了规则和标准的驾驶员的心思里。什么导致了红灯停？是那种法律，它寓居于立法者心思和停车的驾驶员的心思中。然而，它主要地处于立法者那里，在他的心思中标准得以形成，并且通过公布让人知晓。在这个词最为广泛的意义上（per similitudine），法律处于事物"之中"：法典、红灯、交通的有形流动本身。[19] 我们可以看到，法律以主动原则为恰当根据的命题是托马斯立法原意学说的基础，也是他坚持法官必须时时支持立法者意图而非书面文字的理由。

调整原则和被调整的事物之间的区分同样适用于自然法。在回答在我们之中（in nobis）是否存在一种自然法时，托马斯直截了当地说这取决于"之中"的含义。[20] 由于法律在恰当的和根本的意义上处于立法者的智力之中，自然法处于神圣心思"之中"。因此，在进一步回答自然法的不变

---

[19] 《神学大全》，第二集第一部分，问题91第2节释疑3。
[20] 《神学大全》，第二集第一部分，问题91第2节。

性问题时,托马斯指出了明显的事情。人类心思是可变的,而且是不完善的。因而,自然法"由于天主的理性这一自然作者的完善稳固而保持不变。"[21]

这是否意味着说自然法处于人"之中"就像说交通法处于法典"之中"或红灯"之中"那样纯粹是取之于广义?不是。托马斯主张,人类心思参与或者分有永恒法的主动原则。人类心思是一种被衡量的标准(mensura-mensurata),而不是一种衡量的标准(mensura-mensurans)。[22] 在接受法律之后,人的心思可以接着根据法律作出审断和命令。而且,对于法律的主动原则的最为完整的分有(它最为深刻地展示了对天主的效仿)是人理解自然法并且制定更多法律的能力。换言之,不仅用自然法治理自身,而且也用它治理别人。

托马斯慎言自然是法律,或者说法律处于恰当意义所称的自然"之中"。相反,"自然的"一词是以我们基于两个理由分享永恒法为根据的。首先,我们基于理性的自然能

---

[21] 《神学大全》,第二集第一部分,问题97第1节释疑1。
[22] "人的理性自身不是事物的规则。但是通过自然铭刻在人的理性之上的原则却是所有与人的行为有关的事物的一般规则和标准,对于这种行为,自然理性是它的规则和标准,虽然它不是来自自然的事物的标准。"(《神学大全》,第二集第一部分,问题91第3节释疑2。)并且参见《神学大全》,第二集第一部分,问题93第1节释疑3;问题93第4节。

力参与那种法律；其次，通过公布的方式法律被植入我们之中以便自然地认识（naturaliter）。[23] 即便如此，自然法也不是因为它处于我们"之中"而是法律。正因如此，托马斯在回答假定一种永恒法和一种自然法是法律的一种不必要的复制这个反对意见时说，自然法并非不同于永恒法，并不存在两个法。[24] 只存在一个法，即永恒法，它在统治和衡量的意义上（modo in mensurante et regulante）存在于天主；通过参与和分有，在被统治和衡量的意义上（modo in regulato et mensurato）它存在于造物。

就自然法而言，法律被命名为"自然的"是根据接受的方式，不是根据立法的出处。如果我们把问题集中在公布的模式上，法律的种类和与之相连的方式一样多。但是，如果我有志于恰当的定义，那么只存在着与两种心思相符合的两类法律。一

---

[23]《神学大全》，第二集第一部分，问题90第4节释疑1。"自然法经由天主将其注人人的心思从而以为人自然知晓的方式得到公布。"值得回顾的是，托马斯认为法律是一种行为的外在原则。参见《神学大全》，问题90序言。但在说法律是一种外在原则时，他并不意指该词心理学意义上的外在之物。正如我们所言，法律正是存在于心思之中。法律是一种外在原则是因为它不是人性的谓词。人是理性动物，但他不是法律。因此，"自然"一词（natura, naturalis, naturale, naturaliter）与法律连起来使用意在强调人性的内在原则是如何接受或保持法律的标准的。

[24]《神学大全》，第二集第一部分，问题91第2节释疑1。

种来自于天主的心思,另一种来自分有永恒法的人之心思。㉕ 正如奥古斯丁所言,一个是永恒的,另一个是非永恒的。㉖

对托马斯而言,一切人类审断都被置于一种法律秩序之中——尽管并非每种人类审断都是一种法律审断。这是托马斯自然法学说的核心和灵魂。对此有些人深受吸引,而另一些人则颇为反感。托马斯说每个人都分有了法律的主动原则,这意味着存在着一种根据(自然)法作出审断的自然能力。因此,我们可以发现在《神学大全》第二集第一部分问题94第2节中托马斯提出的关于良知(synderesis)的习性的命题中包含着"法律的首要训令"(primum praeceptum legis):"当行善、追求善并避免恶"。这是天主使得造物分有永恒法的创造之光的印象。㉗ 不管我们对于人类善知道些什么,不管是自然地

㉕ 天使也处于自然法之下,参见《神学大全》,第一集,问题60第5节。托马斯与其他中世纪神学家的不同之处在于他坚持天使不是一个法源。"只有主权者才能据其权威制定法律,但他有时在制定法律之后通过其他人公布。因此,天主以自身的权威制定法律,但是他通过天使公布它。"(《神学大全》,第二集第一部分,问题98第3节释疑3。)

㉖ 《神学大全》,第二集第一部分,问题91第3节,"但是相反"(sed contra)。因此,《论法律》(《神学大全》,第二集第一部分,问题90—108)可以这么勾勒:天主智慧中的法律(91、93);认识中的法律(94—97);一般法律(98—105);借助恩宠的法律(106—108)。参见斯蒂芬·路易斯·布洛克(Stephen Louis Brock),《圣托马斯·阿奎那教义中自然法的法律特征》(*The Legal Character of Natural Law According to St. Thomas Aquinas*),博士论文,多伦多大学(1988年),第2章。

㉗ 参见马修·库德巴克(Matthew Cuddeback),《圣托马斯·阿奎那认识者形而上学中的光和形式》(*Light and Form in St. Thomas Aquinas's Metaphysics of the Knower*),博士论文,美国天主教大学出版社1998年版。

知道还是通过调查研究,在缺少对法律的这种原初理解的情况下我们永难认识它们。把对人类善的理解与"法律的首要训令"隔离开来就会不可避免地导致:(1)假定一种法律原则,然后再去寻找善;或者(2)假定缺少法律性质的人类善。前者在法律上是严格尊奉的,但在价值上却是沉默的;后者在价值上是内容丰富的,但在法律上却是沉默的。在这两极之间我们可以发现现代道德哲学的大多数困惑和死结。

无论如何,托马斯教义的根本含义应当是清晰明确的。每一种受造智慧不仅具有作出审断的能力,而且能够依据法律作出审断。事物的法律秩序并不这么开始或结束,即或者是以只有少数人拥有的卓越德性,或者是以人类实在法的机构和法规。他评述说,神圣天道赋予人规则,不仅是作为一个种的个体成员,而且"因为他们是个人的行为"(secundum quod sunt actus personales)。[28] 托马斯的哲学已经被广泛使用。多明我经院主义者用它捍卫新世界中的自然的自由,耶稣会士用它辩护抵抗暴君的权利,在我们的时代则是著名的马丁·路德·金的事迹。当然,托马斯并不认为良心即是法律自身,[29]因为良心不是法律,而只是根据法

---

[28] 《反异教大全》,卷3,第129章。同样参见《反异教大全》,卷3,第114章。
[29] "人并不为自己制定法律,而是通过他的知识的行为,以此他知道他人制定的法律,他有义务履行这法律"(《论真理》,问题17,第3节释疑1)。

律进行审断的行为。㉚ 即便如此，人们也不需要一个政治的或者教会的机构去根据自然法作出审断。因而，我们必须询问是什么限制了审断的自然能力，这些限制是否只是任意的。

审断和统治的审慎

所有人类审断都依赖于智力对行为首要标准的接受，托马斯称这些标准为自然法。自然法的主要训令绝不是审断的对象——可以说它们不服从司法的审查，因为它们是任何审断据以表明正确性和权威性的原则。至少在基本的层面上，每个人都可以理解自然法的训令。托马斯解释说，"人生的正确目的是确定的"，因而存在着"关于这些目的的自然正确的审断"。㉛ 托马斯把这些目的分为三组：是（to be）、生（to live）和知（to know）——对于所有人而言，天主的可欲的和可爱的效果。㉜

㉚ 《神学大全》，第一集，问题79第13节。因此，在《牧职宪章》（Gaudium et spes）的段落中："人深入良心发现一种法律，这不是他自己所规定的，却是他必须遵守的。它的声音呼他去爱善和行善，并避免恶，在内心中在正确的时刻告诉他：做这个避免那个。因为人在心中有天主铭刻的法律。他的尊严在于遵守法律，通过这种法律他将被审判。他的良心是最秘密的内核，也是他的圣殿。在那里他与天主独处，天主的声音回响在他的灵魂深处。"（《牧职宪章》，卷16。）

㉛ 《神学大全》，第二集第一部分，问题47第15节。

㉜ 《神学大全》，第二集第一部分，问题94第2节的首要训令的三重结构遵循着这种类型。参见《神学大全》，第二集第一部分，问题19第4节。

269　当然,人类行为需要更多的内容。首先,在自然法的训令方面,我们需要认识更多的关于法律的内容,这是以从首要训令得出结论的方式实现的。其次,在把训令适用于事实方面,我们需要相当多的经验以便商讨和判断我们所发现的内容。除了规范(praeceptum)、发现(consilium)和审断(iudicium),行为中的正确理性还要求一个把审断实际应用于行为的命令(imperium)。由于命令是一个以意志为先决条件的理智的行为,正确行为要求后天的品质。托马斯教导说,当且仅当出现一个命令,实践秩序中才能发生某事。㉝商讨和审断主要是思辨智力的行为。因此,托马斯得出结论:"对善的自然欲求和自然审断都不足以使人正确地行为,除非它更为充分地得到确定和完善。"㉞

这里不是详述正确审断所需知识和品质的全部补充要素的地方。就我们当下目标而言,设想一个在审断的自然

㉝ "如上所述(第2节),审慎是'应用到行为的正确理性',因此,关于行为的理性的主要行为一定是审慎的主要行为。那么,就存在三种这类行为。第一种是'商讨',它属于发现,因为商讨是一种调查研究的行为,如前所述(第二集第一部分,问题14第1节)。第二种是'根据已经发现的内容作出审断'的行为,这是思辨理性的行为。但是实践理性指向行为,涉及更远,它的第三种行为就是'命令'。这种行为即是把商讨和判断的事情应用于行为之中。由于这种行为更接近实践理性的目的,结果它是实践理性的主要行为,也是审慎的主要行为。"(《神学大全》,第二集第二部分,问题47第8节。)

㉞ 《德性概论》,第6节。

能力可以得到合理完善的主体足矣。该主体有权审断和命令什么？之所以把审断和命令都包含于问题之中是因为，如果没有后者就不存在处于紧要关头的实践问题。后面，我会使用"命令性审断"这个术语表示审断和命令的结合。对于托马斯而言，实践理性不同于思辨理性之处在它试图导致某事的发生（在自身之中、在他者之中或在事物中）。[35] 它实现这一点的方法或者是通过一个使某些事情倾向于在真实世界产生结果的审断和命令，或者通过使得那种结果变得必须。[36] 无论在哪种情况下，离开运动概念就不存在实践理性，而且这种命令运动的概念使得它出现于命令的行

---

[35] 因此，思辨理性的概念甚至变成了实践的（quod intellectus speculativus per extensionem fit practicus）（《神学大全》第一集，问题79第11节，"但是相反"）。不是意图、商讨或者审断标志着对智力的实践运用，而是命令（imperium）。

[36] "那么，思辨理性和实践理性的区别在于，思辨理性仅仅理解其对象，而实践理性不仅进行理解而且导致结果。一个事物是另一个事物的原因，这表现为两种情况：首先完善地，当它使其结果成为必要时，这出现在结果完全从属于原因的力量时；其次不完善地，仅仅倾向于结果，因为结果并非全部地从属于原因的力量。相应地，理性是特定事物的原因也表现为两种方式：首先，通过强加必要性。以此它属于理性，不仅命令较低的权力和肢体，而且命令人类主体，这实际上是通过命令实现的；其次，通过逐渐导致结果，在某种程度上倾向于它，在这种意义上，理性要求那些不从属于它的事物做某事，不管它们是与它平等的，还是较高级的。那么，这些命令、要求或者恳求（imereet petere sive deprecan）都包含着某种命令，鉴于人们意欲某些事物由其他的事物产生，为此它们与设定在命令中的理性相关。"（《神学大全》，第二集第二部分，问题83第1节。）

为之中。㊲

由于命令是实践理性的主要行为,并因此是审慎的主要行为,我们可以以审慎的主观部分或种类的形式勾勒作出审断的权威。如果分割恰当的话,它们分别是一个人借以统治自身的审慎和一个人借以统治大众的审慎。㊳ 对于前者我不想做冗长的说明,它有时也被称作"僧侣的审慎"(prudentia monastica seu regitiva unitus)。由于对自然法的最初分有——并且假定人已经形成了知识和品质的某些补充要素——一个人就有能力作出关于其自身行为的某种命令性判断。这类行为的完善在于:个人能够使得自然法的训令在其行为中变得有效,为了做出正确的行为,需要考虑所有细节和变化。个人的审慎源自法律,但它却导致某种看起来是一条法律反面的东西,即行为对单个、偶然事实的适当性。㊴

㊲ "那么,理性可以通过两种方式示意或宣布某事。首先,绝对地:这种示意是动词的陈述语气表达的,如一个人对另一个人说'这是你应做的'。然而有时理性是通过把某人推向那里的方式向该人示意此事的(movendo ipsum ad hoc),这种示意是以动词的命令语气表达的,如对某人说:'做这件事'。那么,在灵魂的力量之中,做某个行为的第一推动者是意志……由于除去第一推动者,第二推动者不动,结果,理性由命令推动的事实就是基于意志的力量。那么,可以得出结论:命令是理性的行为,以意志的行为为前提,由此理性通过命令推动着(力量)行为的执行。"(《神学大全》,第二集第一部分,问题17第1节。)

㊳ 《神学大全》,第二集第二部分,问题48 第1节。

㊴ 正如伊夫·西蒙所评述的,"这种形式的最终审慎判断在某种意义上是不可归约的。这不是不可讨论意义上的不可归约,而是另外一种意义上的不可归约:行动的条件不可传递给其他人。最后实践判断的不可归约来自于确定这种判断的行为的情感和非逻辑的特征。"(《实践知识》,纽约:福德姆大学出版社1991年版,第24页。)

托马斯也谈到家庭的审慎（prudentia oeconomica），它是为家庭发布命令性审断的技巧。作出这种审断的权利通常来自自然的基本要素——一个人是自然的家庭之父（pater familias）或家庭之母（mater familias）。就像个人审慎一样，这也来自法律，但与前者不同的是，它的完成条件是一个推动他人的命令。托马斯已经准备把这些命令称之为法规或条例了（facere aliqua praecepta vel statuta），但是，它们却缺乏法律的根据。[40] 当一个人命令孩子去睡觉，他所发布的并非宵禁命令。[41] 在某些古代法典中，家庭之父从城市获得了制作和实施法律判决的授权，甚至是那些关于刑事法的。然而，在那种情况下，我们就不是在纯粹讨论家庭审慎了。

这种从法律到法律的审慎是统治的审慎（prudential regnativa）。这个词取自国王（regnum）或王国（kingdom），因为它是"最佳政体"。但是，它包含着"其他一切的正确统治形式"。[42] 我们这里要探讨的是立法审慎，制定和实施法律的能力。[43] 一个统治首脑（principatus regalis）的主要行为是通过

---

[40] 《神学大全》，第二集第二部分，问题50第1节释疑2。
[41] 而且，劝告而非惩罚才自然地适合于家庭社会的关系。
[42] 《神学大全》，第二集第二部分，问题50第1节释疑2。
[43] 《神学大全》，第二集第二部分，问题50第1节释疑3。

法律引导大众实现一种政治目的。通过限定(determinatio)行为,立法者确定什么是自然法尚未明确的内容。使得他的审断独一无二的是,它仍然完全处于法律的种类之中。在接受法律之后,他制定更多的法律。在托马斯看来,尽管以法律的形式发布约束性审断的权威具有自然的基础和自然的目的,但是这种权力并非作为一种自然的天赋属于任何个人。托马斯认为,这种权威无保留地授予了共同体。[44] 不像那些现代的理论家,他们迷恋于政体的建立时刻,政府的机构通过立法命令得以形成,托马斯对于权威怎样获得授权并非十分感兴趣——除了一个著名的例外。他相当详细地探讨了在教会中权威的来源和分配。这里基督直接把钥匙交给了王国:明察的钥匙,或者审断的权力,以及命令的钥匙,或者约束或放任的权力。[45] 托马斯较多地关注教会政体这不难推测。他生活在授职权之争正在复苏之际,而且教皇英诺森三世(Pope Innocent Ⅲ)提出了教皇君主制的主张。

在那些从属于法律内容之中,相应的审慎称之为政治审慎(prudentia politica)。托马斯解释说:

---

[44] 《神学大全》,第二集第一部分,问题 90 第 3 节。
[45] 《反异教大全》,卷 4,第 72 章。

那些从任何方面来说都是仆人或从属者的人被其他人的命令以这种方式推动着,他们由自己的自由意志推动自身。因此,他们需要某种正确的统治,以便可以指引他们自己服从上级。那种属于这种审慎的种类就称之为政治的审慎。㊻

人类立法者和法官在自然共同体的统治首脑方面都需要这种品质。因为每位法律官员在他制定或裁判一项人法之前都先要获得自然法,每个人类权威对自然法的作者来说都是从属者或仆人(首先不是民众的仆人而是天主的仆人)。在这种服从的首要品质之外,人类统治首脑是另一种意义上的政治首脑。在存在政治宪法的地方,人类立法者都要同时服从政治体的审断。㊼

对于立法者而言,审断就像双面神。立法者接受法律,据此制定更多法律。相应地,这是最为纯粹形式的法律审

㊻ 《神学大全》,第二集第二部分,问题50第2节。
㊼ "当一个人享有对任何事物的惟一的、绝对的权力时,他的统治就是帝王的。另一方面,当他以遵守教导的方式进行统治,即与政治学准则所规定的法律一致的方式进行统治,那么他的统治就是政治的。这就仿佛他一半是统治者,即在那些处于他权力之下的事情上,一半是臣民,在他服从法律的那些事情上。"《亚里士多德政治学评注》(In I Pol.),第1卷,第13章。圣奥古斯丁说:"只有天主才是有福的,他自己拥有无人规定的权力。"《反摩尼教论创世纪》(De Genesi contra Manichaeos),第2卷,第15章,第22段。

慎。那么,我们把法官的审断置于何处呢?他不是自然法和人法的仲裁者,因为法官总是假定这种调停已经由立法者完成了,并且在手边就存在着适用于案件事实的人法。因此,我们不能说法律像处于立法者心思"之中"那样处于法官"之中"。立法者通过推动大众来模仿天主。然而,法官在作出审断之前必须履行一种双重的服从:首先,他必须使自己倾向于服从自然法(对于每个人来说都如此);然后,他必须使自己倾向于服从人类立法者制定的法律。就此而论,他在推动他人之前被推动了两次。直到人类立法者说,已经真正没有什么要法官去做的了(但是,不可否认,他作为个人仍然有很多要做的:即,用自然法作出关于自身行为的审断,或者关于家庭行为的审断)。正是由于这个原因,还有其他原因,法官作为法官本身非常不完善地分有着统治的审慎。看起来法官的德性似乎不是最为纯粹意义上的法律的审慎,而毋宁是政治的审慎———一种仆人或从属者的德性,他只部分地分有了立法者权力,而且他的审断要受到服从德性的指导。

法官对无生命法律的从属性

中世纪的理论家通常都会论及有生命的正义:iustum animatum,lex animata,lex viva。托马斯的门生埃居迪乌斯·罗马努斯(Aedgidius Romanus)在《君主之境》(*Mirror of*

Princes）中声称:"好国王的统治要好于好法律的统治"。[48]这种观念似乎自我感觉良好。如果存在着命令性审断,那么这种审断最好来自与较高级的法律和民众所需的训令都相协调的灵魂。就此而言,托马斯并非不同意。实际上,他经常使用人格化的正义指称法律官员,其中也包括法官。[49]此外,他还论证好的审断习惯是每个担此任务的人的义务:"审断的权威是知识的钥匙,不能被缺乏知识的人无罪地接受,而缺乏权威的知识则可以无罪地拥有。"[50]

对于我们的目标而言,重要的部分是托马斯不赞同有生命的正义的地方,那里强调的是无生命正义的功用,特别是当它针对法官时。在答复求助于法官比成文法更有用的反对意见时,托马斯说:

> 正如大哲学家所言（《修辞学》),"最好所有的事务都由法律加以规定,而不是留待法官的裁断。"这有三个方面的原因。首先,因为与寻找许多确实能够根

---

[48] 恩斯特·H.坎特洛维奇（Ernst H. Kantorowicz）,《国王的二体:中世纪政治神学研究》(The King's Two Bodies: A Study in Mediaeval Political Theology),普林斯顿,新泽西:普林斯顿大学出版社 1957年版,第135页。

[49] 《神学大全》,第三集,问题59第2节释疑1;第二集第二部分,问题58第1节释疑5;第二集第二部分,问题60第1节。

[50] 《神学大全·补遗》,问题17第3节释疑2。

据单个案件予以正当审断的法官相比,寻找一些能够制定良法的人更为容易。其次,因为那些立法者在立法之前会有长久的预先思考,而针对个案的审断却必须在出现之后尽快做出;而且对所有案例通盘考虑也比仅仅考虑单一案例更容易发现什么是正当。最后,因为立法者做出的是关于未来事件的普遍判断,而那些听断的法官却审断当下的事件,对此他们更容易受到爱、恨或者某种贪欲的影响,由此他们的审断会变得任性。

托马斯得出结论:"由于法官的有生命的正义并不存在于每个人的身上,而且它们还可能出现歪曲,因此,在任何可能的情况下,决定怎样审断的法律都是必需的,只有极少的事项才需留待人的决定。"[51]

托马斯反对一种有生命的正义的制度的论证是审慎的。他试图在功用(utile)的范围内确立无生命的正义在可能的情况下(in quibuscumque possibile)都是更好的(melius)。每个政治组织都需要通过限定的方式从自然法中得出新鲜的有约束力的指令。[52] 根据古代法学家的材料,正义可以定

---

[51] 《神学大全》,第二集第一部分,问题95 第1 释疑2;强调为添加。
[52] 就在下一章,《神学大全》,第二集第一部分,问题95 第2 节。

义为：归还每个人其所应得的权利（ius suum cuique tribuere）。人法决定着自然法尚未决定的权利（iura）：在法律正义中，这权利是由个人交给政治组织的；在分配正义中，这权利是由共同体交给个人的；在交换正义中，这权利是个人一方交给另一方的。当且仅当人们可以正当地主张"这是属于我（他或他们）的"，才能存在正义问题，否则更糟的是，正义问题就存在疑问。[53]

托马斯要说的是有生命的正义不适合实现这一目的，至少在法律和分配正义的一种制度化形式方面它不适合。个别案件中的审断不会产生一般的、永久性法律：具有充分一般性和预见性的规则。[54]司法审断体现的那种审慎深受单一案件的具体事实的吸引，而不是考虑大众未来幸福的审慎。如果我们发现一个法官在思考对政治体产生影响的政策决定的优点或缺点，那么我们就怀疑他对当前的诉讼是否尽心。[55]

---

[53] 对于传统材料的有益分析，参见哈维尔·赫瓦达（Javier Hervada），《自然权利与自然法：批判性导论》（*Natural Right and Natural Law: A Critical Introduction*），潘普洛纳：纳瓦拉大学出版社1990年版，第19—45页。

[54] 请注意托马斯的立场与朗·富勒在《法律的道德性》中对不幸国王的讨论的相似性，修订版，纽黑文：耶鲁大学出版社1969版，第2章。

[55] 西蒙指出，"法治的原则易于受到如下危险状况的影响，如果它不经常地得到确认，很快就会被相反的和补充性的原则破坏，例如，适于偶然、变化和独特环境的原则"（参见他的《自然法传统》，第84页）。

然而，需要考虑的另一个问题是，让法官戴上法官和立法者这两顶帽子。托马斯似乎认为这对立法者来说不是一个问题。那些原则在共和国中拥有完全的权威。(56) 就立法者制定法律的事实而言，他保留着解释和判断法律的最终
276 权威。(57) 托马斯认为，法官——这个词的通常含义——是一个下级官吏，一个法官享有的是被授予的权威，他用于审断的大致规则是立法者心中遵守的法律。(58)

因此，我们再次发现在司法审断的范围上存在着一种限制。如果法官没有把已知的法律适用于具体事实，那么他就失于作为一个法官。但是，托马斯指出，如果他在制作

(56) 《神学大全》，第二集第二部分，问题 67 第 4 节。

(57) 《神学大全》，第二集第二部分，问题 60 第 6 节。阿奎那关于天主为何作为最高的立法者也具有对一切特殊裁判的权威，参见《反异教大全》，卷 3，第 76 章。“较高的见识为较低的见识制定规则：这就像政治家给三军统帅制定规则和法律，而三军统帅给首领和将军制定规则和法律。因此，如果还存在着其他从属于至高天主的最高天道的见识：那么，这表明天主给予了第二和第三统治者他们职务的规则。因此，他或者给予了一般性的规则和法律或者给予了特殊的——如果他给予的是一般性规则，由于一般性规则并不是总是适用于特殊案例，尤其是那些从属于运动和变化的事项，那么这些第二或第三等级的统治者就必须在裁决那些信赖其照管的事项中超出既定的规则。结果，他们就会在给予他们的规则上使用判断，何时遵照它们行为，何时必须不顾它们：这是不可能的，因为这种判断属于在上者，由于法律的解释和豁免都属于那制定法律者（quod esse non potest, quia hoc iudicium ad superiorem pertinet; nam eius est interpretari leges et dispensare in eis, cuius est eas condere）。”

(58) 例如，庞修斯·彼拉多是恺撒权威之下的一个下级法官。因此，托马斯推导，他没有权威合法地赦免惩罚（《神学大全》，第二集第二部分，问题 60 第 4 节）。

一份影响整个政治体的判决,那么他也失于作为一个立法者。他解决诉讼争议的判决不适于具有推动大众趋向共同善的充分一般性。因此,法官不是在政治上进行统治,因为政治上的统治必须提供具有充分一般性的命令性审断。(我们必须清楚,托马斯不是在美国宪法框架内进行思考,那儿统治权不仅区分,而且分离,作为主权者的人民统而不治。)(59)

总之,除非作为最高法官,法官没有根据立法者心思之外的规则作出审断的权威。如果法官基于自己对自然法的判断(estimation),认为应当选择忽视立法者的具有法律效力的法律(leges legals),或者认为它们是错误的,那么他就篡夺了权威,并且给共同体造成了伤害。自然法基于三个理由禁止这种行为。首先,篡夺是一种违反自然正义的罪过,因为有人多拿了权威的公平份额;其次,法官没有服从立法者的恰当的构成性权威;第三,法官偏离了立法者试图让它在实在法中生效的那部分自然法。(60) 因此,托马斯坚持认为,"必须根据制定法进行审断","其他的审断或者不符

(59) 当然,托马斯的理论并没有符合亚历山大·汉密尔顿《联邦党人文集》(第78页)的地方,那儿立法权被视为"意志",司法权被视为"审断"。

(60) 《神学大全》,第二集第二部分,问题60第2节。

合自然的正当,或者不符合实在的正当"。[61]

但是,如果法官有理由相信法律不知何故地不符合自然的正当,他怎么办呢?下面我们转向托马斯提到的三个案例。我会根据难度处理它们,首先从最容易的开始。

三个案例

在探讨杀人行为的问题中,托马斯问这是否在任何时候都是合法的。不出所料,他回答说杀死无辜者决非合法。[62] 但是,在法官知道被判极刑的被告人实际是伪证受害者的案例中如何呢?自然正当似乎要求免罪而非惩罚。然而,人法要求法官根据公共司法程序中所获得的证据宣布判决。托马斯写道:

> 如果法官知道一个因伪证而被定罪的人是无辜的,那么他必须像天主的审判者丹尼尔那样仔细地分析证据,以便发现宣布无辜者无罪的理由;但是,如果他不能做到这一点,他应当要求更高的法庭赦免罪犯。如果这也是不可能的,那么他根据证据宣布判决,这也没有犯

---

[61] 《神学大全》,第二集第二部分,问题60第5节。
[62] 《神学大全》,第二集第二部分,问题64第6节。

罪,因为不是他置无辜者于死地,而是陈述他有罪的那些人。执行已经宣告无辜者有罪的法官判决的人,如果发现判决包含着不可宽恕的错误,就不应当遵守,这不同于处决殉道者的理由:如果它没有包含明显的不义,那么他执行判决就没有犯罪,因为他没有权利谈论上级的判决,也不是他杀死了无辜者,而是他作为其辅助者的法官。[63]

我们或许还记得庞修斯·彼拉多(Pontius Pilate),托马斯在其他地方指出,他正确地履行了作为恺撒下级法官的职责。[64] 根据罗马的非常诉讼程序(cognitio extra ordinem),帝国当局可以任意地受理一项自由的指控和刑罚(在这个案例中是来自古犹太最高评议会兼最高法院的)。在正式控告之后,帝权(imperium)可以根据自由裁量原则(arbitrium iudicantis)进行审理。换言之他可以自由地听取内阁或朋友的商讨意见,接着发布裁决和确定惩罚。在《福音书》中,尤其是在《若望福音》中,记载了彼拉多表现出来的发布判决的无奈,甚至不愿去执行它。一些学者怀疑彼拉多是否是在履行罗马法。[65]

---

[63] 《神学大全》,第二集第二部分,问题64第6节释疑3。
[64] 参见前注庞修斯·彼拉多。
[65] 参见安·罗(Ann Wroe),《彼拉多》(Pilate),伦敦:兰登书屋集团公司,2000年版。

更可能的情况是,他根据被授予的帝国总督的权威作出了非常判决(extra ordinem)。㊻ 从这个视角来看,耶稣的审判是有生命的正义问题的一个惊人范例。因为罗马非常诉讼的实践恰恰就是罗马帝权的有生命的正义,几乎在没有法律的虚假限制的情况下自由展开,并且完全受制于当时的感受。

托马斯的案例更为简单。这里我们的下级法官没有进行非常诉讼的权威。他没有权力根据自己的认识采纳证据或形成判决。使得假定案例特别容易解决的是法律不存在缺陷。它不违反自然正当。也不存那种理由,据此可以相信法律程序和法律手段具有内在缺陷,或者法官忽视了据其职务可资利用的程序。假定诉诸高级法庭的方法已经穷尽了,结论是清楚的:法官必须根据法律宣布判决。托马斯说,法官这么做并没有犯下不义。然而,如果他采纳了秘密证据或形成了违背法律要求的判决,那么他就是在做出不义的行为。㊼ 托马斯写道,"在触及个人的事项中,人们必须基于自己的知识形成良心,但在涉及公共权威的事项中,他

㊻ 舍温·怀特(A. N. Sherwin-White),《新约中的罗马法和罗马社会》(*Roman Law and Roman Society in the New Testament*),重印版,大瀑布市,密歇根州:贝克书社 1978 年版,第 1—2 讲。

㊼ 他或许只是根据他"作为一个公共人物"进行了判决(《神学大全》,第二集第二部分,问题 67 第 2 节)。

必须根据公共司法程序所获得的知识形成良心。"⑱

第二个案例涉及在法律文字之外(praeter verba legis)做出审断。托马斯举出了不同的情形:(1)为了保护处于围困之中的城市,当局发布了紧闭城门的条令;为了拯救那些被敌人追赶的公民性命,可以打开城门吗?⑲ (2)法律规定归还寄存物:在一个疯人要求归还武器的情况下,有义务做出给予这种权利(ius)的命令吗?⑳ 在这些讨论中,托马斯并没有提供一种激发法律人兴趣的雕琢细节。但是他对那些原则的勾勒却是令人兴奋的。

尽管个人审慎的成功是由对具体事件审断的充分性加以衡量的,但法律的审慎只有在立法者制定了一般的、永久的成文法才能成功。但是,他永远难以把法律制定得这么成功,以致足以消除某种实质的(不是道德的)缺乏,亦即,使得成文法范围变得成问题或有疑问的不寻常事件或事实。因此,有一种审断的完美类型,称之为格言(gnome),它根据"在共同法无法适用的那些案件中的自然法"作出一项裁决(verdict)。㉑

---

⑱ 《神学大全》,第二集第二部分,问题67第2节释疑4。
⑲ 《神学大全》,第二集第一部分,问题96第6节。
⑳ 《神学大全》,第二集第二部分,问题120第1节。
㉑ 《神学大全》,第二集第一部分,问题57第6节释疑3。这里托马斯使用了lex communis这个表达,指示gnome在法律框架中的使用;他在其他地方提及共同行为规则(communes regulas agendorum)(《神学大全》,第二集第二部分,问题51第4节),指示gnome在达成关于不寻常事实裁决中的较广含义。

在这些案件中,法官遵循着公正判断(epikeia)原则,并且坚持公平(aequitas)。实际上,托马斯主张,不坚持公平是有罪的。⑫ 问题在于,这种义务是否授权给法官,让他置实在法于不顾,而回复到他自己对自然法在当前案例中的要求的判断(estimation)。

对这个问题的回答是否定的。托马斯对格言和公正判断的探讨并没有为只根据自然法思考案件打开大门。为了解释缘何如此,我们要首先看一下明显的事实。首先,请注意,托马斯并没有问与法律相反(contra legem)的审断是否允许,而是问在法律文字之外(praeter verba legis)的审断是否允许——不是违反实在法进行审断,而只是在实在法的文字之外。其次,托马斯所讨论的那些案例没有一个是需要担心法律不公正的。格言和公正判断假定:(1)存在着从立法者那里所获得的有效法律,(2)这法律不违反自然的正义。如果法律缺少了任意一个方面,它就根本不是法律,因此所有坚持公平或在法律文字之外审断的问题就都没有实际意义了。最后,我们需要注意托马斯为何说不坚持公平是有罪的:"通过坚持法律文字而使立法者意图落空的人无

---

⑫ 《神学大全》,第二集第二部分,问题 120 第 1 节释疑 1。

疑违背了法律。"⑬换言之，道德过错并不仅仅存在于诉讼当事人或者被告人没有获得其权利（ius）的事实，而且在于法官没有遵守立法者心中法律的事实。

公平的合理审断需要法官"遵循立法者的意图"（sequitur intentionem legislatoris）。⑭当法官坚持公平时，他所坚持的是立法者已经提出的公平。⑮托马斯极为坚持法官不应对法律本身作出审断，或者甚至宣称"法律制定得不好"。⑯当对于立法者意图的解释出现疑问时，法官的首要职责是把问题提交给主权者。⑰

因此，托马斯对公正（equity）的理解不会容许法官选择自然法而放弃人类立法者的法律。只有在自然法的这条或那条训令已经为立法者了然于胸，只是以一种实质缺陷（但不是道德缺陷）的方式包含在成文法之中这样的前提下，法官才能提出自然法问题。

第三个案例较为困难。它涉及一项规定了违背自然法的行为的人定法令问题——托马斯提到偶像崇拜，但也可

280

---

⑬ 《神学大全》，第二集第二部分，问题120第1节释疑1。
⑭ 《神学大全》，第二集第一部分，问题96第6节释疑2。
⑮ 《神学大全》，第二集第二部分，问题60第5节释疑2。
⑯ 《神学大全》，第二集第二部分，问题120第1节释疑2。
⑰ 《神学大全》，第二集第一部分，问题96第6节释疑2；《神学大全》，第二集第一部分，问题120第1释疑2。

以是任何本质即恶(malum in se)的行为,例如谋杀、盗窃或通奸。与前述两个案例不同,在这个案例中法官无法躲避到程序之中或者求助于立法者的原初意图。对于这些法令托马斯直接回答说:"不应根据它们进行审断"。⑱ 我认为他这里的审断是指审断的整个范围,而不管它是由一个附属的法律官员做出的,还是由一个公民做出的。

有两点使得这个案例变得很有趣,而且还有一些复杂。首先,托马斯说不应根据有缺陷的标准做出审断。他并没有说人们有资格制定新的规则和标准,因为那代表着立法权。一部败坏的法律并没有给法官颁发立法的执照。其次,托马斯勾勒了法律败坏的若干方式,根据败坏的方式不同,禁止进行审断的严格程度也不相同。

他解释说法律会在两种方式上表现为不正义⑲:

首先,与人类善相抵牾,与上述提到的那些品质相背离:这或者是关于目的,因权威者对其臣民强加了难以承担的法律,不是有助于共同善的实现,而恰恰是容易导致自身的贪婪和虚荣;或者是关于制定者,因立法

---

⑱ 《神学大全》,第二集第二部分,问题60第5节释疑1。
⑲ 《神学大全》,第二集第一部分,问题96第4节。

者立法时超出了受托的权力；或者是关于形式，虽然为着共同善，但却施加了不平等的义务。这是暴力的行为而不是法律，正如奥古斯丁所言(《论自由意志》，卷一第五章)，不正义之法与无法等。因此，这些法律不约束良心，除非是为了避免诽谤和骚乱，为此人们甚至应当放弃自身的权利，正如《玛窦福音》第5章第40、41节写道：他那愿与你争讼，拿你的内衣的，你连外衣也让给他。若有人强迫你走一千步，你就同他走两千步。

其次，法律可能由于违背神圣的善而不正义。这些是导致偶像崇拜或者类似违背天主法律的暴君的法律。绝不应服从这些法律，因为正如《宗徒大事录》第5章29节所言：听天主的命应胜过听人的命。

在第一个标题之下，一项人定法令可能在三种方式上是不正义的：出于目的(ex fine)，"法律"以私人善为目的；出于制定者(ex auctore)，"法律"是被篡权者颁布的；以及出于形式(ex forma)，"法律"不公正地分配了利益和负担。托马斯主张根据这三个原因的任何一个法令都不具有约束力。人们或许有义务遵从命令，但却不是基于法令本身的理由——而是，例如，为了避免对共同体的更大的伤害。因此，当人们遵从时，他并不是根据法令做出审断，而是根据自然法，它教导着怎么去处理败坏的法律。

但是，法官的行为怎样呢？对于个人如何能够照着不正义的法律做而不服从它，这是相对容易理解的。然而，法官却履行着解答法律并把它适用于具体案件的实质公开的行为。他无法诚恳地说，"这不是法律，但我要发布一个有约束力的判决去执行它"。如果立法者无法使得不正义的法律约束良心，那么法官也不能做到。而且如果法官的判决不具有约束力，那么它根本上就不是判决。换言之，他没有作为一名法官做出审断。

再者，法令出现错误的这三种方式是极为不同的。举失于目的的法令来说。我们可以说主权者使他自己成为了国家产业的主要受益人，与此同时却没有付给每个人体面的工资。如果对这项法令的争议诉至法庭，法官必须拒绝根据"法律"做出审断吗？假定根据下一个理由，一个军阀非法地，甚至不道德地夺取了权力，然后迅速制定了一项变更工资税支付日期的"法律"。同样，从中也容易看到一个公民在照着不正义的法令做的道德上的义务感。但是，法官能够根据那一法令进行审断吗？最后，对于在形式上具有缺陷的法令，这种变形达到多么严重的程度才能使得法官必须不据此做出审断呢？托马斯认为这种变形要能够满足其他两个标准：它可以由恰当的权威为着共同善制定。

我们假定，华盛顿的智囊团游说国会，要求仅对穷人和低收入的中产阶级征税。在我们这个体制下，这是一个牵强的例子，但是它确切地反映了托马斯用形式的不正义所指代的内容。当我们停下来思考这个事实，人类的政治制度经常遭到形式不正义的法令的损害，那么我们就会怀疑"不应据此做出任何审断"这个答案未免太严格了。即便如此，我仍然认为这是可以从托马斯对这些原则的理解中得出的结论。

宪法法院或许具有使上述三种意义的不正义的法令无效的权威。特别是人们可以想见，这涉及出于制定者而不正义的法律——假定这个法院可以使用其他的没有败坏的法律，例如，一部宪法。然而，托马斯不会允许随心所欲地诉诸自然法，甚至是一个宪法法院。在他的著作中我没有发现任何证据可以表明下述原则或实践：据此法官可以根据自然法之外的其他理由使得不正义的实在法变得无效。

一项人定法令不正义的第二种方式是法律命令一些直接违反神法事项的情形。神法（lex divina）在托马斯那里可以指各种不同的事物，通常指某种神圣实在法。例如，我们可以想象，一位皇帝篡夺了授予宗徒们的权威，制定了关于圣礼数目和管理的法律。显然，在这种情况下不应据此做出审断。

托马斯也用神法指称《十诫》,它全部是由神圣实在法颁布的自然法之结论。⑧ 此处,我们所遇到的情况是人类立法者命令其臣民崇拜偶像、屠杀无辜、犯下通奸,等等。他命令他的民众在道德秩序中去做他们必须不去做的,而不去做他们必须要做的。尽管在前述三种类型中,共同善的原则存在着一些遵从的余地,甚至是义务,但这儿却不存在。因为对共同善的任何求助都无法打破下述真理:这些行为从来就不是以共同善为目的。面对这些法令法官必须与任何个人做同样的事情:不根据"法律"做出审断。所有公民都必须仿效埃及助产士,服从天主而不是服从人。

这个方案的棘手之处在于,我们怎么表述不正义的各种不同的方面。例如,马丁·路德·金就似乎认为隔离法律不仅是形式上败坏的,而且违背了神法。而且,我们自己对把堕胎法律置于何种位置也存在疑问。这种法律当然是形式上败坏的,而且或许在制定者上也是败坏的。尽管这种法律并不直接命令对《宪法第五修正案》的违犯,它肯定禁止法律官员甚至普通公民做他们必须去做的,即保护无辜者的生命。实际上,它使得对那些最容易受到伤害的无辜者的法律保护不仅变得困难,甚至变得不可能的。这里

---

⑧ 《神学大全》,第二集第一部分,问题100。

不是要解开我们政治制度中合法堕胎这一死结的地方。然而,托马斯主义的原则似乎不允许附属的法律官员——审判人员、行政人员、立法者、警察——根据那种法律发布一个命令性审断。

结论

人类的审断在任何形式上都是从法开始的。托马斯自然法学说的核心之处在于,我们总是会在某种程度上从人的行为中发现法,但它并非总是法的问题。每个人都会根据自然法做出审断。而且,根据自然法做出审断的能力可以在任何存在着审断他人的权威地方发现。在这两种情况下,自然法都必须优先于任何直接违反神法的人定法令予以选择。

只有恰当构成的政治权威才能使用自然法制定更多的法律。法官使用自然法必须与立法者协力,特别是在这些案例中,其中被认为包含着自然正当的成文法在达成某些事实上需要帮助。法官对自然法的忠诚和服从要求他思考统治首脑心思中的法律。因此,法官并不是徘徊于两种裁判权之间。人法派生于自然法。而且,禁止篡夺的正义的训令本身就是自然正义的训令。自然法对于实在法的司法优先性是一个语义矛盾的表达。

对高级法的忠诚会使法官有义务不去做出审断,他可以合法地拒绝受一项败坏的法令的推动。然而,在这种情况下,法官并没有把自然法置于优先于人法的位置。相反,他是在面对根本不是法律的命令时遵守着自然法。然而,即使是在拒绝作出审断的极端案例中,法官就其作为法官的身份而言,也并没有资格做开路先锋,更无权以他自己的法律去取代立法者的法律。

撰稿人

本尼迪克特·M.阿什利（Benedict M. Ashley），多明我会士，圣路易斯阿奎那神学研究院道德神学荣誉教授，圣路易斯大学医学院卫生伦理学中心兼职教授。

阿什利神父生于1915年5月3日。1942年，他庄严地宣布成为芝加哥多明我修会的一员，并于1948年被任命为牧师。阿什利神父是芝加哥大学和圣母大学的毕业生，拥有哲学和政治科学的双博士学位，并由牧师修会国际委员会授予神学导师的博士后学位。

他是圣路易斯阿奎那神学研究院前主席，休斯顿宗教和人类发展研究院神学教授，华盛顿特区若望·保禄二世婚姻家庭研究院神学教授，芝加哥大学人文学科、弗吉尼亚阿林顿心理学协会和得克萨斯休斯顿圣托马斯大学托马斯主义研究中心客座教授，华盛顿特区若望·保禄文化中心研究员。

阿什利神父被若望·保禄二世授予教会和教宗荣誉勋章（Pro Ecclesia et Pontifice），获得天主教医师协会国家联合会颁发的托马斯·利纳克尔奖，并且获得圣路易斯阿奎那神学研究院授予的宗教（honoris causa）博士学位。

他出版的著作有：《卫生伦理学》（与凯文·奥洛克会士合著），现在英文版已出到第四版；《教会中的正义》《生活于爱的真理》《身体的神学》，以及《选择一种世界观和价值体系》。

罗马努斯·塞萨里奥（Romanus Cessario），多明我会士，多明我东部省牧师，目前是马萨诸塞布莱顿圣约翰神学院系统神学教授。他的博士论文《阿奎那的基督教满足》由晚年的科尔曼·奥尼尔会士指导，出版于1982年。修订版以《神的形象》为题名出版于1990年（圣彼得出版社和福德姆大学出版社）。

塞萨里奥神父已经发表的论文涉及教义神学、道德神学和托马斯主义史，出版的著作包括《道德德性与神学伦理学》（圣母大学出版社，1991年），《终身祈祷：圣徒般的念珠祷告》(阿尔巴出版社,1995年),《托马斯主义简史》《托马斯主义和托马斯主义者》(牝鹿出版社,1999年),《基督教信仰和神学生活》(美国天主教大学出版社,1996年),《基督教或者验讫的生活》(连续体出版公司,2002年),与凯文·怀特合译15世纪多明我神学家约翰·卡博禄的著作《论德性》(美国天主教大学出版社,2001年)。他的《道德神学引论》(2001年)是美国天主教大学出版社出版的多卷本《天主教道德思想系列丛书》的序曲。塞萨里奥神父是若干杂志的编委成员,还是月刊《颂歌》的资深编辑。过去十五年间他在美国和欧洲举办了广泛的讲座活动。

罗伯特·法斯迪基(Robert Fastiggi),底特律圣心大神学院系统神学副教授,达忒默斯学院宗教学学士,福德姆大学历史神学硕士和博士。从1985年到1999年他一直在得克萨斯奥斯丁圣爱德华大学宗教研究所任教。

法斯迪基博士著有《巴黎的伊夫的自然神学》(学者出版社,1991年),他的论文发表在一系列刊物之上,其中包括《危机》《托马斯主义者》《教导和牧师评论》《约瑟夫神学杂志》。同时他还是《新天主教百科全书》(第2版)的撰稿人,《邓辛格信理手册》新英文版的总编(伊格内修斯出版社即版)。

罗伯特·P. 乔治(Robert P. George),麦考密克教席法

学教授，普林斯顿大学美国制度和理想詹姆斯·麦迪逊项目主管。同时，他还是生物伦理学总统顾问成员，美国民权委员会前主席提名者，担任过美国最高法院审判员，并于1990年获得汤姆克拉克法官奖。

乔治教授是斯沃斯莫尔学院全美优等毕业生，并获得哈佛大学法学和神学硕士学位。他从牛津大学获得法律哲学博士学位，论文指导老师是约翰·菲尼斯和约瑟夫·拉兹。

乔治教授著有《捍卫自然法》《迈向道德：公民自由和公共道德》，编有《法律的自治：法律实证主义、自然法、自由主义和道德论文集》，以及《自然法理论：当代论文集》。他的论文和评论在众多刊物公开发表，其中包括《哈佛法律评论》《耶鲁法律杂志》《哥伦比亚法律评论》《政治学评论》和《形而上学评论》。他还是《美国法学杂志》《头等大事》和《学术问题》的编委成员。他还是万福玛利亚法学院董事会成员，以及伦理和公共政策中心、美国价值研究所和国家学者委员会董事。

乔治教授还是一名执业宪法律师。1994年，他作为法官顾问代表加尔各答天使特蕾莎简呈最高法院要求推翻罗伊诉韦德案的判决，并且"宣布未出生孩子的不可剥夺的权利"。1989年他帮助列支敦士登公国修订了宪法。另外，他还是外交关系委员会的成员。

约翰·戈耶特（John Goyette），加利福尼亚圣保拉托马斯阿奎那学院助教。1998年获得美国天主教大学哲学博士学位，先后在美国天主教大学和圣心大神学院教授哲学。戈耶特博士曾发表过论纽曼的大学观念、奥古斯丁的基督教教育观念(《基督教教义》)以及亚里士多德/托马斯主义自然哲学方面的论文。他的论文、文集和评论出版于美国天主教大学出版社、圣奥古斯丁出版社，或者刊登于《托马斯主义者》《马里旦研究》和《形而上学评论》。

拉塞尔·西丁格（Russell Hittinger），塔尔萨大学天主教研究沃伦教席教授，也是该校法学院研究教授，精于神学和法学问题的研究。自从2002年以来，他一直担任哲学和宗教系主任。从1991年到1996年，他在华盛顿特区美国公共政策研究企业协会担任研究员，研究法律和宗教问题。同一时期，他还是美国天主教大学哲学院副教授，教授政治哲学和法哲学。从1990年到1991年，他作为普林斯顿大学的访问教授讲授美国宪法和教会与国家问题。他还任教于福德姆大学和纽约大学，教授中世纪政治和法学理论。

西丁格教授的著作出版于圣母大学出版社、牛津大学出版社，论文发表于《形而上学评论》《政治学评论》《国际哲学季刊》以及一些法学杂志。他的专著《首要的恩宠：在后基督教世界重新发现自然法》出版于2002年11月。他同时还是《头等大事》和《美国法学杂志》的编委成员。

他的论文"隐私权与自由法律文化"是1990年"世界与我"专题讨论会讨论文章，获得1991年美国律师协会银槌奖。1997年5月约翰坦普尔顿基金会授予他坦普尔顿荣誉，表彰他讲授自由艺术。1997年和2003年他分别获得塔尔萨大学法学院颁发的约瑟芬·亚齐·泽肯奖和信仰与法律最佳学术论文奖。2000年，他成为圣母大学伦理和文化中心高级研究员，并完成著作《教皇与非神圣化的恺撒：现代国家的罗马理论1800—1989年》。2001年，他被任命为圣托马斯阿奎那教皇委员会成员，这是一个由教皇利奥十三建立的教皇委员会。2001年春他还成为了罗马宗座大学的访问教授。

马克·S. 拉特科维奇（Mark S. Latkovic），密歇根底特律圣心大神学院道德神学和系统神学教授，从1990年他一直执教于该校。拉特科维奇博士从华盛顿特区美国天主教大学获得神学硕士学位，并从华盛顿特区若望·保禄二世婚姻家庭研究院获得神学资格和博士学位，他是那里的麦吉夫尼成员。

拉特科维奇博士在其神学院的任职期间教授过诸多课程，其中包括天主教社会理论，生物学和性，婚姻和法律，基督教道德原理。他的论文、文集和评论发表于《利纳克尔季刊》《危机》《天主教信仰》《教导和牧师评论》《伦理和医务》《市场和道德》《天主教学者协会季刊》《约瑟夫神学杂志》《国家天主教生物伦理学季刊》和《逻各斯：天主教思想文化杂志》。拉特科维奇博士是亚当主教梅达医学道德委员会副主席。他也是一位出色的演讲家和讲座者。同时他还是《利纳克尔季刊》的书评编辑。

斯蒂芬·A. 朗(Steven A. Long)，托莱多大学学士，托莱多大学神学硕士。他在比利时鲁汶大学哲学系接受的研究生教育。在比利时期间，他获得了著名的纽曼学者和托马斯主义者法国的简·瓦格雷夫会士的私人教导。他在美国天主教大学继续深造，并于1993年获得了哲学博士学位。朗在众多的刊物上发表文章，其中包括《托马斯主义杂志》《托马斯主义者》《新与旧》英文版、《国际哲学季刊》《信众》《鲁汶研究》，以及其他的杂志。他在美国和欧洲举办讲座，并且是《新与旧》英文版的副主编。朗博士当前任教于明尼苏达圣保禄圣托马斯大学。

威廉·马西(William Mathie)，加拿大人，在布罗克大学政治学院教授政治哲学。他是麦克马斯特大学乔治·格兰特的学生，曾著文论及格兰特对下述问题的理解：我们的技术社会以及加拿大和美国法院关于取消大多数美国人和所有加拿大人堕胎法律限制的判决对正义构成的威胁。20世纪60年代马西博士在芝加哥大学学习哲学,当时列奥·斯特劳斯正在那里彻底反思我们的政治和道德生活的核心问题、现代政治思想的发明者与其先辈的争论,以及圣经启示与哲学之间的紧张关系。

马西博士已经出版了一系列以亚里士多德和托马斯·霍布斯为代表的对正义的古代和近代理解的论著,并且写作了关于共同体的联邦主义和冲突解释的文章。他也著述论及阿列克西·德·托克维尔关于女性作为现代民主制中道德制定者的思想。他有望近期完成两项课题:第一项是对霍布斯《利维坦》的解释,第二项是论哲学家和家长之间的冲突作为柏拉图《国家篇》中核心的却常被人忽视的主题。

马西博士是加拿大布罗克大学经典著作/自由研究项目的创立者,现在担任主任一职。这个项目致力于恢复自由教育的观念,通过共同阅读和讨论那些推动西方文明的伟大理性和想象的著作以进行自由训练。他也撰文论述托克维尔、亚当·斯密、列奥·斯特劳斯、阿兰·布鲁姆和约翰·亨利·纽曼在自由教育上对我们的教益。

威廉·E.梅(William E. May),华盛顿特区美国天主教大学若望·保禄婚姻家庭研究院道德神学迈克尔·J.麦吉夫尼教席教授，从1991年起一直任教于此。从1971年到1991年他在美国天主教大学教授道德神学。

梅博士1968年以亨利·柏格森形而上学的研究从马奎特大学获得哲学博士学位。他撰写了多达十二部的著作，其中包括《道德神学引论》《婚姻：家庭的基石》以及《天主教性伦理》（与罗纳德·劳勒枢机主教和约瑟夫·博伊尔合著）。梅博士著有200多篇论文，发表于如下刊物：《美国法学杂志》《新经院主义》《托马斯主义者》《人类学》《圣经神学》《信仰和理性》《利纳克尔季刊》和《国家天主教生物伦理学季刊》等。他的近期著作是《天主教生物伦理学和人类生命的恩赐》（我们的周日访客出版社，2000年）。他同时还是许多著作的编辑者和翻译者。

经教皇若望·保禄二世任命，梅博士从1986年到1997年在国际神学委员会任职。教皇若望·保禄二世还任命他为1987年主教大会关于虔诚平信徒在教会和世界中的志业和使命的"神学专家"（peritus）。梅博士于1991年荣获教会和教宗荣誉勋章。他还获得天主教学者协会颁发的怀特主教奖、天主教医师协会国家联合会颁发的托马斯·利纳克尔奖以及华盛顿特区多明我神学院颁发的圣多明我奖章。

拉尔夫·麦金纳尼（Ralph McInerny），圣母大学中世纪哲学迈克尔·P. 格雷斯教席教授和雅克·马里旦中心主任，他从1955年以来一直任教于此。他是托马斯阿奎那教皇委员会成员，1999年到2000年期间在格拉斯哥大学举办吉福德讲座。他与迈克尔·诺瓦克一道创办了《危机》，并且也是《天主教档案》的创办者和编辑。他担任《新经院主义》的编辑多年。他还担任美国天主教哲学协会、美国形而上学协会和天主教学者协会主席，并编辑相关季刊。在他的指导下，马里旦中心正在出版20卷本的马里旦著作英文版。

他的学术著作有《阿奎那和类比》《阿奎那论人类行为》《托马斯主义伦理学》《哲学学生读本》《托马斯·阿奎那初探：托马斯主义者入门手册》《性格追求其作者》（吉福德讲座）和《比约十二的诽谤》。他的雅克·马里旦的传记《雅克·马里旦的珍贵时刻》和阿奎那的传记正在出版之中。麦金纳尼教授也是许多小说和神秘小说的作者，其中包括《道林神父的秘密》《玛丽·特蕾莎·登普西修女的奥秘》（莫妮卡·奎尔）、《安德鲁·布鲁姆的秘密》，以及以圣母院为背景的新系列，最近的是《石斧与辣椒》。

厄尔·穆勒（Earl Muller），耶稣会士，底特律圣心大神学院神学教授。1947年生于南加州哥伦比亚。1965年加入新奥尔良耶稣会。1974年获得阿拉巴马莫比尔斯普林西尔学院物理学和哲学学士学位，1977年获得多伦多雷吉斯学院神学硕士学位。同年被任命为罗马公教牧师。随后，他在密尔沃基马奎特大学攻读博士学位，1987年毕业。他的博士论文指导老师是唐纳德·基夫会士（Donald J. Keefe），题目是《保禄的三位一体和婚姻：作为三位一体共产主义类比之圣经正当基础的神学外形》。

穆勒从1971年到1974年在佛罗里达坦帕耶稣会高等学校教授科学和数学。从1983年到1986年穆勒神父成为斯普林西尔学院神学导师。从1987年到1995年担任马奎特大学神学副教授，从1995年到1999年成为罗马宗座格列高利大学增补神学教授。除了公开出版的博士论文外，他还合编了两卷本的著作：《奥古斯丁：长老的功绩》，卷2，维拉纽瓦大学奥古斯丁历史研究院，以及《天主教传统中的神学教育：当代挑战》。

理查德·S. 迈尔斯（Richard S. Myers），万福玛利亚法学院法学教授。他是凯尼恩学院全美优等毕业生。他从圣母大学获得法学学位。他的法律职业生涯以为美国第九巡回上诉法院法官约翰·吉尔肯尼（John F. Kilkenny）做书记员开始。从1981年到1985年迈尔斯教授为华盛顿特区的琼斯、戴、雷维斯和波格律师行工作。他的法律业务主要集中于反信托法和上诉审，其中包括几起诉至美国最高法院的案件。他的法学教师生涯开始于凯斯西储大学法学院,他从1986年1992年一直任教于此。之后,于1992年到1998年任教于底特律摩西法学院。从200年起,他一直在万福玛利亚法学院任教。

他的课程主要集中于反信托、民事程序、法律冲突、宪法、联邦管辖权和第一修正案等问题。他已经在美国天主教大学、凯斯西储大学、圣母大学和华盛顿与李大学的法律评论上发表宪法论文数篇。

戴维·诺瓦克(David Novak),犹太研究 J. 理查德和多罗西·西弗教席拥有者,自1997年以来一直担任多伦多大学宗教和哲学教授。他是大学学院和生物伦理学联合中心的成员。从1997年到2002年他也是那里的犹太研究项目的主任。从1989年到1997年他担任弗吉尼亚大学现代犹太研究埃德加·布朗夫曼(Edgar M. Bronfman)教席教授。此前,他任教于俄克拉荷马城市大学、古多明我大学、社会研究新校、美国犹太神学院和纽约城市大学巴鲁学院。1966年到1969年,他担任华盛顿特区的圣伊丽莎白医院和国家精神健康协会的犹太牧师。1966年到1989年他一直在美国的若干社区担任讲坛拉比。

戴维·诺瓦克1941年生于芝加哥。1961年在芝加哥大学获得文科学士学位,1964年在美国犹太神学院获得希伯来文学硕士，1966年在该校获得希伯来语学位。他于1971年从乔治城获得哲学博士学位。

戴维·诺瓦克是传统犹太教联合犹太法律小组的创立者、副主席和协调人，并且是新泽西提奈克传统犹太教协会的成员。他担任纽约城宗教和公共生活协会秘书和司库。同时他也是《头等大事》杂志的编委成员。他是美国犹太研究学会和犹太哲学学会的成员，是普林斯顿大学美国理想和制度詹姆斯·麦迪逊项目咨询学者委员会成员。1992年到1993年期间，他是华盛顿特区伍德罗·威尔逊学者中心成员。1995年成为德鲁大学宗教和商业伦理学的杰出访问教授。1996年在牛津大学和兰开斯特大学举办兰开斯特/亚恩顿讲座。他的讲座足迹遍及北美、欧洲、以色列和南非。

戴维·诺瓦克是十一部著作的作者，最近的一部是《传统权利：犹太政治理论研究》（普林斯顿大学出版社，2000年）。这部著作赢得了美国宗教协会评定的"2000年宗教思想最佳图书奖"。他编过四部著作，同时在学术性和知识性杂志上发表过逾两百多篇论文。

珍妮特·E. 史密斯（Janet E. Smith），底特律圣心大神学院神父迈克尔·麦吉夫尼生命议题教席教授。她从格林内尔学院获得古典学学士学位，从北卡罗来纳大学获得古典语言硕士学位，从多伦多大学获得古典语言博士学位。

她著有《人性生活：后代人》，编有《人性生活为何正确：一位读者》。史密斯博士的论著涉及自然法、美德、阿奎那伦理学、堕胎、节育、各种生物伦理问题、真理之光、天主教教会手册、柏拉图和神话等。

史密斯博士获奖众多，其中包括1995年达拉斯教区"年度反人流人士"、1994年达拉斯大学"优秀教师哈格奖"、1993年天主教学者协会"怀特主教奖"、1995—2000年度"家庭宗座委员会顾问"。同时，史密斯博士还是一位在国内外闻名的教会性教理的讲座者。

克里斯托弗·沃尔夫（Christopher Wolfe）是马奎特大学政治学教授。1971年毕业于圣母大学，获得文科学士学位，之后继续深造并在波士顿学院获得政治哲学博士学位。1975年到1978年在圣母学院教授政治思想和宪法学，并从1978年起一直任教于马奎特大学，当前是该校政治系主任。

沃尔夫博士著作包括《现代司法审查的兴起》《司法能动主义：自由的堡垒还是危险的措施?》《如何阅读宪法》以及《信仰和自由民主制论文集》。他的论文发表于《美国法学杂志》《政治学评论》《得克萨斯法律评论》和《马奎特法律评论》等刊物上。他目前正在从事自由主义、自然法和美国公共哲学的长期项目研究。沃尔夫教授是美国公共哲学研究会的创立者和主席。这个研究会创立于1989年，由不同学科的学者组成，他们试图把自然法理论带到当代学术和公共讨论之中。

马丁·D. 亚夫(Martin D. Yaffe)，北德克萨斯大学哲学和宗教教授，他从1968年起一直任教于此。亚夫1963年毕业于多伦多大学，获得文科学士学位。他在多伦多大学和克莱蒙特研究所学习哲学，并在那里获得哲学博士学位。

亚夫博士完成了对圣托马斯·阿奎那著作《约伯记释义：对天道的圣经评注》(1270年)的解释性论文和注释。阿奎那的这部著作由安东尼·达米科(Anthony Damico)翻译。亚夫还著有《夏洛克与犹太问题》。该著作1998年被提名为美国宗教协会的优秀宗教研究奖。他是《犹太教和环境伦理学：一位读者》的编辑，本尼迪克特·斯宾诺莎《神学政治论》(1670年)的翻译者。同时，他还是众多论文和学术评论的作者。

参考文献

下述列举的是文中援引的经典作者的翻译作品。其他的条目在相应注释中已经充分列举了,其中包括最高法院判例、一般委员会的文件、与教会相关的文件,以及对圣托马斯·阿奎那等经典作者的引用等。

Aertsen, Jan. *Nature and Creature: Thomas Aquinas's Way of Thought.* Translated by H. D. Morton. Leiden: E. J. Brill, 1988.

Anastaplo, George. *The Constitution of 1787: A Commentary.* Baltimore: Johns Hopkins University Press, 1997.

Aquinas, St. Thomas. *Commentary on Aristotle's Nicomachean Ethics.* Translated by C. I. Litzinger. South Bend, Ind.: Dumb Ox Books, 1993.

———. *The Summa Theologica.* Translated by the Fathers of the English Dominican Province. New York: Benziger, 1948.

———. *Summa theologiae.* Translated by Thomas Gilby et al. Cambridge, U.K.: Blackfriars, 1964–1974.

Aristotle. *Metaphysics.* Translated by W. D. Ross. In *The Basic Works of Aristotle.* New York: Random House, 1941.

———. *Nicomachean Ethics.* Translated by W. D. Ross. In *The Basic Works of Aristotle.* New York: Random House, 1941.

Arnhart, Larry. *Aristotle on Political Reasoning: A Commentary on the "Rhetoric."* DeKalb: Northern Illinois University Press, 1981.

———. *Darwinian Natural Right: The Biological Ethics of Human Nature.* Albany: State University of New York Press, 1998.

Ashley, Benedict. "Aristotle's Sluggish Earth, Part 1: Problematics of the *De Caelo*." *New Scholasticism* 32 (January 1958): 1–31.

———. "Aristotle's Sluggish Earth, Part 2: Media of Demonstration." *New Scholasticism* 32 (April 1958): 202–34.

———. "Dominion or Stewardship?: Theological Reflections." In *Birth, Suffering, and Death: Catholic Perspectives at the Edges of Life,* edited by Kevin M. Wildes et al., 85–106. Boston: Kluwer Academic, 1992.

———. *Justice in the Church: Gender and Participation.* Washington, D.C.: The Catholic University of America Press, 1996.
———. *Living the Truth in Love: A Biblical Introduction to Moral Theology.* Staten Island, N.Y.: Alba House, 1996.
———. "Scriptural Grounds for Concrete Moral Norms." *The Thomist* 52 (January 1988): 1–22.
———. *Theologies of the Body: Humanist and Christian.* 2d ed. St. Louis: Pope John Center, 1995.
———. "What Is the End of the Human Person?: The Vision of God and Integral Human Fulfillment." In *Moral Truth and Moral Tradition: Essays in Honor of Peter Geach and Elizabeth Anscombe,* edited by Luke Gormally, 68–96. Dublin: Four Courts Press, 1994.
———. "What Is the Natural Law?" *Ethics and Medics* 12 (June 1987): 1–2.
Ashley, Benedict, and Kevin O'Rourke. *Health Care Ethics: A Theological Analysis.* 4th ed. Washington, D.C.: Georgetown University Press, 1997.
Barnett, Randy. *The Structure of Liberty.* New York: Oxford University Press, 1998.
Basler, Roy, ed. *The Collected Works of Abraham Lincoln.* New Brunswick, N.J.: Rutgers University Press, 1953.
Benardete, Seth. *The Bow and the Lyre: A Platonic Reading of the Odyssey.* Lanham, Md.: Rowman & Littlefield, 1997.
Benestad, Brian. *The Pursuit of a Just Social Order.* Washington, D.C.: Ethics and Public Policy Center, 1982.
Bloom, Allan. *The Closing of the American Mind.* New York: Simon & Schuster, 1987.
Bork, Robert. "Neutral Principles and Some First Amendment Problems." *Indiana Law Journal* 47 (1971): 1–35.
Boyle, Joseph M. Jr. "Natural Law, Ownership, and the World's Resources." *Journal of Value Inquiry* 23 (1989): 191–207.
Bradley, Denis J. M. *Aquinas on the Twofold Human Good.* Washington, D.C.: The Catholic University of America Press, 1997.
Bradley, Gerard V., and Robert P. George. "The New Natural Law Theory: A Reply to Jean Porter." *American Journal of Jurisprudence* 38 (1994): 303–15.
Brock, Stephen Louis. *The Legal Character of Natural Law According to St. Thomas Aquinas.* Ph.D. dissertation, University of Toronto, 1988.
Brown, Oscar J. *Natural Rectitude and Divine Law in Aquinas.* Toronto: Pontifical Institute of Medieval Studies, 1981.
Burlamaqui, Jean Jacques. *The Principles of Natural and Politic Law.* Translated by Thomas Nugent. Philadelphia: Nicklin & Johnson, 1832.
Burrell, David B. *Knowing the Unknowable God.* South Bend, Ind.: University of Notre Dame Press, 1986.
Cessario, Romanus. *Introduction to Moral Theology.* Washington, D.C.: The Catholic University of America Press, 2001.

Cessario, Romanus, Guy Bedouelle, and Kevin White, eds. *Jean Capreolus en son temps, 1380–1444*. Mémoire Dominicaine, numéro spécial, 1. Paris: Les Editions du Cerf, 1997.

Chenu, Marie-Dominique. *Introduction à l'étude de Saint Thomas d'Aquin*. 1950; reprint, Paris:Vrin, 1954. English translation by A. M. Landry and D. Hughes. *Toward Understanding Saint Thomas Aquinas*. Chicago: Henry Regnery, 1964.

———. "Le plan de la Somme théologique de Saint Thomas." *Revue thomiste* 47 (1939): 93–107.

———. Review of *Saint Thomas d'Aquin et la vie de l'Eglise* by André Hayen (Louvain/Paris: Publications universitaires, 1952). *Bulletin thomiste* 8 (1947–1953): 771–72.

Clor, Harry. *Obscenity and Public Morality*. Chicago: University of Chicago Press, 1969.

Corbin, Michel. *Le chemin de la théologie chez Thomas d'Aquin*. Bibliothéque des Archives de Philosophie, n.s., vol. 16. Paris: Beauchesne, 1974.

Cromartie, Michael, ed. *A Preserving Grace: Protestants, Catholics, and Natural Law*. Grand Rapids, Mich.: Eerdmans, 1997.

Cuddeback, Matthew. *Light and Form in St. Thomas Aquinas's Metaphysics of the Knower*. Ph.D. dissertation, The Catholic University of America, 1998.

Damich, Edward. "The Essence of Law According to Thomas Aquinas." *American Journal of Jurisprudence* 30 (1985): 79–96.

Danto, Arthur C. "Human Nature and Natural Law." In *Law and Philosophy*, edited by Sidney Hook, 187–99. New York: New York University Press, 1964.

de Laplace, Pierre Simon. *Philosophical Essay on Probabilities*. Translated by F. W. Truscott and F. L. Emory. New York: Dover, 1951.

de Lubac, Henri. *Augustinianism and Modern Theology*. Translated by Lancelot Sheppard. New York: Herder & Herder, 1969.

de Scorraile, Raoul. *Francois Suarez de Le Compagnie de Jesus*. Vol. 2. Paris: Lethielleux, 1912.

Dewan, Lawrence. "St. Thomas, Our Natural Lights, and the Moral Order." *Angelicum* 67 (1990): 283–307.

Dienstag, J. I., ed. *Studies in Maimonides and St. Thomas Aquinas*. New York: KTAV, 1975.

Dobbs-Weinstein, Idit. *Maimonides and St. Thomas on the Limits of Reason*. Albany: State University of New York Press, 1995.

Donohoo, Lawrence J. "The Nature and Grace of *Sacra Doctrina* in St. Thomas's *Super Boetium de Trinitate*." *The Thomist* 63 (July 1999): 343–401.

Eisgruber, Christopher L. "Justice Story, Slavery, and the Natural Law Foundations of American Constitutionalism." *University of Chicago Law Review* 55 (1988): 273–327.

Eldredge, Niles. *Reinventing Darwin: The Great Debate at the High Table of Evolutionary Theory*. New York: John Wiley & Sons, 1995.

Etzioni, Amitai, ed. *New Communitarian Thinking*. Charlottesville: University Press of Virginia, 1995.
Festugière, André-Jean. "Appendice." In *Mémorial André-Jean Festugière. Antiquité paienne et chrétienne*. Vingt-cinq études publiées et réunies par E. Lucchesi et H.-D. Saffrey. *Cahiers d'orientalisme 10*. Geneva: Editions P. Cramer, 1984.
Finnis, John. *Aquinas: Moral, Political, and Legal Theory*. New York: Oxford University Press, 1998.
————. *Fundamentals of Ethics*. Washington, D.C.: Georgetown University Press, 1983.
————. "Law as Co-ordination." *Ratio Juris* 2 (1989): 97–104.
————. *Moral Absolutes: Tradition, Revision, and Truth*. Washington, D.C.: The Catholic University of America Press, 1991.
————. "Natural Inclinations and Natural Rights: Deriving 'Ought' from 'Is'" According to Aquinas." In *Lex et Libertas: Freedom and Law According to St. Thomas Aquinas*, Studi Tomistici, Vol. 30, edited by L. J. Elders and K. Hedwig, 43–55. Vatican City: Libreria Editrice Vaticana, 1987.
————. *Natural Law and Natural Rights*. New York: Oxford University Press, 1980.
————. "Natural Law and the 'Is'-'Ought' Question: An Invitation to Professor Veatch." *Catholic Lawyer* 26 (1981): 266–77. Reprinted in *Natural Law*, edited by John Finnis, 1:313–24. New York: New York University Press, 1991.
Finnis, John, Joseph Boyle, and Germain Grisez. *Nuclear Deterrence, Morality and Realism*. New York: Oxford University Press, 1987.
Fortin, Ernest. "Augustine, Aquinas, and the Problem of Natural Law." *Mediaevalia* 4 (1978): 183–86.
————. *Collected Essays*, Vol. 3, *Human Rights, Virtue, and the Common Good: Untimely Meditations on Religion and Politics*, edited by Brian Benestad. Lanham, Md.: Rowman & Littlefield, 1996.
————. "On the Presumed Medieval Origin of Individual Rights." In Ernest L. Fortin, *Collected Essays*, Vol. 2, *Classical Christianity and the Political Order: Reflections on the Theologico-Political Problem*, edited by Brian Benestad, 243–64. Lanham, Md.: Rowman & Littlefield, 1996.
Fox, Marvin. *Interpreting Maimonides*. Chicago: University of Chicago Press, 1990.
Franck, Isaac. "Maimonides and Aquinas on Man's Knowledge of God: A Twentieth-Century Perspective." *Review of Metaphysics* 38 (1985): 591–615.
Frohnen, Bruce. *The New Communitarians and the Crisis of Modern Liberalism*. Lawrence: University Press of Kansas, 1996.
Fuller, Lon. *The Morality of Law*. Rev. ed. New Haven, Conn.: Yale University Press, 1969.
Gaboriau, Florent. *Entrer en théologie avec saint Thomas d'Aquin*. Paris: FAC, 1993.
————. *Thomas d'Aquin en dialogue*. Paris: FAC, 1993.
————. *Thomas d'Aquin, penseur dan l'Eglise*. Paris: FAC, 1992.

Gell-Mann, Murray. *The Quark and the Jaguar: Adventures in the Simple and the Complex*. New York: W. H. Freeman and Co., 1994.
George, Robert P. "A Defense of the New Natural Law Theory." *American Journal of Jurisprudence* 41 (1996): 47–61.
———. *In Defense of Natural Law*. Oxford, U.K.: Clarendon Press, 1999.
———. "Natural Law and Human Nature." In *Natural Law Theory: Contemporary Essays*, edited by Robert P. George, 31–41. Oxford, U.K.: Clarendon Press, 1992.
———, ed. *Natural Law and Moral Inquiry: Ethics, Metaphysics, and Politics in the Work of Germain Grisez*. Washington, D.C.: Georgetown University Press, 1998.
———. "Natural Law and Positive Law." In *The Autonomy of Law: Essays on Legal Positivism*, edited by Robert P. George, 321–34. Oxford, U.K.: Clarendon Press, 1996.
———. "Recent Criticisms of Natural Law Theory." *University of Chicago Law Review* 55 (1988): 1371–1429.
———. "The Tyrant State." *First Things* 67 (November 1996): 39–42.
George, Robert P., and Christopher Wolfe, "Natural Law and Public Reason." In *Natural Law and Public Reason*, edited by Robert P. George and Christopher Wolfe, 51–74. Washington, D.C.: Georgetown University Press, 2000.
Gilby, Thomas. "Appendix 5: Sacra Doctrina." In St. Thomas Aquinas, *Summa Theologiae*, 1:58–66. Cambridge, U.K.: Blackfriars, 1964.
———. "Appendix 2: The Theological Classification of Law." In St. Thomas Aquinas, *Summa theologiae*, 28:162–64. Cambridge, U.K.: Blackfriars, 1966.
Gilson, Etienne. "Cajetan et l'existence." *Tijdschrift voor Philosophie* 15 (1953): 267–86.
———. *Letters of Etienne Gilson to Henri de Lubac*. Annotated by Henri de Lubac. Translated by Mary Emily Hamilton. San Francisco: Ignatius Press, 1988.
———. "Maimonide et la philosophie de l'Exode." *Medieval Studies* 8 (1951): 223–25.
———. Review of *Introduction à l'étude de Saint Thomas d'Aquin* by M. D. Chenu (Paris: Vrin, 1950). *Bulletin Thomiste* 8 (1951): 5–10.
———. *The Spirit of Medieval Philosophy*. Translated by A. H. C. Downes. New York: Charles Scribner's Sons, 1936.
———. *The Unity of Philosophical Experience*. New York: Charles Scribner's Sons, 1965.
Glazer, Nathan. "Toward a New Concordat." *This World* 2 (Summer 1982): 109–18.
Gleick, James. *Chaos: Making a New Science*. New York: Penguin Books, 1988.
Goldsworthy, Jeffrey. "Fact and Value in the New Natural Law Theory." *American Journal of Jurisprudence* 41 (1996): 21–46.
Gordley, James. *The Philosophical Origins of Modern Contract Doctrine*. New York: Oxford University Press, 1991.
Grant, George Parkin. *English Speaking Justice*. Toronto: Anansi, 1974.

―――. *Lament for a Nation.* Toronto: McLelland and Stewart, 1963.
―――. *Philosophy in the Mass Age.* Toronto: University of Toronto Press, 1995.
Grisez, Germain. *Abortion: The Myths, the Realities, and the Arguments.* New York: Corpus Books, 1970.
―――. "A Critique of Russell Hittinger's Book, *A Critique of the New Natural Law Theory*." *New Scholasticism* 62 (1988): 62–74.
―――. *Contraception and the Natural Law.* Milwaukee, Wis.: Bruce, 1964.
―――. "Dualism and the New Morality." In *L'Agire Morale*, Vol. 5, *Atti del Congresso sul Settimo Centenario di Santo Tomasso d'Aquino*, 323–30. Naples: Edizioni Domenicane, 1975.
―――. "The First Principle of Practical Reason: A Commentary on the *Summa Theologiae*, 1–2, Question 94, Article 2." *Natural Law Forum* 10 (1965): 168–201.
―――. "Natural Law and Natural Inclinations." *New Scholasticism* 61 (1987): 307–20.
―――. "Natural Law, God, Religion, and Human Fulfillment." *American Journal of Jurisprudence* 46 (2002): 3–35.
―――. *The Way of the Lord Jesus*, Vol. 1, *Christian Moral Principles*. Chicago: Franciscan Herald Press, 1983.
―――. *The Way of the Lord Jesus*, Vol. 2, *Living a Christian Life*. Quincy, Ill.: Franciscan Press, 1993.
Grisez, Germain, and John Finnis. "The Basic Principles of Natural Law: A Reply to Ralph McInerny." *American Journal of Jurisprudence* 26 (1981): 21–31; reprinted in *Natural Law*, edited by John Finnis, 1:341–52. New York: New York University Press, 1991.
Grisez, Germain, John Finnis, and Joseph Boyle. "Practical Principles, Moral Truth, and Ultimate Ends." *American Journal of Jurisprudence* 32 (1987): 99–151; reprinted with table of contents in *Natural Law*, edited by John Finnis, 1:236–89. New York: New York University Press, 1991.
Grisez, Germain, and Joseph Boyle. *Life and Death with Liberty and Justice: A Contribution to the Euthanasia Debate.* South Bend, Ind.: University of Notre Dame Press, 1979.
Guttmann, Jakob. *Das Verhältnis des Thomas von Aquino zum Judenthum und zur jüdischen Litteratur.* Gottingen: Vandenhock und Ruprecht's Verlag, 1891.
Guttmann, M. "Maimonide sur l'universalite de la morale religieuse." *Revue d'etudes juives* 99 (1935): 33–43.
Hall, Pamela M. *Narrative and the Natural Law: An Interpretation of Thomistic Ethics.* South Bend, Ind.: University of Notre Dame Press, 1994.
Hart, H. L. A. *The Concept of Law.* Oxford, U.K.: Clarendon Press, 1961.
Hartman, David. *Maimonides: Torah and Philosophic Quest.* Philadelphia: Jewish Publication Society of America, 1976.

Hayen, André. "La structure de la Somme théologique et Jésus," *Sciences ecclésiastiques* 12 (1960): 59-82.
———. *Saint Thomas d'Aquin et la vie de l'Eglise*. Louvain: Publications universitaires, 1952.
Hervada, Javier. *Natural Right and Natural Law: A Critical Introduction*. Pamplona, Spain: Servicio de Publicationes de la Universidad de Navarra, 1990.
Higgins, Thomas J. *Man as Man: The Science and Art of Ethics*. Milwaukee, Wis.: Bruce, 1958.
Hill, William J. "Bañez and Bañezianism." In *The New Catholic Encylopedia*, 2:48–50. Washington, D.C.: The Catholic University of America Press, 1967.
———. *The Triune God*. Washington, D.C.: The Catholic University of America Press, 1982.
Hittinger, Russell. *A Critique of the New Natural Law Theory*. South Bend, Ind.: University of Notre Dame Press, 1987.
———. *The First Grace: Rediscovering the Natural Law in a Post-Christian World*. Wilmington, Del.: ISI Books, 2003.
———. "Liberalism and the American Natural Law Tradition." *Wake Forest Law Review* 25 (1990): 429–99.
———. "Natural Law and Catholic Moral Theology." In *A Preserving Grace: Protestants, Catholics, and Natural Law*, edited by Michael Cromartie, 1–30. Grand Rapids, Mich.: Eerdmans, 1997.
———. "Natural Law in the Positive Laws: A Legislative or Adjudicative Issue?" *Review of Politics* 55 (January 1993): 5–34.
———. "The Recovery of Natural Law and the Common Morality." *This World* 18 (Summer 1987): 62–74.
———. "Theology and Natural Law Theory." *Communio* 17 (Fall 1990): 402–8.
Hood, John. *Aquinas and the Jews*. Philadelphia: University of Pennsylvania Press, 1995.
Jaffa, Harry V. *The Crisis of the House Divided*. New York: Doubleday, 1959.
———. *Thomism and Aristotelianism: A Study of the Commentary by Thomas Aquinas on the Nicomachean Ethics*. Chicago: University of Chicago Press, 1952.
John Paul II. "Let Us Offer the World New Signs of Hope." *L'Osservatore Romano*, No. 8 (23 February 2000): 4.
———. "Message to Pontifical Academy of Sciences on Evolution." *Origins* 26, no. 25 (5 December 1996): 414–16.
Kant, Immanuel. *Critique of Pure Reason*. Translated by N. Kemp Smith. New York: Macmillan, 1929.
———. *Grounding for the Metaphysics of Morals*. Translated by James W. Ellington. Indianapolis, Ind.: Hackett, 1993.
———. *Religion within the Limits of Reason Alone*. Translated by T. H. Greene and H. H. Hudson. New York: Harper & Brothers, 1960.

Kantorowicz, Ernst H. *The King's Two Bodies: A Study in Mediaeval Political Theology.* Princeton, N.J.: Princeton University Press, 1957.

Kass, Leon R. *Toward a More Natural Science: Biology and Human Affairs.* New York: Free Press, 1985.

Kass, Leon R., and James Q. Wilson. *The Ethics of Human Cloning.* Washington, D.C.: AEI Press, 1998.

Kellner, Menachem. *Dogma in Medieval Jewish Thought.* Oxford, U.K.: Oxford University Press, 1986.

Kelsen, Hans. "The Natural-Law Doctrine before the Tribunal of Science." *Western Political Quarterly* 2 (December 1949): 481–513. Reprinted in *What Is Justice?: Justice, Law, and Politics in the Mirror of Science: Collected Essays by Hans Kelsen,* 137–73. Berkeley and Los Angeles: University of California Press, 1957.

Kendall, Willmoore, and George Carey. *Basic Symbols of the American Political Tradition.* Baton Rouge: Louisiana State University Press, 1970.

Kilpatrick, William Kirk. *Why Johnny Can't Tell Right from Wrong.* New York: Simon & Schuster, 1992.

Kristeller, Paul Oskar. *Le thomisme et la pensee italienne de renaissance.* Montreal: Vrin, 1967.

Lafont, Ghislain. *Structures et méthode dans la Somme théologique de Saint Thomas d'Aquin.* Reprinted with new preface. Paris: Les Editions du Cerf, 1996.

Latkovic, Mark S. *The Fundamental Moral Theology of Benedict Ashley, O.P.: A Critical Study. Toward a Response to the Second Vatican Council's Call for Renewal in Moral Theology.* Ann Arbor, Mich.: University Microfilms, 1998.

———. "Natural Law in the Moral Thought of Benedict Ashley, O.P." *Fellowship of Catholic Scholars Quarterly* 22 (Fall 1999): 2–5.

Lerner, Robert, Althea Nagai, and Stanley Rothman. *American Elites.* New Haven, Conn.: Yale University Press, 1996.

Levering, Matthew. "Israel and the Shape of Thomas Aquinas's Soteriology." *The Thomist* 63 (1999): 65–82.

Lippmann, Walter. *The Public Philosophy.* New York: Mentor, 1955.

Lisska, Anthony. *Aquinas's Theory of Natural Law.* Oxford, U.K.: Clarendon Press, 1996.

Lonergan, Bernard. *Insight.* New York: Harper & Row, 1978.

Long, Steven A. "Man's Natural End." *The Thomist* 64 (April 2000): 211–37.

———. "Providence, liberté et loi naturelle." *Revue thomiste* 102 (December 2002): 355–406.

———. "Reproductive Technology and the Natural Law." *National Catholic Bioethics Quarterly* 2 (Summer 2002): 221–28.

———. "St. Thomas Aquinas through the Analytic Looking-Glass." *The Thomist* 65 (April 2001): 259–300.

Luther, Martin. *De servo arbitrio.* In *Erasmus-Luther: Discourse on Free Will.* Translated by Ernst Winter. New York: Frederick Ungar, 1961.

MacIntyre, Alasdair. *After Virtue.* 2d ed. South Bend, Ind.: University of Notre Dame Press, 1984.

Maimonides, Moses. *The Guide of the Perplexed.* Translated by Shlomo Pines. Chicago: University of Chicago Press, 1963.

———. Introduction to Pirqei Avot. In *Ethical Writings of Maimonides,* edited by Raymond L. Weiss and Charles Butterworth, chap. 6, 59–95. New York: Dover, 1975.

Maimonides, Moses. *Mishneh Torah.* Translated in the Yale Judaica Series. New Haven, Conn.: Yale University Press, 1949–1972.

Maritain, Jacques. *An Essay on Christian Philosophy.* New York: Philosophical Library, 1955.

———. *Man and the State.* Chicago: University of Chicago Press, 1951.

———. *Science and Wisdom.* New York: Charles Scribner's Sons, 1940.

———. *The Sin of the Angels.* Westminister, Md.: Newman Press, 1959.

Marshner, William. "A Tale of Two Beatitudes." *Faith and Reason* 16, no. 2 (1990): 177–99.

Mathie, William. "Abortion and the Crisis of Liberal Justice." In *Life and Learning VIII,* edited by Joseph Koterski, 59–70. Washington, D.C.: University Faculty for Life, 1999.

———. "Reason, Revelation and Liberal Justice: Reflections on George Grant's Analysis of *Roe v. Wade.*" *Canadian Journal of Political Science* 19 (September 1986): 443–66.

———. "The Technological Regime: George Grant's Analysis of Modernity." In *George Grant in Process: Essays and Conversations,* edited by L. Schmidt, 157–66. Toronto: Anansi, 1978.

May, William. *An Introduction to Moral Theology.* Rev. ed. Huntington, Ind.: Our Sunday Visitor, 1994 [newly revised 2003].

———. "The Natural Law Doctrine of Suarez." *New Scholasticism* 58 (Autumn 1984): 409–23.

McBrien, Richard. *Catholicism.* 3d ed. San Francisco: Harper, 1994.

McDonald, Forrest. *Novus Ordo Seculorum.* Lawrence: University Press of Kansas, 1985.

McInerny, Ralph. *Aquinas on Human Action: A Theory of Practice.* Washington, D.C.: The Catholic University of America Press, 1992.

———. *Ethica Thomistica: The Moral Philosophy of Thomas Aquinas.* Washington, D.C.: The Catholic University of America Press, 1982; rev. ed., 1997.

———. "Portia's Lament: Reflections on Practical Reason." In *Natural Law and Moral Inquiry: Ethics, Metaphysics, and Politics in the Work of Germain Grisez,* edited by Robert P. George, 82–103. Washington, D.C.: Georgetown University Press, 1998.

———. "The Principles of Natural Law." *American Journal of Jurisprudence* 25 (1980): 1–15; reprinted in *Natural Law,* edited by John Finnis, 1:325–39. New York: New York University Press, 1991.

———. *The Question of Christian Ethics.* Washington, D.C.: The Catholic University of America Press, 1993.
Merriell, D. Juvenal. *To the Image of the Trinity: A Study in the Development of Aquinas's Teaching.* Toronto: Pontifical Institute of Mediaeval Studies, 1990.
Muncy, Mitchell, ed. *The End of Democracy I and II.* Dallas, Tex.: Spence, 1997, 1998.
Murray, John Courtney. *We Hold These Truths: Catholic Reflections on the American Proposition.* New York: Sheed & Ward, 1960.
Nelson, William. *The American Tory.* Boston: Beacon Press, 1964.
Neuhaus, Richard John, ed. *The End of Democracy?* Dallas, Tex.: Spence, 1997.
Nicolas, Jean-Hervé. *Synthèse dogmatique.* Fribourg: Editions Universitaires, 1986.
Novak, David. *Covenantal Rights.* Princeton, N.J.: Princeton University Press, 2000.
———. "Does Maimonides Have a Philosophy of History?" In *Studies in Jewish Philosophy,* edited by N. M. Samuelson, 397–420. Lanham, Md.: University Press of America, 1987.
———. *The Image of the Non-Jew in Judaism.* New York: Edwin Mellen Press, 1983.
———. *Jewish-Christian Dialogue.* New York: Oxford University Press, 1989.
———. *Maimonides on Judaism and Other Religions.* Cincinnati: Hebrew Union College Press, 1997.
———. *Natural Law in Judaism.* Cambridge, U.K.: Cambridge University Press, 1998.
———. "The Treatment of Muslims and Islam in the Legal Writings of Maimonides." In *Studies in Islamic and Jewish Traditions,* edited by W. M. Brinner and S. D. Ricks, 233–50. Chico, Calif.: Scholars Press, 1986.
———. *The Theology of Nahmanides Systematically Presented.* Atlanta, Ga.: Scholars Press, 1992.
Oberman, Heiko. *The Harvest of Medieval Theology: Gabriel Biel and Late Medieval Nominalism.* Cambridge, Mass.: Harvard University Press, 1963.
O'Callaghan, John, and Thomas J. Hibbs, eds. *Recovering Nature: Essays in Natural Philosophy, Ethics, and Metaphysics in Honor of Ralph McInerny.* South Bend, Ind.: University of Notre Dame Press, 1999.
O'Donoghue, D. "The Thomist Concept of the Natural Law." *Irish Theological Quarterly* 22 (1955): 89–109.
Penrose, Roger. *The Emperor's New Mind: Concerning Computers, Minds, and the Laws of Physics.* New York: Viking-Penguin, 1990.
Pines, Shlomo. "Translators Introduction: The Philosophic Sources of *The Guide of the Perplexed.*" In Moses Maimonides, *The Guide of the Perplexed.* Translated by Shlomo Pines, lvii–cxxxiv. Chicago: University of Chicago Press, 1963.
Porter, Jean. "Basic Goods and the Human Good in Recent Catholic Moral Theology." *The Thomist* 47 (1993): 27–41.
Prouvost, Géry, ed. *Etienne Gilson-Jacques Maritain: Correspondence 1923–1971.* Paris: Vrin, 1991.

Ratzinger, Joseph Cardinal. *Salt of the Earth*. San Francisco: Ignatius Press, 1997.
Rawls, John. *Political Liberalism*. New York: Columbia University Press, 1996.
———. *A Theory of Justice*. Rev. ed. Cambridge, Mass.: Harvard University Press, 1999.
Raz, Joseph. *Practical Reason and Norms*. 2d ed. Princeton, N.J.: Princeton University Press, 1990.
Reed, John J. "Natural Law, Theology and the Church." *Theological Studies* 26 (1965): 40–64.
Rehnquist, William. "The Notion of a Living Constitution" *Texas Law Review* 54 (1976): 693–706.
Rhonheimer, Martin. *Natur als Grundlage der Moral: Eine Auseinandersetzung mit autonomer und teleologisher Ethik*. Tyrolia: Verlag, 1987. English translation by Gerald Malsbary, *Natural Law and Practical Reason: A Thomist View of Moral Autonomy*. New York: Fordham University Press, 2000.
Rogers, Eugene F. Jr. *Thomas Aquinas and Karl Barth*. South Bend, Ind.: University of Notre Dame Press, 1995.
Rondet, Henri. "Bulletin de théologie historique: Etudes médiévales." *Recherches de science religieuse* 38 (1951): 138–60.
Sandel, Michael. *Democracy's Discontent*. Cambridge, Mass.: Harvard University Press, 1996.
Sarachek, J. *The Conflict over the Rationalism of Maimonides*. New York: Hermon Press, 1970.
Segerstrale, Ullica. *Defenders of the Truth: The Battle for Science in the Sociobiology Debate and Beyond*. New York: Oxford University Press, 2000.
Sheerin, F. L. "Molinism." In *The New Catholic Encyclopedia*, 9:1011–13. Washington, D.C.: The Catholic University of America Press, 1967.
Sherwin-White, A. N. *Roman Law and Roman Society in the New Testament*. Oxford, U.K.: Oxford University Press, 1969. Reprint, Grand Rapids, Mich.: Baker Book House, 1978.
Simon, Yves. *The Philosophy of Democratic Government*. Chicago: University of Chicago Press, 1951.
———. *Practical Knowledge*. New York: Fordham University Press, 1991.
———. *The Tradition of Natural Law*. Edited by Vukan Kuic. New York: Fordham University Press, 1992.
Story, Joseph. *Commentaries on the Constitution of the United States*. Durham, N.C.: Carolina Academic Press, 1987.
———. "Natural Law." In *Encyclopedia Americana*, ed. Francis Lieber, 9:150–58.
Strauss, Leo. *Natural Right and History*. Chicago: University of Chicago Press, 1953.
———. "On Natural Law." In *Studies in Platonic Political Philosophy*, 137–46. Chicago: University of Chicago Press, 1983.
———. *Persecution and the Art of Writing*. Chicago: University of Chicago Press, 1988.

参 考 文 献   *491*

Tattersall, Ian. *Becoming Human: Evolution and Human Uniqueness.* New York: Harcourt Brace, 1998.
Twersky, I. *The Code of Maimonides.* New Haven, Conn.: Yale University Press, 1980.
Ullman-Margalit, Edna. *The Emergence of Norms.* Oxford, U.K.: Clarendon Press, 1977.
Vattel, Emerich. *The Law of Nations; or, Principles of the Law of Nature.* T and W. J. Johnson, 1883.
Veatch, Henry. *For an Ontology of Morals: A Critique of Contemporary Ethical Theory.* Evanston: Northwestern University Press, 1971.
von Balthasar, Hans Urs. "Nine Theses in Christian Ethics." In *International Theological Commission: Texts and Documents 1969–1985,* edited by Michael Sharkey, 105–28. San Francisco: Ignatius Press, 1989.
Weigel, George. *Witness to Hope.* New York: Cliff Street Books, 1999.
Weinreb, Lloyd L. *Natural Law and Justice.* Cambridge, Mass.: Harvard University Press, 1987.
Weiss, Raymond L. *Maimonides' Ethics: The Encounter of Philosophic and Religious Morality.* Chicago: University of Chicago Press, 1991.
West, Thomas. "Vindicating John Locke: How a Seventeenth-Century 'Liberal' Was Really a 'Social Conservative'" *Family Research Council Witherspoon Lecture* (23 February 2001).
Westberg, Daniel. *Right Practical Reason.* Oxford, U.K.: Clarendon Press, 1994.
———. "Thomistic Law and the Moral Theory of Richard Hooker." *American Catholic Philosophical Quarterly* 68 (1994): 203–14.
Wojtyla, Karol. *Love and Responsibility.* Translated by H. T. Willetts. New York: Farrar, Straus, Giroux, 1981.
Wolfe, Alan. *One Nation, After All.* New York: Viking Press, 1998.
Wolfe, Christopher. "Issues Facing Contemporary American Public Philosophy." In *Public Morality, Civic Virtue, and the Problem of Modern Liberalism,* edited by T. William Boxx and Gary M. Quinlivan, 171–214. Grand Rapids, Mich.: Eerdmans, 2000.
———. "Natural Law and Judicial Review." In *Natural Law and Contemporary Public Policy,* edited by David Forte, 157–89. Washington, D.C.: Georgetown University Press, 1998.
———. "Public Morality and the Modern Supreme Court." *American Journal of Jurisprudence* 45 (2000): 65–92.
———. Review of *The Natural Rights Republic,* by Michael Zuckert (South Bend, Ind.: University of Notre Dame Press, 1996). *First Things* 83 (May 1998): 52–56.
Wolfe, Christopher, and John Hittinger, eds. *Liberalism at the Crossroads.* Lanham, Md.: Rowman & Littlefield, 1994.
Wolfson, Harry A. *Spinoza.* Cambridge, Mass.: Harvard University Press, 1934.
Wroe, Ann. *Pilate.* London: Random House, 2000.

Yaffe, Martin D. "Interpretive Essay." In Thomas Aquinas, *The Literal Exposition on Job: A Scriptural Commentary Concerning Providence*, 1–65. Translated by A. Damico. Atlanta, Ga.: Scholars Press, 1989.

———. "Myth and 'Science' in Aristotle's Theology." *Man and World* 12 (1979): 70–88.

———. Review of *Aquinas and the Jews* by John Hood (Philadelphia: University of Pennsylvania Press, 1995). *Association for Jewish Studies Review* 22 (1997): 122–25.

Zuckert, Michael. *Natural Rights and the New Republicanism*. Princeton, N.J.: Princeton University Press, 1994.

———. *The Natural Rights Republic*. South Bend, Ind.: University of Notre Dame Press, 1996.

索 引

("索引"部分所涉页码为原书页码,即本书边码)

Abortion 堕胎 21,89,89 页注释,114,127,220,222—224,226—227,235, 240 页注释,283

American natural law tradition 美国的自然法传统 XX—XXI,197—198, 205—212,214,223 页注释,230—233

Aristotle 亚里士多德 XI—XIII,8,10,18,19—22,25—39,44,46,47 页注释,57,60 页注释,67,68—72,148,186,198,232,241,245,29 页注释,261

Ashley,Benedict 阿什利,本尼迪克特 X—XI,XVIII,17,20,22,113—114, 121—129,135,142,150—152,157—160,162

Assisted suicide 辅助自杀 114,160,222

Augustine 奥古斯丁 59,81 页注释,90,91,193,199,253—254,256, 267,281

Autonomy 自律 XIX,86—87,88—89,108,132 页注释,167,177 页注释, 178 页注释,192 另见 Freedom,自由

Basic human goods 基本人类善 XVIII—XIX,143—150,163;hierarchy of ~ 的层级 XIX,116,125—126,128,130,135—139,141—142,150, 159,174,185—186,188,191;incommensurability of ~ 的不可通约性 150,152,166,174,185—186,190

Boyle,Joseph 博伊尔,约瑟夫 XVIII,113,142—156,252 页注释

Cajetan,Cardinal 卡耶旦,枢机主教 27,29—30

Chenu,Marie-Dominique 舍尼,玛丽-多米尼克 XVII,102—107

Christ 基督 32,45,51,59—60,62,262,272;as concrete norm 作为具体的规范 XIV—XVII,90—93,106—107;divine wisdom and 神圣智慧与~ XIV—XVII,80—87,96—97,102—104;divinity of ~ 的神性 XIV,X

Ⅶ,80,81,104—106;humanity of ~ 的人性ⅩⅦ,104,106—107;
preeminence of ~ 的教会ⅩⅥ,96—97

Christian philosophy 基督教哲学 27—28

Common good 共同善,ⅩⅫ,89,98,126,134,166,189 页注释,197—198,
230,238,249—251,255,257,264,276,281—283

Conscience 良心ⅩⅫ,127 页注释,143,150,153,208,254—255,257,268,
278,281

Constitution of the United States 美国宪法ⅩⅩ,73,205—207,211,217—
218,219 页注释,221—223,230—233,276

Contraception 节育 23,142,216,221,223,225

Decalogue《十诫》21,59,77,99,118,136—137,141,146,160,162,282

Declaration of Independence《独立宣言》66,73,205,214,235,236

de Lubac,Henri 德·吕巴克,亨利,29—30,187

de Tocqueville,Alexis 德·托克维尔,阿列克西,209,215

Divine positive law 神圣实在法 61,63,99,199,282—283

Divorce 离婚 23,208,224

Ends 目的:hierarchy of ~ 的层级ⅩⅧ,ⅩⅨ,13,89,116,126—128,130,
135,139—142,148,150,159,167,174,188,191;natural order of ~
的自然次序 173—174,185—191 另见最后目的

English common law 英国普通法 207—209

Eternal law 永恒法ⅩⅤ—ⅩⅥ,45,80—85,93,94,184—185,199—200,
266—267;natural law as participation in 自然法分有 ~ ⅩⅢ,ⅩⅧ—Ⅹ
Ⅹ,35,74,89,108,114,116,119,122,132—133,166,167 页注释,
177 页注释,179,185,189,191,200,242—243,265—266; passive
participation in 被动分有 ~ 119,178,188—190

Fact-value 事实-价值 148—150

Final end 最后目的,另见终极目的

Finnis,John 菲尼斯,约翰Ⅸ,Ⅹ,ⅩⅧ,ⅩⅨ,79,113,142—156,157,160—
161,165 页注释,167 页注释,168,175,177 页注释,191 页注释,
216,227,241 页注释,242 页注释,244 页注释,249 页注释,257,258

Freedom 自由：as indifference to divine causality 不关心神圣因果律的 ~ XIX, 176—177, 178 页注释, 181, 184; as indifference to finite goods 不关心终极善的 ~ 181—183; subject to divine providence 服从神道的 ~ XIX, 74, 86—87, 167, 178—182, 184, 191 另见自律

George, Robert 乔治, 罗伯特 79, 113, 143 页注释, 171 页注释, 216, 223, 227

Gilson, Ettiene 吉尔森, 艾蒂安 XVIII, 27—30, 103—104, 192

Grace as perfection of nature 恩宠成全自然 XIX, 37, 47, 58 页注释, 77, 85, 95, 99—100, 173 页注释, 189 页注释

Grisez, Germain 格里塞, 杰曼 X, XVIII- XX, 45, 113—114, 138, 142—156, 157—163, 165, 216, 239, 244 页注释

Hall, Pamela 霍尔, 帕梅拉 XVIII, 113—121, 127—129, 133, 135, 142, 146—147, 157—159, 162

Happiness 幸福 XI—XII, XIV, 12—16, 22, 33, 68, 75, 91, 122; 另见完整人类幸福

Hegel, Georg Wilhelm Friedrich 黑格尔, 格奥尔格·威廉·弗里德里希 38, 237, 252 页注释

Hittinger, Russell 西丁格, 拉塞尔 XVIII, 79, 142, 216, 219, 223

Hobbs, Thomas 霍布斯, 托马斯 202—204, 231—232, 237, 253

Homosexual rights 同性恋权利 17, 71 页注释, 220, 222—225

Human law 人法 XXIII, 45, 61, 89 页注释, 108, 199, 238 页注释, 252, 254, 272—274, 277, 284

Human nature 人性 XI, XV, 4—6, 7—11, 12—15, 20, 46, 53—54, 56, 65, 74, 83, 85, 104, 108, 123—125, 134, 147—149, 151, 158, 168, 171, 175, 186, 202—203, 239—240, 243—245, 247—248, 266 页注释

Hume, David 休谟, 大卫 245—246

Imago Dei 天主之形象 83 页注释, 88, 90 页注释, 242

Incarnation 道成肉身 XVI, 81—83, 94, 96—97, 101 页注释, 103—104, 106

Integral human fulfillment 完整人类幸福 144—146, 150, 153, 162; 另见幸福

Is-ought 是一应当 148—150

John Paul II 若望·保禄二世Ⅸ,9,15 页注释,37,81 页注释,89 页注释,93,185,215

Judge and/or judging 法官和/或裁判ⅩⅩ,ⅩⅩⅡ—ⅩⅩⅢ,217—219,221—222,223—224,251 页注释,254,255—256,261—284

Justice 正义ⅩⅩⅡ,20,22,61,68,86,89,98,114,143,154,161,177 页注释,205,208,235,238,250,254,255—256,258,262—263,273—276,278,284

Kabbalists 卡巴拉主义者ⅩⅣ,64—65

Kant, Immanuel 康德,伊曼纽尔ⅩⅩⅡ,ⅩⅩ,47,60,67,109,131 页注释,166,177 页注释,186—187,190,192—193,202,204,219,237,252 页注释

Kelsen, Hans 凯尔森,汉斯 237—250

Latkovic, Mark 拉特科维奇,马克 121—125

Legislator and/or legislation 立法者和/或立法ⅩⅩⅢ,63,240,246,250,251 页注释,252,262—265,271,272—273,275—276,280,283—284

Leo ⅩⅢ 利奥十三 27,37,215

Liberalism 自由主义 204,213,215,219—220,222—223,234—235

Lincoln, Abraham 林肯,亚伯拉罕ⅩⅩⅠ,235—236

Locke, John 洛克,约翰ⅩⅩⅠ,73,203—209,213,229,231—234

Maimonides, Moses 迈蒙尼德,梅瑟ⅩⅢ — ⅩⅤ; and Mosaic law ~ 和梅瑟律法 51,52—53,57,63; and natural law teaching ~ 和自然法教义 48—56,62—71,74—75; and Noahide law ~ 和诺亚律法 50—52,56—57; rationalistic tendencies 理性主义趋向ⅩⅣ,49,75

Maritain, Jacques 马里旦,雅克Ⅻ,27—29,157,167 页注释,212

Marriage 婚姻 17,23,70,114,123,137,141—142,208,221,225—226

Modes of responsibility 责任类型 144,146,153,162—163

Molina, Luis de 莫利纳,路易斯·德 91,100,179—180

Murder 谋杀 21,71,74,117—118,121,137,204,249—250,280

Natural inclination 自然倾向 115—117,120—121,133—135,138—140,

158,165,171,175,184,186,200,239 页注释

Natural law 自然法: and divine law ~ 和神法XIV,43—65,108,296; and divine providence ~ 和神道IX,XII,XX,74,84,88,167;first principles of ~ 的首要原则XI—XII,XVIII,75,122,126,130,136—138,157—163;knowledge of ~ 的认识XIV,76—77,117,123—125,167,228; metaphysical ground of ~ 的形而上学基础IX,XIII—XV,XIV—XX,55—56,70,74—77,165—66,178 页注释,185—187,192—193;and the Old Law ~ 和《旧约》法律 45—46,58n,77,117,119,201n; as participation in eternal law ~ 作为对永恒法的分有XIV,XVIII—XX,35,74,108,116,166,167n,177 页注释,179,191,242—243; precepts of ~ 的律令XI,14,35,61,116—118,121,126,130,133—141,159—163,166,201 页注释,239,268;specific moral norms and 具体的道德规范与 ~ 136—137; theonomic conceptions of ~ 的神律论概念XIX,167,184,192

Natural right tradition 自然权利传统XX—XXI,46,153—154,199,202—206,208—209,212,219,231

New Law《新约》法律XIV,45,57—58,63,72,90—91,108,165—167

New natural law theory 新自然法理论X,XVIII—XIX,142—144,147—150,152,154,166—167,170,172,174,177,185—187,190—191,193,217,246 页注释

Old Law《旧约》法律XIV,45—46,57—60,63,72,76—77,90,117—119,201 页注释

Plato 柏拉图XIV,8,13,47,55,67—69,72,107,105—106,193,199

Practical reason 实践理性XVIII—XIX,35,37,44,52,84 页注释,117,119—120,130,135 页注释,143,151—154,158—169,185,190,192,242—243,245—246; first principle(s) of ~ 的首要原则 35,38,127,132—133,138—139,143—146,148—150,175,200—201,239—240,245,248; relation to speculative reason ~ 与思辨理性的关系 55,76,130—132,148—151,165—167,173,175,240,248,269—270

Providence 上帝的道X,XII,66,77,88,114,190,208,267; governs human

choice ~统治人类选择 XIX,74,86—87,167,178—185,184,191;
relation to divine power ~与神的权力的关系 66,74,84

Prudence 审慎 XII,XVIII,15,34,84 页注释,114,117—118,121,122,127—128,154,159—163,174,186,263,269 页注释,270—272,275,279

Prudential personalism 审慎的人格主义 127,160

Pure state of nature 纯净的自然状态 77,173 页注释,203,207,234

Rawls,John 罗尔斯,约翰 204,213—214,219—220,234—235

Ronder,Henri 龙岱,亨利 XVII,104—105

Sacra doctrina 神圣教条 XVI,66,93,94—96,101,102,106

Speculative reason (priority of) 思辨理性(的优先性) XIX,167—177

Suarez,Francisco 苏亚雷斯,弗朗西斯科 98—99,244

Synderesis 良知 115—116,120,133,267

Teleology 神学 XX,57,64—65,80,94,122,146—147,150,154,165,171 页注释,178 页注释,186—187,189 页注释,193,241

Theft 盗窃 21,35 页注释,71,204,249,280

Tyranny 暴政 20,252—259,268,281

Ultimate end (or final end) 终极目的(或最后目的) X,XII,28—29,30—36,92,128,129—134,138,147,149,153,173—175,187,189—190,248;natural vs. supernatural 自然的对超自然的 ~ X,29—30,61,150,173 页注释

Unjust law 不公正的法律 252—259,281

Vatican Council II 梵蒂冈二次公会 XV,81,83,94,101

Virtue(s) 德性;good of ~ 的善 154—155;role in natural law ~在自然法中的地位 XI,22,114,118,162,200,202—203,238

Voluntarism 唯意志论 XVI,85,94,97—99,241

Von Balthasar,Hans Urs 冯·巴尔萨泽,汉斯·乌尔斯 82—83

后　　记

"自然法"是横贯神学、哲学、伦理学、政治学和法学的基础概念之一。作为一个负载深厚历史意蕴的概念，它的核心在于揭示身为理性造物的人类能够通过理性和启示理解并遵行正当行为的准则。对这个概念任何严肃的探讨都无法略过托马斯·阿奎那的学说体系。从《〈彼得·伦巴德语录〉评注》到《反异教大全》和《〈亚里士多德尼各马可伦理学〉评注》再到《神学大全》，阿奎那为我们提供了认识和理解自然法的重要文本。作为一部系统性的神哲学著作，《神学大全》在"论法"部分（De Lege，I-II qq. 90-97）和"论正义"部分（De Jure，I-II qq. 57-62）都展开了对自然法主题的细致讨论。"论法"部分第91题的定义"自然法是理性造物对永恒法的分有"已成典范。上世纪中叶自然法思想呈现出了某种复兴之势，这种复兴在思想渊源和知识基础上都颇为庞杂，但期间有不少学者明确借鉴和利用了阿奎那的自然法学说。本书所汇集的论文既是这种复兴之势的延续，也特别涉及阿奎那自然法学说的当代发展。论文的作者均是近年来在自然法理论领域颇为活跃的学者，他们的研究领域遍及自然法概念频繁出现的各个学科。由于自然法主题本身的多学科性质，也由于阿奎那的自然法学说本身即是综合希腊哲学、罗马法学和犹太-基督教神学等传统观念的产物，因此我们在文集中可以看到，这些作者试图从不同的视角提出并探讨自然法问题。这些问题的提出和解决不仅迫使我们回到阿奎那的文本寻找对他的理论的确切解释，而且还要求我们直面自然法理论的当代处境问题。阿奎那总结、综合和澄清了自然法概念，但却没有打算终结这一概念上的讨论。不可否认，鉴于历史语境的变化，我们要在当代延续这种讨论总会面临挑战。但是，如果阿奎那的自然法学说有助于促进当代道德、政治和法律哲学的讨论，我们为什么不去接受这种挑战呢？

本书的翻译历时长久，有些内容曾反复斟酌，但由于自己所学甚浅，若未能尽展原著及相关主题的精微之处皆属能力所限。阅读、译注和写作自然法理论方面的作品是我过去多年的主要工作，也是我未来的努力方向。译文能够出版首先得益于编辑的细致工作，对此我深表感谢。还要感谢多年来一直关心和帮助我的诸位师友，分别是付子堂先生、徐爱国先生、陈锐先生、赵明先生、周祖成先生、朱学平先生、陆幸福先生、王恒先生、周尚君先生、黄涛先生、吴彦先生、李任先生、苗在超先生、赵二凯先生、孟自力先生和杨天河先生。

杨天江
甲午年仲春于西南政法大学巴山夜雨轩

图书在版编目(CIP)数据

圣托马斯·阿奎那与自然法传统:当代视角/(美)戈耶特,(美)拉特科维奇,(美)迈尔斯编;杨天江译.—北京:商务印书馆,2015
(自然法名著译丛)
ISBN 978-7-100-11550-6

Ⅰ.①圣… Ⅱ.①戈…②拉…③迈…④杨… Ⅲ.①阿奎那,T.(1225~1274)—哲学思想—思想评论—文集 Ⅳ.①B503.21-53

中国版本图书馆 CIP 数据核字(2015)第 196863 号

所有权利保留。
未经许可,不得以任何方式使用。

自然法名著译丛
圣托马斯·阿奎那与自然法传统
——当代视角
约翰·戈耶特
〔美〕马克·拉特科维奇 编
理查德·迈尔斯
杨天江 译

商 务 印 书 馆 出 版
(北京王府井大街36号 邮政编码 100710)
商 务 印 书 馆 发 行
北 京 冠 中 印 刷 厂 印 刷
ISBN 978-7-100-11550-6

2015年9月第1版　开本 880×1230　1/32
2015年9月北京第1次印刷　印张 16
定价:39.00元